Phänomen-Verlag

Enjoy your Evolution!

Steve McIntosh

Integrales Bewusstsein und die Zukunft der Evolution

Wie die integrale Weltsicht
Politik, Kultur und Spiritualität transformiert

Aus dem Amerikanischen übersetzt von
Mike Kauschke

Phänomen-Verlag

Bibliografische Information Der Deutschen Bibliothek:

Die Deutsche Bibliothek verzeichnet diese Publikation in der Deutschen Nationalbibliografie; detaillierte bibliografische Daten sind im Internet über http://dnb.ddb.de abrufbar.

SteveMcIntosh
Integrales Bewusstsein und die Zukunft der Evolution
EAN 978-3933321-75-6

Übersetzt von Mike Kauschke

Phänomen-Verlag
Web: www.phaenomen-verlag.de
E-Mail: kontakt@phaenomen-verlag.de

Satz & Gestaltung: Phänomen-Verlag

Für

Tehya McIntosh,

die alles Notwendige hinzugefügt hat

Danksagung

Ich möchte meine Anerkennung und meinen Dank aussprechen an: Byron Belitsos, dessen literarische Fähigkeit, Weite des Wissens und Tiefe der Einsicht ein unschätzbarer Beitrag zu diesem Text waren; meinen Agenten John White; die Leser und Berater: Lindsay Moore, Jordan Gruber, Chuck Thurston, Carter Phipps, Frank Visser, John Hay, David Zindell, Brad Reynolds, Ben Levy, Kurt Koch, Boyd Willat, Brigitte Mars, und meine liebevolle Familie, Tehya, Ian and Peter für ihre Geduld und ständige Unterstützung.

Inhalt

I. Teil
Grundlagen des integralen Bewusstseins

II. Teil
Ein tieferer Blick

9. Kapitel

10. Kapitel

Appendix A

Appendix B

I. Teil

Die Grundlagen des integralen Bewusstseins

1. Kapitel

Eine Einführung in die integrale Philosophie

Viele von uns, die schon seit einiger Zeit auf einem spirituellen Weg sind, verspüren oft den dringenden Wunsch, einen sinnvollen Beitrag in der Welt zu leisten. Aber diese nach außen gerichtete Absicht wird oft gedämpft, wenn wir uns an Gandhis berühmten Satz erinnern: „Wir müssen die Veränderung *werden,* die wir in der Welt sehen wollen." Und dies führt uns sofort zurück zur Arbeit an uns selbst. Trotzdem haben Menschen, die einen wichtigen Beitrag in der Welt geleistet haben (wie zum Beispiel Gandhi), mich immer sehr beeindruckt. Ich war immer fasziniert von den Zeiten in der Geschichte, die von dramatischen Fortschritten gekennzeichnet waren. Dies hat mich veranlasst, die Perioden genauer zu untersuchen, in denen bedeutsame kulturelle Evolution – also eine Weiterentwicklung des Menschseins – sichtbar wurde. Ich suchte nach Erkenntnissen darüber, was dieses Wachstum ausgelöst und stabilisiert hat.

Wenn ich heute zurückblicke, sehe ich, dass dieses Interesse an kultureller Evolution immer ein wichtiges Thema in meinem Leben war. Und dieses Interesse bestimmte seit meiner Kindheit die wichtigsten Entscheidungen meines Lebens. Durch mein Studium der Geschichte nahm ich zuerst an, dass die *Künste* einer der wichtigsten Auslöser sozialen Fortschritts sind. Die Kunst markierte die Fortschritte der Renaissance und in meiner eigenen Zeit spielte die Musik eine bedeutsame Rolle in der kulturellen Evolution. Deshalb konzentrierte ich mich lange Zeit darauf, Bewegungen in der Kunst zu untersuchen. Aber ich betrachtete dabei nicht nur die Kunst der Vergangenheit, sondern versuchte auch, die Kunstbewegungen der Zukunft vorauszusagen. Ich experimentierte mit neuen Formen der Kunst und versuchte, die Grundsätze einer neu entstehenden Ästhetik zu erkennen. Ich gründete sogar eine Firma mit der Absicht, an einer Kunstbewegung mitzuwirken, die für mich damals sehr vielversprechend schien. Auch wenn diese neue Bewegung in der Kunst noch in ihren Anfängen ist, waren diese Bemühungen nicht vergeblich. Die Firma entwickelt sich gut. Aber was noch wichtiger ist: Die Suche nach den Ursachen kultureller Evolution brachte mich zu der Entdeckung einer neuen Sichtweise, die man am besten als *integrale Philosophie* beschreiben kann.

Die integrale Philosophie ist ein neues Verständnis davon, wie die Wirkung der Evolution die Entwicklung von Bewusstsein und Kultur beeinflusst. Obwohl Aspekte dieser Philosophie schon seit einiger Zeit bekannt sind, können wir erst seit den 90er Jahren beobachten, dass die wichtigen Elemente der integralen Philosophie in einem zusammenhängenden Ganzen verknüpft werden. Die Kraft dieser neuen Philosophie bestätigt sich selbst für diejenigen, die sie anwenden, denn durch diese neue Sichtweise entwickelt sich ihr Bewusstsein. Es ist eine Philosophie der Evolution, die buchstäblich Evolution hervorbringt. Dieses Buch hat jedoch weniger die Philosophie zum Thema, sondern vielmehr die Ergebnisse dieser Philosophie: die neu entstehende Weltsicht, die als *integrales Bewusstsein* bekannt ist.

In diesem Buch vertrete ich die Ansicht, dass in unserer Zeit eine neue historisch bedeutsame „Ebene" des Bewusstseins und der Kultur entsteht und dass die Entstehung der *integralen Weltsicht* in vieler Hinsicht das evolutionäre Äquivalent zum Aufstieg der *modernen Weltsicht* in der Zeit der Aufklärung des 17. und 18. Jahrhunderts ist. Und genauso wie der Aufstieg der Moderne die Welt für immer veränderte, können wir von der Entstehung der integralen Weltsicht einen ähnlichen (aber angenehmeren) Fortschritt erwarten. Das „integrale Bewusstsein" ist eine neue Perspektive auf die Welt, die unsere Wahrnehmung der Wirklichkeit erweitert und eine neue Motivation bietet, um einen positiven Beitrag in der Welt zu leisten. Diese neue Art und Weise zu sehen und zu leben, ist gegründet in neuen, umfassenderen Werten und einem größeren Verständnis der kulturellen Evolution.

Wenn wir ein integrales Bewusstsein entwickeln, wenn wir die Perspektive der integralen Weltsicht sinnvoll anwenden und die neuen integralen Werte annehmen, dann erhalten wir, wie wir im Folgenden sehen werden, Zugang zu einer Kraft für bedeutsame Fortschritte – sowohl in uns selbst als auch in unserer Welt. Deshalb ermöglicht das integrale Bewusstsein genau die Entwicklung, die wir heute am dringendsten brauchen. Wenn wir darüber nachdenken, wie eine erfolgreiche Zukunft aussehen würde, erkennen wir, dass ohne irgendeine Form positiver kultureller Entwicklung die Zukunft der Menschheit ziemlich düster aussieht. Trotzdem zeigt uns ein Blick in die Geschichte, dass kulturelle Evolution tatsächlich stattgefunden hat, und wir können erwarten, dass die gleichen Kräfte, die zu allen Zeiten diese Evolution hervorgebracht haben, auch heute und in Zukunft aktiv sind. Und heute haben wir mit der integralen Philosophie einen klareren Blick dafür, wie die kulturelle Evolution sich in Zukunft entfalten wird und wie wir darin direkt mitwirken können.

Die integrale Philosophie entstand durch verschiedene Denker des 20. Jahrhunderts, die eine neue Philosophie formulieren wollten, die zuallererst den erschütternden Tatsachen der Evolution gerecht wird. Unter diesen Evolutionsphilosophen sind zwei der bedeutendsten Pierre Teilhard de Chardin (1881–1955) und Alfred North Whitehead (1861–1947). Trotz der bleibenden Verdienste von Teilhard und Whitehead ist die integrale Philosophie weit mehr als eine zeitgemäße Interpretation dieser großen Denker. Denn diese Philosophen lebten in der ersten Hälfte des 20. Jahrhunderts und kannten die neueren Erkenntnisse der Systemwissenschaften und Entwicklungspsychologie noch nicht (und sie kannten auch einander nicht). Und obwohl das Werk von Teilhard und Whitehead ihrer Zeit weit voraus war, entstand es vor der bedeutsamen kulturellen Evolution, die durch die Emergenz der *Postmoderne* hervorgerufen wurde. Das Wort „postmodern" ist natürlich ein Schlachtfeld der Bedeutungen. Ich aber verwende diesen Begriff, um die allgemeine Stufe kultureller Evolution zu beschreiben, die in den letzten 50 Jahren als Alternative zur Moderne entstanden ist. Und ich werde dies alles in den folgenden Seiten noch weiter ausführen.

Wie wir sehen werden, konnte die integrale Philosophie in ihrer heutigen Form erst heute entstehen, da ihre Kraft auf einer Reihe wichtiger Erkenntnisse und Entwicklungen beruht, die erst vor kurzem entstanden sind. Heute ist Ken Wilber der bedeutendste Vertreter der integralen Philosophie, aber auch andere Denker fügen ihr wichtige Beiträge hinzu, wie zum Beispiel Don Beck. Eine Zusammenfassung der Ideen dieser Autoren und einen Überblick über die größere Traditionslinie der integralen Philosophie finden Sie im 7. Kapitel mit dem Titel „Die Begründer der integralen Philosophie".

Seitdem ich im Jahre 2001 mit dem Schreiben dieses Buches begann, habe ich es dreimal vollkommen umgeschrieben. Ein Grund dafür war, dass jedes Mal, wenn ich diese Weltsicht beschreiben wollte – um mein Wissen über das integrale Bewusstsein an andere weiterzugeben – mein Wissen immer mehr erweitert wurde. Das integrale Bewusstsein scheint also eine Art selbstorganisierendes dynamisches System mit einem eigenen Lebensimpuls zu sein. Die wachsende und neu entstehende Natur der integralen Weltsicht zeugt von ihrer Bedeutung nicht nur als Philosophie im herkömmlichen Sinne, sondern als ein neuer Referenzpunkt, eine neue Bewusstseinsstufe, die gerade erst zugänglich wird.

Das integrale Bewusstsein entsteht überall in der entwickelten Welt. Und seit ich vor fünf Jahren mit dem Schreiben begonnen habe, hat sich die integrale Bewegung immens entwickelt. Während ich dieses Buch schrieb, war ich in Kontakt mit integralen Praktikern auf fünf Kontinenten, hielt Vorträge vor größerem Publikum, beriet mich mit verschiedenen Organisationen, las Hunderte von Büchern, nahm an Konferenzen teil und habe über dieses Thema mit all meinen Kräften nachgedacht und mich hineingefühlt. Mir scheint es, dass ich seit nunmehr 10 Jahren in einem integralen Bewusstsein lebe und ich kann aus eigener Erfahrung sagen, dass es genau das ist, was es zu sein scheint: eine neue historisch bedeutsame Ebene der menschlichen Zivilisation.

Auch wenn ich eine akademische Ausbildung habe, bin ich kein Philosoph. Aber wie der amerikanische Autor Robert Pirsig bemerkt, verhalten sich die meisten professionellen Philosophen zur Philosophie, wie Kunstgeschichtler sich auf die Kunst beziehen. Akademische Philosophen sind hervorragend darin, bestehende philosophische Systeme zu verfeinern und auszuweiten, aber nicht immer so gut darin, eine neue Philosophie zu entdecken. Ich gebrauche den Begriff „Philosophie" sehr locker, aber im Allgemeinen stimme ich der Definition in den Wörterbüchern zu, die Philosophie als „die Untersuchung von Ursachen und Gesetzen, die der Wirklichkeit zugrunde liegen" beschreibt. Meine Herangehensweise an diese neue Philosophie wird deshalb mehr pragmatisch als akademisch sein.

Wie wir in diesem Buch sehen werden, entsteht das integrale Bewusstsein aus gelebten Werten, und wenn wir beginnen, die integrale Weltsicht sinnvoll anzuwenden, wird sie unvermeidlich unser inneres Leben und unsere äußeren Umstände gleichermaßen positiv beeinflussen. Die größere Perspektive und klareren Werte des integralen Bewusstseins enthalten die Kraft, höhere Ziele zu erreichen, die uns bisher nicht zugänglich waren. Tatsächlich ist auch dies ein unmittelbares Ergebnis der gesteigerten Energie und der neuen Fähigkeiten, die ich aus dieser neu entstehenden *Struktur der Geschichte* erhalten habe, die in unserer Zeit erscheint. Aber trotz meines Enthusiasmus für die Kraft dieses neuen Verständnisses von Evolution ist es meine Absicht, meine Betrachtungen in einer objektiven Perspektive zu halten. Obwohl ich sicher kein „neutraler Journalist" bin, der hier von einer interessanten Entwicklung berichtet, und obwohl ich sicherlich ein Befürworter der integralen Weltsicht bin, möchte ich sicherstellen, dass die integrale Philosophie, die ich beschreibe, in strenger Übereinstimmung mit wissenschaftlichen und historischen Tatsachen bleibt.

Besonders wichtig für meine Herangehensweise ist eine Haltung, die die integrale Philosophie frei von religiöser Beeinflussung hält. Obwohl integrale Philosophie eine starke spirituelle Komponente hat, ist ihre Spiritualität weit genug, um eine breite Vielfalt spiritueller Glaubenssätze zu beinhalten, denn es ist eines ihrer grundlegenden Ziele, die

Abhängigkeit von jeder Metaphysik zu minimieren. Wie die drei Beine eines Stuhles spielen Wissenschaft, Philosophie und Religion eine wichtige Rolle, um höhere Ebenen von Zivilisation zu unterstützen. Diese verschiedenen Wege zur Wahrheit beziehen sich auf bestimmte und nicht aufeinander reduzierbare Aspekte der menschlichen Erfahrung, die in jedem integralen Verständnis der Wirklichkeit berücksichtigt werden müssen. Und obwohl diese verschiedenen Bereiche sich gut ergänzen und unterstützen, müssen sie, wie die Beine eines Stuhles, voneinander getrennt gehalten werden – wenn sie zu nah zusammenkommen, fällt der Stuhl um. Das heißt, dass die Philosophie sich nicht nur auf das beschränken muss, was die Wissenschaft beweisen kann, sie sollte aber genauso wenig in einer Weise erweitert werden, dass Glaubenssätze oder Lehren berücksichtigt werden, die durch die Autorität eines spirituellen Lehrers oder religiöser Texte vertreten werden. Somit ist die integrale Philosophie von Wissenschaft und Religion beeinflusst, bleibt aber unabhängig von beiden.

Dieses Buch über integrale Philosophie bezieht das Werk von Hunderten anderer Autoren mit ein, trotzdem sind viele der Einsichten auf den folgenden Seiten neu. Aber ich bin überzeugt, Sie werden selbst sehen, dass das integrale Bewusstsein vielfältige Möglichkeiten für neue Entdeckungen bietet. Immer wieder in der Geschichte der Entstehung neuer Ebenen der Kultur waren es gewöhnliche Menschen, die einer neuen Wahrheit, einer neuen Schönheit und neuen Idealen der Moral zum Durchbruch verhalfen, die mit der Geburt einer neuen historischen Stufe einhergingen. Und wenn Sie die integrale Weltsicht verstehen und beginnen sie anzuwenden, werden Sie zweifellos selbst neue Einsichten entdecken. Genauso wie zur Zeit der Aufklärung, als aristokratische Amateure, ausgerüstet mit der wissenschaftlichen Methode, dazu fähig waren, neue bedeutende Entdeckungen über die natürliche Welt zu machen, können wir in dieser *Zweiten Aufklärung* ähnliche Entdeckungen erwarten, die uns ein neues Verständnis der sich entwickelnden menschlichen Kultur ermöglichen.

Tatsächlich ist der außergewöhnlichste Aspekt der integralen Philosophie ihre praktische Anwendbarkeit. Die integrale Philosophie wird immer stärker von Menschen angewendet, um wichtige Fortschritte im Familienleben, in der Wirtschaft, der Bildung, der Politik und vielen anderen Bereichen zu ermöglichen, in denen Evolution dringend notwendig ist. Aber letztendlich ist der nützlichste Aspekt der integralen Weltsicht, dass sie die Weite unseres Bewusstseins vergrößern kann. Wie dieses Buch zeigen wird, beinhaltet die integrale Weltsicht auch die Kraft höherer Bewusstseinszustände. Deshalb liegt der wichtigste Wert der integralen Philosophie in ihrer Methode und Praxis einer ständigen Entwicklung Ihres eigenen Bewusstseins und des Bewusstseins anderer Menschen. Die Entstehung der integralen Weltsicht ermöglicht uns also buchstäblich, *die Veränderung zu werden,* die wir in der Welt sehen wollen.

Obwohl die integrale Philosophie sehr praktisch und direkt anwendbar ist, kann sie auch recht konzeptuell und intellektuell herausfordernd sein. Um also dem Thema gerecht zu werden, habe ich das Buch in zwei Teilen geschrieben. Der erste Teil mit dem Titel „Die Grundlagen des integralen Bewusstseins" gibt eine Einführung und einen Überblick der anwendbaren integralen Philosophie und der neuen Weltsicht, die daraus hervorgeht. Wenn Sie also nur die 156 Seiten der Grundlagen lesen, bekommen Sie einen Geschmack von der Kraft der integralen Philosophie und Sie werden anfangen können, sie anzuwenden. Aber sobald Sie beginnen, die Welt durch die erhellende Linse des integralen Bewusstseins zu sehen, werden Sie wahrscheinlich auch dazu motiviert sein, die tieferen Aspekte zu entdecken, die im zweiten Teil mit dem Titel „Eine tiefere Betrachtung" beschrieben sind. Der zweite Teil untersucht die Grundlagen der integralen Philosophie und beschreibt die Spitze ihrer ständigen Weiterentwicklung. Er rechtfertigt und verteidigt die integrale Weltsicht, indem er Antworten auf Fragen gibt, die sich verständlicherweise skeptisch auf einige der Ansichten der integralen Theorie beziehen.

Die Grundlagen beginnen mit der Untersuchung des menschlichen Bewusstseins. Dies führt uns zu einer ausführlicheren Betrachtung dessen, was Teilhard die „Innenseite der Dinge" nannte – das *innere Universum,* in dem die Evolution sowohl von Bewusstsein als auch von Kultur stattfindet. Unsere Diskussion der Evolution wendet sich dann einer kurzen Untersuchung der wichtigen Beiträge der Systemwissenschaften für die integrale Philosophie zu. Mit diesen Grundlagen können wir den Kern des integralen Bewusstseins betrachten: die *erweiterte vertikale Perspektive* der natürlich entstehenden Ebenen des Bewusstseins und des dynamischen Metabolismus der Werte. Wir werden jede Bewusstseinsstufe, die in der menschlichen Geschichte entstanden ist, untersuchen und uns auch mit ihren bleibenden Beiträgen und hartnäckigen Pathologien beschäftigen. Wenn wir ein stabiles Verständnis der schon bestehenden Ebenen des Bewusstseins erreicht haben, können wir die nächste wichtige Bewusstseinsebene anschauen, die gerade am Horizont der Geschichte erscheint – die integrale Stufe von Bewusstsein und Kultur. Nachdem wir über die Natur des integralen Bewusstseins gesprochen haben, werden wir untersuchen, was ein integrales Leben und eine integrale Praxis bedeuten. Und in den letzten beiden Kapiteln der Grundlagen werden wir über die Implikationen des integralen Bewusstseins für Politik und Spiritualität sprechen. Ich konzentriere mich auf diese beiden Aspekte, weil ich glaube, dass hier die integrale Philosophie die größte Wirkung auf unsere Zivilisation entfalten wird. Nach den sechs Kapiteln des ersten Teils folgen die vier Kapitel der tieferen Betrachtung. Eine Einführung zu diesen Kapiteln gebe ich zum Beginn des zweiten Teils auf Seite 157.

Es ist immer eine große Investition, ein neues Buch zu lesen, und wie bei jeder Investition möchten wir wissen, was am Ende dabei herauskommt. Ich verspreche Ihnen, wenn Sie dieses Buch lesen und sich mit den darin besprochenen Ideen auseinandersetzen, wird sich Ihr Bewusstsein erweitern. Wie wir im Verlauf unserer Diskussion immer wieder sehen werden, bewirkt das Erkennen der Weltsicht des integralen Bewusstseins, dass neue Teile Ihres Gehirn „verdrahtet werden", und diese Zunahme von Bewusstsein ist wirklich eine ganz spürbare Erfahrung. Da natürlich die Erfahrung jedes Menschen einzigartig ist, kann ich Ihnen nicht sagen, wie genau Sie von dieser höheren Bewusstseinsebene profitieren werden – aber ich kann sagen, was sie bei mir bewirkt hat: Die Entwicklung einer integralen Weltsicht hat für mich dazu geführt, dass meine Wahrnehmung und das Spektrum meiner Erfahrungen größer und komplexer geworden sind; ich sehe jetzt Dinge, die ich zuvor nicht gesehen habe. Das integrale Bewusstsein hat mir einen Zuwachs an Lebensenergie gegeben, mehr Mitgefühl für andere, mehr persönliche Stärke und strategisches Wissen, und, vielleicht am wichtigsten, die integrale Philosophie hat mir gezeigt, wie ich an einer Entwicklungsmöglichkeit mitwirken kann, die die bedeutsamste unserer gegenwärtigen Zeit ist. Vielleicht mag das übertrieben klingen, aus meiner Sicht ist diese Beschreibung jedoch eine Untertreibung. Ich vertraue also darauf, dass Sie, wenn Sie die integrale Weltsicht geprüft haben, genauso inspiriert sind von dem unglaublichen Potenzial, das ihr innewohnt.

2. Kapitel

Das innere Universum

Das Thema Bewusstsein ist mindestens seit dem 17. Jahrhundert im Fokus intensiver Untersuchung vonseiten der Philosophie. Aber bis vor kurzem haben Wissenschaftler dieses Thema zum großen Teil vermieden, weil es ihren „quasi-religiösen Glauben an die metaphysischen Grundsätze des wissenschaftlichen Materialismus" in Gefahr zu bringen drohte. Das Bewusstsein passt nicht in das konventionelle wissenschaftliche Weltbild, weil es nicht materiell ist und die Tatsache, dass die „Wirklichkeit" des Bewusstseins von der Wissenschaft nicht ausreichend erklärt werden kann, brachte sie immer wieder in Verlegenheit. Aber ungefähr seit 1990 sehen wir durch Fortschritte in den Neurowissenschaften und besseren bildgebenden Verfahren einen richtigen „Bewusstseinsboom". Denn heute ist es Wissenschaftlern möglich, die Korrelationen zwischen Gehirnfunktion und menschlicher Erfahrung zu untersuchen. Obwohl diese Fortschritte in der Wissenschaft des Bewusstseins sicher begrüßenswert sind, haben sie doch meistens den Effekt, die Überzeugung wissenschaftlicher Materialisten zu unterstützen, dass jede menschliche Erfahrung schließlich allein materiell erklärbar sein wird.

Wenn Sie zum Beispiel John Searle von der University of California in Berkeley, einen der weltweit führenden Experten für Bewusstsein, besuchen und ihn fragen, was Bewusstsein sei, wird er Ihnen sagen, dass es einfach nur eine Funktion des menschlichen Gehirns ist. Professor Searle wird zugeben, dass viele Dinge über das Wesen des Bewusstseins unbekannt sind, aber er wird auch behaupten, dass es einen weitgehenden Konsens in der akademischen Welt darüber gibt, dass mentales Bewusstsein auf die physische Aktivität der Gehirnzellen reduziert werden kann. Und es ist nur eine Frage der Zeit, so wird er weiter ausführen, bis die Wissenschaft eindeutig erklären kann, wie Gehirnzustände die Empfindung von Bewusstsein erzeugen. Searle und seine Kollegen weisen die Idee zurück, dass der „Geist" [mind] getrennt oder auch nur verschieden von Materie sein könnte. Ihre Weltsicht dominiert heute die institutionelle Forschung sowohl über das Bewusstsein als auch über die Evolution.

Ungeachtet der neuerlichen Fortschritte in den Neurowissenschaften stehen die wissenschaftlichen Materialisten bei der Erforschung des Bewusstseins vor einem grundlegenden Problem – es wird als „Geist/Körper-Problem" bezeichnet und wird schon seit 300 Jahren als ein großes Dilemma gesehen. Hierbei geht es um die zweifellose Tatsache, dass wir alle eine direkte Erfahrung des Inhalts unseres eigenen Bewusstseins haben. Wir wissen, „wie es sich anfühlt", wir selbst zu sein, unsere Erfahrungen zu haben, unsere Gedanken zu denken und unsere Gefühle zu fühlen. Mehr noch, diese Empfindung von Selbstbewusstsein bringt ein bestimmtes Gefühl eines *Inneren* mit sich; jeder von uns hat eine Fülle von Erfahrungen der großen Tiefe unserer eigenen Subjektivität. Aber von einem Standpunkt aus, der alles als materiell und objektiv betrachtet, ist die erfahrene Qualität von Subjektivität schwer zu erklären. Aus der Perspektive der integralen Weltsicht wird das Geist/Körper-Problem aber als ein Rätsel erkannt, das nur durch die Einschränkungen materialistischer Metaphysik entsteht. Das heißt, die Idee, dass das Universum rein materiell ist, dass alle Phänomene auf die physikalischen Gesetze reduziert werden können, ist selbst zutiefst metaphysisch, denn es ist letztendlich eine Annahme, an die man glauben muss. Mit der Entwicklung der Wissenschaft wird immer klarer, dass der Materialismus ein Glaubenssystem ist und genauso allumfassend, wie ein Glaubenssystem, das behauptet, Gott habe die Welt in sechs Tagen erschaffen. Und genauso wie sich die metaphysischen Annahmen des Kreationismus als falsch erwiesen haben, so auch die Metaphysik des *Szientismus* – das materialistische Glaubenssystem, das ein Teil der institutionellen Wissenschaftskultur geworden ist.

Viele von Ihnen mögen kein Problem mit dieser Ablehnung des Materialismus haben, die ich im letzten Absatz vorgebracht habe. Für viele ist die Absurdität des Szientismus offensichtlich. Aber für viele andere sensible und intelligente Menschen muss eine realistischere Erklärung der Realität noch gefunden werden. Prämoderne Kosmologien sind eindeutig mythisch und, wie wir sehen werden, sind die meisten postmodernen Kosmologien ohne Zusammenhang. Trotz ihrer Einschränkungen hat die Weltsicht der Wissenschaft viel zur Entwicklung der Menschheit beigetragen und hat enormes Licht in unsere Welt gebracht. Sie muss also ernst genommen werden – sie muss von der integralen Philosophie gewürdigt und mit einbezogen werden, wenn die integrale Weltsicht die bedeutsame kulturelle Evolution hervorbringen will, die sie verspricht. Um zu einem größeren Verständnis unserer Welt zu kommen, müssen wir heute Wege finden, um über die Begrenzungen der wissenschaftlichen Weltsicht hinauszugehen. Aber wir müssen gleichzeitig ihren klaren Realismus und ihre offensichtliche Kraft einbeziehen. Zum Glück tut die integrale Philosophie genau das – sie *transzendiert und bezieht ein.* Sie arbeitet wie die Evolution selbst, indem sie das Beste aller Entwicklungen mitnimmt und das Schlechteste zurücklässt. Und die Aufgabe, sowohl den Materialismus der Moderne als auch den Relativismus der Postmoderne zu transzendieren und einzubeziehen, muss durch die integrale Philosophie richtig und gründlich angegangen werden. Im Laufe dieses Buches, besonders im 4. und 8. Kapitel, werden wir sehen, wie die integrale Weltsicht die Begrenzungen dieser früheren Weltsichten überwindet und gleichzeitig ihre bleibenden Verdienste für die menschliche Zivilisation bewahrt.

Aber nehmen wir einmal an, Sie beharren nicht darauf, dass das Bewusstsein nichts weiter ist als die elektrische Aktivität in Ihrem Gehirn. Dann sind wir in der Lage, unsere Diskussion über die Natur des Bewusstseins auszuweiten. Zuallererst können wir eine einigermaßen sichere kurze Definition des menschlichen Bewusstseins so beginnen: Menschliches Bewusstsein ist unsere Erfahrung unserer Wahrnehmung, die aus Gefühlen, Gedanken, Absichten und unserem persönlichen Empfinden von Identität besteht.

Obwohl Bewusstsein sicher real ist, ist es keine *Substanz* – das Bewusstsein ist kein „Ding". Aber es ist auch mehr als eine „klare Leerheit", in der einfach nur sichtbar wird, was es enthält. Das Bewusstsein ist die subjektive Präsenz jeder lebenden Person – eine Präsenz, die durch den unvermeidlichen Tod so kostbar wird. Bewusstsein wird nicht nur durch den biologischen Träger, sondern auch durch die Kultur, in der es lebt, gebildet und aufrechterhalten. Unser Körper „trägt" unser Bewusstsein von außen und unsere Kultur „trägt" unser Bewusstsein von innen. Wie wir sehen werden, bedingen die Entwicklung des Bewusstseins und die Entwicklung der Kultur einander, und deshalb verstehen wir ihre interaktive Koevolution am besten, wenn wir sie als Ganzes anschauen.

Nun geht es beim Bewusstsein natürlich um mehr als um menschliches Bewusstsein. Tatsächlich kann man dasjenige Verständnis von Bewusstsein als am weitesten fortgeschritten bezeichnen, welches erkennt, dass primitive Formen des Bewusstseins „bis weit hinunter reichen", dass also das Bewusstsein das ganze Universum durchdringt und im Herzen jeder natürlich entstehenden Organisationsform im Universum gefunden werden kann. Deshalb ist menschliches Bewusstsein mit allen anderen Formen von Bewusstsein verbunden. Gleichzeitig ist das menschliche Bewusstsein auch anders als alle anderen Formen von Bewusstsein, die wir kennen, denn das menschliche Bewusstsein hat die

Fähigkeit gezeigt, sich in einer Art und Weise zu entwickeln, die nicht allein von der gleichzeitigen Evolution der ihr zugrunde liegenden Biologie abhängt. Und diese einzigartige Fähigkeit des menschlichen Bewusstseins, die Richtung seiner eigenen Evolution zu bestimmen, interessiert die integrale Philosophie besonders.

Die Evolution des Bewusstseins

Durch die Errungenschaften der Wissenschaft können wir heute ein relativ vollständiges Bild von der Geburt und Entwicklung des physischen Universums zeichnen. Wenn wir die wissenschaftliche Beschreibung des Universums anschauen (und alle Gedanken über die letztendliche Herkunft oder Zukunft dieser kreativen Entfaltung beiseitelassen), können wir im Verlauf der Evolution, ausgehend vom Urknall und lange vor dem Erscheinen des Lebens, sehen, wie sich Materie in immer komplexer werdenden Zusammenhängen anordnete. Dies führte schließlich zur Bildung unseres Sonnensystems und unseres Planeten. Wir können zum Beispiel sehen, dass die Struktur des Periodensystems der Elemente eine Biografie unbelebter Materie ist, wie sie sich durch die aufeinanderfolgenden Stufen zunehmender Komplexität bewegt. Nachdem sich unser Planet geformt hatte, setzte sich die materielle Evolution fort, bis sie schließlich die dramatische Emergenz namens *Leben* hervorbrachte.

Mit dem Erscheinen des Lebens zeigte die Evolution neue Fähigkeiten. Das Leben nutzte neue Methoden der Entwicklung und evolvierte mit höherer Geschwindigkeit als die Materie. Und Leben wurde immer besser organisiert und zunehmend komplexer, bis es etwas hervorbrachte, dass wir heute als die dramatische Emergenz des menschlichen Bewusstseins erkennen können.

Die evolutionäre Neuheit des Menschen war kein biologischer Durchbruch. Tatsächlich waren die biologischen Unterschiede zwischen den frühen Menschen und ihren direkten tierischen Vorfahren kaum sichtbar. Der evolutionäre Sprung, der das Erscheinen des Menschen bedeutete, war *innerlich* – es geschah durch die Entstehung einer dramatisch neuen Form von *Selbst-Bewusstsein*. Dieses Selbstbewusstsein, das sich des Bewusstseins bewusst wurde, entstand nur beim Menschen. Die Emergenz dieser neuen Fähigkeit zur Selbstreflexion im Menschen kennzeichnet den Beginn eines Bereiches der Entwicklung, den wir als kulturelle Evolution bezeichnen. Dieser evolutionäre Durchbruch wird von Teilhard de Chardin sehr gut mit den folgenden Worten beschrieben:

> Das Wesen, das das Subjekt seiner eigenen Reflexion ist, wird durch dieses Schauen seiner selbst mit einem Schlag dazu fähig, sich in eine neue Sphäre zu erheben. In Wirklichkeit wird eine neue Welt geboren. Abstraktion, Logik, Entscheidungen und Erfindungen der Vernunft, Mathematik, Kunst, Berechnung von Raum und Zeit, Ängste und Träume der Liebe – all diese Aktivitäten des inneren Lebens sind nichts anderes als das Aufschäumen dieses neu gefundenen Zentrums, wenn es in sich selbst überfließt. ... Von da an ist es einfach herauszufinden, wo wir in der gesamten Biosphäre nach Zeichen desssen, was wir erwarten können, suchen müssen. Wir wissen schon, dass überall die aktiven phyletischen [stammesgeschichtlichen, Anm. d. Ü.] Linien sich in der Wärme mit dem Bewusstsein verbinden, um den Gipfel ihrer Vereinigung zu erreichen. Aber in einer gut sichtbaren Region im Herzen der Säugetiere, in denen die kraftvollsten Gehirne entstanden, die die Natur je hervorgebracht hat, wird diese phyletische Linie siedend heiß. Und genau im Herzen dieser Glut brennt an einem genau lokalisierbaren Punkt ein leuchtendes Feuer. Wir dürfen diese von der Dämmerung tiefrot gefärbte Linie nicht aus den Augen verlieren. Nach Tausenden von Jahren unter dem Horizont bricht an einem genau lokalisierbaren Punkt eine Flamme hindurch. Das Denken ist geboren.

Die besondere Bedeutung des menschlichen Bewusstseins wird heute von einigen wissenschaftlichen Materialisten und postmodernen Intellektuellen kritisiert, die solch ein Denken oft als „spezies-zentrisch" bezeichnen. Die integrale Philosophie hingegen erkennt die Tatsache an, dass sich das menschliche Bewusstsein von anderen Formen des uns bekannten Bewusstseins unterscheidet. Sie erkennt, dass die Entstehung des menschlichen Bewusstseins einen genauso bedeutenden Durchbruch darstellt wie die erste Emergenz des Lebens aus unbelebter Materie – denn menschliches Bewusstsein ist einzigartig in seinem Selbstbewusstsein.

Warum bedeutet dieses Selbstbewusstsein des Menschen solch einen Unterschied? Weil mit dem Selbstbewusstsein die Fähigkeit einhergeht, den evolutionären Prozess mitzubestimmen. Durch Selbstreflexion haben Menschen die einzigartige Fähigkeit, sich selbst perspektivisch wahrzunehmen und sich im großen Kontext der Evolution zu sehen. Und daraus entstehen – im Gegensatz zu unseren tierischen Verwandten

– sowohl der Wunsch als auch die Fähigkeit, die eigenen Lebensbedingungen zu verbessern. Und Generation für Generation haben die Menschen ihre Lebensbedingungen verbessert.

Die evolutionäre Bedeutung des menschlichen Bewusstseins wird in der mittlerweile offensichtlichen Tatsache einer globalen menschlichen Kultur klar ersichtlich. Die Entwicklung der Komplexität der kulturellen Strukturen des Menschen ist jenseits allen Zweifels. Und wie der vorherige evolutionäre Durchbruch, den wir in der Entstehung des Lebens sehen konnten, gehen mit der Entstehung der menschlichen Kultur neue Methoden der Entwicklung und eine höhere Geschwindigkeit des Fortschritts einher. Genauso wie sich das Leben schneller als die unbelebte Materie entwickelt, verläuft auch die Entwicklung des menschlichen Bewusstseins und der menschlichen Kultur schneller als die Evolution des Lebens. Aber auch wenn die Entstehung des menschlichen Bewusstseins und der menschlichen Kultur einen neuen Bereich evolutionären Fortschritts darstellt, sind doch die Methoden, Gewohnheiten und Gesetze der Evolution weiterhin gültig. Tatsächlich bezieht die integrale Philosophie viel von ihrer Kraft durch ihre Fähigkeit zu erkennen, wie die Wirkkräfte der Evolution das menschliche Bewusstsein und die menschliche Kultur in einer ganz ähnlichen Weise beeinflussen, wie sie auch die Entwicklung von Materie und Leben beeinflussen.

Nun, wir stimmen vermutlich alle darin überein, dass sich die menschliche Zivilisation entwickelt hat. Ob das aber allein schon wirkliche Evolution beinhaltet, werden wir weiter unten diskutieren. Aber Sie fragen vielleicht: Was für Beweise gibt es eigentlich dafür, dass sich das menschliche Bewusstsein seit dem Erscheinen des *Homo sapiens* vor 40.000 Jahren entwickelt hat? Wissenschaftler stimmen darin überein, dass die Biologie des menschlichen Gehirns in den letzten 10.000 Jahren nur wenige Zeichen struktureller Entwicklung gezeigt hat. Die Größe des Gehirns und die allgemeine DNA der Menschen, die während der letzten Eiszeit lebten, sind im Prinzip mit derjenigen des heutigen Menschen identisch. Aber obwohl es praktisch keine biologische Entwicklung gegeben hat, gab es aber bedeutsamen Fortschritt in einem Bereich, der am besten als Evolution des menschlichen Geistes beschrieben werden kann. In den entwickelten Ländern übersteigt die Menge und Komplexität der Informationen – die reine Anzahl von Worten und Bildern –, die heute von einem gewöhnlichen Bürger verarbeitet wird, bei weitem die Menge von Informationen, mit der unsere prähistorischen Vorfahren zurechtkommen mussten. Und ein moderner Mensch ist sich nicht nur einer größeren Menge von Information bewusst, sondern er ist sich auch feiner Qualitätsunterschiede bewusst, die seinen Vorfahren entgangen wären. Der Geruchssinn oder die Fähigkeit, die Spuren von Tieren zu deuten, mag bei einem modernen Menschen weniger ausgeprägt sein als bei seinen Vorfahren, aber seine Fähigkeit, die Myriaden verschiedenen Formen ästhetischer Erfahrung, die uns heute zugänglich sind, zu unterscheiden, ist zweifellos komplexer – die Verfügbarkeit von Nahrung, Musik, Kunst, Medien, Reisen und Technologie geben uns eine Breite und ein Maß von Wahlmöglichkeiten, die in bedeutender Weise größer sind als bei den Menschen der Steinzeit. Zudem haben gebildete moderne Menschen eine konzeptuelle Fähigkeit, die wir bei den Menschen der Stammesgesellschaften nicht finden. Moderne Menschen können über sich selbst und ihre Gesellschaft aus einer großen Perspektive nachdenken, die Menschen der Steinzeit eindeutig nicht zugänglich war.

Woher wissen wir das? Wie können wir mit Sicherheit sagen, dass das Bewusstsein des modernen Menschen „weiterentwickelter" ist als das Bewusstsein eines Menschen, der 8000 v. Chr. lebte? Nun, wie wir noch weiter im 3. Kapitel über die „Stufen von Bewusstsein und Kultur" diskutieren werden, haben zahlreiche Studien, die auch ausführliche Interviews mit heutigen Eingeborenen und Menschen aus Stammesgesellschaften beinhalten, gezeigt, dass ihr Denken und ihre Wahrnehmung zum großen Teil „repräsentativ" sind, dass also die Wörter, die sie verwenden, sich nur auf einzelne Objekte beziehen, nicht auf ganze Kategorien oder größere, allgemeinere Formen von Phänomenen. Wie aussagekräftige Forschungen gezeigt haben, ist das Bewusstsein der meisten Menschen aus Stammesgesellschaften nicht fähig, in Syllogismen oder logischen Typen zu denken. Vergleiche zwischen Objekten werden nur auf der Basis physischer Attribute getroffen und funktionale oder konzeptuelle Ähnlichkeiten werden weitestgehend ignoriert. Diese Untersuchungen besagen nicht, dass es Unterschiede in der Biologie oder der Rasse zwischen den Menschen gibt, die „in verschiedenen Zeitaltern der Geschichte" leben, aber sie zeigen, dass es bedeutende, messbare Unterschiede in der Entwicklung ihrer jeweiligen Bewusstseinsstufen gibt.

Wie geschieht das? Wie kann unser Geist sich entwickeln, ohne dass sich unser Gehirn entwickelt? Wie schon angemerkt, hat ein Neugeborenes heute so ziemlich die gleichen biologischen Voraussetzungen wie ein Neugeborenes, das vor 10.000 Jahren geboren wurde. Aber ein Kind, das in einem entwickelten Land aufwächst, wird in der Lage sein, auf den Schultern der Giganten der Geschichte zu stehen, und bis zum Abschluss des Studiums das gesamte Wissen der letzten 5000 Jahre menschlicher kultureller Evolution in sich aufzunehmen. Der offensichtliche Grund, warum das Bewusstsein moderner Menschen messbar weiter entwickelt ist als das unserer prähistorischen Vorfahren, liegt darin, dass die Errungenschaften jeder Generation erhalten geblieben sind und durch Entwicklung von Sprache, Kunst oder Technologie weitergegeben wurden. Wenn sich die menschliche Kultur entwickelt, evolviert auch das Bewusstsein.

Die integrale Philosophie erkennt, dass sich die Evolution des menschlichen Bewusstseins in einem ganz bestimmten „Bereich der Evolution" vollzieht, der sich von der Biologie unterscheidet. Und das zeigt sich daran, dass das Innere eines Menschen (sein Bewusstsein) sich entwickeln kann, ohne dass das Äußere des Menschen (seine Biologie) sich entwickelt. Obwohl es messbare Unterschiede in der neurologischen Aktivität (elektrische Erregung) zwischen dem Gehirn von primitiven oder modernen Menschen gibt, ist doch die biologische Struktur im Grunde die gleiche. Vor dem Erscheinen des Menschen entwickelten sich der innere Geist und das äußere Gehirn eines Lebewesens immer gleichzeitig. Damit ein Tier intelligenter wurde, musste es sich biologisch entwickeln. Aber mit dem Erscheinen des Menschen wurde der innere Bereich des Bewusstseins teilweise von seinen biologischen Begrenzungen befreit und ist nun zu einer völlig neuen Form von mentaler, emotionaler und spiritueller Evolution fähig. Das Wichtige dieser Entwicklung geschieht im Bewusstsein und in der Kultur; es geschieht in einem Bereich, der am besten als das *innere Universum* beschrieben wird.

Die „Innenseite der Dinge"

Wenn wir über die Evolution von Steinen und Planeten oder die Evolution von Lebensformen sprechen, dann sprechen wir über die Entwicklung sichtbarer materieller Strukturen. Wenn wir aber über die Evolution von Kultur und Bewusstsein sprechen, dann sprechen wir über eine Entwicklung, die zum großen Teil nicht sichtbar ist. Wir können sicher äußere Manifestationen dieser Entwicklungen sehen, wie Veränderungen im Verhalten oder höhere Gebäude. Aber nach der integralen Philosophie ist ein großer Teil dessen, was sich entwickelt, innerlich.

Ich benutze das Wort „innerlich", um auf etwas hinzuweisen, was man vielleicht als „Orte" innerhalb des subjektiven Bewusstseins und der intersubjektiven Kultur bezeichnen könnte (was ich weiter unten noch ausführen werde). Wie ich schon angemerkt habe, haben wir alle eine direkte Erfahrung der Innerlichkeit unseres eigenen Geistes. Wir benutzen Redewendungen wie „in meinem Kopf" oder „in meinem

Herzen". Die Erfahrung eines inneren Lebens ist grundlegend für unsere Erfahrung des Menschseins. Aber hinter dieser allgemeinen Vorstellung einer objektiven Außenwelt und einer subjektiven Innenwelt steht ein wichtiges Kapitel der Geistesgeschichte.

Heute nehmen wir die Vorstellung „objektiver Tatsachen" und „subjektiver Einstellungen" als gegeben hin. Aber es gab eine Zeit in der Geschichte, als die meisten Menschen nicht in dieser Unterscheidung zwischen objektiv und subjektiv dachten. Es war das französische Genie René Descartes, der im 17. Jahrhundert dieses Denken systematisierte. Descartes hinterfragte die Beziehung zwischen einem physischen Körper und einem nicht-physischen Bewusstsein und als Antwort auf seine Fragen kam er zu der Vorstellung, dass zwischen dem physischen Körper und dem nicht-physischen Bewusstsein ein radikaler Unterschied bestände. Nach Descartes sind Geist und Materie verschiedene Entitäten, die aus ganz verschiedenen Substanzen bestehen – die Materie war für ihn natürlich, der Geist war für ihn übernatürlich. Diese Unterscheidung stellte sich zunächst als sehr hilfreich heraus. Die Denkrichtung, die Descartes einschlug, gab den Europäern eine neue „objektive" Sicht der Welt. Sobald Geist und Materie getrennt waren, konnte die objektive Welt wissenschaftlich untersucht werden, sie konnte aus der Perspektive eines äußeren Beobachters studiert werden. Wahrscheinlich mehr als jeder andere, hat Descartes die wissenschaftliche Revolution ausgelöst, die zu dem führte, was wir heute als *Moderne* bezeichnen. Die Emergenz der Moderne im 17. Jahrhundert konstituierte eine neue Stufe oder Ebene des Bewusstseins. Wie wir auf den folgenden Seiten sehen werden, brachte das „moderne Bewusstsein" eine neue Sicht der Dinge mit sich; es bot neue Werte und eine Weltsicht, die sich von der mythologischen Weltsicht des mittelalterlichen Christentums unterschied, die ihr vorausging.

Die moderne Weltsicht, deren Pionier Descartes war, erlaubte es dem Menschen, die Welt neu zu sehen und ermöglichte neue Entdeckungen im äußeren Universum. Durch die Linse dieser neuen Philosophie konnten die frühen modernen Denker zum ersten Mal die Dinge wissenschaftlich betrachten. Und diese neue Sichtweise, diese neue wissenschaftliche Methode, führte schließlich zu nie da gewesenem materiellen Fortschritt. Die befreiten Geister der Moderne brachten „atemberaubende und überall spürbare Resultate" hervor, wie es der Historiker Richard Tarnas bezeichnet. Es ist also wichtig, sich dieses Kapitel der Geschichte genau anzuschauen, denn es sagt uns einiges darüber, was heute passiert. Genauso, wie die Emergenz der Moderne durch ihr Verstehen und ihre Beherrschung des *äußeren* Universums eine kulturelle

Evolution hervorrief, werden wir bald sehen, wie die Emergenz der integralen Weltsicht durch ihr Verstehen und ihre Beherrschung des *inneren* Universums in gleicher Weise eine dramatische kulturelle Evolution mit sich bringen wird.

Wie ich noch ausführlicher im 8. Kapitel mit dem Titel „Der integrale Wirklichkeitsrahmen" beschreiben werde, wird heute Descartes' Unterscheidung zwischen Geist und Materie (mittlerweile bekannt als Dualismus) von den Materialisten weitgehend verworfen, die der Ansicht sind, dass der Geist nur ein Aspekt der Materie ist. Weil die integrale Weltsicht die wissenschaftliche Weltsicht transzendiert und einbezieht, sieht es die Probleme des Dualismus und vermeidet deshalb, eine naive Rückkehr zu dieser Sichtweise vorzuschlagen. Nach der integralen Philosophie besteht unsere Wirklichkeit nicht aus einer natürlichen und einer übernatürlichen Welt – das Äußere und das Innere sind beide im Grunde natürlich. Aber obwohl das Innere und Äußere als verschiedene Phasen des gleichen Prozesses erkannt werden, besteht dieser Prozess nicht nur aus Teilchen oder Materie.

Wie die Evolution des Bewusstseins, so hat auch die Evolution der menschlichen Kultur ein Inneres und ein Äußeres. Auf der Außenseite der kulturellen Evolution finden wir die äußeren Artefakte der Zivilisation – dazu gehören die Entwicklung von Wörtern und Sprachen, Werkzeugen und Technologien, Kunst und Architektur und Organisationsformen wie zum Beispiel Regierungen. Diese von Menschen geschaffenen Artefakte sind die äußeren Manifestationen der kulturellen Evolution. Aber diese Artefakte der Zivilisation sind offensichtlich keine lebenden Systeme; sie sind abhängig von den darunterliegenden menschlichen Beziehungen, die ihnen erst Leben geben. So haben zum Beispiel Wörter keine Bedeutung, wenn es nicht eine Übereinstimmung zwischen mindestens zwei Menschen darüber gibt, was diese Wörter bedeuten. Und wenn es keine Übereinkunft über gemeinsame Werte in einer menschlichen Zivilisation gibt, dann wird diese in der Regel nicht bestehen können.

Wenn wir uns die menschliche Kultur ansehen und fragen: „Was entwickelt sich hier eigentlich?", dann können wir erkennen, dass es im Grunde die Qualität und die Quantität menschlicher Verbundenheit ist. Das nimmt die Form gemeinsamer Werte und Erfahrungen, Übereinkünfte, Beziehungen und Gruppen von Beziehungen an. Daraus bildet sich etwas, das wir vielleicht als die Organismen der kulturellen Evolution bezeichnen können.

Dieser kulturelle Bereich der Evolution, den ich jetzt beschreibe, ist als das *Intersubjektive* bekannt – es existiert also zwischen Subjekten. Und diese Übereinkünfte und Beziehungen, welche die Strukturen der kulturellen Evolution sind, existieren im inneren Universum. Das heißt, die Substanz der menschlichen Beziehungen sind die Erfahrungen in unserem Geist und im Geist der anderen Menschen. Beziehungen haben ihre Existenz im inneren Raum „zwischen uns", nicht nur in unserem Geist oder dem Geist derjenigen, mit denen wir in Beziehung sind, sondern gleichzeitig innerhalb unseres Geistes und oft auch zur gleichen Zeit. Diese Beziehungsstrukturen sind teilweise unabhängig von unserem individuellen subjektiven Bewusstsein, aber gleichzeitig sind sie innerlich und unsichtbar.

Wenn wir über die Vorstellung eines inneren und äußeren Universums nachdenken, scheinen beide nicht übereinzustimmen. Das äußere Universum ist groß und erstreckt sich bis an die unbekannten Grenzen von Raum und Zeit. Die objektive Welt „da draußen" scheint so viel größer und bedeutsamer zu sein, als die subjektive Welt „in meinem Kopf". Und wenn man es aus dieser Perspektive anschaut, scheint es nicht verwunderlich, dass Wissenschaftler, die sich auf das objektive Universum konzentrieren, das nicht-physische innere Phänomen des Bewusstseins oft als „nur subjektiv" bezeichnen. In der modernen Weltsicht haben objektive Dinge einen weit höheren Grad von Wirklichkeit und Bedeutung als subjektive. Wenn wir aber unsere Vorstellung des inneren Universums erweitern, sodass es nicht nur den subjektiven Bereich des individuellen Bewusstseins, sondern auch den intersubjektiven Bereich der Beziehungen und der menschlichen Kultur als Ganzes umfasst, beginnt das innere Universum schon substanzieller auszusehen. Und es ist wichtig, zu wissen, „wo" die inneren Strukturen der kulturellen Evolution existieren. Diese Systeme menschlicher Beziehungen sind nicht „in der Luft", noch sind sie nur in unserem Geist. Sie existieren im intersubjektiven Bereich des inneren Universums.

Die Vorstellung eines intersubjektiven Bereichs der Evolution kann manchmal schwer zu verstehen sein, aber eine Möglichkeit, ihre Bedeutung zu erkennen, besteht darin, zu fragen: Was ist wirklich? Also, Objekte sind wirklich, Beziehungen sind wirklich. Und tatsächlich, wenn Menschen mit dem Tod konfrontiert sind, fürchten sie den Verlust ihrer Beziehungen – getrennt zu sein von denjenigen, die sie lieben –, das ist es, was wir am meisten fürchten. Beziehungen haben einen bestimmten ontologischen Status – sie sind genauso wirklich wie alles andere auch. Der Unterschied zwischen einer realen intersubjektiven Beziehung und einer, die wir uns nur vorstellen (und die deshalb nur subjektiv ist), liegt darin, dass reale Beziehungen uns in einer Weise beeinflussen, die wir nicht vorherbestimmen oder kontrollieren können. Wirkliche Beziehungen bewegen uns. Und die Beziehungen, die wir im intersubjektiven Bereich finden können, beinhalten mehr als unsere persönlichen Beziehungen zu unserer Familie, unseren Freunden und Kollegen, sie umfassen auch etwas, das wir als „indirekte" Beziehungen bezeichnen können – Beziehungen mit Autoren, Künstlern, Musikern und Persönlichkeiten der Öffentlichkeit, die wir verehren, seien sie noch am Leben oder schon gestorben.

Indirekte Beziehungen können örtlich oder zeitlich entfernt sein – sie bedingen keinen direkten Kontakt oder direkte Kommunikation – trotzdem können solche Beziehungen für unser Bewusstsein sehr bedeutsam sein. Sinnvolle Beziehungen müssen nicht direkt und persönlich sein, um uns zu bewegen; wir können mit unseren Helden in sinnvollen Beziehungen sein, indem wir einfach erlauben, dass ihre Worte, Handlungen oder ihre Kunst direkt und in der Gegenwart mit uns kommuniziert. Sobald Kommunikation stattfindet (und sei es nur von einer Seite), dann gibt es Beziehung.

Ein kürzliches Beispiel dafür, wie kulturelle Evolution durch die Entwicklung indirekter intersubjektiver Beziehungen hervorgerufen wurde, ist der wichtige Einfluss, den Bob Dylans Musik in den 60er Jahren hatte. Als Dylan „The Times They Are a-Changin" sang, „saß er hinter Millionen Augen und sagte ihnen, was sie sehen". Seine Musik brachte Menschen dazu, auf einer tiefen Ebene von Empfindung mit ihm übereinzustimmen, und jene, die gemeinsam Dylans Publikum formten, fanden sich in einer indirekten Beziehung miteinander in eben dem Maße, wie sie tief berührt waren. Die Schönheit und Wahrheit, die durch die Musik von Dylan und anderen Musikern der 60er Jahre zum Ausdruck gebracht wurde, brachte eine Solidarität des Verstehens hervor, die dabei half, eine neue Kultur entstehen zu lassen. Wir können die Bedeutung dieser indirekten Beziehungen in der kulturellen Evolution verstehen, wenn wir erkennen, dass alle kulturell bedeutsamen Werke Formen der Kommunikation sind, und dass die Wahrnehmung dieser Kommunikation immer eine intersubjektive Beziehung zwischen dem Empfänger und dem Menschen oder der Gruppe schafft, von der die Kommunikation ausgeht.

Wenn wir die Realität evolutionärer Entwicklung nicht nur im objektiven äußeren Universum und dem subjektiven Inneren des Bewusstseins erkennen, sondern auch im intersubjektiven Bereich der Beziehungen, begründet das eine wichtige neue Sichtweise. Und genauso, wie Descartes' Vision der Objektivität der äußeren Realität neue Möglichkeiten für den menschlichen Fortschritt brachte, so ermöglicht auch die integrale Philosophie eine neue Sichtweise, indem sie zeigt, wie Intersubjektivität (zusammen mit Subjektivität) das innere Universum ausmacht. Die Idee intersubjektiver Evolution wird weit mehr als eine unklare Abstraktion, wenn wir beginnen, die Anwesenheit lebender Systeme im intersubjektiven Bereich zu sehen, wie sie in der Realität menschlicher Beziehungen zum Ausdruck kommen. Und wie wir weiter unten untersuchen werden, wird diese Vision von Beziehungen durch die integrale Weltsicht untermauert, indem sie die neuesten Erkenntnisse der Systemwissenschaften berücksichtigt. Wie wir noch sehen werden, ist es dieses neue Verständnis der Systeme kultureller Evolution, durch das die integrale Philosophie die Fähigkeit gewinnt, die Situation der menschlichen Gesellschaft in allen Bereichen positiv zu beeinflussen.

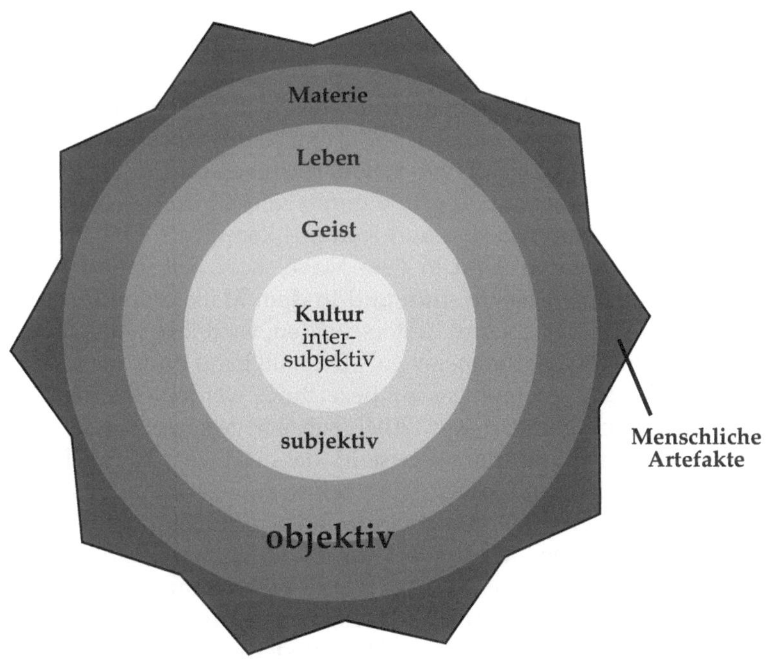

Bild 2-1: Die Grundtypen der evolutionären Entwicklung innerhalb der essentiellen Bereiche der Evolution.

Das Diagramm in Bild 2-1 illustriert die nestförmige Natur der inneren Bereiche der Evolution. Die konzentrischen Kreise zeigen, wie das Leben aus dem Inneren der Materie emergierte, wie Bewusstsein aus dem Inneren des Lebens emergierte und wie die Kultur sich sozusagen im Inneren des Bewusstseins entwickelt, durch die Beziehungen, die wir im inneren Bereich finden, der „zwischen" dem Bewusstsein von Individuen existiert. Bild 2-1 zeigt auch menschliche Artefakte im objektiven Bereich (wie Sprachen, Technologien, Kunst, Architektur usw.), denn obwohl Artefakte keine natürlichen evolutionären Systeme sind, sind sie doch bedeutend in der Art und Weise, wie ihre Entwicklung die intersubjektive Evolution der Kultur objektiviert. Dieses Diagramm zeigt all die verschiedenen Arten der Evolution – die chemische und geologische Evolution der Materie, die biologische Evolution des Lebens, die persönliche Evolution des Bewusstseins, die kollektive Evolution der Kultur und die damit korrespondierende Entwicklung materieller Artefakte. Bild 2-1 zeigt auch, wie diese verschiedenen Arten von Evolution in drei verschiedene Kategorien eingeordnet werden können: objektiv, subjektiv und intersubjektiv. Diese drei großen Bereiche der Evolution nennt Ken Wilber „das ES, das ICH und das WIR" – objektiv, subjektiv und intersubjektiv oder in einfachen Worten: Natur, Selbst und Kultur.

Die Erklärung eines sich entwickelnden Universums durch die integrale Philosophie, die auf der Erkenntnis dieser drei evolutionären Bereiche beruht – Natur, Selbst und Kultur – könnte als eine Art Metaphysik kritisiert werden. Und in dem Maße, wie „Selbst und Kultur" keine beobachtbaren Objekte sind, und in dem Maße, wie diese Wirklichkeiten sich von der „Natur" unterscheiden, wird ihre Untersuchung immer „über die Physik hinausgehen". Deshalb kann die Untersuchung dieser Bereiche als „metaphysisch" bezeichnet werden, so wie dieses Wort ursprünglich gemeint war. Aber wie wir gesehen haben, ist ein Wirklichkeitsrahmen, der darauf besteht, dass es nichts Wirkliches jenseits der physikalischen Gesetze gibt, selbst zutiefst metaphysisch. So sehr wir es auch vermeiden möchten, wenn wir Fragen über die Natur des Universums stellen – wenn wir Fragen über die wirkliche Natur der Evolution stellen – können wir Metaphysik nicht vermeiden. Ob unser Standpunkt durch prämoderne Mythologie, den Dualismus der frühen Moderne, den Materialismus der späten Moderne, postmodernen Subjektivismus oder die integrale Erkenntnis objektiver, subjektiver und intersubjektiver Bereiche beeinflusst ist, immer ist er eingebettet in Annahmen, die im Grunde metaphysisch sind. Aber die Vorstellung von objektiven, subjektiven und intersubjektiven Bereichen der Evolution erscheint weit weniger metaphysisch, wenn wir erkennen, dass diese Kategorien einfach Beschreibungen der verschiedenen Formen von Evolution sind. Es gibt eine Evolution der Materie, es gibt eine Evolution des

Lebens und es gibt eine Evolution des Bewusstseins und es gibt eine Evolution der menschlichen Geschichte und diese verschiedenen Formen evolutionärer Aktivität geben diesen Kategorien ihre Wirklichkeit.

Obwohl wir also Metaphysik nicht völlig vermeiden können, sollten wir unser metaphysisches Verständnis doch ständig durch Beobachtung und Diskussion verfeinern. Wie wir im 8. Kapitel sehen werden, versucht die integrale Philosophie, sowenig Metaphysik wie möglich zu benutzen und ist darauf bedacht, nicht einfach nur ein neues Glaubenssystem zu werden. Die integrale Philosophie erkennt, dass die Wahrheit, obwohl sie nie vollkommen absolut sein kann, aber auch nie vollkommen relativ sein kann – Wahrheit können wir am ehesten als eine tatsächliche Richtung in Bewusstsein und Kultur verstehen. Wenn wir also nach einem *Minimum an Metaphysik* streben, halten wir sehr locker an unserem integralen Wirklichkeitsrahmen fest und erkennen, dass dieser nur als Gerüst beim Aufbau einer neuen Ebene menschlicher Zivilisation dient.

Trotzdem müssen wir uns auch daran erinnern, warum ein sinnvoller Wirklichkeitsrahmen eigentlich so wichtig ist. Die Geschichte lehrt uns sehr deutlich, dass die Entstehung von neuen und komplexeren Weltsichten von einem erweiterten Wirklichkeitsrahmen abhängig ist. Wie wir gesehen haben, entstand aus dem neuen, auf Descartes' Metaphysik basierenden Einverständnis über die Wirklichkeit in der Aufklärung eine Weltsicht, die dazu führte, dass Wissenschaftler buchstäblich in der Lage waren, das äußere Universum in den Griff zu bekommen, und so die atemberaubenden Errungenschaften der Moderne hervorbringen konnten. Und heute verheißt die neue Metaphysik der integralen Philosophie, uns zu genauso atemberaubenden Fortschritten zu führen. Denn wenn wir sehen, wie Kultur und Bewusstsein sich entwickeln, können wir auch das innere Universum „in den Griff bekommen". Mit dem neuen Verständnis, das die integrale Philosophie bietet, können wir realistische Antworten auf die dringenden globalen Probleme finden, mit denen unsere Zivilisation zum Beginn des 21. Jahrhunderts konfrontiert ist. Nach der integralen Philosophie kann fast jedes Problem in der Welt zumindest teilweise als ein *Problem des Bewusstseins* erkannt werden; und mit der integralen Philosophie können wir sehen, dass ein entscheidender Teil der Lösung jedes Problems in der Welt in der Möglichkeit gefunden werden kann, das Bewusstsein weiter zu entwickeln. Wir wie auf den nächsten Seiten sehen werden, bietet die integrale Weltsicht einen klaren Blick darauf, wie die Situation des Menschen in allen Bereichen dramatisch verbessert werden kann.

Zusammengefasst können wir sagen, dass die historische Epoche der Aufklärung das äußere objektive Universum für Untersuchung und Entdeckung öffnete. Wenn wir heute, in unserer Zeit, in die Zukunft schauen, können wir den Beginn einer Zweiten Aufklärung sehen, in der wir eine „Öffnung" des inneren Universums von Bewusstsein und Kultur zu ähnlichen Untersuchungen und Entdeckungen erwarten können. Während diese neue Grenze menschlichen Verstehens hauptsächlich durch die Philosophie und nicht durch die Wissenschaft entwickelt wird, so gibt es doch einen Zweig der Naturwissenschaft, der sich (wenn auch zögerlich) dem inneren Universum zuwendet. Und dieser Wissenschaftszweig, bekannt als Systemwissenschaft, ist das Thema des nächsten Abschnitts.

Die systemische Natur der Evolution

Die Systemwissenschaft ist unentbehrlich für die integrale Philosophie, denn sie verbindet in grundlegender Weise die drei großen Bereiche evolutionärer Aktivität (objektiv, subjektiv und intersubjektiv). Sie zeigt, wie sich der Einfluss der Evolution in jedem Bereich von Natur, Selbst und Kultur in ähnlicher Weise auswirkt, trotz der bedeutenden Unterschiede. Durch die Systemwissenschaften können wir nun klarer sehen, dass die Evolution von Bewusstsein und Kultur *wirklich* Evolution ist. Die neue Wissenschaft der Systeme hat uns gezeigt, dass innerhalb der subjektiven und intersubjektiven Bereiche eine einheitliche fortschreitende Entwicklung stattfindet – eine Art von Entwicklung, die ähnliche Methoden benutzt und sich in die gleiche Richtung bewegt wie die objektiven Formen der Evolution, die wir bei der Materie und dem Leben beobachten.

Die heutige Systemwissenschaft entstand in den 1970er Jahren aus dem Versuch, die offensichtlichen Widersprüche, die sich zwischen Physik und Biologie zeigten, zu überwinden. In der ersten Hälfte des Jahrhunderts waren Physiker der Ansicht, dass sich das Universum durch den unablässigen Zerfall der Entropie in einem „Abwärtstrend" befände. Die Biologen hingegen zeigten, dass das Leben irgendwie dieser Tendenz des Energieverlusts widerstand und sich in einem „Aufwärtstrend" bewegte – indem es im Laufe der Zeit immer höhere Stufen der Organisation entwickelte. Diese Differenz zwischen der Physik und der Biologie war nicht völlig überwunden, bis entdeckt wurde, dass sich bestimmte Aspekte der Materie in ähnlicher Weise wie das Leben „aufwärtsbewegen". Der Durchbruch der Systemwissenschaften kam durch die Entdeckung, dass jede Evolution im Universum durch den Prozess *selbstorganisierender dynamischer Systeme* entsteht, die Energie kanalisieren oder metabolisieren, als eine Methode, um ihre Organisation zu entwickeln und aufrechtzuerhalten.

Der Erfolg der Systemwissenschaft in der Vereinigung von Physik und Biologie durch ein größeres Verständnis der Evolution wurde dann in dem Versuch weitergeführt, auch die Naturwissenschaften und die Sozialwissenschaften miteinander zu vereinen. In den Worten des bekannten Systemwissenschaftlers Ervin Laszlo:

> Wissenschaftliche Belege für die Muster der Evolution im materiellen Universum, der lebendigen Welt und sogar in der Geschichte nehmen ständig zu. Und sie vereinigen sich zu einem Bild, das grundlegende und sich wiederholende Regeln erkennen lässt. Heute ist es möglich, diese Regeln zu erkennen und einen Einblick in die grundlegende Natur der Evolution zu bekommen – der Evolution des Kosmos als Ganzem, inklusive der lebenden Welt und der Welt der menschlichen sozialen Geschichte. Diese Regeln zu erkennen und zu systematisieren bedeutet, an der Schaffung einer ‚großen Synthese' mitzuwirken, die die materielle, biologische und soziale Evolution in einem zusammenhängenden Rahmen mit seinen eigenen Gesetzen und seiner eigenen Logik vereint.

Die „große Synthese", von der Laszlo und andere Systemwissenschaftler sprechen, ist aber unvollständig. In ihrem Versuch, „richtige Wissenschaft" zu betreiben, haben sich die Systemwissenschaftler vor allem auf das fokussiert, was wir sehen können – also das, was empirisch durch sinnliche Beweise nachvollzogen werden kann. Aber um das innere unsichtbare Universum zu erkennen, ist empirische Beobachtung keine adäquate Methode der Erkenntnisfindung. Obwohl die Systemwissenschaftler die evolutionäre Bedeutung von Bewusstsein und Kultur erkannten – obwohl sie sahen, dass die Gesetze der Systeme auch in diesen Bereichen gelten – verhinderte ihre sensorisch-empirische Herangehensweise, dass sie auch die Tiefe des Innerlichen mit einbezogen. Und der Grund dafür ist, dass das innere Universum vor allem durch *Interpretation,* anstatt durch einfache Beobachtung, erkannt wird. Ein unbeteiligter Beobachter der objektiven Phänomene, die mit Bewusstsein und Kultur einhergehen, kann niemals wirklich die Bedeutung und die Werte in diesen Bereichen erkennen, wenn nicht irgendeine Art von interpretierendem Dialog stattfindet. Das heißt, wenn wir die Bedeutung von etwas herausfinden möchten, fragen wir üblicherweise die Leute, die damit direkt zu tun haben, was sie meinen. Aber diese Art von Untersuchung ist zumeist nicht das Thema der Systemwissenschaft.

Diese Wissenschaftler, eingeengt durch sensorisch-empirische Begrenzungen, können richtigerweise darauf hinweisen, dass die Entwicklung von Bewusstsein und Kultur die evolutionären Muster zunehmender Komplexität und der Hierarchie von Ganzen und Teilen zum Ausdruck bringt, aber diese Wissenschaftler können nicht die gefühlte Gegenwart qualitativer Eigenschaften, die Natur von Werten oder den allgemeinen Reichtum der inneren Bereiche erfassen. Mit anderen Worten, weil die evolutionären Bereiche von Bewusstsein und Kultur subjektiv und intersubjektiv sind – denn sie sind nicht äußerlich oder objektiv – können sie nur von einem Gedankensystem *von außen gesehen werden,* das sich selbst in objektiven Begriffen definiert.

Trotzdem bilden die bedeutenden Erkenntnisse der Systemtheorie eine wichtige Säule der integralen Philosophie. Das Verständnis des systemischen Charakters der Evolution, wie er in der neuen Wissenschaft der Systeme zum Ausdruck kommt, ist also notwendig, aber nicht ausreichend für das tiefere Verständnis der Evolution, nach dem wir suchen. Ich führe hier diese Erklärung der Systemwissenschaft in die Grundlagen ein, weil wir bald die Abfolge „innerer Systeme" untersuchen werden, die am besten als „menschliche Weltsichten" beschrieben werden können. Wie wir noch detaillierter im nächsten Kapitel diskutieren werden, sind die historisch bedeutsamen Weltsichten des Menschen große kulturelle Systeme, die als Ergebnis der Worte und Taten großer Lehrer und Führungspersönlichkeiten entstehen.

In früheren Zeiten waren Weltsichten zum großen Teil synonym mit Religionen, aber seit der Aufklärung gehen die kulturellen Strukturen, die wir als menschliche Weltsichten erkennen, über die Begrenzungen der Religion hinaus. Heute können wir sehen, wie die Strukturen dieser Weltsichten durch Generationen hindurch weitergegeben werden und die Werte und kulturelle Ausrichtung von großen Teilen der menschlichen Gesellschaft bestimmen.

Eine der wichtigsten Einsichten der integralen Philosophie ist die Erkenntnis, dass die verschiedenen Weltsichten, die die fortschreitende Entwicklung der menschlichen Geschichte charakterisieren, eine klar zu beschreibende systemische Struktur haben. Wie wir sehen werden, sind diese historisch bedeutsamen menschlichen Weltsichten (wie zum Beispiel die Moderne oder Postmoderne) natürliche evolutionäre Strukturen, die eindeutig systemisches Verhalten zum Ausdruck bringen. Und die Erkenntnis und das Verständnis dieser Strukturen von Bewusstsein und Kultur macht die integrale Theorie so hilfreich und faszinierend. Aber ohne das grundlegende Verstehen des inneren Universums und der Natur selbstorganisierender dynamischer Systeme, die wir darin finden, würde es unserer Diskussion dieser Weltsichten an Glaubwürdigkeit fehlen. Sobald wir verstehen, wie systemische Strukturen in den Bereichen von Bewusstsein und Kultur entstehen, können wir die Einzelheiten und Dynamiken dieser Strukturen innerhalb ihres evolutionären Kontextes beschreiben. Und dadurch wird die Wahrheit ihrer Wirklichkeit in größerem Maße selbstbestätigend.

Die Strukturen der Weltsichten können sowohl im subjektiven Bewusstsein der Individuen als auch in der intersubjektiven Kultur menschlicher Gesellschaften gesehen werden. Aber obwohl die inneren Systeme des Bewusstseins und die inneren Systeme der Kultur zusammen koevolvieren, sind sie ihrem Charakter nach grundlegend verschieden. Das subjektive System des Bewusstseins jedes Menschen ist selbstbewusst; es besitzt einen freien Willen und ist Träger einer spirituellen Präsenz. Intersubjektive Systeme hingegen (also Beziehungen und Gruppen) sind nicht selbstbewusst; wenn sie auch als Systeme mit einer bestimmten Art der Selbstorganisation bestehen, haben sie keinen Willen für sich selbst. Kulturelle Entitäten verdienen unseren Respekt, aber obwohl diese Gruppen unseren Schutz und ethische Fürsorge benötigen, haben sie doch nicht den gleichen moralischen Wert wie ein Individuum. Individuen sind die Träger der Evolution; sie sind diejenigen, die letztendlich die Entscheidungen treffen und Verantwortung tragen.

Aber wenn wir nach Gemeinsamkeiten zwischen subjektiven und intersubjektiven Systemen suchen, finden wir, dass sie beide eine ähnliche Art des „Metabolismus" haben. Eine wichtige Einsicht der Systemwissenschaft ist, dass alle evolutionären Systeme ihre Ordnung durch eine Form von Energie-Metabolismus aufrechterhalten. Alle selbstorganisierenden dynamischen Systeme nehmen Energie in irgendeiner Form in sich auf – die Integrität der Organisationsform eines jeden natürlichen sich entwickelnden Systems wird durch die Energie aufrechterhalten, die durch dieses System fließt. Uns ist zum Beispiel allen geläufig, dass Lebewesen Energie benutzen, um ihre Körper aufrechtzuerhalten, und wir können sehen, wie die Beziehung eines Organismus zur „Nahrungskette" der Energie, an der es teilhat, fast alle Aspekte ihrer Form bestimmen. Wie ein Tier Nahrung aufnimmt und verwertet (und wie es sich selbst davor schützt, selbst Nahrung zu werden), bestimmt die

Struktur seines Körpers. Wenn wir also über irgendein dynamisches System sprechen, müssen wir den Stoffwechsel des Systems verstehen, um das System als Ganzes zu verstehen. Und wenn es richtig ist, dass die inneren Systeme von Bewusstsein und Kultur viele Gemeinsamkeiten mit den äußeren chemischen und physikalischen Systemen aufweisen, können wir erwarten, ein innere Entsprechung für die wichtige systemische Aktivität des Energie-Metabolismus zu sehen.

Wie benutzen also die inneren Systeme von Bewusstsein und Kultur die Energie? Was ernährt sie? Was *nehmen sie in sich auf* und *was verarbeiten sie*, um den Metabolismus dieser Strukturen und ihre systemische Vollständigkeit aufrechtzuerhalten? Wie wir im Laufe dieses Buches untersuchen werden, erkennt die integrale Philosophie, dass das Äquivalent für die Energie, die die inneren Systeme von Bewusstsein und Kultur ernährt und aufrechterhält, aus *Bedeutung* und *Werten* besteht. Indem Bedeutung und Werte ausgetauscht werden, erhalten die systemischen Strukturen von Bewusstsein und Kultur ihre fortwährende Organisation. Und diese systemischen Strukturen benutzen Sinn und Werte in einer Art und Weise, die dem sehr ähnlich ist, wie biologische Systeme physische Energie benutzen.

Wenn wir versuchen, die kulturelle Evolution zu verstehen und schließlich erkennen, dass die Strukturen von Bewusstsein und Kultur in Wirklichkeit innere, selbstorganisierende dynamische Systeme sind, die durch eine Art von Energie-Metabolismus bestehen, hilft uns das dabei, die zentrale Rolle der Werte im menschlichen evolutionären Prozess zu erkennen. Tatsächlich ist eine der wichtigsten Einsichten der integralen Philosophie, dass die großen Strukturen der Weltsichten, welche die Grundlage für die kulturelle Evolution des Menschen bilden, im Grunde Wertesysteme sind. Diese Strukturen bieten eine Quelle für die Werte von großen Gruppen von Menschen, indem sie bestimmen, was und wer wertvoll ist, und das gibt denjenigen Menschen Orientierung und Ausrichtung, die diese Weltsicht annehmen.

Wie wir im nächsten Kapitel noch genauer sehen werden, kann die integrale Philosophie das innere Universum in neuer und kraftvoller Weise verändern, weil sie die evolutionäre Entwicklung und den systemischen Charakter der Strukturen der Weltsichten erkennt, die unsere Kultur ausmachen. Und deshalb wenden wir uns nun der Untersuchung dieser spezifischen Strukturen der Weltsichten zu.

3. Kapitel

Die Stufen von Bewusstsein und Kultur

Im Laufe der ersten Hälfte des 19. Jahrhunderts wurde die westliche Welt von den Schriften des berühmten deutschen Philosophen Georg Friedrich Hegel bewegt. Während die Philosophen der Aufklärung zu zeigen versuchten, dass die Welt das Ergebnis göttlicher Schöpfung sei (indem sie die mathematische Rationalität, die in der Natur gefunden werden kann, aufzeigten), ging Hegel weiter und demonstrierte, dass intelligente und göttliche Ordnung auch in der Entwicklung der menschlichen Geschichte gefunden werden kann. Trotz der Widersprüche und dem Chaos, die im Verlauf der menschlichen Geschichte gefunden werden können, zeigt Hegel, wie die Geschichte sich durch einen dialektischen Prozess entfaltet, indem Konflikte die Transformation zu höheren Stufen der Organisation möglich machen. Und wenn Hegels Einfluss sich auch in der zweiten Hälfte des 19. Jahrhunderts abschwächte, wurde sein vorweggenommenes Verständnis der dialektischen Struktur der Geschichte im 20. Jahrhundert durch Forschung in den Sozialwissenschaften und besonders in der Entwicklungspsychologie bestätigt. Die Entwicklungspsychologie ist eine wichtige Grundlage der integralen Philosophie, denn sie offenbart die stufenweise Entwicklung der geschichtlich bedeutenden Strukturen verschiedener Weltsichten. Das heißt, die Strukturen, die das Bewusstsein organisieren, sind direkt mit den Stufen der menschlichen Geschichte verbunden. Und wie wir in diesem und dem nächsten Kapitel untersuchen werden, ist die vertikale Perspektive, die die Stufen der menschlichen Geschichtsentwicklung im Geist der einzelnen Menschen sehen kann, der Dreh- und Angelpunkt des integralen Bewusstseins.

Wir hatten alle eine direkte Erfahrung der Entwicklung unseres eigenen Bewusstseins, denn wir sind alle aus der Kindheit heraus erwachsen geworden. Unsere Erfahrung dieser Entwicklung schließt auch die Empfindung mit ein, dass unsere Werte sich entwickelt haben, dass unsere Perspektiven sich verändert haben, dass unsere Gedanken, Gefühle und unser Selbst sich weiter entwickelt haben und komplexer geworden sind. Der große Beitrag der Entwicklungspsychologie ist, dass sie aufgezeigt hat, wie dieses Bewusstseinswachstum durch bestimmbare universelle Entwicklungsstufen voranschreitet. Und auch, wenn wir erwachsen geworden sind, wird Entwicklung weiter von einer Abfolge bestimmter Stufen oder Wellen geleitet.

Die Anfänge der Entwicklungspsychologie können bis zur Arbeit des amerikanischen Psychologen James Mark Baldwin zu Beginn des letzten Jahrhunderts zurückverfolgt werden. Baldwin war einer der Ersten, der die mentale und emotionale Entwicklung von Kindern und Erwachsenen wissenschaftlich erforschte. In seiner Arbeit beobachtete er, dass der menschliche Geist sich entlang bestimmter, definierbarer Linien entwickelt. Er identifizierte diese Linien als die *rationale* oder *logische,* die *ästhetische* oder *emotionale* und die *moralische* oder *ethische* Linie. Baldwins Untersuchungen zeigten auch, dass dieses Wachstum des menschlichen Bewusstseins von bestimmten Entwicklungsstufen charakterisiert ist. Und dieselben Stufen wurden von vielen psychologischen Forschern des 20. Jahrhunderts entdeckt, als sie die Entwicklung des menschlichen Bewusstseins untersuchten.

Auch wenn die Beschreibungen der Entwicklungsstufen nicht immer identisch waren, gibt es heute eine zunehmende Zustimmung unter akademischen Psychologen darüber, dass die Bewusstseinsentwicklung sich durch eine Abfolge kulturübergreifender Ebenen oder Wellen vollzieht. Trotz der Ablehnung durch materialistische oder postmoderne Schulen der Psychologie hat die Entwicklungspsychologie in der Psychologie als Ganzem immer mehr an Einfluss gewonnen. Tatsächlich fühlten sich einige der bekanntesten Psychologen der Idee fortschreitender Stufen der menschlichen Entwicklung verpflichtet. Unter diesen Forschern sind zum Beispiel Jean Piaget, Lawrence Kohlberg, Jane Loevinger und Abraham Maslow. Der vermutlich bekannteste heute lebende Entwicklungspsychologe ist Robert Kegan von der Harvard University, dessen Arbeit sehr sorgfältig über einhundert Jahre Forschung auf diesem Gebiet berücksichtigt. Aber Kegans Ideen sind unter seinen postmodernen Kollegen nicht immer populär, die immer noch die Idee zurückweisen, dass einige Typen des Bewusstseins weiter entwickelt sind als andere. Anders als horizontale psychologische Typologien, so wie das System der Persönlichkeitstypen von Myers-Briggs oder das Enneagramm – die nur verschiedene Typen erkennen und nicht werten – sind Kegans Ideen über die Entwicklung des Bewusstseins ausgesprochen hierarchisch. Aber Kegan selbst weiß um die Gefahren solch einer Theorie, wenn er schreibt:

> [Weil die Entwicklungspsychologie] eine Geschichte zunehmender oder größerer Komplexität erzählt, [ist sie] deshalb provokativer, unangenehmer, sogar gefährlicher und

erweckt verständlicherweise mehr Skepsis. Immer wenn eine Theorie normativ ist und sagt, dass etwas entwickelter oder fortgeschrittener ist als etwas anderes, müssen wir prüfen, ob diese Unterscheidungen auf einer beliebigen Grundlage basieren, die bewusst oder unbewusst in unfairer Weise bestimmte Menschen bevorteilen (so wie diejenigen, welche die Theorie geschaffen haben und alle, die ihnen gleich sind) und deren Verhalten als überlegen angesehen wird. Wir müssen prüfen, ob etwas, das sogar als „objektive" Theorie erscheint, nicht in Wirklichkeit ein Instrument oder Mittel einer „Macht habenden" Gruppe ist (wie zum Beispiel Weiße, Männer oder westliche Menschen), die die Theorie benutzen, um ihre vorteilhafte Position zu sichern.

Nun fährt Kegan natürlich damit fort, zu zeigen, das die Entwicklungspsychologie diesen Test besteht und dass ihre Erkenntnisse selbst nicht einseitig oder unfair sind. Und wie wir am Ende dieses Kapitels sehen werden, wird die Tatsache, dass sich das Bewusstsein durch bestimmte Stufen hindurch entwickelt, von immer mehr Forschern angenommen.

Die Entwicklungspsychologie ist ein Gebiet, dass von vielen Wissenschaftlern untersucht wurde, aber unter den Entwicklungspsychologen verdankt die integrale Psychologie vielleicht niemandem mehr als der Arbeit des amerikanischen Psychologen Clare W. Graves. Graves' Forschung offenbarte die Existenz der gleichen schon bekannten Stufen psychologischer Entwicklung, die auch von früheren Forschern gefunden wurden. Aber Graves' Arbeit ging weiter als die anderen Entwicklungspsychologen, indem er zeigte, wie diese nacheinander entstehenden Stufen selbst in einem größeren dynamischen System organisiert sind. Mit anderen Worten, Graves' Forschung zeigte nicht nur bestimmte, kulturübergreifende Bewusstseinsstufen, sie zeigte auch, wie diese Stufen in einer *dialektischen Spirale der Entwicklung* miteinander in Beziehung stehen – einem dynamischen System der Evolution. Durch sein Verständnis dieses größeren Systems von Entwicklung konnte Graves erkennen, wie jede bestimmte Entwicklungsstufe durch die Beziehungen zu den anderen Stufen beeinflusst und geformt wird. Und durch dieses Verständnis der formgebenden Natur dieser Beziehungen zwischen den Stufen war es Graves möglich, klar zwischen dem zu unterscheiden, was ich das „postmoderne Bewusstsein" nennen werde und der gerade entstehenden „integralen Bewusstseinsstufe".

Mehr noch, obwohl andere Entwicklungsforscher bereits die Parallelen zwischen den Entwicklungsstufen im Bewusstsein der Individuen und der stufenweisen Entwicklung von Geschichte und Kultur gezogen hatten, zeigte die dialektische Struktur, die Graves entdeckte diese Parallelen so klar wie niemand vor ihm. Und indem er nicht nur die systemische Natur jeder individuellen Stufe erkannte, sondern auch wie all diese Stufen selbst in einem größeren umfassenden System miteinander verbunden sind, konnte Graves zeigen, wie diese Entwicklungsebenen des Bewusstseins tatsächlich die Stufen der menschlichen Geschichte wiederholen. Genauso wie in der biologischen Evolution, wo wir sehen, wie der Embryo sich durch die Stufen des gesamten Lebensbaumes hindurch entwickelt, können wir nun sehen, dass auch in der Entwicklung jedes menschlichen Geistes eine ungefähre Rekapitulation der Evolution der kulturellen Geschichte des Menschen stattfindet.

In der Nachfolge der Arbeit von Maslow studierte auch Graves die Werte. Er bat die Teilnehmer seiner Studien, den für sie idealen Menschen zu beschreiben. Und nach Tausenden von Interviews über einen Zeitraum von 20 Jahren sah Graves ein klares Muster – ein Muster, das durch fortgesetzte Forschung und Erfahrung bestätigt und bewiesen wird. Wie wir noch weiter im zweiten Teil des Buches betrachten werden, zeigt Graves' Modell der „biologischen-psychologischen-sozialen" Evolution, dass jede Stufe ein in sich einheitliches System darstellt, dass die Entwicklung von Werten, Weltsichten, Glaubenssystemen, neurologischer Aktivität und den allgemeinen „psychischen Schwerpunkt" [center of gravity] eines Menschen umfasst. Graves' Modell dient als eine wichtige Grundlage der integralen Weltsicht, weil es zeigt, wie der Einzelne und die Kultur im Ganzen (auf der Mikro- und Makroebene) zusammen durch die gleichen Stufen und Strukturen evolvieren; weil es eine konzeptuelle und geometrische Harmonie zum Ausdruck bringt, welche die dialektische Methode des „Transzendierens und Einbeziehens", mit der die Evolution arbeitet, klar zum Ausdruck bringt; und vor allem weil es die Natur, das Verhalten und die notwendigen Ursachen der neu entstehenden integralen Entwicklungsstufe benennt.

Nach seinem Tod im Jahre 1986 wurde Graves' Arbeit von seinem Kollegen Don Beck weitergeführt, der Graves' Ideen in seiner Arbeit mit den Führungspersönlichkeiten in Südafrika (sowohl aus der weißen als auch aus der schwarzen Bevölkerung) in der Zeit der Überwindung der Apartheid anwendete. Beck und sein Kollege Christopher Cowan schrieben später das einflussreiche Buch *Spiral Dynamics*, das Graves' Arbeit einem größeren Publikum zugänglich machte.

Bevor wir uns aber den Einzelheiten der Entwicklungsspirale zuwenden, möchte ich eine Vorbemerkung vorausschicken. Die systemischen Strukturen des inneren Universums sind subtil und komplex. Man vergleicht sie besser mit den Strömungen in einem Ozean als mit Architektur. Die Idee einer „Bewusstseinsstufe" müssen wir vorsichtig verwenden und nicht als ein materielles Objekt verstehen, sondern als ein Muster von Beziehungen, das systemische Merkmale zum Ausdruck bringt. Ein erstes Verstehen der Bewusstseinsstufen wird durch die nun folgenden Ausführungen möglich. Aber dieses Verständnis zu verwenden, um weitere kulturelle Evolution zu fördern, setzt eine Praxis des Sehens voraus, die Vereinfachungen, Verurteilungen und Stereotypen vermeidet. Wie Sie selbst sehen werden, sind die Bewusstseinsstufen real; aber was jetzt folgt, ist eine Beschreibung ihrer Realität auf einer Ebene der Verallgemeinerung, die ihre Anwendbarkeit unterstützt. Ich empfehle Ihnen nach dem Lesen der Grundlagen, die Beschreibung der Entwicklungsspirale im Lichte der Betrachtungen über „Die Strukturen des menschlichen Geistes" im 9. Kapitel noch einmal zu überdenken. Das 9. Kapitel fasst die nun folgende Beschreibung der Bewusstseinsstufen zusammen und untersucht die reiche Komplexität dieser Strukturen und die akademische Debatte, die ihre Entdeckung ausgelöst hat.

Die Spirale der Entwicklung

Nach Ansicht der integralen Philosophie beinhaltet jede Bewusstseinsstufe ihre eigene *natürliche Erkenntnistheorie*, eine organische Form der Sinngebung innerhalb ihrer spezifischen Weltsicht, die aus bestimmten problematischen Lebensbedingungen und den korrespondierenden Lösungen besteht. Diese Stufen dienen als dynamische lebende Systeme, die gleichermaßen ganze menschliche Gesellschaften und den Geist von Einzelnen organisieren, die an diesen Gesellschaften teilhaben. In Graves' Worten:

> Jede weitere Stufe, Welle oder Ebene der Existenz ist ein Zustand, durch den Menschen auf ihren Weg zu anderen Seinszuständen hindurchgehen. Wenn der Mensch in einem Zustand der Existenz gefestigt ist, hat er oder sie die Psychologie, die für diesen bestimmten Zustand typisch ist. Seine oder ihre Gefühle, Motivationen, Glaubenssysteme, ... Bildung, Ökonomie und politische Theorie und Praxis sind alle diesem Zustand angemessen."

Diese Wertesysteme dienen zur Organisation des Bewusstseins eines Menschen, denn sie beinhalten Zugehörigkeit und geben Identität – sie nähren das Bewusstsein und tragen zu seinem Selbstgefühl bei.

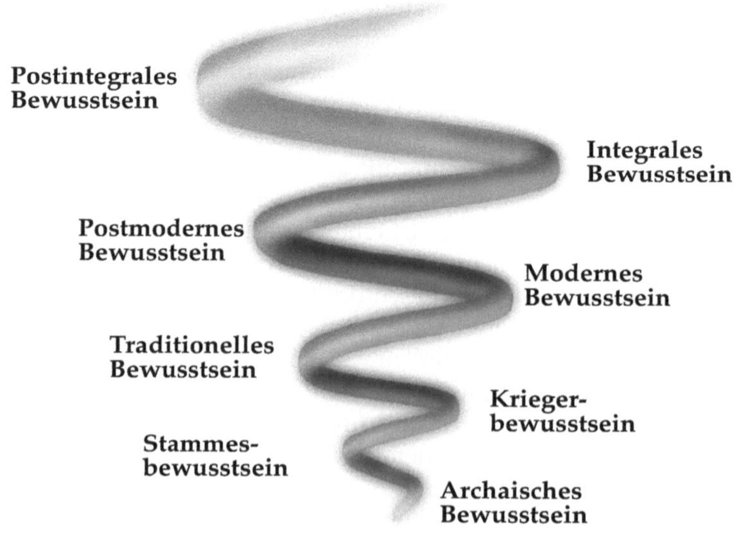

Bild 3-1: Die Spirale der Entwicklung im Bewusstsein und in der Kultur.

Jede Bewusstseinsstufe entsteht als Antwort auf die grundlegenden Probleme ihrer Zeit. Deshalb resultieren die problematischen Lebensbedingungen des primitiven Überlebens in einer bestimmten Bewusstseinsstufe, wohingegen die Probleme der modernen Welt eine andere Antwort erfordern. Diese Stufen beschreiben keine „Typen von Menschen", sie beschreiben *Bewusstseinstypen in Menschen*. Natürlich gibt es Menschen, in denen diese Stufen exemplarisch deutlich werden und andere, bei denen eine Kategorisierung schwerfällt. In den entwickelten Ländern sind die meisten Menschen zu verschiedenen Zeiten in mehr als einer dieser Stufen – für die meisten von uns klingen diese Ebenen mehr in Akkorden als in einzelnen Noten. Aber trotzdem finden die meisten Menschen einen allgemeinen „Schwerpunkt", der innerhalb einer spezifischen Ebene identifiziert werden kann. Wie in der Illustration in Bild 3-1 dargestellt, zeigen die Beziehungen zwischen den Stufen, wie jede von ihnen in einem größeren allgemeinen System organisiert ist, und dieses System zeigt das unverkennbare Muster einer dialektischen, logarithmischen Spirale oder Helix.

Die Struktur der Spirale ist dialektisch, weil ihre Entwicklung das bekannte Muster von *These, Antithese* und *Synthese* zum Ausdruck bringt. Das ist das gleiche Muster dialektischer Entwicklung, das ursprünglich vor 200 Jahren von Hegel erkannt wurde. Diese dialektische Beziehung zwischen den Stufen wird dann sichtbar, wenn wir jede Stufe als antithetische Reaktion auf die Probleme der vorangegangenen Stufe betrachten. Und wenn die Stufen sich in der Spirale als Ganzes entfalten, können wir sehen, wie die Themen früherer Stufen in späteren Stufen wiederholt werden, aber mit einem höheren Grad an Komplexität und Entwicklung. Wie wir gleich untersuchen werden, tendieren die Stufen, die auf der rechten Seite der Spirale dargestellt werden, dazu, individualistisch zu sein und den *Ausdruck des Selbst* hervorzuheben; während die Stufen auf der linken Seite dazu tendieren, den Aspekt der Gemeinschaft zum Ausdruck zu bringen und die *Hingabe des Selbst* für die Gruppe hervorzuheben.

Diese Struktur der Spirale ist keine deterministische Vorgabe, der die kulturelle Entwicklung unweigerlich folgen muss, aber sie folgt einem erkennbaren Muster der Entwicklung, das durch Jahrzehnte der Forschung bestätigt wurde. Menschliche Kulturen werden nicht unweigerlich von diesem Muster geformt, aber dieses Muster tritt in der Abfolge jeder Form kultureller Entwicklung auf, die wir bisher beobachten konnten. Es gibt andere Möglichkeiten, das Entwicklungsspektrum des Bewusstseins zu unterteilen, aber die Daten bestätigen, dass diese spezifischen Ebenen nicht nur beliebige Einteilungen sind.

Eine gute Möglichkeit, diese Stufen zu verstehen, bietet eine Analogie mit dem Spektrum des sichtbaren Lichts: Denken Sie an die Wellenlänge der Farben, die wir in einem Regenbogen sehen – wenn wir auch keine exakten Linien zwischen ihnen ziehen können und obwohl wir Millionen subtiler Schatten identifizieren können, sehen wir, wenn wir einen Regenbogen betrachten, bestimmte Abstufungen und spezifische Farbtöne. Jede Farbe ist in sich selbst ein Ganzes, aber wird von ihren Nachbarn ober- und unterhalb des Spektrums geformt. Und im Entwicklungsspektrum von Bewusstsein und Kultur können wir etwas ganz Ähnliches sehen.

Nachdem wir jede Stufe detailliert untersucht haben, werden wir zur Diskussion der Dynamiken der Struktur der Spirale als Ganzes und der verschiedenen Forschungsergebnisse, die sie unterstützen, zurückkehren. Diese breitere Analyse der ganzen Entwicklungsspirale behalten wir uns aber besser vor, bis wir jede Stufe für sich angeschaut haben.

Wie in Bild 3-1 dargestellt, kann die Spirale bis zu den frühesten Formen menschlichen Bewusstseins zurückverfolgt werden, die als „archaisches Bewusstsein" bezeichnet wird und heute nur in Kleinkindern oder Menschen gefunden werden kann, die durch Krankheit oder Unfall regrediert sind. Unsere Diskussion der Spirale beginnt also mit dem Stammesbewusstsein, denn hier beginnt wahrscheinlich die menschliche Kultur und damit auch von der Kultur unterstütztes und geformtes menschliches Bewusstsein.

Stammesbewusstsein

Jeder von uns ist Teil eines Stammes oder Klans und die kulturellen Merkmale von Stammesmenschen aus verschiedenen Teilen der Welt sind bemerkenswert ähnlich. Zudem wurde „Stammesbewusstsein" von jedem Forscher, der die Bewusstseinsentwicklung erforscht hat, als spezifische Entwicklungsebene identifiziert. Es gibt also ein größeres Einverständnis über die Konturen dieser Welle des Bewusstseins und der Kultur als für jede andere. Die Tabelle 3-1 gibt einen allgemeinen Überblick über die Stufe des Stammesbewusstseins.

Jede der historisch bedeutsamen Stufen von Bewusstsein und Kultur beinhaltet eine bestimmte Weltsicht. Und was eine bestimmte Weltsicht ausmacht, ist das, was in der Welt tatsächlich „gesehen wird". Das heißt, Weltsichten sind der Rahmen und der Fokus, welche die Wahrnehmung dessen, was am Wichtigsten ist, hervorheben und vermitteln. Und für jede Weltsicht ist das Wichtigste das, was einen Wert hat. Und das beinhaltet nicht nur die Werte in Bezug auf das, was wir uns wünschen, sondern auch im Kontrast zu dem, was wir vermeiden wollen. Mit anderen Worten, Angriffe, Gefahren und die Umstände in unserer Umwelt, die uns unangenehm erscheinen, sind immer mit dem impliziten Wert ihres Gegenteils verbunden. Wenn wir zum Beispiel physische Gefahren vermeiden wollen, ist der Grund dafür, dass wir das Überleben unseres Körpers ermöglichen wollen; oder wenn wir den Verlust unseres Wohnraumes vermeiden wollen, ist der Grund dafür, dass wir den Komfort und die Sicherheit bewahren wollen, die unser Wohnraum bietet. In der Tat war eine von Graves' wichtigsten Erkenntnissen, wie unbefriedigende äußere Lebensbedingungen im Zusammenspiel mit inneren Werten und Wünschen dazu führen, die Voraussetzungen für weitere Evolution an jedem Punkt der

Stammesbewusstsein

Subjektive Lebensbedingungen:
Eine geheimnisvolle, bedrohliche und von Geistern kontrollierte Welt, in der die Geister beschwichtigt werden müssen und in der Angst viele Entscheidungen motiviert

Weltsicht und Werte:
- Opfere dich selbst für die Sippe
- respektiere die Stammesältesten, den Klan und die heiligen Orte, Gebräuche und Tabus
- folge den heiligen Ritualen, erhalte heilige Orte und Objekte
- Ehre die Ahnen und die Geister

Beitrag zur Entwicklungsspirale:
Familien und Stammesloyalität; eine starke Empfindung des Zaubers der Welt; Unschuld; Vorstellungskraft; Nähe zur Natur

Pathologie:
Aberglauben; Gewalt; Sklave der Gruppe; Fügsamkeit; Naivität

Gegenwärtige Beispiele:
Einige Ureinwohner; Kinder

Organisationsstrukturen:
Stamm oder Klan

Beispielhafte Persönlichkeiten:
Chief Seattle, Chief Joseph

Ungefährer Anteil an der Weltbevölkerung:
5%

Ungefährer Anteil an Wohlstand und politischer Macht:
<1%

Technologisch-ökonomische Produktionsweise:
Sammeln; Vieh hüten; früher Ackerbau

Schlüsseltechnologien:
Gesprochene Sprache; Feuer; Werkzeuge aus Steinen und Knochen; Pfeil und Bogen

Art der Medizin:
Schamanisch; Kräutermedizin

Das Wahre:
Stammesmythen und -geschichten; Verkündigungen des Häuptlings oder Schamanen

Das Schöne:
Kinder und Familie; Symbole des Stammes; Fetische; Trommeln; Tanz

Das Gute:
Das Gute der Götter; das Gute des Stammes

Übliche neurologische Aktivität:
Im limbischen System zentriert

Auslöser für Weiterentwicklung:
Unterdrückung des Individualismus; entstehende Ego-Identität; Todesangst, Angriffe von Fremden; Anziehungskraft der Freiheit und Macht der Kriegerkultur

Andere Bezeichnungen für diese Stufe:
Naives Bewusstsein; magisches Denken; purpurnes Mem

Tabelle 3-1: Merkmale des Stammesbewusstseins.

Entwicklung zu schaffen. Jede Bewusstseinsstufe wird somit gekennzeichnet von der natürlichen Spannung zwischen dem, was diese

Stufe als negativ definiert (die bedrohenden Lebensbedingungen, die Bedürfnisse stimulieren und Gegenmittel finden lassen) und dem, was als positiv definiert wird (die Ziele der Kultur, das gute Leben). Und wenn sich das Bewusstsein durch diese natürlichen Stufen der Entwicklung hindurch entwickelt, verschiebt sich der Schwerpunkt allmählich von dem Versuch, Ängste und negative Lebensbedingungen zu vermeiden oder zu überwinden, hin zu einem zunehmenden Fokus darauf, das zu erreichen, was als positiv angesehen wird.

Aber auf der Stufe des Stammesbewusstseins und der Stammeskulturen ist Angst ein bedeutender Fokus der Aufmerksamkeit. Für diese Stufe, die auch als „primitives Bewusstsein" bezeichnet wird, ist die Welt geheimnisvoll, bedrohlich und wird von Geistern kontrolliert. Aberglauben und magisches Denken bestimmen den Geist. Für Kinder in den entwickelten Ländern ist das die magische Phase, die normalerweise nach dem ersten Lebensjahr beginnt und bis zum siebten oder achten Lebensjahr dauert. Auf dieser Stufe sind der subjektive und objektive Bereich der Wirklichkeit nicht völlig unterschieden. Im Stammesbewusstsein werden Objekte oft mit Subjekten verwechselt (denn Steine und Bäume enthalten ein animistisches Bewusstsein) und Subjekte werden oft mit Objekten verwechselt (denn Gedanken haben magische Kräfte).

In Stammeskulturen bleibt die soziale Organisation durch Beziehungen innerhalb der Sippe „nah am Körper". Mit anderen Worten, Stämme bestehen zumeist aus biologischen Verwandten, und diese Form der Organisation wird nicht völlig überwunden bis zum Erscheinen ethnozentrischer Werte auf der traditionellen Bewusstseinsstufe.

Die Tatsache, dass Stämme und Klans die Organisationsstruktur primitiver Menschen überall auf der Welt sind, ist ein Beweis für die universelle Natur dieser Bewusstseinsstufe. Das Stammesbewusstsein ist eine Stufe, durch die wir alle hindurchgehen müssen – eine wichtige grundlegende Ebene, die nicht nur transzendiert, sondern zur gesunden Funktion höherer Bewusstseinsstufen auch mit einbezogen werden muss. Aber die Stufe des Stammesbewusstseins und der Stammeskultur kann sehr stabil sein; tatsächlich kann sie mit nur wenig Entwicklung Tausende von Jahren andauern. Aber wie bei jeder Stufe entsteht durch die angesammelte überschüssige Energie eine Sehnsucht nach Veränderung, wenn die schwierigen Lebensbedingungen, die zur Entstehung dieser Stufe geführt haben, sich gebessert haben. Wenn die kulturelle Evolution voranschreitet und eine Stufe von Bewusstsein und Kultur erfolgreicher dabei wird, die Lebensbedingungen, die ihre Werte bestimmen, zu entwickeln und zu verbessern, dann können höhere Bedürfnisse und neue Werte erwachen. Wenn es der Stammeskultur gelingt, die Angst zu verringern und Sicherheit zu gewährleisten, ebnet das den Weg für das Erwachen des Wertes individuellen Ausdrucks und Selbstbestätigung – die Stammesorganisation, die einmal so wichtig war, um Sicherheit zu geben, wird immer unterdrückender und begrenzender. Wenn also ein Problemkomplex gelöst ist, verursachen die schwierigen Lebensbedingungen, die von diesen Lösungen geschaffen werden, das Entstehen eines neuen Komplexes von Werten – die Lösungen der einen Stufe werden also zu den Problemen der nächsten Stufe. Und die nächste Stufe, die auf das Stammesbewusstsein folgt, kann am ehesten als „Kriegerbewusstsein" bezeichnet werden.

Kriegerbewusstsein

Die Stufe des Kriegerbewusstseins und der Kriegerkultur entsteht aus dem unvermeidlichen Übergang von der langen und stabilen Stufe der Stammeskultur zu einer komplexeren Form der sozialen Organisation des Menschen. In der menschlichen Geschichte kam es durch den zunehmenden Erfolg der Stämme und die Entwicklung größeren Wohlstands und neuer Technologien zu Konflikten zwischen benachbarten Stämmen. Und als die Lebensbedingungen immer mehr vom Krieg bestimmt wurden, entstand eine neue Weltsicht. Diese Weltsicht kann aggressiv und egozentrisch sein, aber sie kann auch großartig und gut sein. Die Charakteristiken der Stufe des Kriegerbewusstseins und der Kriegerkultur sind in Tabelle 3-2 zusammengefasst.

Eine der wichtigsten Erkenntnisse, die wir aus dem Verstehen der Entwicklungsspirale gewinnen können, ist, dass jede Stufe der Kultur einen gesunden und einen pathologischen Aspekt hat – eine „Würde" und eine „Katastrophe". Auch wenn eine bestimmte Stufe in der allgemeinen Entwicklung einer Gesellschaft transzendiert wurde, bleibt ein Aspekt dieser Stufe, der einen bleibenden Beitrag für die Spirale als Ganzes leistet. Deshalb hat jede Stufe einen ihr innewohnenden oder intrinsischen Wert, der erkannt werden muss. Um diesen intrinsischen Wert einer jeden Stufe zu verstehen, denken Sie an die Kinder unserer Gesellschaft. In unserer Einschätzung von Kindern bewerten wir Zweitklässler nicht geringer als Sechstklässler. Wir erkennen, dass Sechstklässler gebildeter und unabhängiger sind, aber sicherlich nicht wertvoller in einem absoluten Sinne. Und in Bezug auf die Bewusstseinsstufen erkennen wir auch, dass jeder Mensch einen inneren Wert

Kriegerbewusstsein

Subjektive Lebensbedingungen:
Unterdrückende Kontrolle und Gewalt durch den Stamm; Suche nach Ehre; Angst vor Schande; die Welt ist ein Dschungel voller Gefahren und Angreifer – fressen und gefressen werden

Weltsicht und Werte:
- Du bist das Wichtigste; zum Teufel mit den Anderen
- Folge deinen Impulsen; jetzt sofort; ohne Schuld
- Kämpfe darum, die Oberhand zu gewinnen, koste es, was es wolle
- Vertraue dir selbst und niemandem sonst

Beitrag zur Entwicklungsspirale:
Stärkung des Individuums; Initiative; handlungsorientiert

Pathologie:
Gewalttätig; grob; moralisches Versagen durch egoistische Ethik; immer im Krieg

Gegenwärtige Beispiele:
Straßengangs; Gefängnisse; Somalia; Afghanistan

Organisationsstrukturen:
Frühe Imperien; sich bekriegende Horden; Gangs

Beispielhafte Persönlichkeiten:
Attila der Hunne; Dschingis Khan; Shaka Zulu; Kamehameha der Große; Tupac Shakur (2Pac); Jonny Rotten

Ungefährer Anteil an der Weltbevölkerung:
20%

Ungefährer Anteil an Wohlstand und politischer Macht:
5%

Technologisch-ökonomische Produktionsweise:
Frühe Landwirtschaft; Handel; Plünderung

Schlüsseltechnologien:
Weben; Töpfern; Metallurgie; Kalender; Steinarchitektur

Art der Medizin:
Schamanisch; Kräutermedizin

Das Wahre:
Die herrschende Machtverteilung

Das Schöne:
Die Beute der Eroberungen; Machtsymbole; Rap- und Punk-Musik

Das Gute:
Persönliche Macht; Vergnügen; Ansehen; Respekt

Übliche neurologische Aktivität:
Im limbischen System zentriert

Auslöser für Weiterentwicklung:
Elternschaft; spirituelle Erfahrungen; Krankheit oder Verletzung; Angst vor dem Tod; Anziehungskraft der Sicherheit und Zugehörigkeit der traditionellen Kultur

Andere Bezeichnungen für diese Stufe:
Egozentrisches Bewusstsein; impulsives Denken; präkonventionell; präoperational; rotes Mem

Tabelle 3-2: Merkmale des Kriegerbewusstseins.

als Individuum hat, der respektiert werden muss, egal, auf welcher Ebene der Entwicklung sich jemand befindet.

Obwohl die Stufe des Kriegerbewusstseins vom modernen Standpunkt aus als sozial unerwünscht erscheinen kann, so waren doch einige ihrer kulturellen Ausdrucksformen sehr schön. Wenn wir die historischen Beispiele der Hawaiianer oder der Dakota-Indianer betrachten, sehen wir, dass diese Menschen, obwohl sie keine Schrift entwickelt hatten und obwohl sie brutale Krieger und chauvinistisch gegenüber Frauen waren, auch viele „grundlegend heldenhafte Tugenden" und eine besondere „ursprüngliche Vitalität" zum Ausdruck brachten, die wir auch heute noch würdigen können, auch wenn unsere Vorstellungen von diesen Kulturen oft romantisiert sind. Ein großer Teil der Würde des Kriegerbewusstseins kann man in seiner motivierten Kraft, seinem energetischen Fokus und seiner Entschlossenheit finden. Weil diese Welle des Bewusstseins in engen Grenzen und direkt handelt, sind ihre Ziele nah und sichtbar und man kann seine Energien mit großer Begeisterung konzentriert einsetzen. Kriegerbewusstsein durchbricht also die Trägheit des biologisch bestimmten Stammesbewusstseins und eröffnet einen entwicklungsmäßigen Fortschritt von Bewusstsein und Kultur. Aber die Gewalt und das Chaos, die wir oft auf dieser Stufe der Entwicklung sehen können, hat eine Art Geburtstrauma zur Folge, eine Feuerprobe, durch die jede sich entwickelnde Zivilisation hindurchgehen muss.

In der Beschreibung der historisch bedeutsamen Stufen des Bewusstseins, welche die Spirale der Entwicklung formen, habe ich versucht, Begriffe zu verwenden, die sowohl aussagekräftig als auch frei von Wertung sind, und ich hoffe, dass diese neutralen Bezeichnungen eine allgemeine Akzeptanz finden werden, wenn wir über diese Stufen sprechen. Und mit Ausnahme der Stufe des Kriegerbewusstseins wurden die Namen, die ich gebrauche, auch schon von anderen verwendet. Und obwohl also der Begriff „Krieger" in diesem Kontext neu ist, denke ich, dass dieses Wort diese Stufe gut beschreibt, denn es berücksichtigt die Wildheit dieser Art von Bewusstsein und möchte gleichzeitig ihre grundlegende Würde zum Ausdruck bringen. Ich möchte hier betonen, dass die Namen, die ich hier für alle Bewusstseinsstufen verwende, als Bezeichnungen dieser verschiedenen Stufen gemeint sind. Kriegerbewusstsein bezeichnet also eine spezifische Stufe von Bewusstsein und Kultur und hat nicht den Anspruch, das Bewusstsein aller „Krieger" zu beschreiben. Tatsächlich ist das Militär in der westlichen Welt heute in traditionellem und modernem Bewusstsein verankert – die Disziplin und das technologische Wissen der heutigen Soldaten erfordert Menschen mit Werten, die über diejenigen der Stufe des Kriegerbewusstseins hinausgehen.

In Ländern wie Somalia und Afghanistan und in den Slums großer Städte sind Warlords und Straßenbanden ein eindeutiges Zeichen, dass diese Stufe des Bewusstseins auch in der heutigen Welt noch sehr aktiv ist. Und neben den Gesellschaften, die sich erst noch über die Stufe des Kriegerbewusstseins hinausentwickeln müssen, können wir auch beobachten, dass eine negative Veränderung der Lebensbedingungen manchmal eine Regression von höheren Stufen des Bewusstseins zum Kriegerbewusstsein hervorruft, das in solchen Fällen als eine Notwendigkeit für das eigene Überleben angesehen wird. Auch unter Jugendlichen, die ein höheres Bewusstseinsniveau als das Kriegerbewusstsein erreicht haben, zeigt sich die Anziehungskraft dieses Wertesystems – die Art und Weise, wie es das Gefühl eines getrennten Selbst unterstützt – in der Popularität von Musikstilen wie Rap und Punk.

Um die nächste Bewusstseinsstufe im Verlauf der menschlichen Geschichte zu verstehen, ist es wichtig, das Kriegerbewusstsein zu verstehen und vor allem die problematischen Lebensbedingungen, welche die „Antworten" der nächsten Stufe hervorbringen. Das Erscheinen des „traditionellen Bewusstseins" in der Evolution – eine Bewusstseinsstufe, auf der sich heute der Großteil der Menschheit befindet – bedeutet einen wichtigen Durchbruch für die menschliche Zivilisation, denn mit dem „traditionellen Bewusstsein" bewegen wir uns von der *egozentrischen* Moral des Kriegerbewusstseins zur *ethnozentrischen* Moral, die nach einem tiefen Gefühl der Verbundenheit zwischen den Mitgliedern der jeweiligen Gruppe strebt. Natürlich sind ethnozentrische Werte heute, da wir eine *weltzentrische* Ethik entwickeln, etwas, was wir verurteilen. Aber im Verlauf der menschlichen Geschichte sind ethnozentrische Werte ein wichtiger Fortschritt.

Traditionelles Bewusstsein

Traditionelles Bewusstsein, auch bekannt als „konformistisches Bewusstsein" entsteht als eine Antwort auf die brutalen und chaotischen Lebensbedingungen, die durch die vorhergehende Stufe des Kriegerbewusstseins entstanden sind. Deshalb tendiert das traditionelle Bewusstsein dazu, die Welt als „böse" zu sehen, weshalb Erlösung von der Welt und Recht und Ordnung so wichtig werden. Wenn wir auch heute dieses Bewusstsein in vielen Formen des religiösen Fundamentalismus überall in der Welt wiederfinden, sind nicht alle Menschen, die hauptsächlich in diesem Bewusstsein leben, Fundamentalisten. Militärische Organisationen, Regierungsbürokratien und konservative politische Gruppen bieten Kontexte, in denen traditionelles Bewusstsein zum Ausdruck kommt. Die Tabelle 3-3 bietet eine umfangreiche Beschreibung

Traditionelles Bewusstsein	
Subjektive Lebensbedingungen: Eine „böse" Welt, die Gesetz und Ordnung braucht; eine leidende Welt, in der Gottes Gesetz uneingeschränkt herrschen sollte **Weltsicht und Werte:** • Ordne dich dem übergeordneten Sinn der Gruppe unter • Ein „Schwarz-Weiß"-Empfinden für richtig und falsch • Loyalität gegenüber den Regeln der mythischen Ordnung • Erlösung durch Gehorsam und Glaube **Beitrag zur Entwicklungsspirale:** Empfindung bürgerlicher Pflicht; Gesetz und Ordnung; Respekt für Autorität; hohe moralische Wertschätzung der Gruppenmitglieder; Erhaltung der Traditionen; Loyalität; Hoffnung und starkes Gefühl des Glaubens **Pathologie:** Rigide Intoleranz; dogmatischer Fanatismus; Vorurteile; Fundamentalismus **Gegenwärtige Beispiele:** Anhänger der traditionellen Religionen; patriotischer Nationalismus; konservative Ideologien; Militärorganisationen **Organisationsstrukturen:** Feudalismus; Diktatur; Bürokratie; Organisationen, die mit Befehl und Kontrolle arbeiten **Beispielhafte Persönlichkeiten:** Winston Churchill, Papst Johannes Paul; Billy Graham **Ungefährer Anteil an der Weltbevölkerung:** 55% **Ungefährer Anteil an Wohlstand und politischer Macht:** 25%	**Technologisch-ökonomische Produktionsweise:** Landwirtschaft; Handel; Schifffahrt **Schlüsseltechnologien:** Schrift; Gesetz; zentralisierte politische Autorität; das Rad; spirituelle Praktiken und Rituale **Art der Medizin:** Traditionelle Medizin; Volksmedizin; Heilung durch Glaube **Das Wahre:** Stammesmythen und -geschichten; Verkündigungen des Häuptlings oder Schamanen **Das Schöne:** Kinder und Familie; Symbole des Stammes; Fetische; Trommeln; Tanz **Das Gute:** Der Wille Gottes; der achtfache Pfad; der Fluß des Tao; die Gesetze der mythischen Ordnung **Übliche neurologische Aktivität:** Zunehmende Aktivität im Neokortex mit bleibendem Einfluss des limbischen Systems **Auslöser für Weiterentwicklung:** Unterdrückung des Individualismus; entstehende Ego-Identität; Todesangst; Angriffe von Fremden; Anziehungskraft der Freiheit und Macht der Kriegerkultur **Andere Bezeichnungen für diese Stufe:** Konformistisches Bewusstsein; absolutistisches Denken; konkret-operational; blaues Mem

Tabelle 3-3: Merkmale des traditionellen Bewusstseins.

der Werte und subjektiven Lebensbedingungen der traditionellen Bewusstseinsstufe.

Wie beim Stammesbewusstsein, das wir vor dem Kriegerbewusstsein angeschaut haben, steht beim traditionellen Bewusstsein die Gemeinschaft im Mittelpunkt und nicht der oder die Einzelne. Dieses Wertesystem betont Aufopferung des Selbst für das größere Wohl der Gruppe. Obwohl in der heutigen Welt viele Gruppen mit traditionellem Bewusstsein aus Menschen verschiedener Rassen bestehen, gibt es immer noch ein solides Gefühl dafür, dass die jeweilige Gruppe (Nation, Religion, Ideologie) allen anderen überlegen ist. Diese ethnozentrische Haltung und das Gefühl der Überlegenheit der Gruppe sind stark mit einem wichtigen Bestandteil jeder traditionellen Weltsicht verbunden: einem transzendenten Sinn oder einer höheren Berufung. Diese Identifikation mit einem transzendenten Sinn ist grundlegend für die Bildung des traditionellen Bewusstseins, denn solch ein Sinn hilft dabei, das eigene Bewusstsein aus den Beschränkungen der egozentrischen Ethik der vorangegangenen Stufe des Kriegerbewusstseins zu befreien.

Die Entwicklungspsychologin Jane Loevinger, die ausführliche Untersuchungen über Ego-Entwicklung bei erwachsenen Frauen durchführte, gibt eine Beschreibung der Psychologie des traditionellen Bewusstseins:

> Die Zugehörigkeit zu einer Gruppe und die Identifikation mit ihr sind die Voraussetzungen, um eine konformistische Ausrichtung zu entwickeln .... [Frauen auf dieser Stufe] streben nach Anerkennung und Akzeptanz und suchen besonders mit den Vorgaben der Autorität ihrer jeweiligen Gruppe konform zu sein. Maßgaben für Erscheinungsbild, Verhalten und Neigungen bestimmen ihr Denken. Selbstwertgefühl bekommt die Frau durch Akzeptanz und Anerkennung durch ihre Gruppe, anstelle aus hedonistischen Gefühlen.
>
> Die Bedürfnisse anderer zu erfüllen, ist eine wichtige Möglichkeit, um akzeptiert zu werden. Die Bedürfnisse werden stereotyp formuliert und vermischen Unterschiede im Individuum und der Gruppe. Dualistische Wertungen im Sinne von „richtig-falsch" und „gut-schlecht" rufen eine vereinfachende Kategorisierung der Menschen hervor ... . Freundlichkeit und Hilfsbereitschaft beziehen sich auf die Gruppen, aus denen sich ihr Selbst-Konzept bildet. Außenstehenden wird mit Vorurteilen und Angst begegnet.

Das traditionelle Bewusstsein ist aber mehr als eine psychologische Stufe der Entwicklung. Wie alle Stufen der Spirale ist auch diese Entwicklungsebene eine Struktur in der Geschichte.

Wenn die Stufen von Bewusstsein und Kultur aus dem Zusammenspiel von sich verändernden äußeren Lebensbedingungen und sich entwickelnden inneren Werten entstehen, bringt jede neue Stufe unvermeidlich neue Technologien hervor. Und diese neuen Technologien haben die Aufgabe, die Entwicklung der Stufe zu gewährleisten, die sie hervorgebracht hat. Für das traditionelle Bewusstsein ist eine Schlüsseltechnologie das geschriebene Wort. Die Entstehung des kraftvollen Phänomens der Schrift ist sowohl Ursache für die Entstehung des traditionellen Bewusstseins als auch eine Auswirkung dieses Bewusstseins. Denn da das traditionelle Bewusstsein aus der Verbundenheit mit seinem transzendenten Sinn erwächst, gab es ein starkes Bedürfnis danach, diesen Sinn in einem Gesetz oder einer Schrift aufzuzeichnen und zu fixieren. Zudem geben die traditionellen Werte von Ordnung und zentraler Autorität dem jeweils Regierenden die Macht, die Symbole zu bestimmen, die benutzt werden, um das gesprochene Wort zu repräsentieren. Und das bringt die Entstehung der Schrift hervor. Dadurch ermöglicht die Schrift eine neue Ebene der Zivilisation in der Art und Weise, die es erlaubt, Erkenntnisse und Traditionen über Zeit und Raum hinweg zu kommunizieren. Durch diese Methode erweitert das traditionelle Bewusstsein den zivilisierenden Einfluss seiner Werte in größere Gebiete und über Generationen hinaus. Deshalb markiert in gewissem Sinne die Entstehung des traditionellen Bewusstseins den „Beginn der Geschichte", denn die neuen Werte des traditionellen Bewusstseins ermöglichen die bessere Aufzeichnung der Geschichte durch die Technologie der Schrift.

Wie wir im 9. Kapitel über die „Strukturen des menschlichen Geistes" noch ausführlicher diskutieren werden, ist der Prozess der *Evaluation* eine wichtige *Methode der Wahrnehmung*.

Das heißt, jeder Mensch benutzt die Werte seiner oder ihrer Weltsicht, um die Welt zu verstehen. Und mit den neu entstehenden Werten des traditionellen Bewusstseins geht die neue Fähigkeit einher, klar zwischen richtig und falsch unterscheiden zu können. Die Lebensbedingungen, die ursprünglich zur Entstehung des traditionellen Bewusstseins geführt haben, sind fast immer brutal und chaotisch. Deshalb erkennt das traditionelle Bewusstsein das Wahre und Gute in einer Schwarz-Weiß-Sicht der Wirklichkeit, die einer Karikatur gleicht. Und der Grund dafür ist, dass in dem Chaos und der Brutalität der Lebensbedingungen, die diese Stufe entstehen lassen, Graunuancen und moralische Unklarheit nicht sehr hilfreich sind. Aber was sehr hilfreich ist, um mit diesen schwierigen Lebensbedingungen umzugehen, ist eine klare

Unterscheidung zwischen richtig und falsch oder wahr und unwahr. Und so sieht das traditionelle Bewusstsein die Welt.

Um die Würde und evolutionäre Notwendigkeit dieser Bewusstseinsstufe zu verstehen, ist es wichtig zu sehen, dass das traditionelle Bewusstsein als unvermeidliche Grundlage für alle weiteren Bewusstseinsstufen dient. Ein sehr anschauliches Beispiel dieser grundlegenden Rolle des traditionellen Bewusstseins in den weiteren Stufen kultureller Evolution sind die Ereignisse nach dem Fall des Kommunismus 1990 in Russland. Obwohl der Marxismus auf einer höheren Bewusstseinsstufe als der traditionellen entstanden sein mag, wurde die Sowjetunion in der zweiten Hälfte des 20. Jahrhunderts von einer traditionalistischen Version einer konformistischen Weltsicht bestimmt. Und als dann der Kommunismus zusammenbrach, hörte auch der transzendente Sinn und die Gruppenidentität auf zu existieren, von der diese traditionelle Ebene zum größten Teil abhing. Der Westen nahm daraufhin an, dass mit dem Fall des Kommunismus die Voraussetzungen für großes wirtschaftliches Wachstum geschaffen seien. So wurden in hohen Summen in die russische Wirtschaft investiert. Aber westliche Investoren beachteten nicht, dass das moderne Bewusstsein, das für eine Wirtschaft im westlichen Stil notwendig ist, in großen Teilen der russischen Bevölkerung im Jahre 1990 noch nicht entwickelt war. Die Ordnung von Russlands traditionellem Bewusstsein war durch den Fall des Kommunismus zerstört, und was übrig blieb, waren oft die darunterliegenden Strukturen des Kriegerbewusstseins. Anstatt also nachhaltiges ökonomisches Wachstum hervorzubringen, trugen die ausländischen Investitionen in den frühen 90er Jahren nur dazu bei, einen unglaublichen Anstieg der organisierten Kriminalität zu unterstützen. Der Grund dafür ist, dass sich die individualistische Orientierung der modernen Ebene von der ebenfalls individualistischen Orientierung der Stufe des Kriegerbewusstseins dadurch unterscheidet, dass es die regulierenden und ordnenden Werte des traditionellen Bewusstseins mit einschließt, wie es in Bild 3-2 dargestellt ist. Diese regulierende Stufe dient dazu, den Einzelnen zu sozialisieren und zu begrenzen, indem sie einen klaren Sinn für richtig und falsch gibt und die Bedeutung von Recht und Gesetz hervorhebt.

Ohne eine stabile Grundlage im traditionellen Bewusstsein kollabieren Versuche, sich zu einer höheren Stufe zu entwickeln oft im Chaos der Kriegerkultur, als Folge von Korruption und rivalisierenden Gruppen. Damit höhere Ebenen der Zivilisation bestehen können, müssen die bleibenden Verdienste der früheren Stufen stabil sein und funktionieren. Mit anderen Worten, wir müssen die bleibenden Verdienste der früheren Stufen kultivieren und festigen, damit der Übergang zu höheren Stufen nachhaltig ermöglicht wird.

Bild 3-2: Die sequentielle Entwicklungsbeziehung zwischen den Stufen des Krieger-, traditionellen und modernen Bewusstseins.

Wenn wir über die traditionelle Bewusstseinsstufe nachdenken, ist es wichtig anzuerkennen, dass jemand ein relativ hohes Maß an „Selbstverwirklichung" erreichen kann, während der psychische Schwerpunkt auf dieser Stufe bleibt. Die Idee der Selbstverwirklichung stammt aus der Arbeit von Abraham Maslow, der wahrscheinlich der weltweit bekannteste Entwicklungspsychologe ist. Maslows Forschungen brachten ihn dazu, eine „Hierarchie der Bedürfnisse" zu formulieren, die mit der Erfüllung grundlegender biologischer Bedürfnisse beginnt. Wenn diese Bedürfnisse erfüllt sind, erwachen höhere Bedürfnisse, bis das Selbst in der Lage ist, sich auf das letztendliche Bedürfnis der Selbstverwirklichung zu konzentrieren. Obwohl es möglich ist, Maslows Hierarchie ungefähr mit den Entwicklungsstufen von Graves zu vergleichen, scheint es mir auch möglich, Maslows Hierarchie als ein organisierendes Prinzip innerhalb jeder Stufe zu verstehen. Das heißt, alle von Maslow identifizierten Bedürfnisse können auf der traditionellen Stufe erfüllt werden (oder auch innerhalb jeder der höheren Stufen). Ich möchte hier den Priester Billy Graham als Beispiel nehmen. Billy Graham hat eine lange und herausragende Karriere hinter sich, denn er war der spirituelle Berater verschiedener US-Präsidenten, er hat weltweit Millionen von Menschen inspiriert und eine große Gemeinde aufgebaut, die heute von seinen erwachsenen Kindern geführt wird. Es würde kaum jemand behaupten, Graham habe nicht zumindest einige seiner Bedürfnisse nach Selbstverwirklichung erfüllt. Und obwohl er sicher fähig ist, Bewusstseinsebenen oberhalb der traditionellen zu verstehen, scheint das Zentrum seines Bewusstseins fest in dieser Ebene eingebettet zu sein. Daran können wir auch sehen, dass spirituelle Entwicklung und Selbstverwirklichung auf allen Bewusstseinsebenen möglich sind, egal, auf welcher Position in der Spirale man sich befindet.

Aber wie alle evolutionären Bewusstseinsstufen hat auch die traditionelle Ebene ihre Nachteile. Pathologien treten typischerweise in Erscheinung, wenn die existenziellen Probleme, die diese bestimmte Stufe entstehen ließen, gelöst wurden. Weil die jeweiligen Lebensbedingungen für die Existenz einer bestimmten Ebene notwendig sind, ist es typisch für diese Stufe, dass, wenn diese Lebensbedingungen verschwinden, sie auf Situationen projiziert werden, in denen sie nicht wirklich vorhanden sind. Wir haben zum Beispiel gesehen, dass die Lebensbedingungen, die zur Entstehung der traditionellen Bewusstseinsstufe geführt haben, eine als böse erfahrene Welt beinhalten, die erlöst werden muss. Wenn aber die schlimmsten Exzesse des Kriegerbewusstseins unter Kontrolle sind, beginnt sich die traditionelle Ebene auf neues „Böses" zu konzentrieren. Die Aufmerksamkeit wechselt von der vergangenen Boshaftigkeit egozentrischer Gewalt und beginnt sich auf fälschlicherweise als böse wahrgenommene Eigenschaften zu fokussieren, wie Homosexualität oder andere relativ positive Aspekte der Gesellschaft, die Fundamentalisten verdammen. Und so geht der Prozess weiter: Wenn das Bewusstsein erfolgreich die Probleme einer Evolutionsebene löst, resultiert aus genau diesen Lösungen ein neuer Problemkomplex, der nur durch das Erscheinen der nächsten Entwicklungsstufe gelöst werden kann.

Modernes Bewusstsein

Traditionelles Bewusstsein gibt es in verschiedenen Formen mindestens seit 5000 Jahren. Aber nur die erfolgreichen Versionen davon haben zum Übergang zur nächsten Stufe geführt, die als „Moderne" bekannt ist. Die erste bedeutsame Emergenz moderner Kultur gab es im 5. Jahrhundert v. Chr. im Goldenen Zeitalter des antiken Griechenlands. Der Triumph der Vernunft über den Mythos wurde in der griechischen Philosophie, Mathematik, Ingenieurskunst, Politik und Kunst sichtbar. Tatsächlich ist das Erscheinen von Realismus und Perspektive in der Kunst immer ein gutes Kennzeichen für das Entstehen modernen Bewusstseins. Obwohl das Goldene Zeitalter des antiken Griechenlands als eine Art „platonische Grundlage der Zivilisation" diente – ein romantisches Ideal, das während der letzten 500 Jahre in den Vorstellungen späterer Modernisten weiterlebte – war diese Ebene von Zivilisation unreif und

Modernes Bewusstsein

Subjektive Lebensbedingungen:
Möglichkeiten für einen höheren Lebensstandard und bessere soziale Stellung für den Einzelnen; Notwendigkeit, unterdrückenden Systemen zu entkommen; Notwendigkeit, die materielle Welt zu entmystifizieren

Weltsicht und Werte:
- Strebe nach Wohlstand, Status und dem „guten Leben"
- Arbeite für den Fortschritt durch Wissenschaft, Technologie und die „beste" Lösungsmöglichkeit
- Gewinne, konkurriere und strebe nach Perfektion
- Individuelle Autonomie und Unabhängigkeit – Freiheit

Beitrag zur Entwicklungsspirale:
Leistungsgesellschaft; Aufstiegschancen; die Mittelklasse; Perfektion durch Konkurrenz; Wissenschaft; Technologie; Überzeugtsein vom Fortschritt

Pathologie:
Materialismus; Nihilismus; Ausbeutung; Skrupellosigkeit; Selbstbezogenheit; Gier

Gegenwärtige Beispiele:
Wirtschaftskultur; moderne Wissenschaft; Mainstream-Medien; Profi-Sport

Organisationsstrukturen:
Demokratischer Kapitalismus; Wirtschaftsunternehmen; strategische Verbindungen

Beispielhafte Persönlichkeiten:
John F. Kennedy; Bill Gates; Margaret Sanger; Carl Sagan; Isaac Newton

Ungefährer Anteil an der Weltbevölkerung:
15%

Ungefährer Anteil an Wohlstand und politischer Macht:
60%

Technologisch-ökonomische Produktionsweise:
Industrielle Wirtschaft

Schlüsseltechnologien:
Wissenschaftliche Methode; fortgeschrittene Mathematik; Verstand; Logik; industrielle Technologien; Transporttechnologien; Kommunikationstechnologien

Art der Medizin:
Wissenschaftliche und allopathische Medizin

Das Wahre:
Objektive Wahrheit; Vernunft; alles, was materiell bewiesen werden kann

Das Schöne:
Modische Symbole von Macht und Prestige; Glamour; klassische Musik; Jazz

Das Gute:
Fortschritt; Freiheit; materieller Wohlstand; Status; Möglichkeiten; höhere Bildung; „das gute Leben"

Übliche neurologische Aktivität:
Die linke Gehirnhälfte dominiert

Auslöser für Weiterentwicklung:
Spirituelle Erfahrungen; Unzufriedenheit mit Besitz; Gefühl der Leerheit; Schuld; Anziehungskraft der Gegenkultur

Andere Bezeichnungen für diese Stufe:
Leistungsorientiertes Bewusstsein; strategisches Denken; formal-operational; oranges Mem

Tabelle 3-4: Merkmale des modernen Bewusstseins.

konnte nicht aufrecht erhalten werden. Und obwohl Spuren der modernen Kultur im Römischen Reich bis zu seinem letztendlichen Niedergang erkennbar sind (und zu einem gewissen Grad auch in den antiken islamischen, indischen und chinesischen Zivilisationen), entstand modernes Bewusstsein in einer nachhaltigen Form erst mit der europäischen Renaissance und in seiner vollen Blüte dann in der Aufklärung des 17. und 18. Jahrhunderts. Die grundlegenden Merkmale der modernen Bewusstseinsstufe zeigt die Tabelle 3-4.

Die Werte dieser individualistisch orientierten Bewusstseinsstufe beinhalten Fortschritt und Verbesserung, materiellen Wohlstand und Status und natürlich individuelle Autonomie und Unabhängigkeit. Da modernes Bewusstsein aus der konformistischen Mentalität der traditionellen Bewusstseinsstufe ausbricht, gewinnt sie Macht durch Initiative, Selbstvertrauen und ein Gefühl der Befreiung, das durch die Ablehnung der Autoritäten der traditionellen Kultur und ihres historischen Missbrauchs entsteht.

In unserer Betrachtung des traditionellen Bewusstseins sahen wir, wie die neu entstehenden Werte der traditionellen Weltsicht neue Fähigkeiten der Wahrnehmung ermöglichten und eine stärkere Fähigkeit zwischen richtig und falsch zu unterscheiden. Gleichermaßen ermöglichen die neu entstehenden Werte des modernen Bewusstseins, eine größere Fähigkeit über die in der traditionellen Weltsicht gegebenen Erklärungen einer „mythischen Ordnung" hinauszudenken. Das heißt, der klare Realismus, der in den rationalen Werten der modernen Weltsicht enthalten ist, ermöglicht es seinen Anhängern, die Natur der Dinge zu hinterfragen und das materielle Universum mit der wissenschaftlichen Methode zu messen und experimentell zu untersuchen.

Und im Bereich der Politik ermöglichen die modernen Werte eine neue Vision vom „natürlichen Gesetz" und den „Menschenrechten". Das neue Gefühl der Moderne für die Würde und Autorität des Einzelnen gibt ihr den Mut, die korrupten Strukturen des Feudalismus und der von der Kirche unterstützten sozialen Hierarchie herauszufordern. Und durch diese neue politische Selbstgewissheit kann in der Moderne die Demokratie entstehen. Thomas Jefferson verstand die Kraft der Werte des modernen Bewusstseins durch die Idee der „öffentlichen Verdienste". Jefferson erkannte, dass es für die Stabilität der Demokratie notwendig war, dass ein großer Teil der Bevölkerung ein starkes Pflichtgefühl als Bürger, eine Intoleranz für Korruption und die Bereitschaft zu persönlicher Verantwortung für die Verbesserung ihrer Regierung entwickelt. Die Entstehung der modernen Bewusstseinsebene kann in Verbindung gebracht werden mit dem verstärkten Gebrauch des Neocortex und speziell der linken Hirnhälfte. Dies erklärt, wie Logik und Vernunft auf dieser Entwicklungsebene in größerem Maße verfügbar wurden. Die integrale Theoretikerin Jenny Wade nennt diese Welle des Bewusstseins „leistungsorientiertes Bewusstsein" und indem sie die Erkenntnisse einer großen Anzahl von Forschern zusammenfasst, kommt sie zu dem Schluss:

> Die leistungsorientierte Ausrichtung erlaubt es einem Menschen, über Pläne von einem Standpunkt nachzudenken, der teilweise vom System entfernt ist. Das heißt, die „Regeln des Spieles" zu verstehen, um „Abkürzungen zu nehmen", „verschiedene Szenarien durchzudenken", seine „Chancen" zu erhöhen und einen Vorteil gegenüber denjenigen zu erreichen, denen nicht soviel möglich ist (oder die sich weniger bemühen) ... Eine Sensibilität für Status lässt den leistungsorientierten Menschen auf die relative soziale Position in Bezug auf die unterschiedliche soziale Macht (Geld, Position, Prestige) eines jeden Menschen fokussiert sein. Menschen auf dieser Bewusstseinsebene arbeiten aus einem Gefühl von persönlicher Leistung und Konkurrenz, um anderen voraus zu sein. Wenn das Bedürfnis nach Macht und Dominanz auch einige Aspekte der Egozentrik [Kriegerbewusstsein] wiederholt, schafft die sozial konstruierte Weltsicht dieser Bewusstseinsebene eine viel komplexere Dynamik. Der leistungsorientierte Mensch beurteilt nicht nur sich selbst und seine Handlungen im Vergleich mit anderen, er ist auch sehr auf sein öffentliches Ansehen bedacht. Er ist nicht länger eingebettet in die sozialen Rollen und Regeln des konformistischen [traditionellen] Bewusstseins, bleibt aber trotzdem in einer dialektischen Beziehung mit dem sozialen System und muss in akzeptabler Art und Weise „gewinnen".

Dieses Zitat von Wade hebt einen wichtigen Punkt der Entwicklungstheorie hervor, die vor allem aus der Arbeit von Robert Kegan stammt, den wir weiter oben schon zitierten. Kegans „Subjekt-Objekt-Theorie" beschreibt die Bewusstseinsentwicklung durch die Stufen, indem sie zeigt, dass ein Mensch eine bestimmte Stufe transzendiert, wenn das, was vorher im subjektiven Bewusstsein dieses Menschen eingebettet war, objektiviert wird oder aus einer äußeren Perspektive betrachtet wird. In Kegans Worten: „Unsere Erkenntnisweisen zu transzendieren, uns von dem zu befreien in das wir eingebettet waren, das zum Objekt zu machen, was vorher Subjekt war, damit wir ‚es haben' können, anstatt das ‚es uns hat' – das ist die kraftvollste Art und Weise, die Entwicklung des Geistes zu verstehen."

Auf der traditionellen Bewusstseinsstufe zum Beispiel ist das religiöse Glaubenssystem eines Menschen Teil des Subjekts – das subjektive Bewusstsein des Menschen ist in das Glaubenssystem eingebettet, und die objektive Welt wird deshalb so wahrgenommen und konstruiert, damit die Forderungen dieses Glaubenssystems erfüllt werden. Wenn aber jemand die traditionelle Stufe transzendiert und die größeren „Erkenntnisfähigkeiten" der modernen Bewusstseinsebene erlangt, mag er immer noch von den gleichen religiösen Glaubenssätzen überzeugt sein, aber diese Glaubenssätze sind nun objektiviert, er kann über sie hinaussehen, er hat eine größere Fähigkeit, die Perspektive eines anderen Menschen einzunehmen und die Welt durch die Glaubenssysteme anderer Menschen zu sehen, so wie auch durch seinen eigenen Glauben. Wenn ein Mensch sich entwickelt, kann er weiterhin „seinen Glauben haben", aber in weiter entwickelten Bewusstseinsstufen „hat der Glauben nicht mehr ihn".

Mit der Emergenz des modernen Bewusstseins entstehen auch die liberalen Ideale der Religionsfreiheit, Geschlechtergleichheit, Meinungs- und Pressefreiheit und der Gleichheit aller Menschen vor dem Gesetz. Und auch wenn die moderne Welt diese „würdevollen Ideale" erst noch fair und universell allen Menschen zugänglich machen muss, war es durch den Aufstieg der modernen Kultur möglich, diese Rechte und Freiheiten als erreichbare Ideale zu erkennen. Aber die vielleicht größte Errungenschaft des modernen Bewusstseins war die Entstehung der Wissenschaft und der wissenschaftlichen Weltsicht. Denn die Wissenschaft hat uns zum ersten Mal eine scheinbar universelle Wahrheit erkennen lassen, eine „objektive" Wahrheit, die Kulturen, Sprachen und Nationen transzendiert. Die Wissenschaft hat die Technologie geschaffen, mit der es uns möglich war, die Welt zu entdecken und zu verbinden. Sie gab Europa das Wissen und die Macht, die Welt zu kolonialisieren und die Grundlagen der industriellen Revolution, des Weltmarktes und der internationalen Diplomatie zu legen. Und die Wissenschaft der westlichen Medizin war zusammen mit der landwirtschaftlichen Technologie so erfolgreich darin, die Sterblichkeitsrate zu verringern, dass dies schließlich zu einer Bevölkerungsexplosion unbekannten Ausmaßes führte.

Wenn Sie nun denken, dass diese „Errungenschaften" der Wissenschaft sich nicht so positiv ausgewirkt haben, sind Sie mit dieser Ansicht nicht allein. Natürlich kann man überzeugende Argumente dafür anführen, dass die Katastrophen der Moderne ihre Errungenschaften weit übertreffen. Aber aus einer evolutionären Perspektive ist das nur ein weiteres Beispiel dafür, dass die Lösungen einer Ebene zu den Problemen der nächsten werden. Weil die moderne Kultur komplexer war und größere *Tiefe* als frühere Ebenen beinhaltete, war auch ihr Potenzial für gute und schlechte Auswirkungen größer. Als Wissenschaft und Rationalität sich vom mythischen Denken und den Einschränkungen der Kirche trennten, und als sie sich immer weiter von den mäßigenden Einflüssen anderer Wissensgebiete, wie den Künsten und den Geisteswissenschaften, abgrenzten, wurde diese zunächst gesunde Differenzierung zu einer unheilvollen Dissoziation (zu viel Transzendenz, nicht genug Einbeziehung). Die Wissenschaft begann schließlich, andere Wissensgebiete zu „kolonialisieren" und zu dominieren, und ging dabei oft so weit, deren Wert in Frage zu stellen. In vielen wichtigen Bereichen wurde Wissenschaft zu Wissenschaftsglauben oder Szientismus, die pathologische Form des modernen Bewusstseins, die wir schon weiter oben angesprochen haben und die davon ausgeht, dass die einzig „wirkliche" Wirklichkeit die objektive, materielle Realität sei.

In Wilbers Worten:

> Einfacher ausgedrückt: Das Ich und das Wir wurden vom Es kolonisiert. Das Gute und Schöne wurde von einer wuchernden monologischen Wahrheit vereinnahmt, die, wie bewundernswürdig sie einerseits war, in ihrer Selbstüberschätzung überheblich und in den Beziehungen zu den Erstgenannten zu einer Krebsgeschwulst wurde. Im maßlosen Dünkel und im Rausch ihrer fulminanten Siege wurde die empirische Wissenschaft zum Szientismus, der Glauben, dass es keine Wirklichkeit gäbe außer der von der Wissenschaft enthüllten und keine Wahrheit außer derjenigen, die die Wissenschaft zutage förderte. Der subjektive und innere Bereich, das Ich und das Wir, wurden zu objektiven, äußeren, empirischen Prozessen verflacht, seien sie atomistisch oder systemisch. Das Bewusstsein selbst, Geist, Herz und Seele der Menschen konnte man mit einem Mikroskop, einem Teleskop, einer Nebelkammer, einer fotografischen Platte nicht sichtbar machen, weshalb sie im besten Fall zu Epiphänomenen, im schlechtesten zu Illusionen erklärt wurden.

Schließlich brachten die inneren Grenzen und die stärker werdende ideologische Unterdrückung durch das „Newtonsche-Kartesianische Paradigma" viele Denker dazu, in ihrem Verstehen der Welt nach neuen Wegen zu suchen. Heute hat sich die wissenschaftliche Weltsicht in gewissem Sinne durch ihre eigenen Fortschritte in der experimentellen Physik selbst dekonstruiert. Das Hinterfragen des Positivismus als die absolute Autorität wurde auch von der kritischen akademischen Debatte unterstützt, die den „Mythos des Gegebenen" offenlegte – die naive Annahme, dass die Wirklichkeit, so wie sie ist, objektiv wahrgenommen werden kann, ohne die Verzerrung der Interpretation. Aber trotz des Aufstiegs der Postmoderne dominieren die Vorurteile der wissenschaftlichen Weltsicht weiterhin viele Institutionen der entwickelten Welt.

Szientismus ist aber nicht das schlimmste Problem des modernen Bewusstseins. Die prinzipielle Pathologie finden wir in der andauernden Gefahr, dass die Schrecken, welche die industrialisierte militärische Technologie im 20. Jahrhundert verursachte, in einem neuen Weltkrieg wiederholt werden. Und heute bedroht uns dieselbe moderne militärische Technologie auf neue Art und Weise, indem sie von prämodernen Kämpfern verwendet wird, die die westliche Welt mit Terrorismus zerstören wollen. Zudem ist der Aufstieg der Moderne auch zum großen Teil für die zunehmende Umweltzerstörung verantwortlich, die sich schließlich als destruktiver herausstellen könnte als jede vorstellbare Waffe.

Die vielen Pathologien der Moderne und der moralische Bankrott einiger ihrer prominentesten Leitfiguren haben viele dazu veranlasst, zu hinterfragen, ob das Wachstum der westlichen Zivilisation tatsächlich zu wirklichem „Fortschritt" geführt hat. Durch das 20. Jahrhundert hindurch und vor allem nach dem Zweiten Weltkrieg haben einige der begabtesten Denker der westlichen Welt den Glauben an das Projekt der Aufklärung verloren. Die moralischen Fehler der Moderne haben zu einer großen Anzahl verschiedener antimoderner Bewegungen geführt, und in den letzten 50 Jahren haben sich diese verschiedenen Formen alternativer Kultur lose zu einer Bewegung verbunden, die wir heute eindeutig als die Welle des postmodernen Bewusstseins identifizieren können. Und diese werden wir als Nächstes untersuchen.

Postmodernes Bewusstsein

Die Moderne war sehr erfolgreich und ihr größter Erfolg wird durch die Tatsache ersichtlich, dass sie die Grundlage für ihre eigene Transzendierung bereitete, indem sie eine alternative Form der Kultur hervorbrachte, die man am besten als „Postmoderne" bezeichnen kann. Es scheint mir wichtig, hier zu wiederholen, dass ich den Ausdruck postmodern für diese Weltsicht verwenden werde, obwohl der Begriff viele Bedeutungen hat und auch verwendet wurde, um bestimmte einzelne

Postmodernes Bewusstsein

Subjektive Lebensbedingungen:
Ausbeutung; korrupte Hierarchien; Umweltverschmutzung; oberflächlicher Materialismus; das Leiden anderer Menschen

Weltsicht und Werte:
- Einbeziehung der bisher Benachteiligten und Ausgebeuteten
- Entscheidungsfindung durch Konsens und Gleichberechtigung
- Umweltbewegung und Vorliebe für alles „Natürliche"
- Multikulturalismus und Vielfalt
- Persönliche Entwicklung des „ganzheitlichen Menschen"
- Sensitivität

Beitrag zur Entwicklungsspirale:
Weltzentrische Moral; Erkennen des menschlichen Potenzials; zunehmende Verantwortlichkeit für die Menschen und den Planeten; Mitgefühl und Einbeziehung; Anerkennung des Weiblichen; erneuerte spirituelle Freiheit und Kreativität

Pathologie:
Werterelativismus; Narzissmus; Verleugnung von Hierarchie; Geringschätzung der Moderne und der Tradition

Gegenwärtige Beispiele:
Progressive Kultur; kritische intellektuelle; Umweltbewegung; politische Korrektheit; Holland

Organisationsstrukturen:
Demokratischer Sozialismus; auf Konsens beruhende Versammlungen; selbst-gesteuerte Teams

Beispielhafte Persönlichkeiten:
Elton John; John Muir; Martin Luther King Jr.; Margaret Mead; Joan Baez; Allan Ginsberg

Ungefährer Anteil an der Weltbevölkerung:
<5%

Ungefährer Anteil an Wohlstand und politischer Macht:
10%

Technologisch-ökonomische Produktionsweise:
Auf Informationstechnologien basierende Wirtschaft

Schlüsseltechnologien:
Gewaltfreier Widerstand; postmoderne Musik; Kunst und Poesie; konstruktivistische Kritik; psychoaktive Substanzen; spirituelle Praktiken

Art der Medizin:
Holistisch – wissenschaftlich, traditionell, natürlich, homöopathisch, schamanisch, psychologisch, Kräutermedizin

Das Wahre:
Subjektive Wahrheit; was immer für dich wahr ist

Das Schöne:
Natur; moderne Kunst; Kunst von Ureinwohnern; New Age-Musik; Musik der 60'er; psychedelische Musik

Das Gute:
Nachhaltigkeit; das, was für alle Menschen und den Planeten gut ist

Übliche neurologische Aktivität:
Die rechte Gehirnhälfte dominiert

Auslöser für Weiterentwicklung:
Unzufriedenheit mit dem Suchen; Versagen der alternativen Kultur beim Finden von Antworten und Lösungen; steigende „Kosten" durch rechte und Ansprüche aller; Wunsch nach besseren Resultaten; Anziehungskraft der integralen Lösungen

Andere Bezeichnungen für diese Stufe:
verbundenes Bewusstsein; holistisches Denken; postformal; Konsens; grünes Meme

Tabelle 3-5: Merkmale des postmodernen Bewusstseins.

Aspekte der zeitgenössischen Kultur zu bescheiben, die nur untergeordnete Bedeutung in einer größeren Weltsicht haben, die nach der

Moderne entstanden ist. Der Grund dafür ist, dass dieser Ausdruck schon von anderen im gleichen Zusammenhang verwendet wurde und weil er die antithetische Beziehung dieser Weltsicht mit vielen Aspekten der modernen Kultur gut beschreibt.

Die meisten Entwicklungspsychologen lassen ihre Beschreibung der Bewusstseinsstufen entweder auf der modernen Ebene enden oder verwechseln die postmoderne Ebene mit der integralen Ebene, die danach kommt. Wie wir schon gesehen haben, ist deshalb ein besonderer Vorteil des Modells von Graves seine klare Identifizierung der gemeinschaftlich orientierten Bewusstseinsstufe, die zwischen der Moderne und dem später entstehenden integralen Bewusstsein liegt.

Postmodernes Bewusstsein (zusammengefasst in Tabelle 3-5) wird durch ein hohes Maß an Sensibilität charakterisiert – Sensibilität denen gegenüber, die vorher unterdrückt und ausgebeutet wurden, Sensibilität gegenüber den Bedürfnissen und der Empfindlichkeit der Umwelt, und Sensibilität gegenüber der Anziehungskraft des weiblichen Wissens. Die postmoderne Stufe entsteht als Antwort auf den „Druck" durch die Pathologien der Moderne, und viele ihrer Werte definieren sich durch die Reaktion auf diese Pathologien. Der Multikulturalismus zum Beispiel ist eine Reaktion gegen den Eurozentrismus; die Umweltbewegung ist eine Reaktion gegen industrielle Zerstörung und Ausbeutung; und die Vorliebe für Konsens, Zusammenhalt und „Vernetzung" ist eine Reaktion gegen die allgegenwärtigen hierarchischen Rangordnungen der Moderne. Und sogar die Ausrichtung des postmodernen Bewusstseins auf Gefühl, Fürsorge und Sensibilität ist selbst eine Reaktion gegen den kalten Rationalismus und leidenschaftslose Perspektive des wissenschaftlichen Materialismus.

Die ersten Zeichen dieser Weltsicht, die auch als „verbundenes Bewusstsein" und als pluralistischer Relativismus bekannt ist, können wir bereits in der Aufklärung sehen, zum Beispiel in den Schriften von Jean Jacques Rousseau und der Romantik und später im 19. Jahrhundert auch in den Schriften von Walt Whitman, Henry David Thoreau und Ralph Waldo Emerson. Aber erst in den 60er Jahren des 20. Jahrhunderts entstanden die ersten echten postmodernen kulturellen Strukturen in einem größeren Ausmaß. Der Anreiz oder „Sog", der die Generation der Babyboomer dazu veranlasste, das postmoderne Bewusstsein in großer Breite anzunehmen, waren die Kraft der Musik der 60er und die moralischen Ziele der Menschenrechtsbewegung und des Friedens in Vietnam. In der akademischen Welt brachte der Aufstieg der postmodernen Werte ein neues „kritisches Paradigma" hervor, das zum Ziel hatte, den Kanon des westlichen Wissens zu dekonstruieren, indem es die Subjektivität dessen zeigte, was vorher als „objektiv“ verstanden wurde.

Die Errungenschaft der postmodernen Bewusstseinsstufe kann darin gesehen werden, wie sie die westliche Gesellschaft in vielen Bereichen sensibilisiert und feminisiert hat. Die kulturelle Vorherrschaft der monolithischen Werte der beiden vorhergehenden Stufen (modern und traditionell, die zusammen die Weltsicht des Westens bilden) nahmen in ihrem Einfluss spürbar ab, als die neue weltzentrische Ethik der postmodernen Stufe begann, den Wert der vorher unterdrückten Stufen der Evolution zu erkennen – besonders die Stufen des Krieger- und Stammesbewusstseins, die immer noch von vielen Ureinwohnern und Menschen außerhalb des Westens gelebt wurden. Deshalb ist einer der wichtigsten Verdienste der postmodernen Weltsicht, dass sie versuchte, auf einer höheren Stufe dasjenige einzubeziehen, was die moderne Stufe vorher in ihrer Transzendenz hinter sich gelassen hatte.

Der Aufstieg des postmodernen Bewusstseins hatte einen bedeutsamen Einfluss auf die Politik der westlichen Demokratien. Tatsächlich hat jede neue Bewusstseinsstufe, die im Verlauf der Geschichte entstanden ist, einen Vorteil gegenüber der vorhergehenden Stufe, weil ihre Werte tiefer und komplexer sind. Kriegerbewusstsein besiegt das Stammesbewusstsein durch seine unbändige Brutalität und Entschlossenheit. Traditionelles Bewusstsein ist in der Regel in der Lage, das Kriegerbewusstsein zu besiegen, durch eine überlegene Organisation und Gruppendisziplin. Modernes Bewusstsein überwindet das traditionelle Bewusstsein durch die technologische und industrielle Überlegenheit. Und postmodernes Bewusstsein hat gegenüber der Moderne den Vorteil, durch gewaltlose politische Aktionen und moralische Stärke Veränderungen hervorzubringen. Beispiele dafür sind der Erfolg der politischen Strategien gewaltfreien Protestes, wie ihn Thoreau beschrieben hat und Gandhi und Martin Luther King jr. angewendet haben. Tatsächlich können wir heute die Möglichkeit des gewaltfreien Widerstands als ein wichtiges moralisches Vermächtnis des postmodernen Bewusstseins sehen. Obwohl es sicher auch Ausnahmen gibt, ist die zunehmende relative Macht jeder entstehenden Bewusstseinsstufe ein Anhaltspunkt für die evolutionäre Transzendenz in Bezug auf die davorliegenden Ebenen.

In den bisherigen Ausführungen können wir sehen, wie die Werte des Traditionalismus eine neue Sicht von richtig und falsch hervorgebracht haben und wie die Werte der Moderne eine neue Sicht des materiellen Universums und der Menschenrechte möglich machten. Und nun können wir beim postmodernen Bewusstsein sehen, wie seine Entstehung eine neue Art der Wahrnehmung ermöglicht. Das postmoderne Bewusstsein sieht den Wert dessen, was vorher während des Aufstiegs der Moderne ignoriert und abgelehnt wurde, mit neuen Augen.

So erkennt die neue Sicht der Postmoderne den Wert alternativer und traditioneller Medizin, sie entdeckt die tiefen Wahrheiten östlicher Spiritualität und reagiert mit Wut und Scham auf das moderne Erbe rassistischer und sexistischer Ausbeutung. Um es noch einmal zu betonen, diese neuen Einsichten sind durch die „Wahrnehmungskräfte" neuer Werte möglich. Genauso wie die Moderne sich durch das Annehmen der wissenschaftlich-objektivistischen Wahrheitsnormen entwickeln konnte, bewegt sich die Postmoderne mit ihrem Interesse an der Rolle der Subjektivität in ihrem Wahrheitsanspruch in die andere Richtung. Und die postmoderne Erkenntnis der sozial konstruierten Natur der Wahrheit können wir in vielen Bereichen der progressiven Kultur erkennen. Während moderne Wahrheitsnormen dazu neigen, von wissenschaftlichen Tatsachen eingeengt zu werden, neigen postmoderne Wahrheitsnormen dazu, zunehmend pluralistischer zu werden – Wahrheit könnte man für das postmoderne Bewusstsein als „Was immer für dich wahr ist" beschreiben.

Aufgrund der Verletzlichkeit, die ihrer Komplexität und Tiefe innewohnt, bringt die postmoderne Ebene, so wie auch die vorhergehenden Stufen, gleichermaßen Fortschritt und Pathologie. Einer der Nachteile der postmodernen Stufe ist ihr „Werterelativismus". Beispiele eines Werterelativismus, der in einer Haltung des „Alles ist ok." alles einbeziehen möchte, können in vielen Bereichen der heutigen Kultur gefunden werden, zum Beispiel in der New Age-Spiritualität, der alternativen Medizin, dem Multikulturalismus und der Opfer-Politik. Und der Werterelativismus ist besonders vorherrschend an Eliteuniversitäten. Im akademischen Bereich und im Erziehungssystem gibt es viele Postmodernisten, die davon überzeugt sind, dass alle sozialen Hierarchien im Grunde subjektiv sind und dass die Moderne keineswegs besser ist als das, was ihr vorausging. Damit ist nicht gesagt, alle Ausdrucksformen der postmodernen Weltsicht seien pathologisch, aber in den vielen Bereichen unserer Kultur sind Werte, wie die Konkurrenz der Leistungen und die Hierarchien des Erreichten, meist den vorherrschenden Werten der Gleichheit und des Einbeziehens untergeordnet. Aber mit dem Versuch, in einem evolutionären Universum, das auf jeder Ebene durch hierarchische Entwicklung organisiert wird, Hierarchie zu beseitigen, bedeutet eine Verneinung der Wirklichkeit.

Genauso wie vorher die moderne Stufe in ihrer Differenzierung zu weit gegangen ist und sich von den wichtigen Aspekten der vorhergehenden Stufen getrennt hat, so geht auch die postmoderne Stufe oft in ihrem Versuch der Integration vorhergehender Ebenen zu weit in die andere Richtung. Wenn Differenzierung (Transzendenz) aus dem Gleichgewicht gerät, wird es zu Dissoziation. Und wenn Integration (Einbeziehung) aus dem Gleichgewicht gerät, führt das zu Verschmelzung. Die pathologische Verschmelzung der Postmoderne finden wir darin, dass sie daran scheitert, die guten Aspekte der vorhergehenden Stufen – Aspekte, die wir in die Zukunft hinein mitnehmen und einbeziehen wollen – von den unreifen und pathologischen Aspekten der vorhergehenden Stufen, die wir hinter uns lassen sollten, zu unterscheiden.

Der postmoderne Werterelativismus führt zu etwas, das wir als „Grünes Dilemma" bezeichnen können. Dies hat seinen Ursprung in der Tatsache, dass die weltzentrische Moral der Postmoderne ein evolutionärer Fortschritt gegenüber weniger entwickelten Formen der Moral ist, welche die vorhergehenden Stufen kennzeichnen. Die postmoderne Sensibilität und das Mitgefühl für die Benachteiligten, welche die Ethik dieser Stufe ausmachen, macht sie feinfühlig für Leiden und Ungerechtigkeit, die vorher nicht bemerkt wurden. Aber wegen der Aversion gegen jede Art von Bewertung ist es für das postmoderne Bewusstsein schwierig, seine eigenen Werte auf die sogar schlimmsten Gewalttaten der vorhergehenden Stufen anzuwenden. Dadurch behindert sich das postmoderne Bewusstsein selbst in seinen Anstrengungen, um positive und nachhaltige Veränderungen in einer Gesellschaft zu bewirken. Aber wie wir bald sehen werden, ist das integrale Bewusstsein, weil es größere Unterscheidungskraft besitzt, besser dazu in der Lage, die weltzentrische Moral, die von der Postmoderne entwickelt wurde, zu nutzen, um dauerhafte soziale Entwicklung zu gewährleisten.

Ein weiterer problematischer Aspekt der postmodernen Bewusstseinsstufe liegt darin, dass sie so „teuer" ist. Diese Weltsicht sieht schnell die Rechte, aber kaum die damit verbundenen Verantwortlichkeiten. Diese Stufe beruht auf dem materiellen Wohlstand, der durch die moderne Stufe geschaffen wurde. Und obwohl sie von diesem Wohlstand abhängig ist, verneint sie oft dessen Wert. In ihrem Versuch, den Wohlstand neu zu verteilen, zerstört sie oft das System, das den Wohlstand hervorgebracht hat. Aber wenn die postmoderne Stufe die Werte sowohl der traditionellen als auch der modernen Stufe angreift, zerstört sie unwissentlich die Grundlagen ihrer eigenen Entwicklung. Wie Don Beck sagt, sei das postmoderne Bewusstsein „wie jemand, der mit einer Leiter auf das Dach eines Hauses klettert und dann die Leiter umwirft, auf der er dorthin gekommen ist." Nach Beck ist es wichtig, sich drei Dinge anzuschauen, wenn wir die Gesundheit oder Pathologie einer

Entwicklungsstufe erkennen wollen: die Lebensbedingungen, die grundlegenden Werte dieser Stufe und den besonderen Ausdruck dieser Weltsicht in einem spezifischen Kontext. In dem folgenden Beispiel erklärt er, warum wir diese drei Faktoren berücksichtigen müssen:

> Wenn wir Kapitalismus oder Konsumdenken nicht mögen, welche Ausdrucksformen der [modernen Stufe] sind, so sind sie doch nicht mit den [Errungenschaften der modernen Stufe] identisch, Dinge zu bewerkstelligen und Dinge zu verbessern. Die Kreativität und Fähigkeit, Dinge zu bewerkstelligen, die [dieser modernen Stufe] innewohnen, können jetzt dafür genutzt werden, die Umweltzerstörung wieder zu bereinigen. Deshalb können wir es uns nicht leisten, [irgendeine dieser Bewusstseinsstufen] zu verurteilen. Wir können eine ihrer Manifestationen kritisieren, aber ohne [das moderne] Denken könnten wir keine medizinischen Probleme lösen, könnten wir nicht herausfinden, wie wir das Wasser und die Luft wieder sauber bekommen, und wir würden zurückfallen zu den Mythen und dem Mystizismus des [traditionellen Bewusstseins]. Und ich denke, so etwas wünscht sich niemand.

Weil die Postmoderne die letzte Stufe ist, die bisher in der Geschichte entstanden ist, ist sie auch die am weitesten entwickelte Bewusstseinsstufe, die noch dabei ist, sich in den Kulturen der Welt durchzusetzen. Und weil sie die am weitesten entwickelte Stufe ist, ist sie auch moralisch am weitesten fortgeschritten und verdient es, dafür gewürdigt und geschätzt zu werden. Aber weil die Begrenzungen, die dieser Stufe innewohnen, immer deutlicher werden (wir werden diese im nächsten Kapitel näher untersuchen), können wir erkennen, warum die postmoderne Weltsicht von einer neuen evolutionären Entwicklung des Bewusstseins transzendiert und einbezogen werden muss.

Im nächsten Kapitel werden wir uns dem postmodernen Bewusstsein zuwenden und seine Rolle bei der Entstehung der integralen Weltsicht untersuchen. Aber bevor wir beginnen, die integrale Bewusstseinsstufe genauer zu untersuchen, ist es angebracht, mehr über die Spirale des Bewusstseins und der Kultur als Ganzes zu sagen.

Die Spirale als Ganzes

Wenn die Manifestationen dieser Stufen von Bewusstsein und Kultur immer klarer erkennbar werden, müssen wir uns daran erinnern, dass diese Systeme der Weltsichten breit gefächert und von fließenden Übergängen gekennzeichnet sind. Wie Beck oft wiederholt: „Die Spirale ist unordentlich, nicht symmetrisch, mit vielen Mischformen statt reinen Typen. Diese sind Mosaike, Geflechte und Mischungen." Wir sollten also diese Stufen weniger als Klassifizierung von Menschen verstehen, sondern vielmehr als Formen des Bewusstseins in Menschen. Und oft verwenden Menschen unterschiedliche Wertesysteme in den verschiedenen Aspekten ihres Lebens. Zudem können wir oft sehen, dass die Stufen in Paaren zusammenarbeiten. So halten zum Beispiel die meisten Ausdrucksformen des Kriegerbewusstseins eine Verbindung mit der Stammesloyalität der vorhergehenden Stufe des Stammesbewusstseins. Und trotz der Brutalität der Kriegerkultur erhält sich auch meist das Gefühl für die Notwendigkeit, die eigene Familie zu schützen (und zu rächen). Obwohl die Moderne als Antithese zum traditionellen Bewusstsein entsteht, beeinflusst das Erbe eines natürlichen Traditionalismus weiterhin die moderne Weltsicht, bis diese schließlich von der Postmoderne herausgefordert wird. Wie wir es heute zum Beispiel in den USA sehen, wo die Postmoderne mit allen Mitteln versucht, die Oberhand über die Traditionalisten zu bekommen, um moralische Grundsätze zu formulieren, welche die Zustimmung der modernen Mehrheit finden.

Wenn wir die Spirale als Ganzes anschauen, können wir sehen, dass jede Stufe im Laufe ihrer Entwicklung ihre eigene Form von Orthodoxie entwickelt, die wir auch „Stufenabsolutismus" nennen können. Im 20. Jahrhundert konnten wir den Aufstieg des orthodoxen religiösen Fundamentalismus in fast jeder Weltreligion sehen, als diese traditionellen Weltsichten mehr und mehr vom Erfolg der Moderne und der Entstehung der Postmoderne bedroht wurden. In gleicher Weise können wir die Orthodoxie der Moderne in ihrem Atheismus und wissenschaftlichen Materialismus sehen, die darauf beharren, dass es unsinnig ist, von irgendetwas Nichtmateriellem zu sprechen. Und mit der Entwicklung der Postmoderne sehen wir nun Ausdrucksformen einer neuen Orthodoxie in der strengen politischen Korrektheit, die in großem Maße das heutige Bildungssystem und die Unterhaltungsindustrie bestimmt. Somit können wir das dialektische Muster These-Antithese-Synthese nicht nur in der Entwicklung der gesamten Spirale erkennen, sondern auch in der Dialektik der Entwicklung innerhalb jeder Stufe. Jede neue Entwicklungsebene beginnt als Antithese zu dem, was vor ihr war. Im

Laufe der gesunden Entwicklung folgt darauf eine Zeit der Synthese, in welcher die wichtigste Aufgabe der jeweiligen Stufe erfüllt ist. Nach diesem „Höhepunkt" entwickelt sich die Stufe der Kultur zu einer orthodoxen These ihrer selbst, die schließlich nach Transzendierung durch die frische Antithese einer neuen Ebene ruft.

Wir können die Entwicklungsstufen noch aus einem ganz anderen Blickwinkel betrachten, wenn wir erkennen, wie die neuen Weltsichten, die nacheinander entstehen, neue Perspektiven für diejenigen ermöglichen, die sie benutzen. So zeigt zum Beispiel die Forschung, dass Stammesbewusstsein in der Regel auf eine „Perspektive der ersten Person" begrenzt ist und nicht immer eine klare Unterscheidung zwischen Subjekten und Objekten machen kann – wie wir schon gesehen haben, werden im Stammesbewusstsein Objekte mit Subjekten verwechselt und Subjekte mit Objekten. Aber mit dem Aufstieg des traditionellen Bewusstseins erscheint eine „Perspektive der zweiten Person", die klarer zwischen dem Selbst und Anderen unterscheiden kann. Und diese neue Perspektive der zweiten Person macht eine höhere Ebene von Moral möglich, die in der Formulierung der „Goldenen Regel" gipfelt, eine ethische Regel, die in fast jeder traditionellen Kultur gefunden werden kann. Und im modernen Bewusstsein entsteht dann eine „Perspektive der dritten Person", die im wissenschaftlichen Standpunkt des „objektiven Betrachters" zum Ausdruck kommt und schließlich dazu führt, dass das Gebiet der Wissenschaft von Philosophie und Religion getrennt wird.

Als eine Landkarte der geschichtlichen Entwicklung der Kultur der Menschheit zeigt die Entwicklungsspirale deutlich, wie die Stufen in der Geschichte des Bewusstseins auch heute noch sehr lebendig sind. Wenn wir sehen, wie die Entwicklung des Bewusstseins über die ganze Welt verbreitet ist, erkennen wir, dass nicht jeder in der gleichen „geschichtlichen Zeit" lebt. Denn weil jedes Neugeborene sein Leben auf der archaischen Ebene beginnt, „muss der Kampf mit jeder neuen Geburt neu geführt werden". Wenn wir aber verstehen, wie die geschichtliche Entfaltung innerhalb dieses dialektischen evolutionären Systems geschieht, können wir besser erkennen, was getan werden kann, um Menschen zu helfen sich weiter zu entwickeln und ihre Bedingungen zu verbessern, wo auch immer sie sich befinden mögen. Probleme, die zuvor als hoffnungslos erschienen, werden zu vielversprechenden Möglichkeiten für die Entwicklung des Bewusstseins. Wie wir schon gesagt haben ist jedes Problem der Welt im Grunde ein Problem des Bewusstseins und jede Lösung kann in diesem Sinne als eine Öffnung hin zu weiterer Evolution verstanden werden.

Wenn wir zum Beispiel die Probleme im Mittleren Osten anschauen, erkennen wir, dass die größte Herausforderung der islamischen Länder (von denen die meisten, mit teilweiser Ausnahme der Türkei, sich in einem traditionellen Bewusstsein und darunter befinden) darin besteht, eine authentische Form der islamischen Moderne zu entwickeln – nicht einfach nur eine verpflanzte europäische Moderne, sondern eine eigene Moderne mit Wurzeln in der islamischen Zivilisation, die auf große Zeiten zurückblicken kann.

Ein erfolgreiches Modell solch einer eigenen nichtwestlichen Moderne können wir in der neueren Geschichte Japans erkennen. Weil die Japaner eine starke und gesunde Form des traditionellen Bewusstseins hatten (entstanden durch 200 Jahre freiwilliger Isolation und unbehinderter Entwicklung), waren sie sehr erfolgreich (sogar nach der Niederlage im Zweiten Weltkrieg), als sie im späten 19. Jahrhundert den Sprung in die Moderne wagten. Dabei diente das starke traditionelle Bewusstsein als unterstützende Grundlage für ihre eigene japanische Form modernen Bewusstseins. Im Gegensatz dazu sind die traditionellen Strukturen der islamischen Kultur zu Beginn des 21. Jahrhunderts noch nicht stabil genug (und nicht unabhängig genug von äußerem Einfluss) um die nachhaltige Entwicklung einer modernen Gesellschaft zu ermöglichen. Der Grund dafür ist, dass das islamische Bewusstsein sehr stark von Krieger- und Stammesbewusstsein beeinflusst wird. Und deshalb ist zum Beispiel der Status der Frauen in den traditionellen islamischen Gesellschaften so niedrig. Obwohl Frauen in allen traditionellen Kulturen den Männern untergeordnet sind und Chauvinismus ganz klar eine Pathologie ist, ist der Islam zweifellos in diesem Bereich am schlimmsten, weil diese früheren Bewusstseinsstufen so einen starken Einfluss in der Kultur haben. Und diese Betonung männlicher Überlegenheit hat die moralische Kraft des traditionellen Islam sehr geschwächt.

Im Gegensatz zum traditionellen Bewusstsein, das wir im europäischen Christentum vorfinden, konnte sich das traditionelle Bewusstsein des Islam noch nicht weit genug aus dem Kriegerbewusstsein heraus entwickeln, um sich in Richtung des modernen Bewusstseins zu bewegen. Ein Grund für diese Stagnation ist die militärische Niederlage und die daraus folgende Kolonialisierung durch die europäischen Mächte, welche die islamische Welt erniedrigt, mit geschwächter moralischer Autorität und zerstörter Kraft für positive Entwicklung zurückließ. Und weil es viel von seiner moralischen Autorität verloren hat, konnte es nicht effektiv genug die für das traditionelle Bewusstsein notwendige soziale Kontrolle, Ehrlichkeit, Respekt für Autorität und bürgerliche Disziplin entwickeln, die Voraussetzungen für eine stabile Moderne sind.

Aber wenn wir sehen, wie der Islam gestärkt werden muss, wenn wir sehen, was wir tun können, damit die moralische Autorität dieser traditionellen Kultur wiederhergestellt werden kann, können wir helfen, eine nachhaltige Entwicklung in diesem Teil der Welt zu gestalten. Wenn wir die Situation durch die Perspektive der Entwicklungsspirale betrachten, erkennen wir, dass das Phänomen des islamistischen Terrorismus nicht so sehr eine Herausforderung für den Westen ist als vielmehr für den Islam selbst – eine Herausforderung für die islamische Welt, sich zu vereinen und den mit Kriegerbewusstsein infizierten Selbstmordkult und die radikale fundamentalistische Geisteshaltung zu verurteilen, die im Begriff sind, die Seele dieser großen Weltreligion zu zerstören. Nur wenn wir dem Islam dabei helfen, das Kriegerbewusstsein in der eigenen Kultur zu überwinden – also indem wir dem Islam helfen, moralischer zu werden – kann die westliche Welt den Islam unterstützen, eine Form des traditionellen Bewusstseins zu entwickeln, die erfolgreich genug ist, um die Grundlage für eine Weiterentwicklung hin zu einer eigenen Moderne im Mittleren Osten zu bilden.

Wir können dieser Beschreibung der Entwicklung vertrauen (die offensichtlich ein eigenes Buch füllen könnte), weil wir in der Geschichte sehen, dass genau das passiert ist, bevor dann während der Aufklärung die Moderne in Europa entstand. Die Reformation des Christentums im 16. und 17. Jahrhundert hat diese Religion sehr gründlich vom Kriegerbewusstsein gereinigt (das man ganz offensichtlich in den Päpsten der Renaissance sehen kann). Der Protestantismus bildete eine erfolgreichere Form der traditionellen Kultur, weil er einen höheren Grad an Moral als der Katholizismus jener Zeit entwickelt hatte. Somit bahnte er den Weg für die Entwicklung zur nächsten Bewusstseinsebene in der Aufklärung. Und wir können auch heute die weiterhin wirksame Existenz dieser Stufen der Geschichte erkennen, zum Beispiel in der Art und Weise, wie die Postmoderne sich nur in Ländern durchsetzen konnte, in denen sich zuvor die Moderne entwickelt hatte. Der ursprüngliche Erfolg des modernen Bewusstseins in den protestantischen Ländern England, USA, Deutschland, Skandinavien und Holland bildeten die Grundlage für die Weiterentwicklung zur Ebene der Postmoderne, die nun einen großen Prozentsatz der Bevölkerung dieser Länder ausmacht.

Wir können die Struktur der Entwicklungsspirale ganz klar sowohl im historischen Fortschritt der Kultur als auch im Wachstum des Bewusstseins in einzelnen Menschen erkennen. Und wir können dieses Verständnis dazu nutzen, um die Zukunft vorherzusagen und die Vergangenheit zu heilen – nicht nur auf globaler Ebene, sondern auch in unseren Familien und in unserer sozialen Umgebung und schließlich auch in unserer eigenen Psyche. Dieser Prozess, in dem wir die Stufen der Geschichte unter Orientierung an den Werten einer integralen Weltsicht im Spektrum des Bewusstseins erkennen, wird schließlich zu einer neuen politischen Wirklichkeit führen, die wir im 5. Kapitel mit dem Titel *„Die integrale Politik"* diskutieren werden.

In unserer Betrachtung der Spirale als Ganzes ist es wichtig, sich daran zu erinnern, dass sich nicht nur das äußere Universum bis an die fernsten Grenzen von Raum und Zeit erstreckt, sondern dass auch das innere Universum seine Weite hat und wir darin einen ständigen Strom kreativer Erneuerung finden. Wenn wir also über die Strukturen und identifizierbaren „Orte" des Bewusstseins und der Kultur innerhalb des inneren Universums sprechen, sollten wir die Vielfalt und Komplexität darin nicht vergessen. Im Bewusstsein des Einzelnen gibt es zum Beispiel verschiedene Entwicklungslinien und viele Arten von Intelligenz. Obwohl Werte und Weltsichten die allgemeinen Motivationen und Vorlieben von Menschen definieren und vereinigen können, finden wir innerhalb dieser Weltsichten eine große Vielfalt kognitiver und emotionaler Entwicklung. So können zum Beispiel Menschen, die in der traditionellen Bewusstseinsstufe zentriert sind, eine geniale Intelligenz entfalten. Und andererseits können Menschen, die weit entwickelte Werte haben, zur gleichen Zeit emotional unreif sein.

Obwohl wir in jedem Menschen viele verschiedene Entwicklungsströme verfolgen können, ist es möglich, diese verschiedenen Bewusstseinstypen in drei allgemeinen Entwicklungslinien einzuordnen, die wir als *emotionale Intelligenz, kognitive Intelligenz* und moralische Intelligenz oder *Werteintelligenz* bezeichnen können. Diese drei allgemeinen Typen von Intelligenz können als EQ, IQ und WQ abgekürzt werden. Die Idee des Intelligenzquotienten oder IQ gibt es seit dem Beginn des 20. Jahrhunderts. Die Betonung des IQ hat aber zu einer engen Betonung mentaler Entwicklung geführt. Aber seit Kurzem wird auch die Bedeutung emotionaler Intelligenz oder EQ beachtet, und das hat unser Verständnis der vielen Arten von „Klugheit" erweitert. Zudem können wir heute durch das Wissen der integralen Philosophie zusätzlich zur Beschreibung des Bewusstseins mittels IQ und EQ auch den WQ erkennen – die Werteintelligenz – als ein wichtiger Anhaltspunkt für den „Ort" eines Menschen im inneren Universum. Das ist aber nur eine Vorausschau auf eine tiefer gehende Diskussion dieser Fragen, die wir im 9. Kapitel mit dem Titel „Die Strukturen des menschlichen Geistes" führen werden.

Gibt es Beweise für die Spirale?

Nach meiner Erfahrung ist der kraftvollste und praktischste Aspekt der integralen Theorie ihr Verständnis der Entwicklungsspirale in Bewusstsein und Kultur. Bevor wir also unsere Aufmerksamkeit auf die integrale Stufe richten, ist es sinnvoll, hier kurz die Beweise für diese Strukturen des inneren Universums anzuschauen. Wenn Sie über diese Entwicklungsstufen nachdenken, mögen Sie sich fragen: Selbst wenn es einige Anzeichen für die Richtigkeit dieser Stufen gibt, warum können sie dann nicht einfach als eine Abfolge von Schritten anstatt einer Art von „dialektischer Spirale oder helixförmiger Struktur" verstanden werden? Nun, es gibt eine Reihe von Anhaltspunkten für diese Spiralstruktur, einige davon basieren auf der psychologischen Forschung mit Einzelnen, einige basieren auf der soziologischen Erforschung von Gruppen und andere basieren auf der Beobachtung der eindeutig identifizierbaren dialektischen Beziehung, die zwischen verschiedenen Aspekten der menschlichen Kultur bestehen.

Wie wir zu Beginn dieses Kapitels schon gesehen haben, sind die psychologischen Beweise für die Existenz dieser Stufen, die im Geist der Menschen existieren, überwältigend. Im Anschluss an die Arbeit von James Mark Baldwin hat der Schweizer Psychologe Jean Piaget eine enorme Forschungsarbeit geleistet, die zeigt, wie die Kognition sich durch eine Abfolge unterschiedlicher Stufen entwickelt, die er als sensomotorisch, präoperational, konkret-operational und formal-operational bezeichnete. Piaget zeigte, dass jede dieser Entwicklungsstufen ein besonderes Wertesystem und eine bestimmte Weltsicht mit sich bringt. Piagets Forschung wird von Wissenschaftlern verschiedener Disziplinen respektiert. Nach genauer Prüfung und ausführlicher Diskussion wurde seine Arbeit als wissenschaftlich richtig und von kulturübergreifender Bedeutung anerkannt. Damit wurde Piagets Arbeit zur Grundlage für die vielen Entwicklungspsychologen, die nach ihm kamen. Und wenn es unter diesen Entwicklungsforschern auch nicht immer vollkommene Übereinstimmung über die genauen Details der Stufen gibt, findet sich unter ihnen doch ein großes Maß an Konsens. Clare Graves entdeckte einige neue und wichtige Aspekte dieser Stufen, aber im Allgemeinen stimmten seine Erkenntnisse über die Bewusstseinsstufen mit den gut recherchierten Ergebnissen der anderen Entwicklungsforscher überein.

Zusätzlich zu den wichtigen psychologischen Beweisen, die durch die Erforschung von einzelnen Menschen gesammelt wurden, gibt es ernstzunehmende Anhaltspunkte für die Bewusstseinsstufen auch in der Soziologie. Im Jahre 1995 veröffentlichte der Soziologe Paul Ray die Forschungsergebnisse seiner USA-weiten Studie über die Rolle der Werte im Leben der Amerikaner, die vom Fetzer Institute und dem Institute for Noetic Science unterstützt wurde. Rays Forschung, die sich auf mehr als 100.000 Fragebögen und Hunderten von Schwerpunktgruppen berufen kann, zeigte drei große und klar bestimmbare Subkulturen in den USA. Ray bezeichnete diese Gruppen als „Traditionelle, Moderne und Kulturell-Kreative". Rays Forschungen zeigten auch, dass die Kulturell-Kreativen zum ersten Mal in den 1970er Jahren in den USA als nennenswerte Subkultur entstanden. Und es muss uns nicht überraschen, dass die Werte und Weltsichten jeder dieser verschiedenen Subkulturen fast vollkommen mit den Bewusstseinsstufen aus Clare Graves' Forschungen korrspondierten (Ray kannte Graves' Ergebnisse zum Zeitpunkt seiner eigenen Studie noch nicht). Laut Ray waren in den 1990er Jahren 51 Prozent der Amerikaner „modern" (gleichbedeutend mit der modernen Stufe, wie wir sie bisher gekennzeichnet haben), 25 Prozent waren „traditionell" (im Sinne eines traditionellen Bewusstseins) und 24 Prozent waren kulturell-kreativ (was ich als postmodern bezeichnet habe). Rays Forschungsergebnisse hatten eine große Wirkung und wurden sofort von der Verlagsbranche und Firmen für ökologische Lebensmittel als eine wirksame Möglichkeit benutzt, ihre demografische Zielgruppe potenzieller Käufer zu identifizieren und zu beschreiben. Und vor kurzem wurden Rays Forschungsergebnisse vom *World Value Survey* der University of Michigan bestätigt und ergänzt.

Bild 3-3: Die Dialektik der Entwicklung.

Ohne diesen Punkt zu oft zu wiederholen, können wir also mit großer Wahrscheinlichkeit feststellen, dass es in der entwickelten Welt mindestens drei große, klar unterscheidbare Stufen von Bewusstsein und Kultur gibt: traditionell, modern und postmodern. Und es wird auch erkennbar, dass diese Stufen in einer geschichtlichen Abfolge entstanden sind, bei der die traditionelle Stufe die älteste und die postmoderne Stufe die neueste ist. Aber um die Frage noch einmal aufzuwerfen: Wie kommen wir von dieser einfachen Anerkennung von Subkulturen zur ausgeformten Idee der dialektischen Spirale? Wie wir schon gesehen haben und im 10. Kapitel über die „Die Richtungen der Evolution" noch genauer untersuchen werden, liegt die Antwort darin, dass die Struktur der Spirale aus der natürlichen Geometrie resultiert, die wir in der Beziehung von These-Antithese-Synthese finden (wie in Bild 3-3 abgebildet), und die in den Entwicklungsmustern zum Ausdruck kommt, in denen sich die Bewusstseinsstufen entfalten. Dieses Entwicklungsmuster bestimmt den Charakter der Stufen und ist unbedingt notwendig, um sie zu verstehen. Eines von Piagets wichtigsten Zitaten besagt, dass „es keine Struktur ohne Entwicklung gibt und dass der Fortgang der Entwicklung nur verstanden werden kann, wenn man ihn aus der Sicht der Struktur betrachtet, die am Anfang der Entwicklung steht und den Strukturen, in die sie sich hinein entwickeln wird." Mit anderen Worten und wie wir schon gesehen haben, entstehen die Stufen in Beziehung zueinander und formen einander tatsächlich durch diese Beziehungen. Wenn wir also anerkennen, dass wir die Stufen selbst anschauen können, wenn wir selbst diese Stufen erkennen können, dann können wir vielleicht auch sehen, wie der Charakter jeder Stufe von den Problemen und Unzulänglichkeiten der vorhergehenden Stufe bestimmt wird und wie im Gegenzug die besonderen Probleme jeder Stufe den Charakter der nachfolgenden Stufe beeinflussen. Und wenn wir diese strukturellen Verbindungen erkennen, sehen wir, dass diese Beziehungen zweifellos dialektisch sind.

Ein gutes Beispiel für die dialektische Beziehung zwischen den Stufen finden wir in der Entwicklung dessen, was als wahr angesehen wird. Auf der Stufe des Kriegerbewusstseins bezieht sich der Wert der Wahrheit auf die Verteilung der Macht – wahr ist, was mächtig ist. Die Wahrheit für das traditionelle Bewusstsein wird normalerweise durch die Heilige Schrift einer bestimmten Tradition definiert, wie zum Beispiel die Bibel. Die Wahrheit für das moderne Bewusstsein wird allgemein als objektive wissenschaftliche Tatsachen definiert, also das, was materiell bewiesen werden kann, wohingegen die Wahrheit für das postmoderne Bewusstsein viel mehr vom Kontext abhängt. Wie wir gesehen haben, zeigt sich die subjektive Haltung der Postmoderne sowohl im Subjektivismus des kritischen akademischen Ansatzes als

Bild 3-4: Der dialektische Verlauf von der anerkannten Quelle der „Wahrheit".

auch in der „Alles ist ok."-Kultur der New Age-Spiritualität. Ein wichtiger Teil der postmodernen Definition von Wahrheit kann also als eine antithetische Reaktion auf die moderne Version von Wahrheit gesehen werden. Und wie wir in den folgenden Kapiteln sehen werden, wird mit dem integralen Bewusstsein die Wahrheit mehr und mehr als synthetische Integration und Harmonisierung von Wissenschaft und Spiritualität erkannt.

Das Bild 3-4 zeigt, wie der Wert der Wahrheit sich entlang eines dialektischen Weges entwickelt; dabei befinden sich die individuellen Stufen auf der rechten Seite. Sie definieren Wahrheit in Beziehung zu einer äußeren oder „tatsächlichen" Realität (wie zum Beispiel militärische Macht oder sensorisch erfahrbare Beweise). Auf der linken Seite befinden sich die kommunalen Stufen, die Wahrheit mehr in Beziehung zu sozial konstruierten oder inneren Realitäten definieren (wie zum Beispiel die Heilige Schrift oder kultureller Relativismus). Aber in dieser Illustration können wir, obwohl das Verständnis von Wahrheit zwischen These und Antithese hin und herschwingt, im aufsteigenden Verlauf der Spirale einen allgemeinen synthetischen Fortschritt beobachten, und das trifft besonders für die Synthese zu, die auf der integralen Ebene erreicht wird.

Die dialektische Struktur der Spirale bildet deshalb eine kraftvolle Hypothese, welche die Entwicklungsbeziehungen zwischen den Stufen erklärt. Wie jede andere Theorie erkennen wir ihre relative Richtigkeit daran, inwieweit sie den uns zugänglichen Daten gerecht wird. Das heißt, weil so viele historische Tatsachen dialektische Entwicklung erkennen lassen, weist allein ihre Existenz auf ein zugrunde liegendes Muster der Spirale hin. Wenn wir also verstehen, wie die menschliche Geschichte sich gemäß dieses systemischen evolutionären Musters entwickelt, können wir klarer erkennen, warum manche Gesellschaften sich entwickelt haben und andere stagnieren. Wir sehen, wie eine veraltete These die Herausforderung durch eine Antithese benötigt, und wir können auch sehen, wo die Bedingungen für eine neu entstehende Synthese günstig sind. Und wenn diese Beziehungen auch offensichtlicher werden, wenn wir sie aus einer integralen Perspektive betrachten, ist es möglich, den dialektischen Fortschritt der Geschichte sogar vom Standpunkt des modernen oder postmodernen Bewusstseins zu erkennen. Wenn wir also besser verstehen, wie die Stufen der Geschichte auch heute existieren und unsere Welt in der Gegenwart formen, können wir die Spirale benutzen, um besser zu verstehen, wie festgefahrene Situationen entstehen konnten. Und wir können den Menschen helfen, sich in der für sie angemessenen Weise weiterzuentwickeln. Wie wir im Laufe dieses Buches sehen werden, ist die Wahrheit der Spirale besonders offensichtlich in der Art und Weise, wie sie es ermöglicht, richtige Voraussagen darüber zu machen, was in einer bestimmten Situation wirksam sein kann und was wir in der Zukunft erwarten können.

Mein Diagramm dieser Entwicklungsstruktur ist als logarithmische Spirale gezeichnet, die mit zunehmender Höhe immer weiter wird. Und das stimmt auch mit den Daten überein: Das sich entwickelnde Bewusstsein wird immer komplexer, aber mit jeder Ebene, die entsteht, sehen wir ein wiederkehrendes Muster, indem eine Rückkehr zur individualistischen oder kollektiven Ausrichtung der vorhergegangenen Stufen stattfindet – aber auf einer Ebene, die das, was vorher kam, besser integrieren kann. Das konzeptuelle Bild der Struktur der Spirale hilft uns also zu sehen, wie die Stufen miteinander in Beziehung stehen; es zeigt ihre dynamischen Spannungen und Verbindungen über verschiedene

Stufen. Dieses geometrische Modell illustriert auch, wie die Bewusstseinsstufen zusammen als ein evolutionäres System von Beziehungen funktionieren, vergleichbar mit einem Ökosystem. Und wie wir gesehen haben, muss die Gesundheit dieses inneren Ökosystems gewährleistet sein, um sowohl den Entwicklungsweg jedes Einzelnen als auch die funktionsfähige Stabilität komplexer Zivilisationen zu gewährleisten.

Wir werden zu unserer Diskussion des dialektischen Charakters der evolutionären Entwicklung im 10. Kapitel über „Die Richtungen der Evolution" zurückkehren. Aber wenn wir uns im Folgenden daran erinnern, dass Entwicklung sich durch das Muster von These, Antithese und Synthese entfaltet, wenden wir uns nun der außergewöhnlichen Synthese zu, die wir in der integralen Bewusstseinsstufe vorfinden.

4. Kapitel

Die integrale Bewusstseinsstufe

In den progressiven Teilen unserer Kultur gibt es eine tiefe Sehnsucht nach einer umfassenden sozialen Veränderung. Viele sind beunruhigt durch das Wertevakuum, das sie überall in unserer Gesellschaft sehen können und sehnen sich nach einem Durchbruch, der uns aus dieser Situation, die oft wie ein hoffnungsloses Dilemma erscheint, befreien kann. Aber viele der Menschen, die nach solch einem großen Erwachen rufen, haben davon die Vision einer Art wunderbarer Revolution, eine durch die Krise hervorgerufene Transformation der Herzen, die uns alle durch eine neue Erkenntnis unserer Einheit mit der ganzen Weltgemeinschaft zusammenbringt. Solche sentimentalen Hoffnungen auf eine globale Transformation sind sicher gut gemeint, aber ziemlich unrealistisch. Obwohl die Einschätzung realistisch ist, dass wir heute eine wesentliche Weiterentwicklung brauchen, ist es aber nicht realistisch anzunehmen, dass eine revolutionäre Veränderung die Art von nachhaltigem Fortschritt hervorrufen wird, nach der unsere Zivilisation verlangt. Um nachhaltig zu sein, muss die Transformation, nach der wir suchen, nicht das Ergebnis von Revolution, sondern von Evolution sein. Wenn wir aber das historische Phänomen der kulturellen Evolution genau und sorgfältig durch die Perspektive der integralen Philosophie betrachten, erkennen wir, was wir als Nächstes erwarten können. Die notwendige kulturelle Evolution wird so zu uns kommen, wie es schon immer geschehen ist: in der Form einer neuen, auf Werten basierenden Weltsicht, die aus der gegenseitigen Durchdringung von zunehmenden Problemen und neu erkennbaren Möglichkeiten entsteht.

Obwohl der Beitrag der Postmoderne zur menschlichen Evolution noch nicht vollkommen erfüllt ist, gibt es doch viele Anzeichen, dass sie als eine Ebene der Kultur ihre Reife erlangt hat. Wenn wir also über die Postmoderne in Erwartung der sicherlich aufregenden Geschichte des vor uns liegenden 21. Jahrhunderts hinausschauen, können wir die Konturen der nächsten auftauchenden Welle von Bewusstsein und Kultur erkennen. Die integrale Weltsicht, die wir nun genauer untersuchen werden, bedeutet eine Transzendierung der Postmoderne, weil sie zu etwas in der Lage ist, was die Postmoderne nicht kann: die vollkommene Anerkennung der Legitimität und der evolutionären Notwendigkeit aller vorausgegangenen Entwicklungsstufen.

Somit wächst das integrale Bewusstsein, indem es sich nach unten erweitert. Es führt sehr viel effektiver zu evolutionärer Entwicklung, weil es die Evolution selbst besser versteht. Und wenn wir die subtilen Gewohnheiten und Methoden der Evolution immer besser verstehen – ihre sanfte Überzeugungskraft und die Art, wie sie von innen herauswächst und immer auf das aufbaut, was schon entstanden ist – können wir sehen, dass *das Ausmaß unserer Transzendierung von der Breite unseres Einbeziehens abhängt.*

Wie jede vorhergehende historisch bedeutsame Weltsicht entsteht auch das integrale Bewusstsein sozusagen als Antwort auf ein „Ziehen" und ein „Drücken". Wie wir gesehen haben, kommt der Druck hin zu einer neuen Bewusstseinsstufe von der zugespitzten Situation unbefriedigender Lebensumstände und der sich verstärkenden Pathologien der vorher existierenden Stufen. Der Zug entsteht durch die Anziehungskraft der neuen Werte der nächsten Stufe – eine neue Wahrheit, eine neue Schönheit und neue moralische Ideale, die mit der Geburt einer neuen geschichtlichen Ebene immer einhergehen. Zuerst werden wir den Druck hin zu einem integralen Bewusstsein anschauen und danach den Zug, den die Werte der integralen Weltsicht ausüben.

Die Lebensbedingungen für das integrale Bewusstsein

Gemäß des dialektischen Stromes von Konflikt und Lösung, der offensichtlich allen Formen evolutionärer Entwicklung zugrunde liegt, müssen wir, um die Richtung unserer künftigen Entwicklung zu erkennen, auf die Konflikte schauen, die momentan unsere Kultur bestimmen. In der entwickelten Welt finden wir einen zunehmenden Zusammenstoß von Weltsichten, in der die verschiedenen Stufen um die Kontrolle über die Gesetze und Gebräuche der jeweiligen Gesellschaften kämpfen. Dieser kulturelle Kampf findet nicht nur zwischen Liberalen und Konservativen statt; in der entwickelten Welt sehen wir uns in Wirklichkeit einem Konflikt gegenüber, der in drei Richtungen geht und sich zwischen den Werten der traditionellen Stufe, der Moderne und der Postmoderne abspielt. Genauer formuliert können wir vielleicht sagen, dass wir es mit einem Tauziehen zwischen der traditionellen Stufe und der Postmoderne um die Seele der modernen Mehrheit zu tun haben. Aber wie immer wir auch diesen kulturellen Kampf beschreiben mögen, wir können sehen, dass viel auf dem Spiel steht. Weil eine Weiterentwicklung dringend notwendig ist und weil dieser kulturelle Kampf eine Stagnation der Entwicklung nach sich zieht, müssen wir den Frieden eines größeren Einvernehmens finden, um einen sinnvollen Fortschritt zu erreichen. Mit der integralen Weltsicht können wir erkennen, dass die Werte jeder Stufe und ihre Weltsicht sowohl Teil der Lösung als auch des Problems sind – jede Stufe hat ihre eigene Würde und ihre eigenen Katastrophen: Das traditionelle Bewusstsein erkennt die Notwendigkeit, gegen gesetzlose Gewalt und das Böse in der Welt vorzugehen, aber es hat auch Unterdrückung zur Folge. Das moderne Bewusstsein sieht Möglichkeiten für Entwicklung und Entdeckung, schafft aber auch große Ungerechtigkeit. Und das postmoderne Bewusstsein erkennt die Notwendigkeit, jeden zu würdigen und einzubeziehen, es bringt aber auch Blindheit gegenüber Unterschieden in der Entwicklung mit sich. Weil jede dieser Weltsichten in der heutigen entwickelten Welt lebendig und funktionsfähig ist, schaffen sie nicht nur weiter ihre je eigene Form des Fortschritts, jede von ihnen handelt auch weiterhin aus der je eigenen Pathologie. Und hier findet der kulturelle Kampf statt.

Zudem wird diese soziale Spannung noch durch die Tendenz jeder dieser Stufen verstärkt, die anderen Weltsichten vor allem in ihren pathologischen Elementen zu sehen und dabei zu vergessen, welchen Beitrag jede Stufe fortwährend zum Fortschritt und der Stabilität der Welt beiträgt. Es gibt eine allgemeine Unkenntnis darüber, in welcher Weise die anderen Weltsichten tatsächlich vollkommen angemessen für bestimmte Lebensbedingungen sind. So sehen zum Beispiel die Anhänger der Moderne die postmoderne Weltsicht als eine Art politisch korrekter Mode. Postmoderne Empfindsamkeit wird oft als „Geschwätz" abgetan. Und genauso sehen Traditionalisten oft jene, die nicht ihrer Weltsicht folgen, als fehlgeleitete Sünder oder Schlimmeres. Und die Postmodernen tendieren dazu, die Modernen und Traditionalisten als die eigentliche Ursache aller Probleme der Welt zu brandmarken. Die Postmoderne kann oft sehr antimodern eingestellt sein, trotz der Tatsache, dass die Moderne den nächsten wichtigen Schritt für die Mehrheit der Weltbevölkerung darstellt.

Wenn wir den kulturellen Kampf aus der Innenperspektive einer dieser Weltsichten betrachten, können wir ihre eigene Frustration verstehen. Es ist nicht schwer, sich vorzustellen, wie fehlgeleitet die anderen erscheinen, wenn wir selbst eine Weltsicht angenommen haben und alle anderen Weltsichten ausschließen. Aber aus der integralen Perspektive können wir auch erkennen, dass wir mit der Fortsetzung des kulturellen Kampfes nur die regressiven Teile dieser Weltsichten stärken. Je mehr wir die Wertearmut der jeweils anderen Weltsichten verdammen, treiben wir die Menschen in ihre Ecken und nähren ihre Ängste, aus denen die jeder Stufe eigene Form von Orthodoxie entsteht.

Und wenn diese orthodoxen Teile jeder Weltsicht mehr und mehr Macht erhalten, wird positiver Fortschritt immer schwieriger.

Das integrale Bewusstsein erkennt in diesem scheinbar unlösbaren kulturellen Kampf eine sehr problematische Lebensbedingung, die dabei hilft, die zukunftsweisende Vision des Integralen zu formen. Anders als die vorhergehenden Stufen, von denen jede die Probleme der darunterliegenden Stufe als kraftvolle Lebensbedingungen für ihren eigenen Aufstieg sieht, können die günstigen Lebensbedingungen für das integrale Bewusstsein in dem Komplex von Problemen erkannt werden, der von allen vorhergehenden Stufen gleichzeitig geschaffen wird. Das integrale Bewusstsein findet seine auf Werten basierenden Lösungen durch das Verständnis darüber, wie die unterschiedlichen Werte jeder historisch bedeutsamen Weltsicht in Harmonie gebracht und integriert werden können. Weil das integrale Bewusstsein besser die berechtigten Bedenken jeder Weltsicht hören und verstehen kann, ist es in der Lage, dabei zu helfen, die Brüche, die durch den kulturellen Kampf entstehen, zu heilen, indem sie in angemessener Weise jedes Wertesystem würdigt und den essenziellen Kern dieser Werte auf einer Ebene zum Ausdruck bringt, die mehr mit einschließt. Nur wenn wir zeigen können, dass wir die bleibenden Ideale und berechtigten Ansichten jeder vorhergehenden Weltsicht wirklich würdigen, können wir die Extremisten auf jeder Ebene entmachten und eine Art von Einvernehmen auf einer höheren Ebene erreichen, das dazu beitragen wird, den gegenwärtigen Konflikt zu entschärfen. Deshalb wird das integrale Bewusstsein gebraucht – und tritt ins Dasein – als die einzig realistische Lösung für die innere Unvereinbarkeit dieser vorher entstandenen evolutionären Bewusstseinsstufen.

Neben den problematischen Lebensbedingungen, die durch den zunehmenden Konflikt zwischen den einzelnen Stufen entstehen, findet das integrale Bewusstsein seine günstigen Lebensbedingungen auch in den wachsenden globalen Problemen, die jeden von uns betreffen: Umweltverschmutzung, Ungerechtigkeit und Unterdrückung, Terrorismus, unkontrollierter globaler Kapitalismus, Hunger, Armut, Krankheiten und Krieg. Diese globalen Probleme wurden zwar schon vom postmodernen Bewusstsein genau beschrieben, denn die weltzentrische Moral der Postmoderne sieht natürlicherweise die dringende Notwendigkeit, die Umwelt zu schützen und für die Bedürftigen zu sorgen. Und es liegt auf der Hand, dass die Probleme, die von der Postmoderne angesprochen werden, real und sehr bedrohlich sind. Aber die Unfähigkeit der Postmoderne, effektive und realistische Lösungen für die Probleme zu finden, die sie sieht, macht die integrale Vision notwendig. Wie wir schon gesagt haben, besteht die Lösung für die Postmoderne meist darin, nach einer „Transformation des globalen Bewusstseins" zu rufen, was oft mit der Ermahnung einhergeht, dass „wir alle zusammenkommen und zu der Tatsache aufwachen müssen, dass wir in Wirklichkeit eine Menschheit sind". Und wenn die Welt so zusammenkommen könnte, wäre das sicher die Lösung für viele Probleme. Diese Rufe nach einem großen Erwachen klingen jedoch hohl, weil sie an die Menschheit als Ganzes gerichtet sind, ohne die Tatsache zu berücksichtigen, dass die Mehrheit der Menschheit noch nicht dazu in der Lage ist, etwas auf der Ebene der Sinngebung zu verstehen, die die Postmodernen voraussetzen. Weil die meisten Postmodernen im Allgemeinen nicht verstehen, wie Bewusstsein und Kultur sich tatsächlich in einer Abfolge von bestimmten Stufen entwickeln, wissen sie nicht wirklich, wie sie die Veränderung des Geistes bewirken können, nach der sie suchen. Ken Wilber hat das gut auf den Punkt gebracht, wenn er schreibt:

> Einfach darauf zu bestehen, dass wir alle eine weltzentrische Ökologie annehmen sollten oder globales Mitgefühl entwickeln sollten, ist ein gut gemeintes, aber in praktischer Hinsicht nicht besonders nützliches Projekt, denn weltzentrische Wellen gehen aus Entwicklung hervor, nicht aus Ermahnungen. Wie schon angemerkt, fordern die Ansätze eines „Neuen Paradigmas" ein Ziel, ohne den Weg zu diesem Ziel zu erklären – sie sind Cheerleader für eine Sache, für die es keine Mittel der Verwirklichung gibt. Das erklärt vielleicht die tiefe Frustration unter den Wortführern eines Neuen Paradigmas, die wissen, dass sie ein besseres Ideal haben, aber darüber enttäuscht sind, wie wenig die Welt auf ihr Rufen antwortet.

Wenn wir aber erkennen, dass das Bewusstsein über die Entwicklungsspirale verteilt ist, können wir sehen, dass der nächste Schritt für die Mehrheit der Weltbevölkerung im Übergang zum traditionellen oder modernen Bewusstsein liegt. Das zunehmende Verständnis der Evolution von Bewusstsein und Kultur zeigt, das die Mehrheit der Weltbevölkerung noch nicht einmal die moderne Stufe erreicht hat und deshalb auch die Werte des postmodernen Bewusstseins noch nicht annehmen kann. Deshalb müssen wir Lösungsansätze finden, die nicht voraussetzen, dass die ganze Welt durch eine wunderbare Transformation plötzlich postmodern wird.

Wir können sehen, dass die vielen schwerwiegenden weltweiten Probleme sich immer mehr verschärfen. Dabei ist die Frage, ob diese Probleme einen krisenhaften Punkt erreichen müssen, bevor sie ausreichend Druck ausüben, um die Art von kultureller Evolution hervorzurufen, welche die Lösung dieser Probleme möglich macht. Vielleicht wird wirklich eine globale Krise notwendig sein, um die Entstehung der integralen Weltsicht als wichtige kulturelle Struktur auszulösen. Aber was auch immer in der Zukunft geschehen wird, hoffentlich rufen die globalen Probleme genug Besorgnis hervor, um in der Gegenwart das Entstehen der integralen Weltsicht in einer kritischen Masse von Menschen zu stimulieren. Hoffentlich wird unsere Kultur sich schnell genug entwickeln, um die Art von Krise zu vermeiden, die tatsächlich zur Regression der Kultur führen könnte. Aber wir können mehr tun, als nur zu hoffen. Durch die Annahme der integralen Werte können wir die realistischen Lösungen der integralen Weltsicht (die wir weiter unten genauer anschauen werden) sehen, darin übereinstimmen und an ihrer Anwendung mitwirken.

Wie wir im Verlauf der Geschichte sehen, bleiben Probleme oft unsichtbar, bis sich Lösungen zeigen – bis ein besserer Weg gezeigt wird, verharren wir oft in Resignation und sehen die gegenwärtigen Bedingungen, als wären das einfach der unveränderliche Stand der Dinge. Einige denken, dass sich die menschliche Natur niemals verändern wird, dass es immer Kriege geben wird, arm und reich und die Art der ausbeuterischen Selbstsucht, die eine bessere Welt unmöglich zu machen scheint. Aber wenn wir sehen, dass die Werte und die Weltsichten, die aus ihnen hervorgehen, sich wirklich entwickeln – dass im Verlauf des Wachstums der Spirale sich die „menschliche Natur" weiterentwickelt – dann können wir ein neues System von Lebensbedingungen sehen, welche die neuen Möglichkeiten für Entwicklung beinhalten, die heute vor uns liegen.

Zusammenfassend können wir sagen, dass die gegenwärtigen Lebensbedingungen eines stagnierenden sozialen Fortschritts, bedingt durch den immer schärfer geführten kulturellen Kampf, die drohenden globalen Katastrophen und das Versagen der Postmoderne, realistische Lösungen für Probleme zu finden, die sie identifiziert, den Druck und die Spannung erzeugen, die zu einer evolutionären Entwicklung hin zur integralen Bewusstseinsstufe führen.

Die Werte des integralen Bewusstseins

Die integralen Werte entstehen aus einem erweiterten Verständnis von Werten. Mit dem integralen Bewusstsein entwickelt sich eine neue Wertschätzung der Art und Weise, wie Werte die Substanz jeder Weltsicht darstellen und wie sie als eine energetische Quelle für den systemischen „Metabolismus" dieser Strukturen des inneren Universums fungieren. Das integrale Bewusstsein erkennt also die Bedeutung der Werte, weil es sehen kann, dass die Werte selbst sich im Bereich von Bewusstsein und Kultur entwickeln.

Von allen Werten der integralen Weltsicht ist der Wert der Evolution am wichtigsten. Und mit dieser Betonung des Wertes der Evolution rückt auch die Idee eines „Grundprinzips" [prime directive] in den Mittelpunkt. Das allem übergeordnete Prinzip ist die Aufrechterhaltung der Gesundheit und Stabilität des gesamten Stroms der kulturellen Evolution, der Entwicklungsspirale als Ganzes. Weil jedes Neugeborene sein Leben auf der Ebene des archaischen Bewusstseins beginnt, besteht ein dauerhafter Fluss der Evolution durch alle Ebenen hindurch. Das übergeordnete Prinzip besagt also, dass die bleibenden Verdienste jeder Stufe des Systems gesund und funktionsfähig in der Gesellschaft existieren müssen, damit dauerhafte kulturelle Evolution möglich ist. Die Spirale als Ganzes im Blick zu haben, bedeutet, die evolutionären Möglichkeiten jedes Menschen zu unterstützen, egal an welchem Platz sich dieser Mensch im Verlauf der Evolution befindet.

Die Werte des übergeordneten Prinzips beinhalten aber nicht nur die Werte des Fortschritts und der Entwicklung durch die Stufen, sondern auch den inneren Wert jeder Stufe in sich selbst. Eines meiner Lieblingszitate von Clare Graves ist sein bekannter Ausruf: „Verdammt noch mal, jeder Mensch hat das Recht, der zu sein, der er ist." Und das bezieht sich natürlich nicht nur auf Menschen, die in ungeschützten Stammesgesellschaften leben und die wir alle schützen wollen, sondern auch auf Menschen, die in fundamentalistischen Kulturen leben und die für unser postmodernes Empfinden nicht so anziehend wirken. Also ist das integrale Bewusstsein neben der Wertschätzung für den gesamten Strom der Evolution von Bewusstsein und Kultur, auch dazu in der Lage, die gesunden Werte jeder Stufe auf neue Weise zu würdigen.

Das integrale Bewusstsein erlangt seinen evolutionären Fortschritt teilweise deshalb, weil es alle Werte der Spirale in sich aufnehmen und damit arbeiten kann. Das heißt nicht, dass das integrale Denken alles als gleichwertig ansieht (eine Pathologie der Postmoderne), sondern vielmehr, dass es erkennt, wie die Werte jeder historisch bedeutsamen Weltsicht miteinbezogen werden müssen, wenn wir feststellen möchten, was gut und wertvoll ist.

So können wir zum Beispiel ein bleibendes Verdienst der Stammeskultur darin sehen, dass es die Wichtigkeit der Zugehörigkeit zur Familie betont – und dieser Sinn für eine ursprüngliche Zugehörigkeit kann auf den höheren Stufen zu einer Zugehörigkeit werden, die nicht nur die Blutsbande miteinschließt, sondern zu einer Zugehörigkeit zur gesamten Menschheitsfamilie wird. In gleicher Weise kann der wilde Impuls zu individueller Autonomie in höheren Stufen zum Schutz der persönlichen Freiheit und individueller Rechte werden, die auch in komplexen, beziehungsorientierten Gesellschaften wichtig sind.

Menschen, deren innerer Schwerpunkt das integrale Bewusstsein ist, sind dazu in der Lage, effektiv die angemessenen Reaktionen auf alle Lebensbedingungen zu finden, die sich im Laufe der Jahrtausende entwickelt haben. Wenn es zum Beispiel um die Gestaltung einer Organisation geht, will das postmoderne Bewusstsein natürlicherweise eine nicht-hierarchische Organisation bilden, die auf Konsens beruht. Und in manchen Situationen ist das vollkommen richtig. Aber für andere Lebensbedingungen kann solch eine Organisationsform sehr hinderlich sein. Das integrale Bewusstsein kann die Lebensbedingungen besser verstehen und dadurch die Organisationsform schaffen, die für die jeweiligen Mitglieder und die jeweilige Aufgabe angemessen ist. Wenn die Situation eine militärische Art der Organisation verlangt, die auf Befehl und Kontrolle basiert, kann das integrale Bewusstsein solch eine Organisation schaffen. Oder wenn die Aufgabe einer Gruppe besser durch eine wirtschaftliche Organisation erfüllt wird, die auf materiellen Anreizen beruht, kann das integrale Bewusstsein auch diese gestalten.

Ein ähnliches Beispiel dafür, wie die integrale Philosophie in einer Organisation angewendet werden kann, kann ich aus der Managementerfahrung meiner eigenen Firma anführen. Jedes Mal, wenn ich einen neuen Mitarbeiter einstelle, gehe ich, nachdem ich die Leitlinien der Firma bespreche, durch die „grundlegenden Prinzipien" unserer Organisation. Das erste Prinzip ist das Prinzip der Ehre: Kein Lügen, Betrügen oder Stehlen – dieser einfache Schwarz-Weiß-Ausdruck des Wertes der Ehrlichkeit würdigt die grundlegenden Werte des traditionellen Bewusstseins. Als Nächstes kommt das Prinzip, nach ständiger Verbesserung der eigenen Fähigkeiten zu streben – damit legen wir Ziele für das Arbeiten fest und bringen unsere Wertschätzung für ständiges Wachstum zum Ausdruck, die aus der modernen Weltsicht kommen. Dann sprechen wir über das Prinzip gegenseitigen Respekts und interpersonaler Fairness, das besagt, dass trotz der auf Managementverantwortung beruhenden Hierarchie jeder Mitarbeiter das Recht hat, respektiert, informiert und als wertvoller Mensch behandelt zu werden, dessen innerer Wert unberührt bleibt von seiner Rolle im Unternehmen.

Mit diesen Prinzipien geht die Verantwortung einher, die anderen Mitarbeiter mit dem gleichen Respekt zu behandeln, und das trifft auch auf die Lieferanten und Kunden zu. Dieses Prinzip gegenseitigen Respekts kann der Empfindsamkeit des postmodernen Bewusstseins gerecht werden. Diese „Werteprinzipien" ergänzen das Leitbild des Unternehmens, indem sie die Organisationskultur unterstützen, die wir erreichen möchten.

Die besten Beispiele, wie das integrale Bewusstsein die Werte der ganzen Spirale nutzen kann, finden sich jedoch im Bereich der Politik. Wie wir im nächsten Kapitel über „Die integrale Politik" noch genauer sehen werden, transzendiert das integrale Bewusstsein die Politik von links und rechts, indem es erkennt, dass die Werte und Ziele des traditionellen, modernen und postmodernen Bewusstseins angemessene Antworten auf unterschiedliche Lebensbedingungen sind. Manchmal sind die Lösungsansätze der Traditionalisten richtig, manchmal ist der Ansatz der Modernisten besser und manchmal sollte sich die Empfindsamkeit der postmodernen Weltsicht durchsetzen. Um es noch einmal zu betonen, das integrale Bewusstsein wertet diese Ansätze nicht gleich – es kann sehen, dass das postmoderne Bewusstsein gegenüber den anderen weiterentwickelt ist –, aber das integrale Bewusstsein kann auch sehen, in welchen Bereichen die Postmoderne nicht weit genug entwickelt ist, um immer für das Wohl der ganzen Spirale zu arbeiten. Indem es also das Beste aller Weltsichten in dem Maße einbezieht, wie es die jeweiligen Lebensbedingungen erfordern, transzendiert die integrale Weltsicht alle vorhergehenden Weltsichten in ihrer Kraft, kulturelle Evolution hervorzubringen.

Als wir im 3. Kapitel die Bewusstseinsstufen untersucht haben, konnten wir sehen, dass die neu entstehenden Werte jeder historisch bedeutsamen neuen Weltsicht ihre Anhänger mit einer größeren Wahrnehmungsfähigkeit ausstatten, die es ihnen erlaubt, neue Aspekte der Wirklichkeit zu sehen. Das traditionelle Bewusstsein führt zu einer größeren Fähigkeit, zwischen richtig und falsch zu unterscheiden. Das moderne Bewusstsein gibt neue Einsichten in die materielle Natur des äußeren Universums und den Menschenrechten. Das postmoderne Bewusstsein ermöglicht es, die Exzesse der Moderne zu sehen und die vielen Alternativen zur modernen Sichtweise. Und durch die neu entstehenden Werte des integralen Bewusstseins erhalten wir frische Einblicke in die Art und Weise, wie sich Bewusstsein und Kultur entwickeln. Und das ermöglicht es uns zu sehen, wie wir Mitwirkende der Evolution werden können, indem wir direkter an ihrer Entfaltung mitarbeiten.

Aber das integrale Bewusstsein gibt uns nicht nur eine neue Sicht auf die Dinge, sondern auch einen neuen Weg, wie wir zu kreativen Lösungsansätzen kommen können – eine *neue Erkenntnisfähigkeit*. Diese neue Fähigkeit können wir mit der früher entstandenen Vernunft und Rationalität des modernen Bewusstseins vergleichen – eine Fähigkeit, die wir in den Stufen davor kaum sehen können. Obwohl es auch möglich ist, dass frühere Bewusstseinsstufen Formen von Verstand und Logik benutzen, kann das prämoderne Bewusstsein in der Regel nicht erkennen, dass die Mythen, die ihr Denken beherrschen, in sich unlogisch oder sogar völlig irrational sind. Das prämoderne Bewusstsein kann deshalb den Verstand nicht in gleicher Weise wie das moderne Bewusstsein dazu benutzen, die Welt zu entmythologisieren und die Natur mit einer neuen Klarheit zu betrachten, die nur eine zutiefst rationale Weltsicht ermöglicht. Genauso wie das moderne Bewusstsein eine neue kraftvolle Verstandesfähigkeit hervorbrachte, bringt auch die Entstehung des integralen Bewusstseins eine neue Fähigkeit hervor, die aus der größeren Möglichkeit entspringt, die Phänomene des inneren Universums zu verstehen.

Wilber bezeichnet diese neue Fähigkeit als „Schau-Logik“ [vision-logic] und beschreibt sie wie folgt:

> Wo der formale Geist [das moderne Bewusstsein] höhere und kreativere Beziehungen begründet, bildet die Schau-Logik aus diesen Beziehungen Netzwerke. Dabei geht es darum, jede Feststellung neben vielen anderen zu sehen, um zu erkennen oder „zu schauen“, wie die Richtigkeit oder Falschheit jeder Feststellung die Richtigkeit oder Falschheit aller anderen beeinflusst. Solch eine Panorama-Sicht oder Schau-Logik kann große Netzwerke oder Ideen verstehen, und auch, wie sie einander beeinflussen und was ihre Beziehungen zueinander sind. Somit ist es der Beginn einer echten Fähigkeit zur Synthese auf einer höheren Ebene, die damit einhergeht Verbindungen herzustellen, Wahrheiten aufeinander zu beziehen, Ideen zu koordinieren und Konzepte zu integrieren.

Laut Wilber ermöglicht die Schau-Logik eine Integration von intellektueller Fähigkeit und Intuition in einer Art und Weise, die Körper und Geist vereint und eine neue Fähigkeit entwickelt, Beziehungen zu erkennen und Probleme mit einer gesteigerten Kreativität anzugehen.

In meiner Erfahrung kann diese neue Erkenntnisfähigkeit des integralen Bewusstseins am besten als „dialektische Evaluation" beschrieben werden, denn anders als der Verstand oder die Logik ist diese neue Fähigkeit nicht in der *Kognition*, sondern in der *Entscheidungsfreiheit* zentriert. Das heißt, dass die neuen Erkenntnisse der „Schau-Logik" durch die Benutzung unseres *Willens* entstehen – es ist ein Prozess der Evaluation durch Kopf und Herz – im Gegensatz zu Verstand und Logik, die analytischer und streng kognitiv sind. Der integral informierte dialektische Prozess der Evaluation erkennt, wie miteinander in Konflikt stehende Werte und Weltsichten in einem größeren evolutionären System zusammenwirken und sich gegenseitig durch Widerspruch in einer Art und Weise unterstützen, die man mit der Verstrebung zum Zusammenhalt einer architektonischen Struktur vergleichen kann. Durch den dialektischen Prozess der Evaluation können wir sehen, wie die Elemente jedes evolutionären Systems in der einander unterstützenden Rolle von These-Antithese-Synthese zusammenwirken. Aber nur wenn wir jedes Element des Systems angemessen würdigen, können wir ihre wichtige Funktion im ganzen System erkennen. Das bedeutet mehr, als einfach nur die verschiedenen Alternativen gegeneinander abzuwägen und den unterschiedlichen Bestandteilen verschiedene Werte zuzuordnen; es ist ein Ansatz des Verstehens und der Würdigung, die eine intuitive Sympathie voraussetzt, die nur entstehen kann, wenn man in die alternativen Perspektiven, die gegensätzliche Werte hervorbringen, eintritt. Wenn wir ohne diese Fähigkeit den evolutionären Prozess anschauen, sehen wir nur Konflikte; aber wenn wir die Entfaltung größerer innerer Strukturen in der Zeit erkennen, können wir besser würdigen, wie sie in einem größeren Kontext zusammenpassen, und das erlaubt es uns mit diesen Strukturen kreativer umzugehen. In Anbetracht dessen definiert Robert Kegan das integrale Bewusstsein als „die Fähigkeit, Konflikte als ein Signal für unsere Überidentifizierung mit einem einzigen System zu erkennen".

Wenn Sie darüber nachdenken, was ein dialektischer Prozess der Evaluation für Sie bedeuten würde, behalten Sie im Blick, dass es sich dabei um einen subtilen Prozess handelt und dass dieser von der erweiterten vertikalen Perspektive abhängt, die das integrale Bewusstsein ermöglicht. Diese größere Erkenntnisfähigkeit ist sehr real und sehr kraftvoll, aber es braucht Übung, um ein auf Erfahrung beruhendes Verständnis davon zu entwickeln. Beispiele für die Anwendung der Schau-Logik oder des dialektischen Prozesses der Evaluation finden Sie in den

Integrales Bewusstsein	
Subjektive Lebensbedingungen: Konflikt zwischen mindestens drei bisherigen Stufen; zunehmende globale Probleme; das Versagen der Postmoderne im Finden realistischer Lösungen **Weltsicht und Werte:** • neue Einsichten ins „innere Universum" • Überzeugtsein vom Potenzial der evolutionären Philosophie • persönliche Verantwortlichkeit für die Probleme der Welt • neue Anerkennung der bisherigen Stufen • Wertschätzung einander widersprechender Wahrheiten und dialektische Evaluation • Versuch der Harmonisierung von Wissenschaft und Religion **Beitrag zur Entwicklungsspirale:** Praktische weltzentrische Moral; Mitgefühl für alle Weltsichten; Erneuerung der Philosophie; evolutionäres Verständnis der Spiritualität; Überwindung des kulturellen Kampfes; neuer Schwerpunkt auf das Erreichen von Resultaten **Pathologie:** Elitär; unsensibel; abgehoben; Mangel an Geduld **Organisationsstrukturen:** Weltföderalismus; jede Struktur, die für die jeweiligen Lebensbedingungen angemessen ist (Organisationen der bisherigen Ebenen) **Beispielhafte Persönlichkeiten:** Albert Einstein; Teilhard de Chardin; Alfred North Whitehead; David Ray Griffin; Ken Wilber **Ungefährer Anteil an der Weltbevölkerung:** <1% **Ungefährer Anteil an Wohlstand und politischer Macht:** <1%	**Technologisch-ökonomische Produktionsweise:** Wirtschaft globaler Systeme **Schlüsseltechnologien:** Dialektische Evaluation; spirituelle Analyse; Systemwissenschaft; spirituelle Praxis **Art der Medizin:** Integral – wissenschaftliche, holistische und entstehende spirituelle Medizin und Medizin subtiler Energien **Das Wahre:** Harmonisierung von Wissenschaft und Spiritualität; die evolutionäre Bedeutung der Werte **Das Schöne:** Natur; die Künste jeder Entwicklungsstufe im Prozess ihrer Entstehung; die Vereinigung extremer Gegensätze **Das Gute:** Evolution als Grundprinzip [prime directive] **Übliche neurologische Aktivität:** Zunehmende Integration der rechten und linken Gehirnhälfte **Auslöser für Weiterentwicklung:** Notwendigkeit einer stärkeren Empfindung von Gemeinschaft; spirituelle Erfahrungen; Anziehungskraft der postintegralen Kultur **Andere Bezeichnungen für diese Stufe:** Authentisches Bewusstsein; systemisches Denken; autonom; selbst-verwirklicht; gelbes Mem

Tabelle 4-1: Merkmale des Integralen Bewusstseins.

Kapiteln über integrale Politik oder integrale Spiritualität. Wir werden diese Fähigkeit auch im 7. Kapitel über „Die Begründer der integralen

Philosophie“ untersuchen, wo wir sehen werden, dass Hegel wahrscheinlich der erste Philosoph war, der diese neu entstehende Fähigkeit klar zum Ausdruck brachte. Und im 9. Kapitel über „Die Strukturen des menschlichen Geistes“ werden wir weiter die wichtige Rolle des *freien Willens* beim Wachstum und der Entwicklung von Bewusstsein auf jeder Stufe untersuchen.

Wir werden im Verlauf der weiteren Diskussion immer wieder die neu entstehenden Werte und Fähigkeiten des integralen Bewusstseins betrachten. Aber um die Möglichkeit für einen Vergleich zu geben, sind im Diagramm 4-1 die Charakteristiken der integralen Weltsicht, wie wir sie bisher verstehen, zusammengefasst.

Das integrale Bewusstsein im historischen Kontext

Wenn wir uns anschauen, wo sich das integrale Bewusstsein auf der Entwicklungsspirale befindet (wie in Bild 4-1 dargestellt), zeigen sich die vielen Gemeinsamkeiten zwischen der modernen und der integralen Weltsicht. Aber die integralen Werte unterscheiden sich von den modernen Werten dadurch, dass das integrale Bewusstsein die gesunden Werte des postmodernen Bewusstseins (und aller anderen Stufen) in seinem evolutionären Transzendenz mit einschließt und integriert. Und dieses transzendente Einbeziehen unterscheidet die integrale Weltsicht sehr stark von der Moderne. Aber trotz dieser großen Unterschiede können wir viele Parallelen zwischen der Entstehung des frühen modernen Bewusstseins während der Aufklärung und der Entstehung des integralen Bewusstseins in unserer Zeit sehen. Denken Sie einmal über die folgenden Gemeinsamkeiten nach: Das moderne Bewusstsein besitzt eine Wertschätzung für den Fortschritt, das integrale Bewusstsein würdigt die Evolution; das moderne Bewusstsein sieht ein gelungenes Leben in einem Zuwachs an Status und materiellem Besitz, das integrale Bewusstsein sieht ein gelungenes Leben in einem Zuwachs an Bewusstsein – die Art von Wachstum, die aus der ständigen inneren Entwicklung entsteht. Die Modernisten sind fasziniert von äußeren Technologien wie Maschinen und Elektronik; die Integralisten fühlen sich von inneren Technologien, wie zum Beispiel psychospirituelle Übungen, angezogen. Als die Moderne zum ersten Mal sichtbar wurde, brachte sie einen neuen Ansatz mit sich – Verstandesfähigkeit und die wissenschaftliche Methode. Und heute bringt auch das integrale Bewusstsein einen neuen Ansatz – den dialektischen Prozess der Evaluation und den mitfühlenden Umgang mit der ganzen Spirale als eine

Methode, um mit dem Guten auf jeder Ebene in Beziehung zu treten und das Schlechte in einem angemessenen Kontext zu verstehen.

Wenn wir nach Parallelen zwischen der frühen Moderne und der integralen Weltsicht suchen, können wir weiterhin sehen, dass der Aufstieg der modernen Weltsicht im 17. Jahrhundert dadurch ausgelöst wurde, dass ein größeres Bild des *äußeren* Universums entdeckt wurde – die Entdeckung, dass sich die Erde um die Sonne dreht. Als Kopernikus und Galilei unwiderruflich die heliozentrische Natur des Sonnensystems bewiesen hatten, war die Autorität des traditionellen Bewusstseins ausgehöhlt und die Intellektuellen Europas konnten die Welt nie mehr in der alten Art und Weise verstehen. Aber auch in der heutigen Zeit sind wir mit einer gleichermaßen monumentalen Entdeckung gesegnet – die Entdeckung des größeren Bildes des *inneren* Universums – die systemische Struktur der Entwicklungsspirale. Und wie bei der Entdeckung des Sonnensystems können wir die Welt auch nicht mehr in der alten Art und Weise verstehen, wenn wir die Bedeutsamkeit dieser Entdeckung der sich entwickelnden Strukturen von Bewusstsein und Kultur erkennen.

Bild 4-1. Die dialektische Entwicklung des modernen, postmodernen und integralen Bewusstseins.

Wenn wir die Ereignisse der Aufklärung mit ähnlichen Entwicklungen in der heutigen Zeit vergleichen, können wir die wichtigste Parallele aber in der Rolle der Philosophie sehen. Während der Aufklärung war die wichtigste Triebkraft der kulturellen Evolution die Philosophie von Descartes, Spinoza, Locke, Voltaire, Montesquieu und Rousseau. Diese „Neue Philosophie" (wie sie zu dieser Zeit auch wirklich genannt wurde) wurde aus dem befreienden Einfluss der Wissenschaft heraus geboren. Vor der Aufklärung war „die offizielle und öffentlich unterstützte Philosophie, die an Universitäten und Akademien gelehrt wurde und die philosophischen Systeme und den wissenschaftlichen Diskurs und die entsprechenden Schriften dominierte, die aristotelische Scholastik" – ein philosophisches System, das die Prinzipien der Kirche unterstützte. Aber als wissenschaftliche Entdeckungen nach einer neuen Philosophie verlangten, welche das erweiterte Bild des Universums, das sich darin zeigte, mit aufnehmen kann, war ein Konflikt unvermeidlich. In den Worten von Jonathan Israel, der die Zeit der Aufklärung untersucht hat:

> Es war zweifellos der Aufstieg neuer kraftvoller philosophischer Systeme, die in den wissenschaftlichen Fortschritten des frühen 17. Jahrhunderts verwurzelt waren, besonders die mechanistische Sicht von Galileo, die am meisten dazu beitrugen, dass ein *Kulturkampf* zwischen den traditionellen, theologisch anerkannten Ideen über den Menschen, Gott und das Universum und den säkularen Ideen, die unabhängig von jeder theologischen Anerkennung waren, entbrannte.

Wenn es auch über 100 Jahre dauerte, bis diese neue Philosophie schließlich triumphierte, war die Philosophie der Aufklärung zu Kants Zeiten schon bei den meisten Intellektuellen Europas bekannt und brachte ihnen eine neue Sicht der Welt, ein neues Wertesystem und die Sehnsucht nach Fortschritt, der durch die befreienden Einsichten der neuen modernen Bewusstseinsstufe möglich wurde. Und diese Neue Philosophie führte schließlich zu den demokratischen Revolutionen in Amerika und Frankreich und bereitete die Grundlagen für die industrielle Revolution.

Zur Zeit der Aufklärung war die traditionelle Philosophie der Scholastik zu einer „veralteten Struktur eines pädagogischen Dogmatismus geworden, die nicht mehr dem neuen Zeitgeist entsprach. Sie brachte nichts wirklich Neues mehr hervor." Die Scholastik stagnierte, denn sie war die Dienerin der Religion geworden. Heute befinden wir uns in einer ganz ähnlichen Situation, in der die offiziell anerkannte Philosophie unserer Zeit leblos geworden ist. Aber die relative Stagnation der gegenwärtigen professionellen akademischen Philosophie, ihre Irrelevanz für das Leben der meisten westlichen Intellektuellen, hat diesmal seine Ursache in der Unterwerfung unter das „Newtonsche-Kartesianische" Weltbild. Genau wie die Scholastik zur Zeit der Aufklärung ihre Kraft verloren hatte, weil sie sich der Religion untergeordnet hatte, sehen wir heute, zu Beginn einer zweiten Aufklärung, wie die professionelle akademische Philosophie sich in ähnlicher Weise der Wissenschaft untergeordnet hat. Nach Richard Tarnas hat sich die Philosophie im 20. Jahrhundert bis zu einem Punkt entwickelt, an dem

> der Kartesianische kritische Intellekt den Punkt seiner größten Entwicklung erreicht hatte und alles anzweifelte und seiner systematischen Skepsis gegenüber jeder möglichen Bedeutung unterzog ... Das ganze Projekt der [westlichen philosophischen Tradition], in der es darum ging, eine grundlegende Wirklichkeit zu erfassen und zu formulieren, wurde als ein nutzloses linguistisches Spiel kritisiert, eine ständige, aber zum Scheitern verurteilte Anstrengung, über die ausgefeilten Fiktionen hinauszugehen, die sie selbst geschaffen hat. Auf den Punkt gebracht: Solch ein Projekt wurde als in sich entfremdend und unterdrückend hierarchisch verurteilt – ein intellektuell unterdrückendes Vorhaben, das eine existenzielle und kulturelle Verarmung zur Folge hatte, die schließlich zur technokratischen Herrschaft über die Natur und die soziale und politische Herrschaft über andere Menschen geführt hat.

So wie die Philosophie zur Zeit der ersten Aufklärung wie ein aufbrechender Frühling aus den statischen Grenzen des herrschenden Establishments befreit wurde, so können wir auch heute eine ähnliche Epoche philosophischen Fortschritts vor uns sehen. In der ersten Aufklärung wurde die Philosophie von der Religion getrennt; und heute wird die Philosophie in gleicher Weise von den Grenzen des wissenschaftlichen Materialismus und Existenzialismus befreit, indem sie Wissenschaft und Religion transzendiert und einschließt, ohne die Kompetenz beider Institutionen für ihre jeweiligen Bereiche in Frage zu stellen. Diese historischen Vergleiche sind natürlich große Verallgemeinerungen, aber meiner Meinung nach sind die Parallelen zu wichtig, als dass wir sie einfach ignorieren können.

Aber woher wissen wir eigentlich, dass das integrale Bewusstsein wirklich eine historisch bedeutsame Ebene der Zivilisation ist? Womit können wir begründen, dass sich das integrale Bewusstsein im Aufstieg befindet? „Neue Paradigmen" gibt es heute zuhauf. Aber die Weltsicht des integralen Bewusstseins ist weniger ein neues Paradigma als vielmehr die Integration und Harmonisierung aller vorher existierenden

Weltsichten in einer neuen und einbeziehenden Perspektive. Es ist gerade eines der wichtigsten Anliegen des integralen Bewusstseins, über diese Haltung, in der das alte Paradigma schlecht und das neue Paradigma gut ist, hinauszugehen. Wie wir schon gesehen haben, gibt es wichtige Hinweise auf die Entwicklungsstufen. Und wir haben auch gesehen, dass die Theorie der dialektischen Spirale mit den Daten übereinstimmt und sehr klar die entwicklungsgeschichtlichen Ereignisse beschreibt. Aber der vielleicht wichtigste Anhaltspunkt für das Entstehen einer neuen Entwicklungsebene ist die Tatsache, dass wir sie dringend brauchen: Die Lebensbedingungen heute zu Beginn des 21. Jahrhunderts rufen nach einer kulturellen Weiterentwicklung. Somit können wir mit einiger Überzeugung sagen, dass etwas wie die integrale Weltsicht wirklich entstehen wird, denn es ist genau die Entwicklung, die unsere Zivilisation am dringendsten braucht.

Wenn wir nach den neu entstehenden kulturellen Strukturen des integralen Bewusstseins suchen, sollten wir bedenken, dass es 100 Jahre brauchte, bis die Moderne einigen Einfluss in der Gesellschaft gewann. Und auch die Postmoderne brauchte nach ihrem ersten Erscheinen noch Jahrzehnte, bis sie zu einer wichtigen Subkultur wurde. Deshalb können wir erwarten, dass auch die integrale Kultur einige Zeit brauchen wird, bis sie einen spürbaren Einfluss ausüben wird. Aber, um es noch einmal zu sagen, die kulturelle Evolution hängt von den Lebensbedingungen ab; je schneller die Dinge sich verschlimmern, desto schneller wird sich als Antwort darauf das integrale Bewusstsein entwickeln.

Integrale Lebenspraxis – Metabolismus der Werte

Wie wir im 6. Kapitel noch ausführlich sehen werden, können Werte wie das Wahre, Schöne und Gute zu Energiequellen für diejenigen Menschen werden, die diese Werte benutzen. Werte werden real – sie beleben die Systeme gegenseitigen Einvernehmens, aus denen Kultur entsteht –, wenn sie wirklich in einem Sinne benutzt oder geübt werden, damit sie zur Weiterentwicklung des Menschen beitragen. Als zum Beispiel die Moderne zum ersten Mal entstand, motivierte diese neue Idee des Wahren die Menschen dazu, sich wissenschaftlicher Forschung zu widmen. Die Naturalisten der Aufklärung waren meist aristokratische Amateure, die sich dazu hingezogen fühlten, die Natur durch die inspirierenden Kräfte der wissenschaftlichen Methode zu erforschen. Dieses Gefühl der Begeisterung, die durch die neue Sichtweise der Moderne entstand, schuf auch eine weit entwickelte Form der Musik, die wir heute als klassische Musik bezeichnen. Wenn Sie zum Beispiel Vivaldis

Vier Jahreszeiten hören (komponiert im Jahre 1723), können Sie tatsächlich das Gefühl neuer Entdeckungen und die Energie dieser aufregenden Zeit hören. Die Werte der Moderne riefen aber nicht nur Entwicklung in den Bereichen Wissenschaft und Musik hervor; auch die Politik wurde ein wichtiger Bereich für die Anwendung der modernen Weltsicht. Tom Paine praktizierte zum Beispiel die moderne Weltsicht, als er sein bekanntes Buch *Common Sense* im Sinne dieses neuen Bewusstseins schrieb. Diese Art von Aktivismus, erfüllt von der Kraft der neuen Wahrheit und neuer Ideale von Freiheit und den Menschenrechten, trug zum Aufstieg der Moderne bei.

In gleicher Weise können wir sehen, wie die neuen Werte der postmodernen Weltsicht die Energie und Inspiration ermöglichten, um eine neue Befreiung von den zu diesem Zeitpunkt veralteten materialistischen Werten der Moderne zum Ausdruck zu bringen. Wie die ursprünglichen Werte der Moderne, die 200 Jahre früher entstanden waren, fanden die gegenkulturellen Werte der Postmoderne auch Ausdrucksformen in der Musik, im Lifestyle und politischem Aktivismus. Unter den ersten Pionieren für die Ideen des postmodernen Bewusstseins waren Reformer und Kulturkritiker wie Woody Guthrie, Margaret Mead und Eleanor Roosevelt. In den 1960er Jahren wurde das postmoderne Bewusstsein massenweise von der Babyboomer-Generation angenommen: Friedensaktivisten, Feministinnen, Bürgerrechtler, Künstler, Musiker und die Jugendbewegung als Ganzes verwirklichten die Werte der postmodernen Vision. In dieser Zeit brachten auch die Gipfelerfahrungen und spirituellen Einsichten durch östliche Spiritualität und psychedelische Drogen viele Menschen dazu, die postmoderne Weltsicht anzunehmen. Aber auch nachdem der kulturelle Aufbruch der 60er in den 70er Jahren abflaute, wurden die essenziellen Werte des postmodernen Bewusstseins an den Universitäten, von der Entertainment-Elite, von Umweltschützern, Feministinnen und all denjenigen, die sich zu den vielen Formen der New Age-Spiritualität hingezogen fühlten, angenommen. Diese späteren Vertreter der postmodernen Werte waren nicht alle alternde Hippies; mit der zunehmenden Entwicklung der postmodernen Weltsicht reflektierten ihre Werte ein breit gefächertes, aber kohärentes Spektrum, das Menschen mit ganz verschiedenen Hintergründen zusammenbrachte. Genauso wie die Praxis der Moderne findet die Praxis der postmodernen Weltsicht ihren Ausdruck in so einfachen Dingen wie der Art der Ernährung und Kleidung, wie auch in lebensbestimmenden Entscheidungen, wie die berufliche Laufbahn.

Wenn wir über die Praxis der integralen Weltsicht sprechen, müssen wir bedenken, dass wir selbst dazu aufgerufen sind, diese neue Bewusstseinsebene zu schaffen. Denn wenn wir die Entstehung dieser neuen Stufe der Zivilisation heute in ihren Anfängen erkennen, haben wir das Privileg, den kreativen Impuls dieser ersten Welle integraler Werte zu empfangen.

Die Wahrheiten der integralen Philosophie können für kulturelle Evolution in vielen Bereichen genutzt werden. Wo immer wir den kulturellen Kampf vorfinden – an unserem Arbeitsplatz, in unseren Schulen und selbst in unseren Familien –, können wir mit den jeweils angemessenen Mitteln daran arbeiten, das Bewusstsein zu erweitern, indem wir zeigen, wie verschiedene Werte auf jeweils andere Lebensbedingungen anwendbar sind. Wenn wir sehen, dass alle menschlichen Probleme letztendlich Probleme des Bewusstseins sind, können wir erkennen, wie wir am wirkungsvollsten das Bewusstsein entwickeln können, indem wir zwischen den gesunden und pathologischen Werten jeder Stufe unterscheiden und die Werte einer Stufe in einer Weise formulieren, die von den anderen Stufen besser verstanden wird. Denken Sie an all die Möglichkeiten, wie wir das postmoderne Bewusstsein mit seinen besten Absichten davor bewahren können, die wichtigen Strukturen der traditionellen und modernen Werte zu zerstören, auf denen jede weitere Entwicklung beruht. Und denken Sie auf der anderen Seite an die vielen Möglichkeiten, wie wir den Traditionalisten und Modernisten die evolutionäre Notwendigkeit postmoderner Werte vermitteln können, indem wir ihnen zeigen, dass das Überleben unserer Spezies zum großen Teil vom Erfolg der Postmoderne abhängt.

Die Werte der integralen Weltsicht finden ihren Ausdruck in der Motivation, uns selbst durch spirituelle Praxis wie Meditation und Gebet zu entwickeln; unsere Körper durch gesunde Ernährung und Training gesund zu erhalten; uns in unserer Gemeinschaft zu engagieren; das Gefühl des Integralen in neue Formen der Kunst zu übersetzen; und lebenslang zu lernen und ein aktives Geistesleben zu führen. Aber die integrale Lebenspraxis ist nicht nur eine Technik zur persönlichen Entwicklung; bei der integralen Lebenspraxis geht es auch um unser aktives Mitwirken in der wichtigen Arbeit an der Lösung der wachsenden globalen Probleme, die für die Menschen mit früheren Weltsichten meist zu hoffnungslos oder zu weit entfernt erscheinen. Wie wir im nächsten Kapitel über integrale Politik sehen werden, zeigt das neue Verständnis der kulturellen Evolution in der integralen Philosophie ganz klar, was der nächste Schritt unserer Zivilisation sein muss. Genauso wie die politische Vision der Demokratie viel dazu beitrug, während der Aufklärung die Menschen in die moderne Weltsicht zu führen, und genauso wie die beiden politischen Fragen der gleichen Rechte für alle und des Friedens in Vietnam dabei halfen, die weltzentrischen Werte der Postmoderne hervorzuheben und viele Menschen für ihre Weltsicht zu gewinnen, so hat auch die integrale Weltsicht ihre eigene politische Agenda, die sie definiert. Und die neue Politik des integralen Bewusstseins enthält viele inspirierende Möglichkeiten für die Art des politischen Aktivismus, der die Helden der Moderne und Postmoderne auszeichnet.

Während der Aufklärung wurde der drängende Ruf nach „Freiheit, Gleichheit, Brüderlichkeit" zu einer Einladung, ein neues Wertesystem anzunehmen, das die Selbstbestimmtheit des Einzelnen und die politische Transformation einer Nation in eine neue demokratische Ordnung freier und gleicher Brüder und Schwestern hervorhob. Und in den 60ern kam der Ruf nach Transformation in folgendem Slogan zum Ausdruck: „Turn on, tune in, drop out". Und trotz der respektlosen, witzigen Qualität wurde Timothy Learys drängender Ruf zu einer kraftvollen Aufforderung, die Pathologien der modernen Weltsicht abzulehnen und einer Bewegung anzugehören, die ein völlig neues Wertesystem zum Ausdruck brachte. Es wird sicher schließlich einen drängenden integralen Ruf geben, der die Sehnsucht nach einer neuen Politik jenseits von rechts und links ausdrückt; eine neue Wissenschaft, welche die inneren Bereiche genauso anerkennt wie die äußeren; eine neue Kunst, welche das Schöne und Erhabene wieder erobert; und sogar eine neue Spiritualität, die die universelle Natur spiritueller Erfahrungen würdigt. Vielleicht werden Slogans wie „Transzendiere und bewahre" oder sogar „These, Antithese, Synthese" zu den Aufforderungen, Teil dieser neuen Phase des Bewusstseins zu werden. Aber mehr noch als Slogans braucht die integrale Weltsicht erfolgreiche Anwendungsbeispiele – Demonstrationen ihrer Kraft und Sinnhaftigkeit durch diejenigen, die es wagen, Pioniere in diesem „neuen Satz in der Symphonie der menschlichen Geschichte" zu werden.

Sie mögen sich vielleicht fragen: „Wie fühlt sich ein integrales Bewusstsein wirklich an?" Zunächst ist es das Gefühl freudiger Erwartung, als würde man wissen, dass gleich ein großes Geheimnis gelüftet wird; es ist eine Freude, verbunden mit einem Staunen – ein Gefühl, das auch die frühen Modernisten gekannt haben müssen, als sie zum ersten Mal sahen, wie kraftvoll der menschliche Verstand, die wissenschaftliche Methode und die konstitutionelle Demokratie sein könnten. Und im integralen Bewusstsein gibt es ein Gefühl von Überzeugung, eine Überzeugung in einen Weg nach vorn, der aus den neuen Wahrheiten des integralen Bewusstseins kommt. Dieses neue Gefühl von Überzeugung ist verbunden mit dem Optimismus, dass Evolution unausweichlich ist, und wenn dieses Gefühl der Überzeugung sich verstärkt und entwickelt, wird es zu einem moralischen Mut. Aber das vielleicht wichtigste Gefühl, das mit dem integralen Bewusstsein verbunden ist, ist die Art und Weise, wie es Sie in Bezug zu anderen Menschen verändert. Die Praxis des integralen Bewusstseins führt sicher zu einer stärkeren Fähigkeit für Mitgefühl, Sympathie und Respekt den Menschen gegenüber, die uns vorher unsympathisch waren. Aber mit diesem größeren Mitgefühl geht auch ein Realismus in Bezug auf die Begrenzungen der Menschen, die in früheren Weltsichten leben, einher.

Das integrale Bewusstsein ist für mich eine direkt erfahrbare Wirklichkeit und deshalb weiß ich, dass es eine historisch bedeutsame neue Ebene darstellt, denn ich kann sehen, wie extrem hilfreich es ist. Das integrale Bewusstsein ist aber mehr als ein Hilfsmittel zur Problemlösung. Es ist eine Grundlage für eine neue Identität und damit auch für eine kulturelle Verbundenheit, es ist eine Weltsicht, die unsere Leidenschaft und unsere Verantwortlichkeit anspricht. Als integral Praktizierende müssen wir uns als Botschafter der Zukunft verstehen. Wir müssen für die wichtigen Werte der gesamten Spirale eintreten und müssen auf sehr tiefer Ebene Verantwortung dafür übernehmen, eine integrale Kultur in unseren Familien, unseren Gemeinschaften und in der ganzen Welt zu entwickeln. Aber wenn wir uns eingehend mit den integralen Werten beschäftigen und sie in uns aufnehmen, und wenn wir die erweiterte vertikale Perspektive des sich entwickelnden Bewusstseinsspektrums anwenden, das uns die integrale Philosophie offenbart, werden wir erfüllt von der Energie und Motivation, darin auch erfolgreich zu sein. Denn der nächste Schritt in fast jeder Lebenssituation wird mithilfe der Landkarte der integralen Philosophie im Detail sichtbar. Und weil unsere Möglichkeiten an der Evolution im Kleinen und Großen mitzuwirken von der integralen Philosophie genau erklärt werden, spielen wir alle eine wichtige Rolle in dieser neuen Welle evolutionären Fortschritts. Die Zeit, in der wir leben, ist voller Möglichkeiten!

Postintegrales Bewusstsein

Im letzten Kapitel haben wir die Anhaltspunkte für die Wirklichkeit der kulturellen Evolution näher untersucht; dabei sahen wir die fundierten Forschungsergebnisse, die nahelegen, dass das Bewusstsein sich durch spezifische Stufen hindurch entwickelt, und diese Stufen können wir als Stammesbewusstsein, Kriegerbewusstsein, traditionelles und modernes Bewusstsein bezeichnen. Und wir haben auch gesehen, dass es gut dokumentierte Hinweise dafür gibt, dass es zumindest in den

USA und in Europa drei große kulturelle Strömungen gibt (traditionell, modern und „alternativ"), die jeweils bestimmte und sich oft widersprechende Werte zum Ausdruck bringen. Wenn wir uns diese Forschungsergebnisse anschauen und einen Blick auf die gegenwärtige Situation unserer Gesellschaft werfen, ist es keine reine Spekulation, die Entstehung einer neuen, auf Werten basierenden integralen Kultur zu erwarten. Wenn wir die bisherige Geschichte der kulturellen Evolution berücksichtigen, haben wir allen Grund anzunehmen, dass die nächste erkennbare Welle kultureller Evolution am Horizont der Geschichte erscheint und dass diese Welle ungefähr so aussehen wird, wie ich sie als integrale Entwicklungsstufe bisher beschrieben habe. Wenn wir aber über die Diskussion über die nächste Welle der Entwicklung hinausgehen, können wir uns nur auf spekulativere Anhaltspunkte berufen, als wir sie bisher für das integrale Bewusstsein zusammentragen konnten.

Aber trotzdem gibt es meines Erachtens keinen Zweifel daran, dass es höhere Bewusstseinsstufen gibt und dass es viele Menschen in der Vergangenheit und der Gegenwart gegeben hat, die diese Ebenen in ihrer persönlichen Entwicklung verwirklicht haben. Aber wie wir gesehen haben, entwickeln sich Bewusstsein und Kultur zusammen. Obwohl wir also Hinweise für solche höheren Stufen anführen können (wie diejenigen, die von Heiligen, Weisen und anderen spirituellen Meistern verwirklicht wurden), gibt es keine Beispiele für eine kulturelle Entwicklung in großen Gruppen von Menschen, die mit diesen Ebenen einhergehen. Das heißt, die historisch bedeutsamen Weltsichten, die wir bisher angeschaut haben, können sich nicht voll zum Ausdruck bringen, wenn sie nicht sowohl im Bewusstsein von Einzelnen als auch in den kulturellen Strukturen von Gesellschaften verwirklicht sind.

Wie wir schon angemerkt haben, ist die Entwicklungsspirale keine deterministische Vorlage, der jede Entwicklung unbedingt folgen muss. Die Wirklichkeit des freien Willens und der Kreativität des Menschen muss miteinbezogen werden. Die Zukunft hängt zum großen Teil von unseren Entscheidungen ab, deshalb können die Konturen einer „postintegralen Kultur" noch nicht genau beschrieben werden. Aber der dialektische Verlauf des Spiralmusters kann uns Hinweise geben. Mit sich verändernden Lebensbedingungen können wir sicher damit rechnen, dass jenseits des Integralen weitere Ebenen der Kultur entstehen werden. Und wenn wir vom Muster der Spirale ausgehen, dann können wir voraussagen, dass die nächste auf Werten basierende Weltsicht, die nach der integralen Weltsicht entstehen wird, gemeinschaftlich orientierte Merkmale haben wird, die im Kontrast zur individuell orientierten Natur der integralen Stufe stehen.

Aber wenn wir die Bewusstseinsstufen nicht aus einer psychologischen, sondern vor allem aus einer historischen Perspektive betrachten, dann sehen wir, dass jede Bewusstseinsstufe von der stabilen Existenz der vorhergehenden Stufe abhängt, in der die problematischen Lebensbedingungen und Pathologien entstehen müssen, die der nächsten Stufe erst ermöglichen, ihre spezifischen Werte zu formen. Ohne die schon bestehende Kultur der Moderne kann zum Beispiel das postmoderne Bewusstsein nur in einer sehr nebulösen Form entstehen. Vielleicht können wir am Beispiel des heiligen Franziskus von Assisi sehen, wie die sensiblen Werte des postmodernen Bewusstseins in einer prämodernen Gesellschaft erscheinen. Wenn wir aber die Werte und Weltsichten des heiligen Franziskus mit, sagen wir, Henry David Thoreau vergleichen, können wir sehen, dass Thoreau (der seiner Zeit weit voraus war) das postmoderne Bewusstsein in einer klarer definierten und wiedererkennbaren Form zum Ausdruck brachte als der heilige Franziskus. Und der Grund dafür ist, dass Thoreau nach der Entstehung der Moderne lebte, und deshalb wirkte in seinem Bewusstsein die entwicklungsfördernde Energie der spezifischen Pathologien der Moderne.

So wie frühe Formen der Postmoderne schon zu Beginn der Moderne erschienen (ein Beispiel dafür ist die Romantik), können wir davon ausgehen, dass wir einige frühe Formen einer postintegralen Kultur heute schon zu Beginn der integralen Stufe sehen können. Wir müssen aber vorsichtig sein, wenn wir zu diesem Zeitpunkt etwas als postintegral bezeichnen, denn genauso wie viele Elemente der Romantik eine Regression zu prämodernen Ebenen war, wird vieles von dem, was von sich behauptet, postintegral zu sein, in Wirklichkeit postmodern sein. Tatsächlich ist es eine verbreitete Tendenz des postmodernen Bewusstseins, die Entwicklungsebene von Menschen im Allgemeinen zu überschätzen – inklusive der eigenen. Und selbst wenn Postmodernisten das integrale Bewusstsein erkennen, behaupten sie oft, dass es sich nicht nur um integrales, sondern schon um postintegrales Bewusstsein handelt.

Andere integrale Theoretiker haben höheren Bewusstseinzuständen sehr viel Aufmerksamkeit gewidmet und diese Anstrengungen sind lobenswert. Aber sobald wir den Bereich verlassen haben, den wir kulturell beobachten können, sobald die einzigen Menschen, die wir untersuchen können, im Grunde nur noch spirituelle Lehrer sind, haben wir den Bereich der öffentlichen Philosophie verlassen und sind in den Bereich der Spiritualität eingetreten. Spiritualität ist sicher kein tabuisiertes Thema für die integrale Philosophie. Wie wir im Kapitel über „Integrale Spiritualität" und im 8. Kapitel über den „integralen Wirklichkeitsrahmen" sehen werden, ist dieses Thema ein reichhaltiger und wichtiger

Teil der integralen Weltsicht. Aber damit die integrale Philosophie ihre Aufgabe erfüllen kann, die nächste historisch bedeutsame Stufe der Kultur hervorzubringen, ist es wichtig für die integrale Philosophie, in einer Weise beschrieben zu werden, die verschiedene spirituelle Glaubenssysteme in sich aufnehmen kann. Aber je genauer wir versuchen zu definieren, wie ein höheres Bewusstsein aussieht, desto mehr müssen wir uns auf bestimmte spirituelle Traditionen berufen oder sie gar anderen vorziehen und andere Traditionen ausschließen. Ich hatte direkte Erfahrungen von etwas, das wir als höhere Stufen des Bewusstseins beschreiben können, und diese tiefen Erfahrungen haben mich dauerhaft zum Besseren verändert. Aber meine eigene „direkte Forschungsarbeit" in diesem höheren Bewusstsein deckte sich nicht mit den Beschreibungen höherer Zustände, die einige wenige Mystiker geben, die über dieses Thema geschrieben haben. Wenn die höheren und zukünftigen Bewusstseinsstufen auch ein sehr interessantes Thema sind, werden diese Stufen besser im Kontext der Spiritualität als der Philosophie diskutiert, denn die Hinweise auf diese Ebenen unterscheiden sich in ihrem Charakter von denjenigen, die wir bisher untersucht haben. Die heikle Frage, wo ein allgemeines Einverständnis der integralen Philosophie endet und spezifische spirituelle Lehren beginnen, werden wir im 8. Kapitel untersuchen, wenn wir die metaphysischen Grenzen der integralen Philosophie betrachten.

5. Kapitel

Integrale Politik

Das Entstehen jeder historisch bedeutsamen neuen Weltsicht führt zu substanzieller politischer Entwicklung. Die politische Vision jeder neu entstehenden Weltsicht ist gekennzeichnet durch ihre weiter entwickelten Werte und höheren Ideale von Moral. Wir haben zum Beispiel gesehen, dass die entstehende Moderne die neuen Ideale von Freiheit und Gleichheit entwickelte, die im Ruf nach Demokratie ihren Ausdruck fanden. Diese Bewegung hin zu einer Demokratie war tatsächlich eines der wichtigsten Themen der „Neuen Philosophie", die dazu beitrug, die moderne Vision zu beschreiben und die Merkmale der Aufklärung zu verdeutlichen. Und auch im 20. Jahrhundert lehnte die entstehende Postmoderne die ethnozentrische Moral ab, die Rassismus und das Töten vieler Unschuldiger im Vietnamkrieg in Kauf nahm. Die Postmoderne entwickelte die politischen Ziele der Bürgerrechte, Frauenrechte und des Friedens in Vietnam. Die politischen Fragen des Friedens in Vietnam und der Kampf für Gleichheit brachten die Menschen in einem gemeinsamen Ziel zusammen. Viele, die in den 60ern und 70ern die postmoderne Weltsicht annahmen, taten das, weil sie durch ihre Verbindung zu diesen Themen politisiert waren.

Genauso wie viele Teilbereiche der Moderne und Postmoderne aus dem Schmelztiegel der Politik entstanden, können wir erwarten, dass das mit dem Entstehen der integralen Weltsicht ähnlich sein wird. Nach reiflicher Überlegung bin ich zu der Schlussfolgerung gekommen, dass das integrale Bewusstsein auf die Lebensbedingungen des 21. Jahrhunderts auf zwei Arten reagieren wird: Erstens wird die integrale Politik sich mit den politischen Zielen der Postmoderne verbinden und ihr dabei helfen, effektiver zu sein, indem sie ihre Verwirklichung unterstützt und ihre Wahrheiten so übersetzt, dass sie von der modernen Mehrheit besser verstanden werden können. Und zweitens wird die integrale Politik neue Ideale zum Ausdruck bringen, indem sie eine weiterentwickelte Ordnungsform der Menschheit visioniert und formuliert. Und wir werden nun nacheinander diese Aspekte der integralen Politik genauer untersuchen.

Die Politik der Spirale

Das politische Konzept von links und rechts, das die politische Diskussion in den entwickelten Ländern heute prägt, ist kläglich vereinfachend und im Allgemeinen völlig unangemessen, um als ein Modell der komplexen politischen Dynamiken des 21. Jahrhunderts zu dienen. So können wir zum Beispiel in der Geschichte sehen, wie die Rollen der Liberalen und der Konservativen tatsächlich mehrfach wechselten (in den USA waren die Republikaner zum Beispiel die Progressiven des 19. Jahrhunderts), und so werden viele von denjenigen, die sich heute als Progressive sehen, in Zukunft den Status quo verteidigen. Wenn wir uns die Politik der westlichen Industriestaaten heute durch die Perspektive der Entwicklungsspirale anschauen, dann sehen wir, dass viele Teile der politischen Debatte im Kontext der Moderne stattfinden. In den Vereinigten Staaten zum Beispiel sind die Demokratische und die Republikanische Partei im Grunde modernistisch. Wir sehen die Einflüsse der Tradition und der Postmoderne, wie sie von beiden Seiten am modernen Milieu ziehen, aber wir sehen auch, dass die Ideologien dieser anderen Weltsichten sehr überzeichnet sind von den Kompromissen, die das Merkmal der Debatte in einem im Grunde modernen Umfeld sind.

Wenn wir die Spirale benutzen, um die gegenwärtige politische Landschaft zu verstehen, müssen wir bedenken, dass unter den Bereichen der menschlichen Evolution, die mithilfe der Spirale in einem neuen Licht erscheinen können, die Politik der komplexeste und subtilste Bereich ist. Wenn wir über Politik diskutieren, wird es schwierig, etwas zu sagen, was allgemeingültig genug ist, um relevant zu sein, ohne dass dem Gesagten eine Anzahl von Ausnahmen widersprechen. So können wir innerhalb jeder Weltsicht diejenigen finden, welche die Freiheit oder die Ordnung hervorheben. Das resultiert oft darin, dass sich Aktivisten im Grunde verschiedener allgemeiner politischer Ausrichtung sich in zeitweiliger Verbundenheit mit fremden „Bettgenossen" finden. Und das erklärt sich durch die vielen Seitenströme und Strudel innerhalb der Hauptströme der größeren dialektischen Struktur der Spirale. Obwohl die Spirale also sehr hilfreich dabei sein kann, die Politik zu verstehen und politisch aktiv zu werden, sind die Voraussetzungen für ihre effektive Anwendung in der Politik ein hoher Grad an intellektueller Redlichkeit und eine Analyse, die der Subtilität und den vielen Nuancen der komplexen historischen Dynamiken gerecht wird, die sie zu beschreiben sucht.

Wenn wir die Politik aus der Perspektive der Spirale anschauen, verstehen wir die wahre Bedeutung der weltzentrischen Moral, die in der

Politik der Postmoderne zum Ausdruck kommt. Von einem moralischen Gesichtspunkt aus gesehen überragen die höheren Werte, die erwachen, wenn Menschen sich zur integralen Weltsicht entwickeln, bei weitem die Rechtfertigung aller vorhergehenden Formen ethnozentrischer politischer Autorität. Die tiefe Sympathie der Postmoderne für die unfair Behandelten und die Unterdrückten, ihre rechtmäßige Wut über auch heute noch bestehende Ungerechtigkeit und politische Doppelzüngigkeit und ihre eigene Scham angesichts der westlichen Geschichte der Ausbeutung sind alle ein Ergebnis einer wichtigen Bewusstseinsentwicklung. Deshalb muss das integrale Bewusstsein die evolutionäre Bedeutung und Schönheit der höheren Moral der Postmoderne anerkennen, auch wenn es sieht, dass diese Entwicklung momentan in einer unreifen Form zum Ausdruck kommt.

Die integrale Perspektive lehnt die Idee ab, dass die Politik von links und rechts mit streitenden Kindern verglichen werden kann, die sich nicht auf einen Kompromiss zugunsten eines größeren Ziels einlassen wollen. Das mag für die moderne Ebene zutreffen, aber mit der Entstehung der bisher unbekannten weltzentrischen Moral beginnt eine neue Epoche in der Geschichte. Der Postmodernismus kennzeichnet den Beginn eines neuen politischen Bewusstseins, dass den machiavellischen Realismus der Moderne ablehnt und eine Weltsicht entwickelt, die echte Fairness für jeden Menschen verlangt, egal wo und in welchem Wohlstand dieser Mensch lebt. In ihrer am weitesten entwickelten Form verkörpert die integrale Politik die geistigen Ideale universeller Gerechtigkeit und globaler Gleichheit. Und diese Ideale stehen im starken Gegensatz zur Moderne und ihrer historischen Toleranz gegenüber Rassismus, Sexismus und Ultranationalismus und der ökonomischen Blindheit, welche die zunehmende Umweltzerstörung in Kauf nimmt. In Solidarität mit der Postmoderne erkennt das integrale Bewusstsein, dass über längere Sicht die Zeit der ethnozentrischen Politik selbstsüchtiger Gruppen vorbei ist und die Zukunft denjenigen gehört, die erkennen, dass jeder anhaltende politische Fortschritt in einer Moral gründet – und in dieser Entwicklung zählt jeder Mensch. Somit erkennt die integrale Weltsicht, dass gesellschaftlicher Fortschritt letztendlich von der weiteren Entwicklung einer Ethik der Fairness in der menschlichen Gesellschaft und den Regierungen abhängt – das integrale Bewusstsein sieht, dass die Grundlage für jede wirkliche politische Entwicklung der zunehmende moralische Standard innerhalb der interpersonellen Beziehungen ist.

Obwohl das integrale Bewusstsein gemeinsame Sache mit der postmodernen Politik macht, erkennt es aber auch, dass das größte politische

Problem der Postmoderne ihre relative Wirkungslosigkeit ist. Seit den Anfängen als politische Kraft in den 60ern wuchs der postmoderne Einfluss auf die Politik der entwickelten Welt (und hatte dabei in Europa wohl mehr Erfolg als in den USA), aber in vielen Fällen werden die politischen Ziele der Postmoderne noch von denen der Moderne übertrumpft. Aber von einer integralen Perspektive gesehen ist diese Situation evolutionär unangemessen. Die Postmoderne mag für die Zukunft der westlichen politischen Vereinbarungen stehen, ihre Politik war aber bisher zu unentwickelt, um die Geschicke der entwickelten Welt zu übernehmen. Das integrale Bewusstsein kann deshalb politischen Fortschritt unterstützen, indem es dabei hilft, den Radikalismus der Postmoderne zu formen und einzudämmen, sodass die wichtigen Impulse der Postmoderne besser in die Politik der entwickelten Welt integriert werden können. Die integrale Politik muss sich deshalb auf zwei Gebiete konzentrieren, in denen die Postmoderne die meiste Entwicklung braucht: die Veränderung ihrer oft engstirnigen antimodernen Ausrichtung und die Einsicht in die „zerbrechliche Ökologie der Märkte".

Die tiefe Missachtung der Errungenschaften der Moderne, die wir in vielen Aspekten der Postmoderne vorfinden, ist sicher verständlich. Der evolutionäre Impuls, der die postmoderne Weltsicht entstehen ließ, wurde durch die moralischen Fehler und selbstsüchtigen Exzesse ausgelöst, die den Aufstieg der Moderne begleiteten. Dieser kraftvolle Standpunkt der Antithese schuf zunächst die Energie, die für die Geburt der Postmoderne als neue historisch bedeutsame Weltsicht nötig war. Aber die Wut und die Scham, die viele Bereiche der postmodernen Politik mittlerweile kennzeichnen, sind eher hinderlich als hilfreich. Ironischerweise ist die allgemeine Empörung der Postmoderne über die Verbrechen der Moderne selbst ein Zeichen dafür, dass die Moderne zu evolutionärem Fortschritt geführt hat – der Beweis für den Erfolg der Moderne liegt darin, dass sie ihre eigene Transzendierung in Form der postmodernen Weltsicht hervorbrachte. Wenn auch die Vorherrschaft der globalen Moderne weiterhin der Korrektur durch die höhere Moral der Postmoderne bedarf, muss die Postmoderne ihrerseits, um ihr Ansehen und ihren Einfluss zu erhöhen, nun all das Gute anerkennen, das der Aufstieg der westlichen Welt hervorgebracht hat. Auch wenn es viele Aspekte der historischen Moderne gibt, die in der Tat unmoralisch sind, erkennen wir in der Betrachtung der gesamten Entwicklungsspirale, dass das moderne Bewusstsein der nächste unvermeidbare Schritt für die Mehrheit der Weltbevölkerung ist. Wenn sich das moderne Bewusstsein in Ländern wie China und Indien entwickelt, müssen seine

Exzesse und inneren Pathologien von der moralischen Autorität der Postmoderne und des Integralen geformt werden, um zu verhindern, dass die Fehler der Geschichte sich wiederholen. Wir müssen mit diesen neu entstehenden modernen Kulturen zusammenarbeiten und ihnen helfen, eine moderne Wirtschaft und entsprechende politische Strukturen zu entwickeln, und gleichzeitig verhindern, dass sie ihre Arbeitskräfte brutal ausbeuten und die Umwelt zerstören. In der Tat liegt in so einer moderaten oder gemäßigten Moderne die größte Hoffnung für kulturelle Weiterentwicklung. Aber das wird nur möglich sein, wenn die Zukunft der globalen Moderne vom wachsenden Einfluss der Postmoderne in der entwickelten Welt wirkungsvoll gemäßigt wird. Und das wird, so behaupte ich, vom Erfolg des integralen Bewusstseins abhängen.

Das integrale Bewusstsein wirkt der anti-westlichen Haltung der postmodernen Weltsicht entgegen, indem es zeigt, dass die Weltsicht jeder Stufe den notwendigen Schritt für jede darauffolgende Stufe darstellt. Eine intakte Form des traditionellen Bewusstseins ist der nächste Schritt für Kriegerkulturen und eine intakte Form des modernen Bewusstseins ist der nächste Schritt für die traditionelle Kultur. Um es noch einmal zu sagen, es besteht keine moralische Notwendigkeit für diese älteren Stufen, sich weiter zu entwickeln – „sie haben das Recht, das zu sein, was sie sind" – aber ihre Kinder haben ein Recht auf Entwicklung, wenn sie es möchten. Evolutionäre Möglichkeiten für jeden zu schaffen, heißt, daran zu arbeiten, dass gesunde Ausdrucksformen dieser älteren Weltsichten unterstützt und erhalten werden, sodass sie in der größeren globalen Zivilisation ihren Platz finden.

Wir können alle die Zerbrechlichkeit der noch bestehenden Stammeskulturen sehen, die weiterhin in den wenigen noch verbliebenen Orten mit unberührter Natur leben möchten. Die moderne Kultur erscheint zu Beginn des 21. Jahrhunderts nicht besonders zerbrechlich. Aber die Stärke der Moderne ist völlig abhängig von einer zerbrechlichen Ökologie, die geschützt werden muss. Und das bringt uns zum zweiten wichtigen Aspekt der Postmoderne, der den korrektiven Einfluss durch die integrale Weltsicht benötigt.

Viele Postmodernisten sehen die multinationalen Konzerne als globale Kriminelle. Und das ist verständlich, wenn wir sehen, dass die Grundsätze dieser Organisationen die Maximierung der Aktienrendite verlangen, ohne dabei die sozialen oder ökologischen Konsequenzen zu beachten. Wenn auch einige Multinationale versuchen, gute Mitbürger zu sein, sind doch die meisten einfach Profitmaschinen ohne soziales Gewissen. Und wie ich im nächsten Absatz ausführen werde, müssen diese Organisationen unter den Einfluss demokratischer Kontrolle durch den Mechanismus eines effektiven globalen Gesetzes gebracht werden. Aber wenn die globale Wirtschaft auch für die von ihr geschaffenen „Äußerlichkeiten" verantwortlich gemacht wird, und sogar wenn es bedeutet, dass sie für den von ihr verursachten sozialen und ökologischen Schaden bezahlen müssen, sollten wir trotzdem ihren Wert für die Zivilisation als wichtigste Quelle des Wohlstands anerkennen und schützen.

Weil das integrale Bewusstsein die Entwicklungsmuster der Geschichte klarer als je zuvor verstehen kann, erkennt es, dass höhere Ebenen der Zivilisation tatsächlich vom Wohlstand, der Mobilität, der Verbundenheit und der ökonomischen Sicherheit abhängen, die durch eine intakte Marktwirtschaft gewährleistet werden. Und durch ihr Verständnis der intersubjektiven kulturellen Evolution erkennt das integrale Bewusstsein, dass intakte Marktwirtschaften dynamische lebende Systeme sind, die in einer kulturellen Ökologie existieren, die durch die Zusammenarbeit von förderlichen Gesetzen, Sicherheit des Grundbesitzes, Zugang zu Bildung, lockere Kapitalmärkte und Schutz vor großen Bürokratien gekennzeichnet ist. Als dynamisches System ist die moderne Wirtschaft mit Ökosystemen vergleichbar, denn sie können leicht durch zu viel äußeren Druck zerstört werden. Und das trifft noch mehr für die meisten einzelnen Firmen zu, die in einer engen und zerbrechlichen Balance zwischen Produktion und Nachfrage arbeiten. Aber aufgrund der kulturell geprägten Ablehnung der Wirtschaft von vielen Postmodernen ist es schwierig für sie, die fragile Ökologie des Marktes zu sehen, so wie es für die Traditionellen schwierig ist, die Zerbrechlichkeit der natürlichen Umwelt zu sehen. In Bezug auf die Umwelt spüren die Traditionellen vielleicht die Notwendigkeit, „Mutter Natur" zu schützen, aber ihre Fähigkeit, die Ausmaße unserer globalen ökologischen Krise anzuerkennen, ist oft kaum ausgeprägt. Und es ist eine ähnliche Blindheit, die viele Postmoderne davon abhält, die Verwundbarkeit der Marktwirtschaften und die Zerbrechlichkeit der modernen Kultur im Allgemeinen wertzuschätzen. Eine komplexe Sympathie und Verantwortlichkeit sind notwendig, um die Voraussetzungen effektiv zu schützen, unter denen die Märkte sich entwickeln können, und gleichzeitig die soziale und ökologische Zerstörung zu verhindern, die natürlicherweise mit unregulierten Kräften des Marktes einhergeht. Und diese Komplexität des Bewusstseins entsteht erst wirklich aus der erweiterten inneren Perspektive, die die integrale Weltsicht ermöglicht.

Zum heutigen Zeitpunkt beginnen wir erst, das integrale Bewusstsein zu erfahren und zu definieren. Deshalb ist die Debatte über integrale Politik zunächst eine Diskussion über unsere Zugehörigkeit. Wem oder was wir uns zugehörig fühlen, bestimmt unsere kulturelle Identität – unsere Zugehörigkeiten bestimmen den inneren „Ort" unseres Bewusstseins. Wenn sie einmal gebildet wurden, sind Zugehörigkeiten zu politischen Institutionen schwer zu verändern und natürlicherweise werden diejenigen mit einer starken Zugehörigkeit zur „progressiven Politik" ihre eigene Identität verteidigen, wenn diese herausgefordert wird. Aber in dem Maße, wie die postmoderne Politik sich durch ihre strikte Ablehnung der Moderne definiert, ist sie im Konflikt mit der integralen Politik. Damit die Mehrheit der Weltbevölkerung sich jenseits des traditionellen Bewusstseins entwickeln kann, muss die Moderne intakt und funktionsfähig sein. Und damit sich eine gesunde Version der gemäßigten Moderne entwickeln kann, müssen individuelle ökonomische Freiheit und unternehmerische Möglichkeiten geschützt werden. Und hier haben linksorientierte Regierungen oder vom Staat kontrollierte Wirtschaften keine guten Beispiele gegeben. Aus einer integralen Perspektive müssen wir, wenn wir uns jenseits der Moderne entwickeln wollen, die Aspekte der Moderne erkennen, die beibehalten werden müssen, so wie zum Beispiel gut regulierte Marktwirtschaften. Wenn wir also unser politisches Bewusstsein integral entwickeln wollen, müssen wir einen Teil der Zugehörigkeit zu der in der linken Politik vorherrschenden Verdammung der Wirtschaftswelt aufgeben.

Die integrale Politik muss die moralische Überlegenheit der postmodernen Weltsicht erkennen, aber sie muss auch Respekt und Verbundenheit mit der grundsätzlichen Moral des modernen und traditionellen Bewusstseins zeigen. Das integrale Bewusstsein ist nicht von den Entscheidungen einer Weltsicht begrenzt – es ist nicht eingeengt von der Zugehörigkeit zu nur einer Ideologie – es hat also Zugang zu all den verschiedenen Lösungsansätzen, die im Laufe der menschlichen Geschichte entstanden sind, um mit den Myriaden von Problemen, denen wir uns heute gegenübersehen, umzugehen. Während die linken Ideologien die Rechtmäßigkeit und bleibenden Verdienste dieser früheren Stufen nicht anerkennen, müssen sie von einer integralen Politik abgelehnt werden. Die integrale Politik muss sich mit der Spirale als Ganzes identifizieren – sie muss sich dem Grundprinzip verpflichtet fühlen, und das erfordert, dass sie sich ideologisch von der Postmoderne unterscheidet, selbst dann, wenn sie mit ihr zusammenarbeitet, um die weitere Entwicklung der Kultur zu unterstützen.

Aber die Aufgabe, eine noch progressivere Alternative zu entwickeln, die über das hinausgeht, was momentan als „progressive Politik" bezeichnet wird, braucht mehr als eine effektive Integration dessen, was schon existiert. Die integrale Politik muss eine transzendente Vision für die Zukunft haben. Sie muss lebendig beschreiben können, wie positive politische Entwicklung aussehen wird, und sie muss zeigen, wie wir dort hingelangen. Und das bringt uns zu dem Thema, das unzweifelhaft die zentrale politische Frage des 21. Jahrhunderts sein wird – die Bewegung hin zu einem demokratischen, föderalen System einer globalen Regierung.

Integrale Politik und Global Governance

Denken wir einmal über die Probleme der Welt nach. Was ist Ihrer Ansicht nach das schlimmste Problem? Die Umweltzerstörung oder die globale Erwärmung? Der Genozid in Afrika? Hunger und Armut in der Dritten Welt? Krieg und die Gefahr weiterer Kriege? Oder vielleicht die ungehinderte wirtschaftliche Globalisierung und die zunehmende Homogenisierung der Weltkultur? Viele von uns sind tief beunruhigt wegen dieser Probleme, aber die meisten wissen nicht wirklich, was sie persönlich zur Lösung beitragen können oder wie die Welt als Ganzes diesen globalen Dilemmata begegnen kann. Aber unsere Sorge nimmt ständig zu. Je weiter sich unser Bewusstsein entwickelt, desto größer wird auch unsere moralische Fähigkeit – die Anzahl der Menschen, die wir in unsere moralischen Überlegungen einbeziehen – und schließt letztendlich die gesamte Welt mit ein. In der Tat ist eine weltzentrische Moral ein eindeutiger Hinweis auf ein höheres Bewusstsein. Aber neben den Überlegungen einer höheren Moral wird die Lösung globaler Probleme immer mehr zu einer Frage des Selbstinteresses. Die Menschen auf unserem Globus sind untereinander verbunden und voneinander abhängig, wie es noch nie der Fall war – was in Indonesien oder im Sudan geschieht, hat einen Effekt auf die Situation in unserer westlichen Welt. Aber mit einem großen Bevölkerungsanteil der Amerikaner, die Traditionalisten oder konservative Modernisten sind, und mit der offensichtlichen Wirkungslosigkeit der Vereinten Nationen ist die Möglichkeit wahrscheinlich groß, dass diese globalen Probleme nur noch schlimmer werden. Aber was wäre, wenn wir eine eindeutige Lösung nicht nur für eines oder zwei dieser Probleme hätten, sondern eine Lösung für all diese Probleme mithilfe einer Methode?

Global Governance. Diese Idee ruft normalerweise zwei mögliche Reaktionen hervor: Einerseits, dass Global Governance eine idealistische Fantasie darstellt, die wir besser einem anderen Jahrhundert überlassen, oder dass Global Governance der schlimmste mögliche Albtraum ist, ein Szenario, in dem die Wirtschaftselite vollkommene Kontrolle gewinnt und die Fehler der US-Regierung auf die ganze Welt erweitert werden. Die meisten Menschen mögen keine Regierungen und haben oft ein intuitives Gefühl, dass sich die Evolution in Richtung von weniger – und nicht mehr – Regierung bewegt. Diese Intuitionen haben ihren Ursprung in der Tatsache, dass der heutige Bewusstseinszustand in der Welt noch nicht reif genug ist, um die Ehrfurcht gebietende Kraft einer übernationalen gesetzgebenden Autorität effektiv zu handhaben und zu nutzen. Und aus einer integralen Perspektive wäre eine globale Autorität, die nicht mit der Gabe des integralen Denkens ausgestattet ist, in der Tat kein erstrebenswertes Ziel.

Eine Weltföderation, die auf dem postmodernen Bewusstsein basiert, mag eine weltzentrische Moral verkörpern, aber wie wir schon besprochen haben, macht die antimoderne Haltung der Postmoderne sie oft blind für die Zerbrechlichkeit der ökonomischen Ökologien und die zentrale Bedeutung der Moderne in der globalen Evolution. Obwohl viele Postmodernisten danach streben, „global zu denken und lokal zu handeln", haben ihre Werte nicht die Komplexität des Verstehens, die notwendig ist, ein funktionsfähiges System globalen Rechts zu schaffen und zu erhalten. Und wenn auch die postmodernen Werte eine wichtige Rolle in jeder nachhaltigen Form von globaler Regierung spielen müssen, werden auch die integralen Werte entscheidend sein. Obwohl Global Governance, die auf postmodernen Werten basiert, unrealistisch sein mag, wäre auch eine von Modernen geführte Weltföderation nicht erstrebenswert, denn die daraus resultierende unkontrollierte wirtschaftliche Expansion würde nur zunehmenden Terrorismus, Umweltzerstörung, den Untergang indigener Kulturen und die Verbreitung der typischen Krankheit wirtschaftlicher Kurzsichtigkeit zur Folge haben. Das moderne Bewusstsein ist gut, wenn es darum geht, Demokratie auf der Ebene eines Nationalstaates zu schaffen, aber für die schwerwiegenden Probleme, denen sich eine Weltföderation stellen muss, ist die moderne Weltsicht nicht weit genug entwickelt, um die berechtigten Ansprüche des postmodernen Bewusstseins zu erfüllen und gleichzeitig mit den vielen Menschen umzugehen, die in einer traditionellen Weltsicht oder auf darunterliegenden Stufen leben. Und wir müssen nicht extra hinzufügen, dass Global Governance, die auf den Werten des traditionellen Bewusstseins basiert, eine schwerwiegende Regression der Zivilisation bedeuten würde – eine totalitäre Szenerie, die an George Orwells 1984 erinnert!

Zum Glück entstehen mit dem Aufstieg des integralen Bewusstseins neue Möglichkeiten. Diese neuen Möglichkeiten zeigen sich, wenn wir die Organisationsformen des Menschen aus einer evolutionären Perspektive betrachten. Nach Ansicht von Robert Wright gab es im Jahre 1.500 v. Chr. ungefähr 600.000 politische Organisationsformen. Heute haben sich diese Gruppen in 193 unabhängigen Staaten konsolidiert. Obwohl der Zusammenbruch der kolonialen Weltreiche im 20. Jahrhundert einige neue Nationalstaaten entstehen ließ, führte der grundlegende Trend des Jahrhunderts zu größerer Verbundenheit und internationaler Konsolidierung, wie es in der Gründung der Vereinten Nationen und der Europäischen Union zum Ausdruck kommt. Von den Anfängen der menschlichen Gesetzgebung mit dem Gesetz von Hammurabi und den Zehn Geboten bis hin zur Epoche der großen Föderationen, wie den Vereinigten Staaten und der Europäischen Union, haben sich Gesetzgebung und Regierungsformen während der Jahrhunderte ständig in Richtung immer größerer politischer Konfigurationen entwickelt. Obwohl es in der Welt immer mehr internationale Gesetze gibt, sind diese Gesetze meist nicht durchzusetzen, und die Vereinten Nationen und das internationale System, das sie verwalten, basieren immer noch auf dem grundlegenden Prinzip ungehinderter nationaler Unabhängigkeit. Obwohl die kürzliche Stärkung des Weltgerichtshofes in den Niederlanden ein positiver Schritt ist, bleibt der Ausdruck „internationales Gesetz" wegen der Unantastbarkeit der „nationalen" Macht und dem „natürlichen Gleichgewichtszustand" zwischen unabhängigen Nationen immer noch eine Art Oxymoron. Der wichtige Unterschied zwischen Staatsverträgen (und anderen *inter*nationalen Übereinkünften) und echten Gesetzen ist, dass sich im Allgemeinen Staatsverträge auf Länder beziehen und Gesetze sich auf Individuen beziehen. Das Gesetz ersetzt den natürlichen Zustand zwischen unabhängigen Individuen oder Gruppen. Also egal wie viel Macht der UNO oder anderen internationalen Autoritäten gegeben wird, bis es eine echte globale Gesetzgebung mit Rechtsprechung über Individuen gibt, wird der evolutionäre Druck, der eine Welt von Nationalstaaten hervorgebracht hat, weiter Druck und Zug ausüben, um die nächste Entwicklungsebene hervorzubringen – eine Weltföderation.

Obwohl wir sehen, dass der Zustand des Weltbewusstseins noch nicht bereit ist, Global Governance anzunehmen, können wir gleichzeitig erkennen, wie die *Globalisierung* der Wirtschaft und der Weltkultur voranschreitet. Von einer integralen Perspektive aus gesehen, mag die Welt niemals völlig *bereit* für eine globale Regierung sein – zu dem Zeitpunkt, an dem Bewusstsein sich so weit entwickelt hat, dass jeder sich verantwortlich fühlt und weltzentrisch ist, brauchen wir vielleicht gar keine Regierung mehr. Wenn wir aber die kontinuierliche Evolution der globalen Zivilisation im 21. Jahrhundert realistisch einschätzen, müssen wir – egal wie unentwickelt die Idee von Global Governance sein mag – uns eingestehen, dass das momentane System der globalen Politik immer unangemessener für die globalisierte Welt wird. Und wenn sich die evolutionären Spannungen erhöhen werden, haben wir zwei Wahlmöglichkeiten: Wir können uns entweder weiterentwickeln oder in Regression kollabieren. Wenn wir uns also für die erste Möglichkeit entscheiden möchten, müssen wir jetzt damit beginnen, darüber zu sprechen, wie eine weitere Entwicklung tatsächlich aussieht.

Die Art von Global Governance, die der Vision der integralen Weltsicht entspringt, würde aus einer Föderation von Nationen bestehen, die unter einer Verfassung und Gesetzen vereint sind, die den Einsichten und Prinzipien der integralen Philosophie entsprechen. Eine integrale Weltföderation würde sicherstellen, eine demokratische Kontrolle auf die globale Wirtschaft auszuüben, die Umwelt zu schützen, eine allgemeine Verfassung der Menschenrechte zu formulieren, die kulturelle Vielfalt zu bewahren und schließlich Krieg, Krankheit und Hunger überwinden. Und sogar mit einem geringen Maß von Rechtsprechung (bei der die nationalen Rechtssysteme zum großen Teil unangetastet blieben) würde eine integrale Weltföderation ein System globalen Rechts gewährleisten, dass die Anreize für den Terrorismus verringern würde. Solch eine Föderation müsste nicht sofort den gesamten Globus umfassen. Es musste mit einer Vereinigung der EU und der USA mit anderen entwickelten Ländern wie Australien und Japan beginnen. Und nach und nach können andere Länder der Föderation beitreten, aber kein Land würde dazu gezwungen werden. Die Voraussetzung für die Mitgliedschaft wäre eine Mehrheit der Wählerstimmen der Bevölkerung des betreffenden Landes. Eine integrale globale Autorität würde nach und nach die Welt nach evolutionären Gesichtspunkten gestalten. Nationale Grenzen und regionale Wirtschaften würden geschützt werden und volle Mitgliedschaft in der Föderation wäre nur für solche Länder möglich, die ein ausreichendes Maß von Freiheit und Demokratie erreicht haben. So wie sich die EU nach und nach erweitert hat und die politische, ökonomische und kulturelle Entwicklung der Länder, die ihr beitreten wollten, unterstützt hat, so könnte sich auch eine Weltföderation nach und nach vergrößern.

Die Vorteile einer effektiven Global Governance wären vielfältig. Demokratische Kontrolle der globalen Wirtschaft würde zu größerer Fairness für Einzelne und empfindliche regionale Kulturen führen und gleichzeitig größeren Wohlstand für alle schaffen. Eine integrale Weltföderation würde die Autorität besitzen, die Menschenrechte und die

Umwelt zu schützen, und die Art von Schutzeinrichtungen einführen, die in einer Welt konkurrierender Nationalstaaten derzeit unmöglich ist. Es wird fast immer moralisch illegitim für einen souveränen Staat sein, einen anderen souveränen Staat anzugreifen oder zu unterdrücken, egal, in welchem Zusammenhang das geschieht. Aber eine demokratisch kontrollierte globale Föderation würde die moralische und politische Autorität und die Legitimation besitzen, um *individuelle Kriminelle* (und nicht ganze Länder) zu stoppen, wenn es dabei um den Schutz von Menschenleben oder der Umwelt geht.

Im Appendix A mit dem Titel „Ein Vorschlag für eine integrale Global Governance" werden wir das Beispiel einer möglichen Struktur untersuchen, die dazu dienen könnte, ein integral informiertes föderales System zu bilden. Und anstatt weiter über die Vorteile und Lösungsansätze, die durch eine Weltföderation geschaffen werden könnten, zu sprechen, möchte ich zu diesem Zeitpunkt eher die verständlichen Einwände untersuchen. Ein häufiges Argument ist, dass selbst wenn es eine gute Idee wäre, Global Governance heute nur eine „Fantasie linker Friedensaktivisten" ist und nur von „harmoniesüchtigen Eine-Welt-Visionären" herbeigeträumt wird.

Ist Global Governance eine unrealistische Fantasie?

Wenn im 21. Jahrhundert eine Weltföderation entstehen soll, muss sie auf einer Art von Zusammenschluss der Europäischen Union und den Vereinigten Staaten beruhen. Und unter diesen beiden Giganten ist die USA sicherlich der konservativere und wird vermutlich das größte Hindernis der Bewegung hin zu einer globalen Autorität werden. Wenn aber die integrale Weltsicht entsteht, wird sie auch auf die politische Landschaft in Amerika ihren Einfluss entfalten.

Aus der Forschungsarbeit von Paul Ray wissen wir, dass ungefähr 50 Prozent der US-Bevölkerung im modernen Bewusstsein zentriert sind. Und wenn wir die Geschichte der kulturellen Evolution anschauen, können wir erwarten, dass trotz des Wachstums der Postmoderne das moderne Bewusstsein mindestens für die nächsten zwei oder drei Generationen weiterhin der kulturelle Schwerpunkt in Amerika sein wird. So wird also ein wichtiges Ziel der integralen Politik sein, die Modernisten davon zu überzeugen, dass eine globale Regierung eine Idee ist, die sie unterstützen können. Dieses scheinbar unrealistische Ziel wird immer erreichbarer werden, wenn die Modernisten mehr und mehr einsehen, dass die wachsende globale Wirtschaft ohne eine moralisch legitimierte Gesetzgebung nicht aufrecht erhalten werden kann. Heute wird es klarer denn je, dass die Gesundheit der Wirtschaft der USA nur gesichert werden kann, wenn die Gesundheit der globalen Ökonomie geschützt wird. Im Laufe dieses Jahrhunderts werden die Ökonomien der Nationalstaaten mehr und mehr Teil eines weltweiten Wirtschaftssystems (und dabei wird die Macht nationaler Regierungen vermindert) und damit wird die Notwendigkeit einer effektiven demokratischen Kontrolle immer dringender. „Um effektiv zu sein, brauchen die globalen Märkte Global Governance."

Während der industriellen Revolution des 19. Jahrhunderts waren die Märkte vollkommen unreguliert. Wenn dies auch wichtige ökonomische Entwicklung ermöglichte, war das Ergebnis aber auch zunehmende Armut, Elend und drastische Ungerechtigkeit. Als dynamische kulturelle Systeme schaffen freie Märkte großen Wohlstand, aber ohne demokratische Kontrolle schaffen diese Märkte auch schädliche Effekte in den Gesellschaften, in denen sie entstehen. Ohne Gesetze, die Unternehmen davon abhalten, ihre Arbeiter auszubeuten oder die Umwelt zu verschmutzen, wird die Bereitschaft der Unternehmen, selbst ihr Verhalten zu ändern, ihren Konkurrenten einen Vorteil bringen. Mit der Entwicklung unregulierter Märkte polarisieren sich die Kräfte des Marktes natürlicherweise in ihren Ressourcen, das heißt, die Reichen werden immer reicher und die Armen immer ärmer. Zum Ende des 19. Jahrhunderts führten die zerstörerischen Effekte des unregulierten Marktes zur Entstehung des Kommunismus und anarchistischer Bewegungen, die zu einer großen Gefahr für die Demokratie wurden. Und nur durch die Einführung von Kontrollen durch die Regierungen, Einkommensteuern und die Entstehung des Sozialstaates konnte der soziale Schaden, der durch die freien Märkte verursacht wurde, in akzeptablen Grenzen gehalten werden. In den entwickelten Ländern funktionierte das im 20. Jahrhundert ganz gut – obwohl die Ökonomie des freien Marktes weiter obszönen Reichtum für einige Wenige schuf und viele Menschen arm blieben, ermöglichten die Ökonomien der meisten entwickelten Länder ausreichend soziale Sicherheitsnetze und ausreichend Aufstiegschancen, um die Art von weitreichenden sozialen Unruhen zu vermeiden, wie sie zum Ende des 19. Jahrhunderts bis in die 1930er Jahre zu beobachten waren. Aber heute, wo freie Märkte weiterhin über die nationalen Grenzen hinaus wachsen und die Wirtschaften einzelner Nationen unauflösbar mit der Weltwirtschaft verbunden sind, führt die Abwesenheit einer effektiven globalen Gesetzgebung zu den gleichen destruktiven Effekten, wie wir sie schon in der Vergangenheit gesehen haben. Obwohl das integrale Bewusstsein die Marktwirtschaften schützen möchte, erkennt es auch die Notwendigkeit, die Märkte angemessen und effektiv zu regulieren, damit sie nachhaltig sind. Wenn multinationale Konzerne also zunehmend über die nationalen Grenzen hinaus operieren, so dürfen auch die Gesetze, die sie regulieren, nicht durch nationale Grenzen bestimmt sein. Die Regulierung der Weltwirtschaft durch die WHO oder IWF allein kann nicht effektiv den natürlicherweise destruktiven Kräften der selbstzentrierten multinationalen Konzerne begegnen, solange diese regulierenden Organisationen nicht selbst der demokratischen Kontrolle durch eine Weltföderation unterliegen. Werden sich die Multinationalen dem mit allen Mitteln widersetzen? Während einige multinationale Konzerne mit Verantwortungsgefühl erkennen werden, dass solche globalen Gesetze im Grunde zu ihrem eigenen Wohl sind, werden andere solche Gesetze natürlich ablehnen. Aber wie Alexis de Tocqueville scharfsinnig bemerkte: „Wollen wir glauben, dass die Demokratie, die feudale Reiche bezwungen und Könige besiegt hat, sich vor Händlern und Kapitalisten zurückziehen wird?"

Aus einer strategischen Perspektive betrachtet liegt es nahe vorherzusagen, dass mit zunehmender Bedrohung der globalen Wirtschaft durch die heutigen Lebensbedingungen der Rationalismus und das Selbstinteresse der modernen Mehrheit in Amerika und Europa die Weisheit und Notwendigkeit von Global Governance einsehen wird. Gleichermaßen werden viele mit einer postmodernen Weltsicht die Weisheit einer Global Governance sehen, weil dadurch Vorteile für die Einhaltung der Menschenrechte, den Schutz der Umwelt und anderen postmoderne Anliegen entstehen. Aber wir können natürlich vorhersagen, dass sehr wenige Menschen mit einer traditionellen Weltsicht von den Vorzügen einer Weltföderation überzeugt sein werden. Mit dem Fortschreiten der kulturellen Evolution in diesem Jahrhundert wird der Aufstieg der integralen Weltsicht und ihre Meisterschaft, das politische Ziel einer globalen Regierung voranzubringen, wahrscheinlich nach und nach die öffentlichen Bedenken gegenüber der Weisheit dieser Lösung zerstreuen. Es wird geschätzt, dass zur Zeit der amerikanischen Revolution nur 10 Prozent der Bevölkerung sich auf einer modernen Bewusstseinsstufe befanden. Aber das genügte, um die erstmalige Bildung einer konstitutionellen Demokratie zu ermöglichen. Und gleichermaßen können wir erwarten, dass zu einem Zeitpunkt, wenn sich ungefähr 10 Prozent der Bevölkerung der entwickelten Länder auf einer integralen Ebene befinden, das politische Ziel der integralen Weltsicht, eine globale Regierung zu bilden, vielleicht Wirklichkeit wird.

Es gab viele Zeiten in der Geschichte, in denen politische Veränderungen, die undenkbar erschienen, in relativ kurzer Zeit Wirklichkeit wurden. Denken Sie an diese Beispiele: Im Jahre 1750 konnte sich niemand in Amerika vorstellen, mit England Krieg zu führen, aber in den 1770er Jahren waren viele Amerikaner bereit, ihr Leben für die Revolution zu lassen. Gleichermaßen glaubten die Führerinnen der Suffragetten-Bewegung im Jahre 1913, dass es zu früh sei, um das Wahlrecht für Frauen ernsthaft anzustreben – sie dachten, es würde Jahrzehnte dauern, bis sie auf solch einen Fortschritt hoffen könnten. Aber im Jahre 1919 wurde die amerikanische Verfassung geändert, um das Wahlrecht für Frauen zu gewährleisten. Und wer hätte im Jahre 1980 gedacht, dass in zehn Jahren der sowjetische Kommunismus völlig am Ende sein würde und dass nur 20 Jahre später Frankreich und Deutschland die gleiche Währung haben würden.

Ist Global Governance zu gefährlich – Welche Schutzmechanismen gibt es?

Die Lebensfähigkeit und die Sicherheit einer Weltföderation hängen letztendlich vom Erfolg des integralen Bewusstseins ab. Wie wir weiter oben besprochen haben, ist ohne die Voraussetzung des integralen Bewusstseins keine funktionsfähige globale Regierung möglich. Aber mit der Emergenz der integralen Weltsicht entstehen die Werte und Einsichten für solch ein Ziel. Es ist vergleichbar mit der Beziehung zwischen der Moderne und der Demokratie. Ohne ausreichend modernem Bewusstsein in der Bevölkerung eines Landes kann eine funktionsfähige Demokratie normalerweise nicht aufrecht erhalten werden. So haben zum Beispiel einige lateinamerikanische Staaten eine Verfassung, die der US-amerikanischen sehr ähnelt, aber diese Länder leiden unter einem schrecklichen Ausmaß von Korruption in der Regierung und wirtschaftlicher Stagnation. Es ist immer noch schwer für die Demokratie in Lateinamerika, weil das moderne Bewusstsein sich in der Bevölkerung noch nicht ausreichend entwickelt hat, so wie es nur durch Bildung und ökonomische Möglichkeiten geschehen kann. Damit möchte ich nicht sagen, dass die Regierung der USA frei von Korruption wäre. Aber im Unterschied zu Lateinamerika wird Amerikas moderne Mehrheit sich nicht lange hinhalten lassen, wenn Korruption aufgedeckt wird, wie sich am Beispiel von Richard Nixon zeigte. Mit der modernen Weltsicht gehen die Werte der individuellen Initiative und der Erwartung immer besserer Leistungen einher, also Werte, die keine Korruption tolerieren. Und mit einer intakten Moderne sehen wir die Entstehung eines bürgerlichen Verantwortungsgefühls, wie es in J.F. Kennedys berühmten Ausspruch zum Ausdruck kommt: „Frage nicht, was dein Land für dich tun kann, sondern was du für dein Land tun kannst." Das war das gleiche bürgerliche Verantwortungsgefühl, das die europäischen Monarchen verblüffte, als George Washington das Präsidentenamt der USA nach der zweiten Legislaturperiode abgab. Die traditionelle Weltsicht konnte nicht verstehen, warum er sich nicht zum „König von Amerika" machte, als er die Chance dazu hatte.

Im integralen Bewusstsein ist weniger Betonung auf dem Wert des persönlichen Status und der Ansammlung von Wohlstand, somit sind die Anreize für Korruption auf Menschen mit integralen Werten weniger anziehend. Und weil Integralisten für ihr Selbstwertgefühl nicht von sozialer Anerkennung abhängig sind, können sie unpopuläre Ziele verfolgen. Und Menschen mit einem integralen Bewusstsein sind psychologisch gebildet und wissen daher, dass unethisches Verhalten einem Menschen einen Schaden zufügt, den die scheinbaren Vorteile solcher Handlungen nie ausgleichen können. Aber Integralisten sind keine Heiligen. Die Weltsicht des integralen Bewusstseins ist nur einen evolutionären Schritt weiter als die postmoderne Weltsicht, und es wäre naiv anzunehmen, dass integrale Werte allein eine Weltföderation davor absichern würden, aus dem Ruder zu laufen. Aber die Struktur der Verfassung einer integral informierten Weltföderation wird viele juristische Schutzmechanismen enthalten, die dazu da sind, die Fehlfunktionen zu verhindern, die in der Vergangenheit gutes Regieren verhindert haben.

Sie haben vielleicht schon den Witz gehört, dass die US-Regierung von genialen Köpfen geschaffen wurde, damit sie auch von Idioten sicher geführt werden kann. Nun, genauso wie die Weisheit der Philosophie der Aufklärung benutzt wurde, um die Gewaltentrennung in der US-Verfassung festzuschreiben, wird die neue Weisheit der integralen Philosophie benutzt werden, um die Struktur einer Weltföderation zu bilden. Zunächst wäre eine integral informierte globale Autorität wirklich föderal, nicht wie im Falle der US-Regierung, welche die Unabhängigkeit der einzelnen Staaten stark einschränkt. Die Gerichtsbarkeit einer globalen Gesetzgebung würde nur auf Fragen beschränkt bleiben, die globaler Lösungen bedürfen. Die Nationalstaaten würden weiterhin für ihre inneren Angelegenheiten verantwortlich sein, nur eingeschränkt durch eine universelle Verfassung der Menschenrechte und die Auflagen gegen exzessive Umweltverschmutzung. Die integrale Weltsicht erkennt auch, dass es viele Probleme gibt, die am besten auf regionaler Ebene gelöst werden, wenn auch viele der gegenwärtigen Probleme eine globale Lösung verlangen. Die integrale Politik unterstützt deshalb Strukturen, welche die Macht sowohl nach unten als auch nach oben verteilt, sodass Entscheidungen so weit wie möglich auf der regionalen

Ebene getroffen werden. Diese Ideen für eine Struktur einer globalen föderalen Verfassung werden im Appendix A in dem „Vorschlag für integrale Global Governance" weiter erläutert.

Zusätzlich zu den Schutzmechanismen, welche die allgemeine Moral des integralen Bewusstseins gewährleistet, und die durch die Anwendung der integralen Philosophie in der Struktur einer Weltföderation geschaffen werden, besteht ein weiterer Schutzmechanismus in der Entstehung integral informierter Medien. Mit der Entwicklung der integralen Weltsicht und ihrer Anwendung in der Bewegung für eine Weltföderation wird die integrale Weltsicht unvermeidlich auch die Presse beeinflussen. Das weitere Verständnis der Evolution durch das integrale Bewusstsein wird es Journalisten ermöglichen, wirklich zu sehen, was zur Evolution beiträgt und was sie verhindert. So wie die heutigen Demokratien der Welt durch die Medien und ihre Wirkung auf die Wähler beeinflusst werden, so wird eine globale Demokratie der Kontrolle durch integral informierte Journalisten unterliegen.

Wenn wir die Schutzmechanismen untersuchen, die gewährleisten, dass von einer Weltföderation keine Gefahr ausgeht, sollten wir auch die Gefahren bedenken, denen wir uns gegenübersehen, wenn wir kein System von Global Governance bilden. Mit den Worten von Reinhold Niebuhr: „Die menschliche Fähigkeit für Gerechtigkeit macht die Demokratie möglich, die menschliche Fähigkeit zu Ungerechtigkeit macht die Demokratie nötig." Und das trifft genauso auf die globale Ebene wie auf die nationale Ebene zu. Neben den Gefahren durch die zunehmende Umweltzerstörung besteht die größte Bedrohung für die westliche Welt im zunehmenden Problem, das Menschen mit einem Kriegerbewusstsein (oder pathologischen Formen des traditionellen Bewusstseins) darstellen, indem sie die kraftvollen Technologien der Moderne besitzen und anwenden. Moderne Technologien sind gefährlich genug in den Händen der Modernisten, aber wenn die Kräfte dieser Technologien von Bewusstseinsebenen benutzt werden, die diese Kräfte nicht selbst durch ihre kulturelle Evolution entwickelt haben, führt das zur Destabilisierung der Zivilisation, die diese Technologien hervorgebracht hat. Das trifft nicht nur auf die Waffentechnologie zu, sondern auch auf Kommunikationstechnologien wie das Internet. Mit der weiteren Entwicklung des Bewusstseins und der zunehmenden Vielfalt der verschiedenen Bewusstseinsebenen, die auf unserem Planeten existieren, wird dieses Problem der nicht selbst geschaffenen Macht immer dringlicher. Aber das ist genau die Art von globalem Dilemma, das durch eine Weltföderation effektiv gehandhabt werden kann, indem sie die Produktion und

Verteilung von Waffen kontrolliert und mehr Überblick über die globale Wirtschaft hat.

Um es noch einmal zu sagen, die Welt hat de facto schon ein System globaler Politik. Aber das heute existierende System kann uns nicht wirklich vor den vielen Problemen bewahren, die wir besprochen haben. Somit ist die richtige Frage nicht, ob Global Governance zu gefährlich ist, sondern ob ein besser strukturiertes System in Wirklichkeit weniger gefährlich wäre als das System, das wir momentan haben.

Global Governance und integrales Bewusstsein entstehen zusammen

Diese Vision einer neuen Ebene der politischen Organisation der Menschheit zeigt das evolutionäre Potenzial der integralen Weltsicht. Wie wir schon gesehen haben, hat sich jede neue Weltsicht um ein politisches Thema geformt, und beim Aufstieg des integralen Bewusstseins wird das nicht anders sein. Ohne die Bewegung für Global Governance ins Leben zu rufen, wird die integrale Weltsicht nicht die Art von kraftvoller neuer Lösung anbieten können, welche die vorhergehenden Weltsichten geben konnten. Aber wenn die neuen Einsichten der integralen Weltsicht in dieser neuen politischen Plattform angewendet werden, zeigt sich ihre Kraft, anhaltende kulturelle Evolution zu ermöglichen. So wie die moralische Überlegenheit der Demokratie über den Feudalismus viele davon überzeugte, die Werte der modernen Weltsicht anzunehmen, so wird auch die offensichtliche moralische Überlegenheit von Global Governance in einer Welt souveräner Nationen, die in einem natürlichen Zustand nebeneinander existieren, schließlich viele Menschen davon überzeugen, dass die integrale Weltsicht der nächste Schritt ist.

Die Struktur einer Weltföderation ist eine praktische Möglichkeit für das integrale Bewusstsein, um größere Verantwortung für die Probleme der Welt zu übernehmen. Die emotionale Energie und Motivation, die einer neu entstehenden Bewusstseinsstufe zufällt, kommt aus der Kraft der neuen Lösungen, die diese neue Stufe anbietet. Oft ist es schwer, ein Problem wirklich zu erkennen, bevor auch dessen Lösung erkannt wird. Aber wie wir gesehen haben, wird das evolutionäre Potenzial einer spezifischen Lebensbedingung dann freigesetzt, wenn eine Möglichkeit erkannt wird, diese Bedingung zu verbessern. Die Lösungen, die durch ein globales Regierungssystem möglich werden, helfen also dabei, den Kreislauf des Wertemetabolismus anzustoßen, der die Strukturen des integralen Bewusstseins und der Kultur unterstützt. Diese Strukturen, die sich durch ein Einverständnis in Bezug auf Werte entwickeln, werden unterstützt, wenn die Lösungen, die ihre politischen Konzepte anbieten, sich direkt mit den wirklichen Problemen der Menschen auseinandersetzen. Je mehr Menschen also sehen, wie die integralen Werte wirklich Evolution durch visionäre Vorschläge wie Global Governance hervorbringen können, desto mehr Menschen werden sich davon angezogen fühlen, und desto mehr Menschen werden an dem Einverständnis der Werte teilnehmen, das diese wachsende Bewusstseinsstufe konstituiert.

Weil das integrale Bewusstsein besser die „Orte" der verschiedenen Arten von Bewusstsein und Kultur sehen kann, die in unserer Welt heute existieren, und weil es besser die Richtungen und Methoden sehen kann, die das Bewusstsein und die Kultur wirklich entwickeln können, ist es in einzigartiger Weise qualifiziert, eine Weltföderation zu schaffen und zu führen. Noch einmal: Ohne das integrale Bewusstsein ist eine globale Regierung weder wünschenswert noch möglich, aber mit dem Aufstieg der integralen Weltsicht wird eine Weltföderation realistisch und sogar unvermeidlich.

Wenn Sie nie mit der integralen Philosophie in Berührung gekommen sind – wenn Sie die integrale Bewusstseinsebene nicht verstehen (und sei es nur teilweise) – dann wird die Idee von Global Governance Ihnen nicht besonders interessant erscheinen. Aber Sie wissen, dass Sie beginnen, die Werte der integralen Weltsicht in sich aufzunehmen, wenn Sie begeistert sind von der Idee der Bildung einer Weltföderation innerhalb der nächsten 50 Jahre. Wenn wir sehen, wie viel Gutes eine Weltföderation bringen könnte, wenn wir erkennen, dass das Ende der Kriege, des Hungers und der Umweltkrise realistische Ziele werden, dann fühlen wir die Energie, die uns die Fähigkeit gibt, wirkungsvolle Aktivisten zu sein.

Mit dem integralen Bewusstsein geht ein neues Gefühl der Zuversicht, Überzeugung und ein starkes Empfinden des moralischen Mutes und Optimismus einher, die uns die emotionale Kraft geben, die wirklich diese evolutionäre Entwicklung hervorbringen kann – eine Entwicklung, die für weniger entwickelte Bewusstseinsebenen unmöglich erscheint. Die Gefühle des Mutes und der Überzeugung, die einst die Revolutionäre der Aufklärung beflügelten, können heute die Integralisten empfinden, die es wagen, Aktivisten für eine Weltföderation zu werden. Ist das ein naiver Idealismus? Nein, meiner Meinung nach sind diejenigen naive Idealisten, die einfach darauf hoffen oder sogar ärgerlich fordern, dass eine mitfühlende und nachhaltige Welt entsteht, in der jeder sich um jeden sorgt und verantwortungsvoll handelt. Aber einen praktischen Idealismus können wir in den Menschen sehen, die erkennen, dass nur durch *Gesetze* effektiv Gewalt, Unterdrückung und Umweltzerstörung verhindert werden können. Und diese Gesetze *können* durch eine demokratische globale Autorität, die vom integralen Grundprinzip geleitet wird, erweitert werden, sodass sie die ganze Welt umfassen.

Dies war nur ein Beispiel für die Kraft und das Potenzial des integralen Bewusstseins im Bereich der Politik. Nun wenden wir uns der gleichermaßen spannenden, entwicklungsfördernden Anwendung der integralen Weltsicht im Bereich der Spiritualität zu.

6. Kapitel

Integrale Spiritualität

Es sollte in unserer bisherigen Diskussion klar geworden sein, dass die integrale Weltsicht in einem bereits existierenden System historischer Entwicklung entsteht. Diese Weltsicht wird von den heutigen Lebensbedingungen geformt, die von den vorhergehenden Strukturen der Geschichte geschaffen wurden und weiterhin ihren Einfluss auf die Gegenwart haben. Wenn die Konturen dieser neuen Weltsicht auch nicht völlig historisch vorherbestimmt sind, ist die integrale Weltsicht nicht einfach so, wie wir es uns wünschen. Diese neue Phase der kulturellen Evolution ist nur der nächste erreichbare Schritt auf dem langen Weg zu einer höheren Ebene der Zivilisation. Und wenn das integrale Bewusstsein tatsächlich der nächste Schritt in der Evolution unserer Kultur ist, dann können wir erwarten, dass es nicht nur soziale und politische Evolution hervorbringen wird, sondern wir können auch erwarten, dass es zur Entwicklung der Spiritualität und unserer Kultur beitragen wird.

In der postmodernen Kultur gibt es viele Menschen, die glauben, dass unsere Welt kurz vor einem großen spirituellen Erwachen steht. Somit gibt es die Tendenz, diese Erwartung auf die integrale Weltsicht zu projizieren und sie als den Beginn einer spirituellen Revolution zu charakterisieren. Aber wenn der Aufstieg des integralen Bewusstseins auch sicher zu einer Entwicklung der spirituellen Kultur führen wird, ist es wahrscheinlicher, dass diese Entwicklung darin liegt, die schon bestehenden Formen von Spiritualität zu verfeinern, zu integrieren und zu verbessern, als dass es darum ginge, völlig neue Formen der Spiritualität zu schaffen. Die spirituelle Entwicklung, die durch den Aufstieg der integralen Weltsicht entstehen kann, wird möglich, wenn die spirituellen Exzesse und die spirituelle Unreife der Postmoderne überwunden werden und die bleibenden Verdienste der traditionellen Spiritualität wieder auf einer höheren Ebene in unsere Kultur integriert werden.

Während ich das schreibe, ist die integrale spirituelle Kultur gerade erst im Entstehen, somit kann sie nicht mit Autorität beschrieben werden, so als wäre sie schon vollkommen ausgebildet. Aber die kulturellen Einverständnisse, die schließlich die Charakteristika einer integralen Spiritualität definieren werden, werden mit der Zeit in der wachsenden integralen Gemeinschaft entstehen. Und diese Einverständnisse werden natürlicherweise aus der Integration der bestehenden Formen von prämoderner, moderner und postmoderner Spiritualität in einem übergeordneten und alles einbeziehenden neuen Ganzen entstehen.

Nach meinem Verständnis ist Spiritualität zuallererst eine Frage der direkten persönlichen Erfahrung. Aber die eigene Erfahrung des GEISTES [spirit] ist unvermeidlich von einem Glaubenssystem beeinflusst, das eine Kosmologie formuliert, welche die Rolle des GEISTES im Universum erklärt. Und aus der Sicht meiner Kosmologie entfaltet sich das evolutionäre Universum von Natur, Selbst und Kultur in einem immer-schon-vollkommenen größeren spirituellen Universum. Es gibt deshalb einen Aspekt des GEISTES, der sich nicht entwickelt, weil er schon unendlich, ewig und universell ist. Aber wir sind nicht nur im GEIST, der GEIST ist auch in uns; der GEIST ist unsere wahre Natur, er ist der Kern der wahren Wirklichkeit im Zentrum unseres Seins, der sich mit uns entwickelt – zurück zu seiner Quelle. Natürlich ist das nur meine persönliche Theologie, sie repräsentiert nicht das, was Integralisten im Allgemeinen glauben.

Wenn wir uns den momentanen Zustand der entstehenden integralen Kultur anschauen, wie sie sich überall in der entwickelten Welt zu formen beginnt, können wir sehen, dass eine begeisterte Suche nach spirituellen Erfahrungen oft ein wichtiges Thema im Leben derjenigen ist, die die komplexe Weltsicht des integralen Bewusstseins erreicht haben. Aber es scheint auch, dass die Spiritualität der Integralisten von einer breiten Vielfalt spiritueller Wege, Traditionen und Glaubenssysteme inspiriert sein kann. Diese verschiedenen Formen von Spiritualität definieren die Idee des Heiligen unterschiedlich, somit tut die integrale Weltsicht gut daran, nicht eine einzige Definition des GEISTES anzunehmen. Und in der Tat, wenn die integrale Weltsicht als die nächste historisch bedeutsame Phase der kulturellen Evolution der Menschheit entstehen soll, kann die Philosophie, die dieser Weltsicht zugrunde liegt, nicht nur mit einer bestimmten Form von Spiritualität gleichgesetzt werden. Dieses Thema werde ich im 8. Kapitel noch weiter ausführen.

Als formelles philosophisches System muss die integrale Philosophie einen Wirklichkeitsrahmen schaffen, der alle Arten von Erfahrungen miteinschließt, die wir als Menschen machen können – sensorische Erfahrungen, mentale Erfahrungen und spirituelle Erfahrungen. Und wenn sie versucht, alle diese wertvollen Erfahrungen (und damit all das damit verbundene wertvolle Wissen) angemessen zu integrieren, muss die integrale Philosophie auch die Legitimität des Wissens aus Wissenschaft und Religion anerkennen. Weil die integrale Philosophie spirituellen Erfahrungen eine Wirklichkeit zuspricht, erkennt sie, dass Religion und Wissenschaft unentbehrliche Aspekte der weiter entwickelten Ebenen der Zivilisation sind. Aber weil die unterschiedlichen Formen von Spiritualität, die von Integralisten praktiziert werden, oft ganz verschiedene Beschreibungen der spirituellen Wirklichkeit geben, kann die integrale Philosophie als historisch bedeutsame neue Weltsicht nur in Erscheinung treten, indem sie ihre eigenen Beschreibungen dieser spirituellen Wirklichkeit einschränkt, um einer Vielfalt religiöser Formen Raum zu geben. Mit anderen Worten, die integrale Philosophie entwickelt die fruchtbarste Beziehung zur Spiritualität, wenn sie die Wirklichkeit des GEISTES anerkennt, aber nicht die letztendliche Autorität einer besonderen Interpretation des GEISTES. Der neue Wirklichkeitsrahmen der integralen Philosophie – ihr neues Einverständnis über das Wesen des sich entwickelnden Universums – wird nicht umfassend genug sein, um die kulturelle Evolution hervorzubringen, die sie verspricht, wenn sie nicht eine philosophische Position einnimmt, die eine Vielzahl von spirituellen Wegen anerkennt und umfasst.

Aber um uns über den extremen Relativismus und den nicht zur Unterscheidung fähigen Pluralismus der postmodernen Spiritualität hinaus zu entwickeln, muss die integrale Philosophie auch die Bereiche der Wissenschaft und Philosophie vor den Ideen der Scheinphilosophie des New Age schützen. Das heißt, als Philosophie muss die integrale Philosophie die Fähigkeit haben, klar zu erkennen, wann eine besondere Art der Spiritualität behauptet, ihre Glaubenssätze über das Universum beschrieben die Wirklichkeit. Und andererseits muss die integrale Philosophie auch dazu in der Lage sein zu erkennen, wann die wissenschaftliche Weltsicht grundlegende metaphysische Schlüsse zieht, die über das für die Wissenschaft beschreibbare Gebiet hinausreichen. Um fruchtbar zu sein, muss die integrale Philosophie zwischen Wissenschaft und Religion stehen und die grundlegende Legitimität dieser beiden menschlichen Erfahrungsbereiche – aber auch die ihnen innewohnenden Einschränkungen – anerkennen. Wie wir schon im 1. Kapitel gesehen haben, sind Wissenschaft, Philosophie und Religion die drei Füße des Stuhles, auf dem unsere Zivilisation ruht. Zum heutigen Zeitpunkt der Geschichte brauchen wir jede dieser drei Institutionen, und keine von ihnen kann auf eine andere reduziert werden. Im 8. Kapitel werden wir zu diesem Thema zurückkehren und untersuchen, wie die integrale Philosophie sorgfältig zwischen dem Spirituellen und dem Materiellen unterscheiden kann und wie sie einen Wirklichkeitsrahmen mit einem Minimum an Metaphysik schaffen kann, der in effektiver Art und Weise die Bereiche von Wissenschaft und Spiritualität *verbindet* und *voneinander abgrenzt.*

Statt die Begrenzungen der integralen Philosophie zu untersuchen, möchte ich in diesem Kapitel auf die umfassenderen kulturellen Aspekte der integralen Spiritualität eingehen. Genauso wie die Kultur der Moderne heute weit über die Grenzen der Philosophie der Aufklärung hinausreicht, so wird auch die integrale Kultur schließlich ein größeres System von Erkenntnissen umfassen als das, was momentan als integrale Theorie gilt. In der weiteren Untersuchung der entstehenden integralen Spiritualität in diesem Kapitel werden wir also sehen, dass die integrale Weltsicht die in unserer Gesellschaft bestehenden Formen prämoderner, moderner und postmoderner spiritueller Kultur transzendieren und einbeziehen kann. Wir werden auch sehen, dass die integrale Weltsicht eine öffentliche Gemeingut von universellen spirituellen Erfahrungen formulieren kann, in der die Anhänger verschiedener spiritueller Wege eine größere kulturelle Solidarität untereinander finden können, indem es unter ihnen ein Einverständnis über die grundlegenden Werte gibt. Und im letzten Teil dieses Kapitels werden wir untersuchen, wie das neue Verständnis der Evolution, dass die integrale Weltsicht ermöglicht, das zweifellos spirituelle Wesen der Evolution selbst offenbart – sodass wir in der allgemeinen Richtung der evolutionären Entwicklung in der Natur, dem Selbst und der Kultur die Stimme der Vollkommenheit hören können, die uns in unsere Heimat ruft.

Die Entwicklung der spirituellen Traditionen

Wir haben schon angemerkt, dass von den verschiedenen Weltsichten, die wir innerhalb der Entwicklungsspirale finden, jede ihre eigene Form von Spiritualität haben. Obwohl die Stufe des Stammesbewusstseins auch sehr stark von Angst bestimmt wird, ist sie doch sehr darum bemüht, die Welt der geistigen Wesen zu verstehen. In der Weltsicht des Stammesbewusstseins ist die Natur lebendig und überall gibt es geistige Wesen. Und das Pantheon der Götter, das auf der Stufe des Stammesbewusstseins entsteht, wird im Allgemeinen von dem aus der Stammeskultur entstehenden Kriegerbewusstsein übernommen und weiterentwickelt. Das können wir zum Beispiel in der Kriegerkultur der alten Wikinger sehen, deren nordische Stammesgötter ihnen ein Gefühl der ethnischen Identität gaben und auch die Stärke und den Mut für ihre Eroberungen.

Aber mit dem Aufstieg des traditionellen Bewusstseins werden die älteren Religionen, die in der Stammes- und Kriegerkultur verwurzelt sind, meist assimiliert oder vollständig zerstört. Fast jede der großen traditionellen Weltsichten begann mit der Offenbarung eines großen spirituellen Führers. Und als diese Lehren zu autoritären Traditionen wurden und Menschen begegneten, die in Stammes- oder Kriegerkulturen lebten, wurde ihre Theologie und Kultur als neuerer und besserer Weg angesehen. Zur Zeit der Entstehung der Moderne im 17. Jahrhundert waren Europa, Asien, Nordafrika und viele Bereiche Amerikas zwischen verschiedenen Blöcken traditioneller Zivilisation aufgeteilt – jüdisch-christlich, muslimisch, hinduistisch, buddhistisch und konfuzianisch-taoistisch. Wir können sicher auch andere Formen des traditionellen Bewusstseins identifizieren, aber die Geschichte zeigt, dass zurzeit der Entstehung der Moderne das traditionelle Bewusstsein die meisten Teile der Welt erobert hatte.

Mit dem Aufstieg der Moderne sehen wir eine teilweise Ablehnung der Religion. Wenn auch die meisten frühen Vorreiter der Moderne gläubige Christen waren, nahmen viele andere die Religion des Deismus an, die sich viel weniger auf übernatürliche Phänomene fokussierte, sondern Gott in der Natur und im Verstand erkannte und jede Art der Offenbarungsreligion und ihre Autorität über die Menschheit ablehnte. Und mit der Entwicklung der Moderne lehnten diejenigen, die in ein größeres Extrem gingen und Atheismus oder Existenzialismus annahmen, Religion und Spiritualität vollkommen ab. Aber die große Mehrheit der Modernisten behielt ihre Wurzeln in ihren jeweiligen ethnischen Traditionen, indem sie weiterhin das Judentum oder Christentum praktizierte, selbst wenn diese Religionen teilweise der wissenschaftlichen Weltsicht untergeordnet wurden.

Mit der Ausnahme von Japan, das seine eigene Form der Moderne mit Wurzeln in seiner buddhistisch-shintoistischen Herkunft entwickelt hatte, war bis 1950 die moderne Kultur nur in Ländern mit jüdisch-christlicher Herkunft entstanden. Und in den wohlhabendsten und erfolgreichsten Gruppen dieser Länder begann die postmoderne Revolution. Mit der postmodernen Kultur ging eine Wiederentdeckung der Spiritualität einher – alte und esoterische Spiritualität, die Spiritualität der Naturvölker und besonders die östliche Spiritualität. Obwohl nicht alle Postmodernen sich dem Religiösen zuwandten, verzauberte diese Bewusstseinsstufe die Welt wieder mit einer neuen spirituellen Sensibilität. Viele Vertreter der Moderne hatten ihr Interesse an Gott verloren und viele von ihnen, die keine Atheisten waren, sahen Religion oft mehr als ein Phänomen der ethnischen Tradition als einen lebendigen Glauben. Obwohl das traditionelle Bewusstsein stark blieb und weiterhin für viele Menschen in der entwickelten Welt seine Weltsicht prägte, wurde es in der Entwicklung der Moderne ruhiger und fand seinen Platz. Aber mit dem Aufstieg der postmodernen Weltsicht brach die Religion wieder aus einem engen Bereich aus und beeinflusste einmal mehr die vorderste Front der kulturellen Entwicklung.

Die Vielfalt von lebendigen Formen der Spiritualität, die wir auf der postmodernen Bewusstseinsebene finden, zeigt uns, dass die großen Weisheitstraditionen der Welt nicht nur einer Bewusstseinsstufe angehören und veraltete Überbleibsel einer früheren Zeit der Geschichte sind. Sie sind hingegen lebendige Linien der spirituellen Entwicklung, die auch in den weiteren Stufen der Kultur in Zukunft wachsen und sich entwickeln werden. Das sehen wir daran, dass es heute postmoderne Formen aller großen Traditionen der Welt gibt (und viele von ihnen haben auch eine integrale Form entwickelt): Postmodernes Christentum finden wir in den Organisationen der New Thought-Bewegung, wie zum Beispiel der Unity Church und in vielen Formen der New Age-Spiritualität. Postmodernen Buddhismus sehen wir in der Shambala-Gemeinschaft des tibetischen Buddhismus unter Führung des Dalai Lama und in der weitverbreiteten Faszination für die Mystik des Zen. Postmodernen Hinduismus finden wir in den Lehren vieler populärer indischer Gurus, in der Entdeckung des Vedanta durch den Westen und die wachsende Popularität von Yoga und anderen vedischen Traditionen. Postmodernen Taoismus sehen wir in der Popularität von Tai Chi, Qi Gong und Feng Shui und im neuen Interesse für Traditionelle Chinesische Medizin. Postmodernes Judentum finden wir in dem Wiederaufleben der Tradition der Kabbala. Und es gibt sogar eine postmoderne Form des Islam in der Sufi-Spiritualität und der Popularität der Lyrik von Rumi und Hafiz. Und zu diesen postmodernen Formen der großen Weisheitstraditionen sehen wir in der postmodernen Kultur auch ein neues Interesse an prätraditionellen Traditionen, wie dem Paganismus, Schamanismus und der Spiritualität der Indianer. Die spirituelle Fruchtbarkeit der Postmoderne hat auch vollkommen neue Formen der Religion hervorgebracht, wie zum Beispiel die Ökospiritualität und auch neue Formen der Spiritualität, wie sie im Channeling oder in zeitgenössischen Mystikern zum Ausdruck kommt, die mit bewusstseinsverändernden Drogen arbeiten.

Nun, nach dieser langen Liste der postmodernen Spiritualität haben Sie vielleicht erkannt, dass nicht viel davon wirklich postmodern ist. Einige dieser Formen von Spiritualität transzendieren die Postmoderne, und viele davon haben Gipfelerfahrungen und erweiterte Bewusstseinszustände zugänglich gemacht, die einen Einblick in höhere Bewusstseinszustände geben können. Aber vieles von dem, was aus der spirituellen Erneuerung der Postmoderne entstanden ist, besteht in einer Regression zu prämodernen Ebenen des magischen oder mythischen Bewusstseins. Wie wir schon gesehen haben, versuchte die Postmoderne als Reaktion auf die Exzesse der Moderne; all das wieder zu integrieren, was durch die modernen, materialistischen Vorurteile ausgeschlossen oder ignoriert wurde. In seinem Eifer des Einbeziehens verließ das postmoderne Bewusstsein die Qualitätsanforderungen der westlichen Zivilisation und in vielen Fällen machte es der Werterelativismus unmöglich, zwischen dem zu unterscheiden, was Ken Wilber „transrational" und „prärational" nennt. Obwohl die Kultur der Spiritualität vor dem Tod in den Händen der Atheisten bewahrt wurde, lebte sie in so vielen miteinander konkurrierenden und sich widersprechenden Formen von oft geringer Qualität wieder auf, dass ihr Potenzial, bedeutsame kulturelle Entwicklung hervorzurufen, sehr begrenzt war. Aber im Allgemeinen muss man trotzdem sagen, dass diese „alternativen" Formen von Spiritualität, die durch die Postmoderne entstanden sind, tatsächlich den Schwerpunkt unserer Kultur weiter nach vorn bewegt haben. Unser kollektives Verstehen des spirituellen Pluralismus und unsere Wahrnehmung der Vielfalt von Spiritualität haben sich in den letzten 40 Jahren sicher weiter ausgebildet. Aber die heutige spirituelle Kultur der Postmoderne ist so fragmentiert und voll von vielen unreifen Ausdrucksformen, dass ihre Fähigkeit, spirituelle Führungskraft für unsere Kultur zu generieren, sehr in Frage gestellt ist.

Dies sind also die Bedingungen, in denen die integrale Weltsicht sich nun vorfindet und versucht, eine weiterentwickelte Beziehung zum Bereich der spirituellen Erfahrung zum Ausdruck zu bringen.

Öffentliche Spiritualität im integralen Zeitalter

Die Postmoderne schuf öffentliche Grundsätze, in denen der interreligiöse Dialog gefördert und spirituelle Vielfalt gefeiert wurde. Und obwohl das sicher eine positive Entwicklung war, führte der interreligiöse Dialog oft nicht weit. Diese Art von Austausch diente oft dazu, die Religiösen eines Glaubens über die Theologie einer anderen Tradition zu informieren, aber diese Dialoge führten meist nicht dazu, dass jemand seinen Glauben oder seine Praxis veränderte. Obwohl es also größeres Verständnis gab, führte es nicht zu einer gemeinsamen Kultur. Die meisten derjenigen, „die den Dialog suchten", gingen in der Regel zu ihren getrennten Gemeinschaften zurück und machten mit ihrer Praxis weiter wie bisher.

Die integrale Weltsicht gibt sich nicht mit höflichem spirituellem Pluralismus zufrieden. Das integrale Bewusstsein erkennt die Möglichkeit, eine gemeinsame Kultur der spirituellen Erfahrung zu schaffen, welche verschiedene Traditionen würdigt, aber auch darauf abzielt, die Aspekte der Spiritualität zu finden, die alle Integralisten miteinander teilen – die Aspekte der Spiritualität, um die herum neue Ebenen von kultureller Solidarität entstehen können. Meiner Meinung nach geht es hierbei um zwei Schritte: Erstens müssen wir die Spiritualität vorhergehender Weltsichten transzendieren und einbeziehen. Dazu gehört es, die bleibenden Beiträge dieser älteren Formen von Spiritualität zu identifizieren, aber dazu gehört auch, ihre Grundsätze zu reinigen, indem wir diejenigen Aspekte der Spiritualität früherer Weltsichten zurücklassen, die eindeutig falsch sind – das bedeutet, den Mut zu haben, das zurückzuweisen, von dem wir wissen, dass es nicht wahr ist. Zweitens, in allem, was wir weiter fortführen und in allem, was wir neu entdecken, müssen wir drei Arten der Manifestation des Spirituellen erkennen: 1) als Theologie oder Glaubenssystem; 2) als empirisch nachweisbare experimentelle Phänomene; und 3) als philosophische Spiritualität – ein gemeinsames Verständnis der bedeutsamen spirituellen Wahrheiten, die weder reine Wissenschaft noch reine Religion sind.

Wir haben gesehen, dass jede Bewusstseinsstufe eine eigene Beziehung zur Spiritualität hat. Und wie in den anderen Inhalten dieser Weltsichten gibt es auf jeder Stufe Aspekte ihrer Spiritualität, die einen bleibenden Beitrag zur ganzen Spirale leisten, und gleichzeitig auch Aspekte, die zurückgelassen werden müssen, wenn komplexere Ebenen der Kultur entstehen. Zu den Aspekten der Spiritualität früherer Weltsichten gehören die in Stammeskulturen vorkommenden Beschreibungen von rachsüchtigen Göttern und bösen Geistern, die traditionellen Behauptungen der Ausschließlichkeit, die nur „einen wahren Weg" gelten lassen, die Annahme der Moderne, dass das Universum ein sinnloser Zufall ist, und die postmoderne Idee, dass alle Formen von Spiritualität gleichwertig sind. Diese spirituellen Unwahrheiten mögen einen Sinn gehabt haben, als die entsprechenden Weltsichten gerade erst dabei waren, sich zu formen, aber heute, da wir diese spirituellen Ideen aus einer historischen Perspektive anschauen können, sehen wir sie als eine Art evolutionäres „Gerüst", das wir heute entfernen können. Dass es sich um eine spirituelle Unwahrheit handelt, können wir daran sehen, dass die betreffende Idee in einer eingeengten Sichtweise nur die Ziele einer bestimmten Ideologie unterstützt und indem wir sie im Kontext des wachsenden spirituellen Konsens der integralen Weltsicht bewerten. Damit ist aber nicht gesagt, dass es unter den

Integralisten schon einen generellen Konsens über die meisten spirituellen Fragen gibt, aber es gibt, denke ich, einige Punkte, mit denen wir alle übereinstimmen, wie zum Beispiel die Unwahrheiten, die ich vorher aufgezählt habe. Obwohl es ein lohnendes Unterfangen ist, können wir in diesem Kapitel nicht alle Aspekte der Spiritualität früherer Weltsichten anführen, die eine integrale Weltsicht hinter sich lassen kann. Ich möchte hier nur hervorheben, dass ein wichtiger Aspekt der integralen Spiritualität darin besteht, die Ideen zu identifizieren, die wir in gemeinsamer Übereinstimmung ablehnen können.

Aber ein noch wichtigerer Aspekt der integralen Spiritualität besteht darin, dass wir die bleibenden Wahrheiten dieser früheren Weltsichten erkennen, sie erhalten und mit uns nehmen in der Bildung einer integralen spirituellen Gemeinschaft. Dazu gehören die Empfindung einer verzauberten Natur und die kindliche Unschuld im Umgang mir der Welt der Geister, wie wir sie in Stammeskulturen finden. Selbst auf der integralen Stufe sind wir alle noch spirituelle Kinder und wir sollten uns die Unschuld und Demut demgegenüber erhalten, das wir nicht vollständig verstehen können. Und wenn wir uns das traditionelle Bewusstsein anschauen, dann können wir ihre bleibenden Beiträge in den großen Weisheitstraditionen der Welt erkennen. Obwohl sie aus den Lehren von spirituellen Meistern entstanden sind, deren Entwicklung bei weitem über das traditionelle Bewusstsein hinausging, sind die großen Weisheitstraditionen der Welt, wie wir sie heute vorfinden, alle tief im Boden der traditionellen Kultur verwurzelt. Aber wie wir gesehen haben, beeinflussten ihre Wahrheiten jede weitere Bewusstseinsstufe. Wir müssen also die traditionalistischen Merkmale dieser großen Religionen würdigen, auch wenn sie von ihren Mythen und Ethnozentrismus befreit werden müssen. Zudem gibt es Formen der spirituellen Praxis im traditionellen Bewusstsein, die von einer integralen Spiritualität einbezogen werden sollten, wie zum Beispiel die Überzeugtheit und Sicherheit über die allgegenwärtige Anwesenheit des unsichtbaren GEISTES, der unbeirrbare Glaube und das Vertrauen in das Gutsein des Universums. Die bleibenden Beiträge der Spiritualität der Moderne finden wir in der mutigen Verpflichtung gegenüber der Wahrheit und der Bereitschaft, ihr zu folgen, wo immer sie uns hinführen mag, und dem Verständnis erkennbarer natürlicher Gesetze und den jedem Menschen innewohnenden Rechten. Obwohl diese Aspekte der Moderne eher aus der Philosophie oder der Politik zu kommen scheinen, sehen wir ihre spirituelle Qualität in der Weise, wie sie sich in der Kultur in einer selbstreflektierenden Ehrlichkeit und Integrität auswirken, und in der Weise, wie sie zur Quelle des Dranges, eine bessere Welt zu schaffen, werden. Dies sind wichtige Motivationen, die von der integralen Spiritualität akzeptiert werden müssen, um die spirituelle Kultur weiter zu entwickeln. Und dann gibt es auch die bleibenden Beiträge der postmodernen Spiritualität. Dazu gehört die Überzeugung der zweifelsfreien Wirklichkeit der spirituellen Dimension (egal unter welchem Namen) und das Interesse und ein grundlegender Respekt für alle Formen menschlicher Spiritualität. Diese wichtigen kulturellen Haltungen bilden die Grundlage für die Entwicklung des „nächsten Schrittes" einer integralen Spiritualität.

Das integrale Bewusstsein erkennt, dass Weltsichten aus einem Wertekonsens entstehen. Und indem es daran arbeitet, den Konsens zu schaffen, der die öffentlichen Grundsätze einer integralen spirituellen Kultur bilden wird, erkennt es die Möglichkeiten, wie Integralisten zu einem Einverständnis in Bezug zur Spiritualität finden können. Ein solches Einverständnis besteht darin, die Toleranz und den Respekt für alle spirituellen Wege, wie sie die Postmoderne entwickelt hat, weiterzuführen und gleichzeitig strenger in der Bewertung des relativen Wertes verschiedener spiritueller Lehren zu sein. Wenn wir die entstehende integrale spirituelle Gemeinschaft anschauen, sehen wir, dass in den spirituellen Ausrichtungen dieser Gruppe fast jede Form von Spiritualität enthalten ist, die wir auch schon bei der Postmoderne gesehen haben. Zudem sehen wir bei Menschen mit einem integralen Bewusstsein, dass sie oft mehr als einen spirituellen Weg annehmen und mögliche Konflikte in einer Art dialektischer Spannung halten. Wir finden auch Menschen, deren Spiritualität eine Auswahl verschiedenster Vorstellungen über den GEIST enthält. Aber egal, ob sich jemand einer der großen Weisheitstraditionen verbunden fühlt oder seine eigene persönliche Form von Spiritualität zusammenstellt, was zählt, ist das, was derjenige weiß und glaubt – das, was er als spirituell wahr ansieht. Jedes große Glaubenssystem hat bestimmte Aspekte, die exzessiv mythisch und dogmatisch sein können, das heißt aber nicht, dass alle Glaubenssysteme nur aus Mythen und Dogmen bestehen. Diejenigen, die alle auf Glauben basierenden Religionen als nur dogmatisch ansehen, erkennen nicht einen der wichtigsten Wege, wie diese Traditionen spirituelle Erfahrungen vermitteln. Ich weiß aus meiner eigenen Erfahrung, dass der Glaube eine sehr kraftvolle spirituelle Praxis ist, die uns sicher eine direkte Erfahrung des GEISTES ermöglicht. Gelebter Glaube ist nicht immer nur auf Wunder und Mythen ausgerichtet. Wenn der Glaube an Gott auf höher entwickelten Stufen praktiziert wird, ist er eine Quelle von Gelassenheit, Zufriedenheit und tiefer Freude. Der Glaube an ein Leben nach dem Tod ist eine Praxis, die uns einen „Millionen Jahre weiten Blick" eröffnet, der uns dazu inspiriert, in diesem Leben etwas zu tun, dessen positive Effekte wir vielleicht erst in einem nächsten Leben erfahren werden. Und der Glaube, dass das Universum von Liebe durchdrungen und gehalten wird, führt zu einer unmittelbaren Erfahrung dieser Liebe, die „alles menschliche Wissen überschreitet".

Egal, welchem spirituellen Weg wir folgen, unsere Spiritualität, wenn sie mit Leben erfüllt und authentisch ist, wird uns helfen, uns im Universum zuhause zu fühlen, indem sie uns die Art von sinnvollen Erklärungen der Wirklichkeit gibt, wie es nur die Spiritualität tun kann. Das heißt, alle lebendigen Formen von Spiritualität geben relativ umfassende Erklärungen über den Sinn des Lebens, die Aufgabe des Selbst, dem Leben nach dem Tod und dem Wesen des Absoluten. Wenn eine Form von Spiritualität solch eine umfassende Erklärung über das Wesen der Wirklichkeit nicht geben kann, dann erfüllte es nicht die wichtigste Aufgabe der Religion und bleibt nur eine Form von Philosophie. Um es noch einmal zu sagen, spirituelle Lehren über das Absolute sind nicht alle veraltete Mythen und prämoderne Überbleibsel; sie sind das unverzichtbare Herz jeder Form von gelebter Spiritualität und sie müssen bewahrt und geschützt werden, damit die Spiritualität ihre wichtige Rolle in der menschlichen Zivilisation weiterhin erfüllen kann.

Deshalb kann die integrale Spiritualität nicht einfach auf Glaubenssysteme verzichten und davon ausgehen, dass ein spirituelles Leben nur aus spezifischen Übungen oder bestimmten empfohlenen Praktiken besteht. Der Wertekonsens, aus dem die öffentlichen Grundsätze einer integralen spirituellen Kultur entstehen, muss daher entwickelt genug sein, um verschiedene Formen der Spiritualität einzubeziehen.

Aber auch nachdem die Dogmen und Mythen weggelassen werden, sind die Antworten auf spirituelle Fragen, die von verschiedenen Glaubenssystemen gegeben werden, oft miteinander im Konflikt. Ein Beispiel für voneinander abweichende Glaubenssysteme können wir zum Beispiel im Buddhismus und Christentum finden. Jede tiefer gehende Untersuchung dieser beiden großen Traditionen wird zeigen, dass selbst die am weitesten entwickelten Formen dieser beiden Religionen zum großen Teil in andere Richtungen zeigen – obwohl es auch viele gemeinsame Elemente gibt. Und das offenbart ein interessantes Paradox. Wir können vielleicht sehen, dass alle wichtigen spirituellen Wege einen unmittelbaren und authentischen Zugang zum GEIST ermöglichen, und wir können erahnen, dass die scheinbaren Konflikte zwischen diesen verschiedenen Lehren über das Wesen des Universums auf höheren Ebenen der Verwirklichung in einer umfassenden „Welttheologie" miteinander versöhnt werden. Aber selbst heute, wo wir uns über den Verstand hinaus bewegen und uns den Lehren der verschiedenen Religionen mit Schau-Logik und dialektischer Evaluation zuwenden, bleiben wichtige Unterschiede bestehen, die wir nicht einfach ignorieren oder glattbügeln können. In der Tat müssen wir diese Widersprüche sehr ernst nehmen, denn unsere zukünftige spirituelle Evolution wird zum großen Teil durch die Untersuchung und Versöhnung dieser Widersprüche stattfinden. Aber die Aufgabe, die miteinander im Konflikt stehenden Lehren der großen Weisheitstraditionen der Welt in eine Harmonie zu bringen, wird die Menschheit noch für einige Jahrzehnte beschäftigen. Wie beginnen heute erst, diese Unterschiede zu verstehen. Tatsächlich gibt es momentan wenige Menschen, die eine tiefe Erfahrung der spirituellen Schätze *sowohl* des Buddhismus *als auch* des Christentums haben. Somit müssen wir anerkennen, dass unsere ersten Versuche, christliche und buddhistische Lehren miteinander zu versöhnen, bestenfalls oberflächlicher Natur sind. Wenn die entstehende integrale Spiritualität sich mit der scheinbaren inneren theologischen Unvereinbarkeit der großen Weltreligionen konfrontiert, kann sie sich nicht einfach für eine Seite entscheiden. Wenn sie einen bestimmten spirituellen Weg den anderen vorzieht, ist sie nicht integral und wird nur zu einer weiteren Religion, die mit den anderen Religionen konkurriert. Aber wenn sie sich nur mit höflichem Pluralismus zufriedengibt, bleibt sie bei diesem Thema auf der postmodernen Ebene.

Wie wir im 8. Kapitel noch genauer diskutieren werden, haben einige Denker versucht, die gegensätzlichen Lehren der verschiedenen Glaubenssysteme durch eine empirische Herangehensweise an die Spiritualität zu versöhnen. Diese Idee taucht zum ersten Mal zu Beginn des 20. Jahrhunderts in der Arbeit des amerikanischen pragmatischen Philosophen William James auf. James war der Erste, der versuchte, religiöse Erfahrung durch rationale Untersuchung zu verstehen, und er benutzte dabei eine Methode, die er *radikalen Empirismus* nannte. James' radikaler Empirismus ging davon aus, dass spirituelle Erfahrung genauso getestet und ausgewertet werden kann, wie die Erfahrung sensorischer Daten, die von Wissenschaftlern untersucht werden. Aber obwohl dieser Ansatz zunächst vielversprechend wirkte, konnte der radikale Empirismus nicht der Tatsache gerecht werden, dass es verschiedene Aspekte der traditionellen und nicht-traditionellen Glaubenssysteme gibt, die unmittelbar erfahren werden können, ungeachtet der theologischen Konflikte, die aus diesen Erfahrungen resultieren.

Mehrere Male schon hatte ich zum Beispiel die Erfahrung der Liebe Gottes – eine kraftvolle und spürbare Erfahrung der unmittelbaren Zuneigung eines persönlichen Gottes für mich, einem Kind des Schöpfers. Aber ich kenne auch fortgeschrittene Übende der Meditation, die viele Erfahrungen des Samadhi hatten, wie es von östlichen Weisen beschrieben wird. Was ich damit sagen will ist, dass spirituell Praktizierende verschiedene unmittelbare Erfahrungen haben können, die genau mit ihren jeweiligen Theologien korrespondieren, selbst wenn ihre Theologien verschiedene Aussagen über das Wesen der spirituellen Realität machen. Aber wie wir schon weiter oben diskutiert haben, kann der Glaube als Methode der transrationalen Wahrnehmung dessen benutzt werden, was nicht berührt werden kann und nicht mit dem Verstand gewusst werden kann. In der Tat kann der Glaube in die Wirklichkeit des Göttlichen, zu einer unmittelbaren Erfahrung der Kraft dieser Realität führen, selbst wenn sie durch die Verzerrung durch ein schon bestehendes Glaubenssystem wahrgenommen werden. So paradox, wie sich das auch anhören mag, die spirituelle Praxis eines gelebten Glaubens kann uns wirklich die Erfahrung dessen vermitteln, was jenseits der Wahrnehmung unseres Bewusstseins ist, denn dieses Bewusstsein befindet sich immer innerhalb einer intersubjektiven Weltsicht. In meiner Erfahrung „kann man Menschen nur lieben, wenn man sie kennt, aber das Göttliche kann man nur kennen, wenn man es liebt". Es gibt also keinen Zweifel daran, dass es verschiedene Formen von spirituellen Erfahrungen gibt und dass spirituelle Erfahrungen etwas Schönes sind, aber es ist nicht das einfachste Objekt einer empirischen Untersuchung.

Wenn die integrale Weltsicht die öffentlichen Grundsätze einer integralen Spiritualität entwickelt, aus denen heraus eine neue bedeutsame Ebene spiritueller Kultur entstehen kann, kann sie nicht auf die Lehren der großen Weisheitstraditionen verzichten und kann auch nicht einfach ein oder zwei spirituelle Wege den anderen vorziehen. Aber sie kann Gewohnheiten, Handlungsweisen und eine Ethik etablieren, die Integralisten dabei hilft, sensibel dafür zu sein, wo integrale Philosophie endet und ihr jeweiliges Glaubenssystem beginnt.

Zusätzlich zu der Arbeit, das Beste der Spiritualität früherer Weltsichten weiterzutragen und das Schlimmste zu negieren, muss die integrale Spiritualität auch ein Einverständnis über eine Grenzlinie schaffen, welche die Grundsätze der integralen Spiritualität vor der versuchten Kolonisation durch autoritäre Glaubenssysteme bewahrt. Wenn wir in unserem Herzen auch wissen mögen, dass unser besonderes Verständnis der spirituellen Wahrheit im Grunde richtig ist, so müssen wir auch anderen erlauben ebensolche ernsthaften Überzeugungen und sogar unmittelbare Erfahrungen zu haben, die nicht mit unseren übereinstimmen. Wir können sicher auf wissenschaftlich respektierte Forschungsergebnisse verweisen, die zeigen, dass Meditation Stress reduziert und den Blutdruck senkt, dass Gebete zur Heilung beitragen können oder dass gläubige Menschen länger leben. Aber in dem Maße, wie wir einen empirischen Status für das beanspruchen, was im Grunde theologisch ist, handeln wir im Sinne eines spirituellen Imperialismus. Das heißt nicht, dass wir vorgeben müssen, alle Theologien würden das Gleiche sagen, oder dass wir uns einfach darauf einigen, dass wir nicht die gleiche Meinung haben – Dialog, Diskussion und empathischer Austausch zwischen denjenigen, die eine integrale Spiritualität suchen, aber verschiedenen Wegen folgen, kann sehr wertvoll sein. Aber auch wenn integrale spirituelle Diskussionen ein höheres Maß an Harmonisierung und gegenseitigem Verstehen erreichen, wird eine vollständige kulturelle Vereinigung auf der Ebene der Theologie erst in zukünftigen höheren Stufen von Bewusstsein und Kultur möglich sein. Vielleicht wird sich zeigen, dass trotz zunehmender Offenheit und gegenseitiger Anerkennung diese verschiedenen Linien spiritueller Entwicklung für immer nebeneinander verlaufen werden und nicht miteinander vereinigt werden. Aber egal, was im Bereich der Theologie in der Zukunft geschehen mag, zum heutigen Zeitpunkt der Geschichte ist es, meines Erachtens, möglich, größere kulturelle Einheit durch die Entwicklung einer spirituellen Philosophie zu finden (was ich weiter unten noch ausführen werde), die alle authentischen Formen der Spiritualität integrieren kann und gleichzeitig die momentanen Begrenzungen eines höflichen spirituellen Pluralismus transzendiert.

Zu diesem Zweck kann die integrale Philosophie eine Orientierungsverallgemeinerung formulieren, die für die empirische Evaluation der verschiedenen spirituellen Lehren benutzt werden kann, die mit ihren kulturellen Grundsätzen übereinstimmen. Die Methode der Evaluation finden wir, indem wir uns die „Früchte" dieser Lehren anschauen: Besiegen sie die Angst und unterstützen sie Mitgefühl? Erhöhen sie die Moral und liebende Güte? Führen sie zu Evolution? Dieser Test des „an ihren Früchten sollst du sie erkennen" kann als *Ockhams Rasiermesser der Spiritualität* dienen; er ermöglicht einen einfachen und verlässlichen Weg, um alle Formen von spiritueller Lehre und Praxis effektiv zu beurteilen. Und das war die Schlussfolgerung, zu der auch William James in seinem bekannten Buch *Die Vielfalt religiöser Erfahrung* kam, in dem er schreibt, dass spirituelle Transformation letztendlich ein Geheimnis ist und dass es in unserer Beurteilung spiritueller Erfahrung das Beste ist „unsere Aufmerksamkeit den Früchten einer religiösen Ausrichtung zuzuwenden, egal, auf welchem Wege diese hervorgebracht wurden".

Zusammengefasst lässt sich sagen, dass die Kultur der integralen Spiritualität im wachsenden Einverständnis über die Wichtigkeit spiritueller Erfahrung zu finden ist. Die integrale Spiritualität verfeinert ihr Verständnis des Wesens der spirituellen Erfahrung, indem sie das Beste der Spiritualität früherer Weltsichten weiterträgt und das Schlechteste hinter sich lässt. Zudem erkennt die integrale Spiritualität die empirischen Aspekte der spirituellen Erfahrung, wo sie kann, schützt sich aber auch vor dem Imperialismus eines Glaubenssystems, weil es die teilweise gegenteiligen theologischen Erklärungen der großen Weisheitstraditionen der Welt respektiert. Und durch die Einschätzung des Wertes verschiedener spiritueller Lehren nutzt das integrale Bewusstsein im Allgemeinen die Haltung „Erkenne sie an ihren Früchten". Aber das ist noch nicht alles, was die integrale Spiritualität tun kann. Integrale Spiritualität kann auch an der Evolution der allgemeinen Spiritualität unserer Kultur mitwirken, und zwar durch ein erweitertes philosophisches Verständnis der spirituellen Natur der ursprünglichen Werte des Schönen, Wahren und Guten.

Das Schöne, Wahre und Gute – Philosophische Spiritualität

Die Idee einer „philosophischen Spiritualität" mag einigen fortgeschrittenen spirituell Übenden als unsinnig erscheinen. Denn jede Philosophie des GEISTES ist immer zum großen Teil mental. Und es mag erscheinen, dass diese Form von Spiritualität von denjenigen, die den GEIST unmittelbar und transrational erfahren haben, völlig transzendiert und zurückgelassen wurde. Und in der Tat kann es sehr unangenehm sein, wenn Spiritualität übermäßig intellektualisiert wird, denn das führt unvermeidlich zu Stagnation und Dogmatismus. Obwohl wir uns dieser Einschränkungen bewusst sind, müssen wir in unserer spirituellen Suche trotzdem mit dem Paradox arbeiten, dass „wir das Denken effektiv nutzen und gleichzeitig den spirituellen Nutzen allen Denkens in Frage stellen". Und wenn Philosophie auch beim Erreichen von höheren Ebenen von persönlichem spirituellen Fortschritt wenig nützlich sein mag, kann sie sehr nützlich dabei sein, eine funktionsfähige pluralistische spirituelle Gemeinschaft zu bilden. Deshalb finden oft diejenigen, die spirituelles Wachstum für sich selbst erreicht haben, dass die Anregungen der spirituellen Philosophie sehr hilfreich sein können, um ihre Anstrengungen zu unterstützen, Impulse in ihren Gesellschaften zu setzen und auch in ihren Versuchen, mit Menschen auf anderen Wegen ins Gespräch zu kommen, die auch dazu motiviert sind, ihre Spiritualität zu praktizieren, um den Zustand der Menschheit zu verbessern.

Aus meiner Perspektive ist die wichtigste Form von spiritueller Philosophie die Erkenntnis der spirituellen Qualität der Werte. In unserer Diskussion haben wir wiederholt gesehen, wie Werte – Ziele, Ideale, Wünsche, innere Qualitäten, Vorstellungen über Vollkommenheit – dazu dienen, das Bewusstsein und die Kultur zu energetisieren und diese inneren Systeme mit sinnvoller Information zu nähren. Und obwohl der Begriff „Werte" einigen Ballast mit sich trägt, weil er von den religiös Konservativen benutzt wird, ist er zu wichtig, um ihn denjenigen zu überlassen, die sich kultureller Evolution verweigern. Eine mögliche andere Ausdrucksform für die Idee der Werte ist unter anderem Paul Tillichs Redewendung: „Das, was den Menschen unbedingt angeht." Wir können Werte auch mit den Inhalten der mystischen Erfahrung in Verbindung bringen. Aber mein eigenes Verständnis der Idee der Werte wurde am stärksten erhellt durch die Benutzung des Konzeptes der drei „grundlegenden Werte" – das Schöne, Wahre und Gute. Dies sind die drei *innerlichsten* Werte, die als grundlegende Qualitäten erkannt werden und von welchen sich im Grunde alle anderen Werte ableiten lassen. Genauso wie die Millionen Farben im sichtbaren Spektrum recht gut als Kombination der drei grundlegenden Farben verstanden werden können, sind auch die Millionen von Nuancen der Werte aus einer Verbindung des Schönen, Wahren und Guten verständlich. Wenn wir über Werte in den Begriffen des Schönen, Wahren und Guten nachdenken, wird die eher abstrakte Idee der Werte spezifischer und gleichzeitig wird eine Ebene der Verallgemeinerung beibehalten, die wir brauchen, um Werte wirklich als Kategorie der menschlichen Erfahrung zu verstehen.

Nun werden wir einige Zeit damit verbringen, zu untersuchen, wie die Dreiheit des Schönen, Wahren und Guten zum organisierenden Prinzip der entstehenden spirituellen Kultur des integralen Bewusstseins werden kann. Als Erstes werden wir die bedeutsame Geschichte der Dreiheit des Schönen, Wahren und Guten diskutieren und untersuchen, warum so viele der größten Pioniere und Denker diese Drei als grundlegend erkannt haben. Als Nächstes werden wir die grundlegenden Werte in ihrer Beziehung zur Entwicklungsspirale anschauen und sehen, wie diese Werte sowohl eine relative und lokale Qualität haben, die von der Weltsicht geformt wird, aus der heraus sie wahrgenommen werden, als auch eine universelle Qualität, die in der Weise gesehen werden kann, wie diese Werte den sich immer weiter entwickelten Verlauf aller inneren Entwicklung definieren. Im darauffolgenden Abschnitt werden wir diskutieren, wie diese Werte Inhalt spiritueller Erfahrungen sein können, wie sie als wichtige Form „spiritueller Nahrung“ erkannt werden können und wie diese konzeptuellen Kategorien in spezifischen Übungen zum Ausdruck kommen, die Evolution sowohl im individuellen Bewusstsein als auch in der kollektiven Kultur hervorbringen kann.

Die grundlegenden Werte des Schönen, Wahren und Guten wurden seit der Antike als innere Qualitäten erkannt, aus denen im Grunde alle anderen Werte abgeleitet werden können. Platon war der Erste, der das Schöne, Wahre und Gute miteinander in Verbindung brachte und diese Drei als grundlegend bezeichnete. Und seit Platon im vierten Jahrhundert v. Chr. hat diese Dreiheit der Begriffe sich den Geistern von Philosophen und Mystikern eingeprägt. Das heißt nicht, dass alle Fürsprecher der Schönheit, Wahrheit und Güte Anhänger von Platon waren; einige haben die Bedeutung dieser Dreiheit durch ausdrücklich nichtphilosophische Methoden entdeckt. Aber ob sie durch intuitive Inspiration oder rationale Schlussfolgerung zu diesem Punkt gelangt sind, diese drei Begriffe finden sich in den Schriften einer großen Vielzahl wichtiger Denker. Diese Begriffe werden aber nicht immer direkt erwähnt. Immanuel Kant zum Beispiel erkannte klar drei grundlegende Modalitäten der mentalen Funktion und diese wurden das Thema seiner drei großen philosophischen Werke: *Die Kritik der reinen Vernunft* (bei der es um das Wahre geht), *Die Kritik der praktischen Vernunft* (in der es um Moral oder das Gute geht) und *Die Kritik der Urteilskraft* (in der es um Ästhetik oder das Schöne geht). Seit der Aufklärung wurde die Idee grundlegender Werte von so verschiedenen Denkern wie Freud, Gandhi und Einstein diskutiert. Sogar die Encyclopedia Britannica hat die Bedeutung dieser allgegenwärtigen Triade erkannt, wenn wir darin lesen, dass „das Wahre, Gute und Schöne eine Dreiheit der Begriffe formt, die durch die Geschichte des westlichen Denkens hindurch diskutiert wurde. Sie wurde als ‚transzendental‘ bezeichnet mit der Begründung, dass alles, was ist, in gewissem Maße oder in bestimmter Art und Weise der Bewertung als wahr oder falsch, gut oder böse und schön oder hässlich unterliegt.“

Viele Mystiker und spirituelle Lehrer wie Rudolf Steiner, Sri Aurobindo, Thich Nhat Hanh und Osho Rajneesh haben sich eingehend mit der Idee dieser drei grundlegenden „Fenster zum Göttlichen“ beschäftigt. Sri Aurobindo zum Beispiel beschreibt sie als „drei dynamische Bilder“, durch die wir eine Verbindung zur „höheren Wirklichkeit“ erhalten. Und darunter versteht er: 1) den Weg des Intellekts oder des Wissens – den Weg des Wahren; 2) den Weg des Herzens oder des Gefühls – den Weg des Schönen; und 3) den Weg des Willens oder der Handlung – den Weg des Guten. Aurobindo erklärt weiter, dass „diese drei Wege den kraftvollsten Effekt haben, wenn man sie miteinander verbindet und ihnen gleichzeitig folgt".

Unter den Begründern der integralen Philosophie hat die Dreiheit des Schönen, Wahren und Guten auch einige Aufmerksamkeit auf sich gezogen. Alfred North Whitehead widmete einen großen Teil seines Buches *Abenteuer der Ideen* der Diskussion der grundlegenden Werte, die er „ewige Formen" nennt. Aber anders als Platon, der das Schöne und Wahre vom Guten abgeleitet sah, erkannte Whitehead die Schönheit als das Wichtigste. Nach Whitehead: „Die Teleologie des Universums ist auf das Hervorbringen von Schönheit ausgerichtet." Whitehead folgend beschreibt der Philosoph David Ray Griffin die „kosmische Bedeutung des Wahren, Schönen und Guten" als einen der wichtigsten Vorteile einer nichtmaterialistischen Sicht der Evolution. In Griffins Worten: „Durch die ewigen Formen manifestiert sich der göttliche Einfluss ..." In ähnlicher Weise erkennt Ken Wilber die Wichtigkeit des Schönen, Wahren und Guten an, indem er sie mit den wichtigsten „kulturellen Wertsphären" von Kunst, Wissenschaft und Ethik verbindet, die er im Weiteren mit dem subjektiven, objektiven und intersubjektiven Bereich gleichsetzt.

Die Idee irgendwelcher „grundlegenden Werte" stößt bei dekonstruktivistischen postmodernen Akademikern natürlich auf vehemente Ablehnung. Für sie sind Werte beliebige Interpretationen, die durch herrschende Machtstrukturen aufgezwungen werden. Die Annahme, dass es drei fundamentale Werte gäbe, ist für sie der Gipfel idealistischer Anmaßung. Immerhin sind das Schöne, Wahre und Gute ja nur konzeptuelle Kategorien, nur abstrakte Wörter, die auf nebulöse Ideale verweisen, denen wahrscheinlich jeder zustimmen kann, bis es konkreter wird. Und sicher gibt es keine „eindeutigen Beweise" dafür, dass alle menschlichen Werte von diesen drei Konzepten abgeleitet wurden und durch sie ausreichend erklärt werden können. Aber wie wir gesehen haben, gibt es einen weitgehenden Konsens über die besondere Bedeutung des Schönen, Wahren und Guten. Warum ist das so? Warum sprechen wir nicht über „Weisheit, Mitgefühl und Demut" oder jede andere Aufzählung hoher Ideale? Ich denke, der Grund, warum das Schöne, Wahre und Gute kontinuierlich gewürdigt wurden, liegt darin, dass sie mit einigen sehr tiefen Intuitionen über das Wesen des Universums korrespondieren. Wie ich im 10. Kapitel über „Die Richtungen der Evolution" beschreibe, sind die grundlegenden Werte eine wichtige Beschreibung der ursprünglichen Kräfte im Herzen der Evolution. Und wenn das wahr ist, dann gibt es einige sehr gute Gründe für das bemerkenswerte Einverständnis über diese besondere Dreiheit der Werte.

Bis jetzt habe ich es vermieden, das Schöne, Wahre und Gute zu definieren. Aber es gab viele Versuche von Philosophen, klare Definitionen dafür zu geben. Thomas von Aquin definierte das Schöne als „Einheit, Proportion und Klarheit". Whitehead definierte das Wahre als „die Anpassung der Erscheinung an die Wirklichkeit". Und Kant definierte das Gute in Beziehung zum „kategorischen Imperativ", der besagt: „Handle nach den Maximen, die für dich als universelle Gesetze gelten könnten." Aber wie der Geist selbst können die Werte des Schönen, Wahren und Guten nicht einfach in abstrakten Begriffen definiert werden, losgelöst von der Situation, in der wir sie erfahren, und bis jetzt waren die akademischen Erklärungsversuche nicht sehr befriedigend. Das zeigt sich besonders, wenn wir die grundlegenden Werte aus der Perspektive der Spirale anschauen. Wie wir schon diskutiert haben, konstruiert jede Bewusstseinsstufe ihre Weltsicht aus Einverständnissen über Werte. Diese Werteeinverständnisse entstehen im Allgemeinen aus dem Ringen um Lösungen für die problematischen Lebensbedingungen, die sich für diejenigen ergeben, die an einer etablierten Weltsicht teilhaben. Jede Stufe der Kultur entwickelt deshalb ein bestimmtes Wertesystem, das dem Ort im zeitlichen Verlauf der Geschichte gerecht wird. Das ist ein Grund dafür, warum Werte „ortsspezifisch" sind – wenn sich mit dem Fortschritt der kulturellen Evolution die Lebensbedingungen verändern, verändert sich auch das, was am wertvollsten für das Hervorbringen weiterer Evolution ist.

Aber auch wenn das, was als schön, wahr und gut angesehen wird, auf jeder weiteren Entwicklungsstufe spezifisch (und oft im Konflikt miteinander) definiert wird, ist die allgemeine Wertschätzung der grundlegenden Begriffe des Schönen, Wahren und Guten wie ein Kompass, um die Richtung zu finden, in der die Verbesserung des Menschen möglich ist, egal von welchem psychischen Ort diese Wertschätzung erfolgt. Und obwohl jede Entwicklungsstufe ihre eigene Version des Wertvollen hat, können wir sehen, dass die Spirale als Ganzes dazu dient, die allgemeine Richtung der inneren Evolution für den Einzelnen und die Kultur zu definieren. Unabhängig vom Ort des Bewusstseins eines Menschen können wir etwas erkennen, das aus seiner Perspektive schön, wahr und gut ist. Innerhalb des Bewusstseins auf jeder Ebene tendiert die Richtung der Entwicklung zu tieferen Gefühlen, wahreren Gedanken und Entscheidungen, die das Wohlergehen von zunehmend größeren Gemeinschaften berücksichtigen. So können wir also sehen, wie das Schöne, Wahre und Gute relativ und subjektiv sind, aber gleichzeitig auch universell. Das Schöne, Wahre und Gute ist relativ, denn es versucht immer, sich mit dem momentanen Bewusstsein zu verbinden, um es dann in immer höhere Stufen zu entwickeln. Das ist die eigentliche Aufgabe der Strukturen von Bewusstsein und Kultur: Sie fungieren als dynamische Wertesysteme, die diese universellen Bewegungen des Fortschritts übersetzen und herunterbringen, sodass sie auf jede Art von Lebensbedingungen angewendet werden können – um dafür benutzt zu werden, die Lebenssituation sozusagen „auf dem Boden der Tatsachen" zu verbessern.

Dennoch ist dieser Aspekt der lokalen Relativität aller Wertebildung zugleich ein Hinweis auf die universelle Natur der Werte. Nach Platon und Whitehead können wir im Universum einen bestimmten „Eros" sehen, der als „der Drang zur Verwirklichung idealer Vollkommenheit" bezeichnet wurde. In unserem Bewusstsein wird der Eros der Evolution – der Wunsch nach größerer Vollkommenheit – von den ewigen Bildern des Schönen, Wahren und Guten stimuliert. Und wie wir gesehen haben, drängen sie uns vorwärts und in höhere und innerlichere Bereiche und zu immer weiter entwickelten Seinszuständen.

Wenn wir uns die äußere Welt um uns herum anschauen, beschreiben wir ihre außergewöhnlichsten Merkmale als „schön"; der GEIST erscheint uns in der objektiven Welt als kostbare Lieblichkeit, großes Drama und subtile Eleganz, die alle ein Ausdruck von Schönheit sind. Im inneren Bereich der Gedanken und Ideen wird die größte Qualität dadurch bestimmt, was am genauesten ist, was die Wirklichkeit am besten beschreibt und das nützlichste ist, um Lösungen zu finden. Wenn wir im subjektiven Bereich nach dem GEIST suchen, sieht es meistens wie Wahrheit aus. Im intersubjektiven Bereich der menschlichen Beziehungen wird der GEIST durch Güte, Mitgefühl, Fairness, Vergebung, Barmherzigkeit und Gerechtigkeit offenbart – als Handlungen, die vom Wert des Guten motiviert sind. Aus dieser Perspektive können wir also sehen, dass die ursprünglichen Werte, diese Funken der relativen und flüchtigen Vollkommenheit, *die unverzichtbaren Elemente des Göttlichen* sind – die unmittelbarsten Möglichkeiten wie wir den GEIST erfahren können.

Das Schöne, Wahre und Gute sind nur Ideen und Ideale, aber wie wir in der Geschichte sehen können, sind es oft „nur Ideen", die schließlich unsere Welt verändern. In meinem eigenen Leben hat das Verfolgen dieser einfachen Ideen viel zu meiner spirituellen Entwicklung beigetragen. Hoffentlich sind meine Ausführungen über diese spirituelle Philosophie hier und in den Absätzen weiter unten ein Beispiel dafür, wie viel Licht der Erkenntnis diese Konzepte uns bringen können. Diese Dreiheit der Werte ist eine *konzeptuelle Kathedrale,* eine Form von philosophischer Spitzentechnologie, und wie ich im 10. Kapitel ausführen werde, ein Schlüssel zur „Physik des inneren Universums“. Die Ideale des Schönen, Wahren und Guten sind der Gipfel der Philosophie – sie sind die Konzepte, durch die die Philosophie mit dem Spirituellen in Verbindung kommt und dabei hilft, die nächsten notwendigen Schritte von einem mittleren Standpunkt zwischen Wissenschaft und Religion aus zu finden. Das Streben nach dem Schönen, Wahren und Guten ist der Höhepunkt des menschlichen Lebens. Das Schöne, Wahre und Gute sind wahrhaft heilig, weil sie die „ewigen Formen“ benennen und beschreiben, durch die die alles durchdringende Wirkung der Evolution die innerste Bewegung des Universums hervorbringt, durch die das Bewusstsein seine Quelle sucht.

Und um einige konkrete Beispiele dafür zu finden, wie das Bewusstsein seine Quelle suchen kann, lenke ich nun unsere Aufmerksamkeit auf die Praxis der grundlegenden Werte.

Die Praxis des Schönen, Wahren und Guten

Genauso wie wir unsere körperliche Gesundheit dadurch erhalten, dass wir gute Nahrung zu uns nehmen und diese Energie durch Training nutzen, können wir sehen, dass die Vitalität unseres Bewusstseins in gleicher Weise gesteigert und erhalten werden kann. Wie wir schon besprochen haben, dienen Werte dazu, das Bewusstsein zu energetisieren, indem sie für „Energiezufuhr und -durchfuhr“ im systemischen Metabolismus des Bewusstseins sorgen. So können wir vielleicht sehen, dass die energetische Qualität der Werte in einem *Kreislauf* durch uns fließt und sowohl zugeführt als auch abgegeben werden muss, damit unser Bewusstsein eine Ganzheit bildet und gesund ist. Das heißt, wir metabolisieren Wahrheit durch die Praxis des *Lernens* und *Lehrens*, wir metabolisieren Schönheit durch *Wertschätzung* und *Ausdruck* und wie wir weiter unten untersuchen werden, können wir die spirituelle Nahrung des Guten durch die Praxis des *Dienens* und der *Stille* erfahren.

Die integrale Praxis der Wahrheit beinhaltet auch das Erkennen dessen, was in unserer Erfahrung am wirklichsten ist. Die spirituelle Qualität der Wahrheit können wir in der Art und Weise sehen, wie sie das Potenzial für Weiterentwicklung erkennen lässt, indem es uns die Kraft gibt, zu sehen, wie die Dinge wirklich sind. Und dadurch können wir jede Situation verbessern, indem wir uns mit den *wirklichen Gegebenheiten* verbinden. Deshalb wird die Wahrheit *spirituell*, wenn sie die Kraft hat, Evolution hervorzubringen – die Weiterentwicklung des Menschen, und sei es nur in kleinem Ausmaß. Wir nehmen Wahrheit auf, indem wir etwas lesen oder anschauen, indem wir die Handlungen von

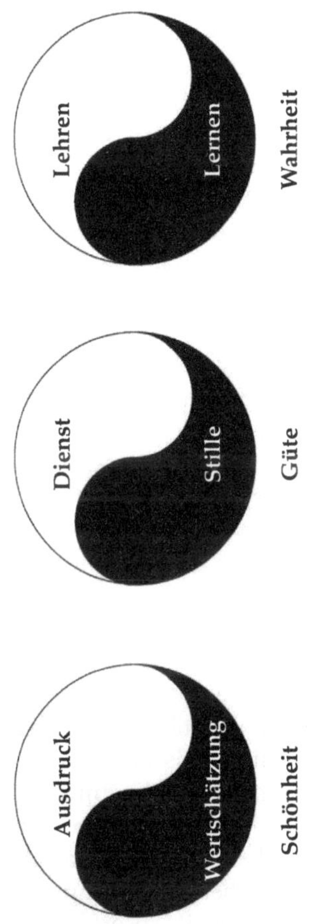

Bild 6-1: Die praktischen Tätigkeiten der grundlegenden Werte.

anderen Menschen wertschätzen oder indem wir vorgegebenen Übungen folgen. „Lernen" meint in diesem Zusammenhang alle Möglichkeiten, wie wir Wahrheit und die damit verbundenen Werte und Bedeutungen aufnehmen können. Und in ähnlicher Weise beschreibt das Konzept des „Lehrens" hier alle Möglichkeiten, durch die wir unser Wissen anderen vermitteln können. Lehren in diesem Sinne heißt nicht nur Schreiben oder Sprechen, sondern auch Lehren durch Beispiel –

Lehren durch die Art und Weise, wie wir leben. Die spirituelle Erfahrung, die wir machen können, wenn wir eine tiefe Wahrheit verstehen, gibt uns natürlicherweise die Energie und Motivation zu lehren, oder den Wert einer gelernten Wahrheit mit anderen zu teilen. Die Tatsache, dass Lernen und Lehren in einem Kreislauf miteinander verbunden sind, können wir in der Art und Weise sehen, wie wir etwas nie wirklich lernen, bis wir es lehren, bis wir es mit anderen teilen oder es in irgendeiner Weise ins Leben bringen. Wir können diesen dynamischen Kreislauf der Wahrheit in den Augenblicken sehen, in denen wir eine lebendige Erfahrung einer Wahrheit haben – wenn wir etwas lernen, das wirklich wichtig ist und von dem wir begeistert sind –, denn dann sind wir erfüllt von dem Wunsch, diese Wahrheit mit anderen zu teilen.

Die integrale Praxis der Schönheit besteht in der Freude und tiefen Erfüllung, die wir erfahren, wenn unsere Emotionen von den Schwingungen der universellen Einheit durchdrungen sind, die wir in der Natur oder in bestimmten Formen der Kunst finden können. Schönheit gibt eine flüchtige Ahnung der im Relativen verwirklichten Vollkommenheit. Die Freude, die wir in einer Erfahrung der Schönheit genießen, kommt also daher, dass wir für eine gewisse Zeit eine Erleichterung vom unnachgiebigen Druck der evolutionären Entwicklung erfahren. In der Schönheit löst sich die im Hintergrund *immer wirksame Spannung,* die durch den subtilen Drang des Unvollkommenen hervorgerufen wird, weil das innere Bedürfnis nach ständiger Weiterentwicklung für kurze Zeit befriedigt wird. In Whiteheads Worten „ist Schönheit die letztendliche Zufriedenheit des Eros des Universums".

Wie bei den einander ergänzenden und unterstützenden Übungen des Lernens und Lehrens der Wahrheit, machen wir die Erfahrung der Schönheit durch die natürlichen Handlungen der Wertschätzung und des Ausdrucks. Wie die Wahrheit, so erfahren wir auch die Schönheit „von außen nach innen", wenn wir sie wertschätzen, und „von innen nach außen", wenn wir sie zum Ausdruck bringen. Und diese beiden Arten der Erfahrung erweitern und entwickeln sich, wenn sie in einem Kreislauf der Übung verbunden sind. Das heißt, unsere Fähigkeit Schönheit wahrzunehmen – sie wirklich in der Welt zu sehen, in größerer Vielfalt und Intensität – ist zum Teil von unserer Fähigkeit abhängig sie anzuwenden und zum Ausdruck zu bringen. Wenn wir eine Möglichkeit des Ausdrucks von Schönheit haben, ob es nun bedeutet, Bilder oder Musik zu schaffen oder einfach unseren Lebensraum zu verschönern, sehen wir, dass der Ausdruck von Schönheit unseren Geist mit der Fähigkeit ausstattet, für das Licht größerer Schönheit empfänglich zu sein.

Wir alle praktizieren jeden Tag eine Form des Schönen und des Wahren. Aber die *philosophische* Wertschätzung der Bedeutung dieser Qualitäten gibt uns die Achtsamkeit, die es uns ermöglicht, viele unserer alltäglichen Handlungen auf die Ebene einer spirituellen Praxis zu heben. Dieses integrale Verständnis der Schönheit und Wahrheit ermöglicht es uns, die spirituelle Erfahrung zu machen, die schon immer um uns herum ist – dieses erweiterte Verständnis der Natur der Werte offenbart uns das spirituelle Herz dieser alltäglichen Handlungen. Tatsächlich ist eines der häufigsten Merkmale der Heiligen und Weisen ihre Fähigkeit, Schönheit und Bedeutung in den bekannten Merkmalen des Alltags zu finden. Aber die spirituelle Praxis des Schönen und Wahren macht nicht nur das Gewöhnliche außergewöhnlicher, sie hilft uns auch dabei, die höchsten Ausdrucksformen dieser Werte mit neuen spirituellen Augen zu sehen. Wenn wir verstanden haben, dass die Wahrheit selbst ein Fenster zum Göttlichen ist, werden wir von neuer Begeisterung für die vielen Möglichkeiten erfüllt, durch die Wahrheit zum Ausdruck kommt, wie zum Beispiel wissenschaftliche, philosophische und religiöse Wahrheit. All diese Formen der Wahrheit können unser Bewusstsein buchstäblich erweitern, indem sie uns zu neuen Orten – höheren Anziehungspunkten – in der Topografie des Bewusstseins und der Kultur ziehen, durch die das innere Universum geformt wird.

Wie die Praxis des Wahren und Schönen können wir auch die Praxis des Guten als einen Rhythmus des Gebens und Nehmens von guten, mit Stille erfüllten Taten für andere Menschen verstehen. Im Dienst am Mitmenschen vermittelt sich das Gute – es wird dadurch zum Ausdruck gebracht oder gelehrt. Dieser selbstlose Dienst ist eine Möglichkeit, einem anderen Menschen das Gute nahezubringen. Bei unserer körperlichen Gesundheit sehen wir, dass es schwer ist, ohne irgendeine Form des körperlichen Trainings gesund zu bleiben; wir müssen die Energie, die wir als Nahrung zu uns nehmen, auch benutzen. Und in gleicher Weise ist es für unsere spirituelle Gesundheit wichtig, dass wir die Energie des Wertes in der Form des Dienstes an anderen weitergeben. Das heißt, es ist schwierig spirituell gesund zu bleiben, ohne irgendeine Form des Dienstes am anderen Menschen. Aber wenn wir die enge Verbindung zwischen dem Schönen, Wahren und Guten verstehen, wird uns das dabei helfen, besser zu erkennen, was unsere Möglichkeiten des Dienens sind. Das muss nicht heißen, freiwillig in einer Suppenküche zu arbeiten; die spirituelle Praxis des Dienens beinhaltet auch all die Möglichkeiten, wie wir Schönheit ausdrücken und die Wahrheit lehren. Das Gute ist das innere Prinzip des Schönen und Wahren. Das Gute hilft uns dabei, das Schöne und Wahre zu definieren, denn sie werden auf ihren

Nutzen für den Dienst am Mitmenschen geprüft, das heißt, für was sie gut sind. Wirkliche Wahrheit können wir leben und sie verbessert unser Leben. Und selbst die verfeinerte Schönheit der Kunst ruft in einem anderen Menschen Freude und Inspiration hervor. Aber die Idee des Guten als Dienst umfasst alle Handlungen der Freundlichkeit und Rücksichtnahme – alle Möglichkeiten, wie ein Mensch dem anderen etwas geben kann. So wie es viele Wege gibt, um den Wert des Guten anderen zu geben, gibt es auch viele Möglichkeiten, das Gute als spirituelle Nahrung zu erhalten. Das Gute in der Form des Dienstes können wir von anderen durch ihre Lehren des Wahren oder ihren Ausdruck des Schönen empfangen. Und wenn wir das Gute von anderen erhalten, können wir das Gute durch Werte bildende Haltungen der Wertschätzung, Loyalität und Dankbarkeit zurückgeben. Und wir können das Gute auch unmittelbar von seiner Quelle empfangen, indem wie die spirituellen Erfahrungen der Kontemplation, der Meditation, des Gebetes und der Verehrung vertiefen – Übungen, die im Allgemeinen als Formen der *Stille* charakterisiert werden.

Das Bild 6-1 zeigt die Praktiken des Gebens und Nehmens, die unmittelbar mit den spirituellen Erfahrungen der grundlegenden Werte verbunden sind.

Wie Elektrizität sind auch Werte nicht statisch oder absolut; Werte sind „lebendig, frei, inspirierend und immer in Bewegung". Und wie Elektrizität werden Werte durch einen Kreislauf geführt und geleitet, durch den sie strömen können. Der Kreislauf der Werte wird belebt und spirituelle Praxis wird bedeutsam, wenn durch die objektive Vermittlung des Schönen, Wahren und Guten eine Verbindung zwischen den subjektiven und intersubjektiven Bereichen entsteht. Wenn wir sehen, dass unsere eigene Praxis von ihrer Ausweitung in den Bereich der Kultur energetisiert wird, möchten wir für andere nützlicher sein. Wir verstehen spirituelle Praxis nicht nur im Zusammenhang mit unserer eigenen Erleuchtung, sondern auch in unserer Pflicht gegenüber anderen. Und das ist eine der wichtigen Möglichkeiten, wie die integrale Spiritualität Gemeinschaft schafft. Das heißt, das kulturelle Einverständnis über die Wichtigkeit der spirituellen Praxis der Werte erweitert unser Verständnis der allgemeinen Gemeinschaft spiritueller Praxis, sodass darin jede Form von integralem Aktivismus enthalten ist, die diese Werte zum Ausdruck bringen. Spirituelle Praxis wird erweitert, sodass sie auch den Ausdruck von Kunst, die Kreation neuer literarischer Werke, Philosophie, Wissenschaft und die Verbesserung der Moral von regionalen und globalen Organisationen beinhaltet.

Wenn unsere Spiritualität von diesem kulturellen Einverständnis über die grundlegende Bedeutung und des heiligen Wesens des Schönen, Wahren und Guten informiert ist, eröffnet das uns auch einen Weg, um unser spirituelles Gespräch öffentlich zu führen. Das Verstehen der spirituellen Bedeutung des Schönen, Wahren und Guten ermöglicht es uns, spirituelle Erfahrungen in Begriffen zu beschreiben, die nicht auf dem Vokabular eines bestimmten Glaubenssystems beruhen. Die grundlegenden Werte geben uns eine allgemeine spirituelle Sprache, die uns dabei hilft, die öffentlichen Grundsätze der integralen Spiritualität zu verwirklichen. Und wenn wir uns darin üben, über unsere Spiritualität in dieser Art und Weise zu sprechen, zeigt sich oft auch, dass dies uns dabei hilft, herauszufinden, was die Essenz echter Spiritualität in den Erfahrungen unserer Praxis ist.

Das sind also nur einige Möglichkeiten wie die Philosophie des Schönen, Wahren und Guten das organisierende Prinzip der entstehenden spirituellen Kultur des integralen Bewusstseins werden kann. Offensichtlich gibt es viel mehr über dieses Thema der integralen Spiritualität zu sagen, als wir hier untersuchen konnten. Aber ich bin mir sicher, dass dieses Thema mit dem Entstehen der integralen Weltsicht größere Aufmerksamkeit auf sich ziehen wird. Aber bevor wir unsere Diskussion über die integrale Spiritualität beenden, möchte ich noch einige Seiten der Untersuchung der spirituellen Bedeutung der Evolution widmen.

Die Offenbarung der Evolution

Seit der Entdeckung des Urknalls in den 1960er Jahren haben die Physiker wichtige Fortschritte in ihrem Verständnis der evolutionären Natur des materiellen Universums gemacht. Und wenn dieses neue Verständnis der kosmischen Evolution mit den immer weiter ausformulierten neo-darwinistischen Erkenntnissen über die biologische Evolution verbunden wird, zeigt sich die wissenschaftliche Geschichte der Ursprünge des Menschen als eine Ganzheit. Aber obwohl diese wissenschaftliche Geschichte der Evolution schön und inspirierend ist, sehen wir aus einer integralen Perspektive, dass es nur die äußere Geschichte ist. Das integrale Bewusstsein kann erkennen, dass Evolution sich nicht nur im äußeren Universum von Materie und Leben entfaltet, sondern auch im inneren Universum von Bewusstsein und Kultur. Und wenn Integralisten die evolutionäre Natur des Bewusstseins im Universum besser verstehen und tiefer wertschätzen, zeigt sich mehr und mehr auch die spirituelle Qualität der Evolution. Das heißt, die

Methoden, Richtungen und die historische Entfaltung der Geschichte der Evolution können im Lichte der integralen Weltsicht als Formen von spiritueller Wahrheit erkannt werden. In der Tat können wir davon ausgehen, dass die großartige Kreativität und unvergleichliche Genialität, die sich in der Evolution auf jeder Ebene zeigen, noch Erkenntnisse und Wahrheiten enthalten, in die sich die Menschheit noch für Jahrtausende vertiefen wird. Und schon heute ist die Kraft und Tiefe unseres wachsenden Verstehens der Evolution – sowohl äußerlich als auch innerlich – eine der grundlegendsten Kräfte, welche die integrale Philosophie entstehen lassen.

Und weil die integrale Philosophie aus diesen Wurzeln entsteht, sucht sie natürlicherweise nach Verbindungen zwischen den wissenschaftlichen Wahrheiten der Evolution und den eindeutig spirituellen Wirklichkeiten, auf die die Evolution verweist. In der Tat ist die Harmonisierung von Wissenschaft und Religion ein Ziel, dem sich seit über einem Jahrhundert die besten Denker der Menschheit gewidmet haben, und viele exzellente Bücher sind in dieser Zeit schon über dieses Thema geschrieben worden. Aber die Formulierung von Gemeinsamkeiten zwischen Wissenschaft und Spiritualität ist eine Aufgabe, welche die integrale Philosophie für den ganzen Verlauf ihrer Entwicklung beschäftigen wird und ich bezweifle, dass diese Aufgabe jemals völlig gelöst werden wird. Trotzdem kann die integrale Philosophie viel zu diesem wichtigen Bereich beitragen, indem sie das innere Universum weiter öffnet und zeigt, dass die Evolution auch im Bereich von Bewusstsein und Kultur wirkt. Und in dem Versuch, Wissenschaft und Spiritualität zu harmonisieren, fokussiert sich das integrale Bewusstsein auf das Thema Evolution, weil es erkennt, dass unter den vielen Themen, denen sich die Gemeinschaft der Forscher im Bereich „Wissenschaft und Religion" widmet, die Evolution das Thema ist, dessen Untersuchung das größte Potenzial hat, wichtige Ergebnisse hervorzubringen.

Die Arbeit für ein Einverständnis zwischen Wissenschaft und Spiritualität ist so wichtig, weil wir dadurch lernen können, wie das Bewusstsein überall in der Welt nachhaltig weiter entwickelt werden kann. Wenn wir persönlich Verantwortung für die wachsenden globalen Probleme übernehmen, mit denen wir konfrontiert sind, dann müssen wir erkennen, dass die Lösung für jedes dieser Probleme in der einen oder anderen Weise nach der Evolution des Bewusstseins verlangt, und dann verstehen wir, dass die Evolution ein Thema ist, das wir nicht allein den Händen der wissenschaftlichen Forschung überlassen können.

Das Thema der Evolution wurde zuerst unter den Intellektuellen des 19. Jahrhunderts populär, weil es scheinbar eine Rechtfertigung für ihre ästhetische Metaphysik beinhaltete. Und als Ergebnis der „Entheiligung“ der menschlichen Ursprungsgeschichte ist das Thema Evolution heute in Amerika zu einem Schlachtfeld im Krieg zwischen den orthodoxesten Elementen des traditionellen und modernen Bewusstseins geworden. Aber mit dem Beginn der postmodernen Weltsicht und mit größerer Intensität in der integralen Weltsicht wird die Evolution mehr und mehr als eine Ursprungsgeschichte verstanden, der eine heilige Bedeutung innewohnt.

In der Tat gibt es in der postmodernen Kultur eine starke Bewegung, welche die spirituelle Essenz dessen erkennt, was mittlerweile als „Geschichte des Universums“ bezeichnet wird. In den Worten des Kosmologen Brian Swimme, einem der brillantesten Vertreter dieser Sichtweise, kann diese ganze Geschichte in einem Satz erzählt werden: „Man nehme Wasserstoff, überlasse ihn sich selbst und er verwandelt sich in Rosen, Giraffen und Menschen. ... Die Sache ist die: Wenn Menschen spirituell sind, dann ist auch Wasserstoff spirituell.“ Diese Erkenntnis der spirituellen Bedeutung in der Geschichte der Evolution wurde das wichtigste Prinzip der „Tiefenökologie“-Bewegung, der es darum geht, die Umwelt nicht nur deshalb zu erhalten, weil die Menschheit davon abhängig ist, sondern weil die Natur selbst eine heilige Dimension zum Ausdruck bringt.

Die Kraft der „Großen Geschichte“ der Evolution wurde von einer Vielzahl von Autoren vertreten. Einige atheistische Wissenschaftler haben naiv geschlussfolgert, dass diese Geschichte schließlich ein Ersatz für die Religion werden wird. Und andere, wie zum Beispiel Thomas Berry, haben sie als „einen meta-religiösen Beitrag“ bezeichnet, „der die ganze Fülle religiöser Ausdrucksformen bereichern kann, ... eine übergeordnete Geschichte, die alle anderen heiligen Geschichten umfasst und erhebt.“ Und es gibt keinen Zweifel daran, dass diese neue Geschichte des evolutionären Universums in der Tat ein heiliger und bedeutsamer Beitrag der Wissenschaft zur Spiritualität ist. Deshalb bezieht die integrale Philosophie diese Einsichten in ihr eigenes Verständnis über das Wesen der Evolution mit ein. Aber so, wie diese Geschichten bisher erzählt wurden, ist es im Grunde immer noch Wissenschaft. Und egal, auf wie viel Schönheit sie hindeuten und egal wie viele sprachlichen Begriffe wir verwenden, um sie zu beschreiben, Tatsachen über das materielle Universum können das Bewusstsein nicht auf einer tiefen emotionalen Ebene bewegen. Wir finden in der Geschichte der Wissenschaft vielleicht Ehrfurcht oder Staunen, aber es ist eine

Geschichte, die sich bisher vor allem auf die *Natur* beschränkt hat, unter fast gänzlichem Ausschluss von *Selbst* und *Kultur*.

Es ist die Stärke der „Großen Geschichte", dass sie ausschließlich auf den Entdeckungen der Wissenschaft beruht, und deshalb ermöglicht sie breites Einverständnis. Aber weil sie so stark von der Wissenschaft abhängt, leidet sie verständlicherweise an den materialistischen Begrenzungen der heutigen Wissenschaft. Wir können tiefen Sinn und spirituelle Wahrheit finden, wenn wir uns die Natur in ihrer Tiefe anschauen. Aber wenn wir nach tieferer Bedeutung im natürlichen Universum suchen, können wir leicht einer Art von *naturalistischem Fehlschluss* folgen. Das heißt, dass Spiritualität in ihrem vollsten Ausdruck auch Überlegungen der menschlichen Fürsorge und Güte beinhaltet. Und die Ansprüche des menschlich Guten transzendieren oft das nur Natürliche.

Aber wenn das integrale Bewusstsein die Evolution untersucht, um ihre spirituelle Botschaft zu entschlüsseln, sieht es die Erhabenheit der Evolution sowohl im äußeren als auch im inneren Universum wirken – es sieht, wie Evolution in allen drei Bereichen der Natur, des Selbst und der Kultur wirkt. Und wenn wir die Einflüsse der Evolution in Bewusstsein und Kultur sehen, können wir klarer erkennen, wie sich die Evolution gerade jetzt auf uns auswirkt. Die Geschichte der Evolution ist nicht nur etwas, das sich in der Tiefenzeit ereignet hat: die Kräfte, die Steine zu Rosenbüschen werden ließen, sind heute so intensiv wie eh und je – tatsächlich noch intensiver, weil diese Kräfte nun den Willen des menschlichen Bewusstseins inspirieren und mit seiner Kooperation das evolutionäre Abenteuer fortsetzen können.

Wenn wir uns dem inneren Universum öffnen und die Kräfte der Evolution sehen, die darin wirken, entdecken wir die evolutionäre Bedeutung der Werte. Wir sehen die Evolution so, wie Whitehead sie sah und wie sie uns durch Liebe verführt und uns durch die Verheißung der ewigen Formen des Eros der Evolution – der Herrlichkeit des Schönen, Wahren und Guten – zu immer weiterer Entwicklung verführt. Das heißt, wie wir bisher gesehen haben, entwickeln sich Bewusstsein und Kultur vor allem durch den Einfluss von Werten. Werte wie das Schöne, Wahre und Gute sind sowohl die Verheißung als auch die stabile Grundlage für jede neue Stufe von Bewusstsein und Kultur. Und wenn wir die Rolle der Werte in der Evolution des inneren Universums verstehen, sehen wir, wie die Werte an der Vollkommenheit teilhaben.

Aus einer evolutionären Perspektive heraus verstanden, offenbaren sich das Schöne, Wahre und Gute als die *Richtungen der Evolution*. Indem wir Schönes, Wahres und Gutes schaffen oder verstärken, wo immer und wann immer wir können, machen wir die Welt etwas vollkommener. Deshalb ist die Offenbarung der Evolution aus der Perspektive des integralen Bewusstseins eine fortschreitende Lehre über die Vollkommenheit, die sich in Stufen – einer nach der anderen – entfaltet. Diese „Lehren der Vollkommenheit" werden jeder Bewusstseinsstufe durch die bestimmte Oktave von Werten gelehrt, die das Vermächtnis dieser Stufe sind. Die Werte einer Weltsicht können als die Art und Weise verstanden werden, wie diese Weltsicht die eindeutig unvollkommenen menschlichen Seinszustände, die sie hier auf Erden vorfindet, mit universellen Idealen verbindet – Ideale, die übersetzt und heruntergebracht werden, um als nützliche Ziele für das jeweilige Wertesystem jeder Weltsicht zu dienen.

Im Bereich des Bewusstseins und der Kultur ist die Evolution eine zweispurige Straße. Ihr alles durchdringender Einfluss bewegt uns nicht nur dazu, unserem eigenen Aufstieg zu folgen, uns zu entwickeln, sondern während unseres kurzen Aufenthalts in dieser Welt auch zu versuchen, die Situation hier auf Erden zu verbessern. Das heißt, wir sind nicht nur dazu aufgerufen, uns zu höheren Stufen zu entwickeln, sondern wir sind auch dazu aufgerufen, die Weisheit dieser höheren Stufen zu den Ebenen herunterzubringen, die Hilfe brauchen. Unsere Welt ist voll von Problemen und Leid und diejenigen, die höhere Bewusstseinsstufen erreicht haben, stehen in der heiligen Pflicht, dieses Licht dazu zu benutzen, etwas zu bewirken. Und heute haben wir durch die Einsichten der integralen Philosophie verfeinertere Beschreibungen darüber, wie wir tatsächlich mehr Schönes, Wahres und Gutes in die Welt bringen können. Deshalb scheint mir, dass die graduelle Vervollkommnung unserer selbst durch das *Herabbringen von Vollkommenheit in unser Leben,* die Rolle des menschlichen Bewusstseins im evolutionären Universum ist und unser Platz in der kosmischen Ökonomie. In dieser Art und Weise wirken wir unmittelbar mit am kreativen Prozess der Evolution, durch den sich das Universum entfaltet, mit. Wir werden Partner des GEISTES im großen Schauspiel der Entwicklung, in dem unsere persönliche Evolution unmittelbar mit unserem Mitwirken in der sozialen Evolution verbunden ist.

Die Suche der integralen Weltsicht nach einer vollständigen Offenbahrung der Evolution ist nur der Anfang. Und obwohl nicht alle spirituellen Wahrheiten durch das Studium der Evolution gefunden werden können, gibt es sicher eine Vielzahl von Einsichten, die noch darauf warten, entdeckt zu werden. Aber schon heute, wo wir die spirituelle Bedeutung der Evolution immer besser verstehen, können wir eindeutig sehen, dass persönliches spirituelles Wachstum fast immer mit der Erfahrung des Auftrags verbunden ist, die Welt zu verbessern – eine innere Stimme, die uns dazu aufruft, Mitwirkende der Evolution zu werden, indem wir daran arbeiten, das menschliche Sein überall dort weiter zu entwickeln, wo wir dafür talentiert sind und die Möglichkeit dazu haben. So wie wir die Untersuchung der Grundlagen des integralen Bewusstseins in diesem Buch mit der Beobachtung begonnen haben, dass wir die Welt natürlicherweise zum Besseren verändern möchten, wenn wir einem spirituellen Weg folgen, so enden wir hier mit der gleichen Beobachtung. Aber nach den Überlegungen über die evolutionäre Zukunft des integralen Bewusstseins haben wir nun vielleicht eine klarere Vorstellung davon, wie dieser Fortschritt tatsächlich verwirklicht werden könnte.

II. Teil

Ein tieferer Blick

Einführung zum II. Teil

Meine Absicht im ersten Teil war es, die integrale Philosophie in einer zusammengefassten und anwendbaren Form zu beschreiben. Die Inhalte des ersten Teils habe ich gewählt, um die praktischsten Aspekte der integralen Weltsicht in einer allgemeinen Struktur so zu vermitteln, dass es tatsächlich ein integrales Bewusstsein hervorbringt. Ob das erfolgreich war, können wir teilweise daran ermessen, wie sehr Sie am zweiten Teil interessiert sind. Das heißt, wenn sie das integrale Bewusstsein einmal gekostet haben, wenn Sie den Panoramablick, den man von diesem neuen Ort in der inneren kulturellen Landschaft haben kann, entdeckt haben, wird es unvermeidlich sein, dass Sie mehr darüber lernen wollen. Der zweite Teil hat deshalb die Absicht, Ihr Verständnis der integralen Weltsicht zu vertiefen, indem einige wichtige Teile, die im ersten Teil nicht vorkamen, behandelt werden. Gleichzeitig erhalten Sie zusätzliches Wissen, das nützlich sein wird, um die Kraft der integralen Philosophie anzuwenden.

Wir beginnen den zweiten Teil mit dem 7. Kapitel über „Die Begründer der integralen Philosophie". In diesem Kapitel werden wir uns mit den Ursprüngen und der Entwicklung dessen beschäftigen, was wir heute als integralen Kanon erkennen können. Ein Wissen über diese Ursprünge ist wichtig, weil es uns hilft, zu verstehen, wohin sich die integrale Philosophie entwickelt und dass sie Teil einer sich entwickelnden Strömung des Denkens ist, die einige der besten Denker der Menschheit umfasst. Im achten Kapitel mit dem Titel „Der integrale Wirklichkeitsrahmen" werden wir dann die philosophischen Übereinstimmungen (und Widersprüche) untersuchen, welche die besondere integrale Weltsicht definieren. Das 8. Kapitel, in welchem die Diskussion vertieft wird, die wir im zweiten Kapitel über „Das innere Universum" geführt haben, untersucht, wie die integrale Philosophie ihre Perspektive im Verhältnis zu den in unserer Kultur schon existierenden Weltsichten rechtfertigt und verteidigt. Dieses Kapitel betrachtet die Beziehung zwischen integraler Philosophie und unserer Spiritualität und endet mit Überlegungen über einige mögliche Kritikpunkte an dem integralen Wirklichkeitsrahmen. Obwohl das 8. Kapitel das intellektuell herausforderndste des Buches ist, ist es auch das aufschlussreichste, weil es zeigt, warum das integrale Bewusstsein tatsächlich eine historisch bedeutsame neue Weltsicht ist, die den nächsten wichtigen Schritt in der kulturellen Evolution der Menschheit darstellt. Wenn wir unser Verständnis der integralen Weltsicht durch eine tiefere Anerkennung ihres

Kontextes von Übereinstimmungen stabilisiert haben, wenden wir uns dem 9. Kapitel und seiner Beschreibung der „Strukturen des menschlichen Geistes" zu. Dieses Kapitel, das unsere Diskussion der „Stufen von Bewusstsein und Kultur" weiterführt, die wir im 3. Kapitel begonnen haben, gibt uns die Grundlage und Rechtfertigung für eine der nützlichsten Methoden des integralen Bewusstseins: die Fähigkeit, Bewusstsein und Kultur durch den Fokus der Entwicklungsspirale zu sehen. Das 9. Kapitel erklärt, wie die Strukturen der Spirale den Geist beeinflussen und wie die verschiedenen Entwicklungslinien im Bewusstsein des Selbst eine Einheit finden und eine Ganzheit bilden. Und im letzten Kapitel mit dem Titel „Die Richtungen der Evolution", in dem die Diskussion der integralen Spiritualität fortgeführt wird, die wir im 6. Kapitel begonnen haben, werfen wir einen genaueren Blick auf die äußeren und inneren Muster der allgemeinen evolutionären Entwicklung, um zu erkennen, wohin uns die Evolution tatsächlich führt. Mit dem neuen Zugang zum inneren Universum, den das integrale Bewusstsein ermöglicht, ist es heute wie nie zuvor möglich, die Richtungen der Evolution tatsächlich zu erkennen. Und dieses neue Verständnis der tiefen Muster des Universums der Entwicklung ermöglicht eine pragmatische Methode für die Entwicklung des menschlichen Seins sowohl in großen als auch in kleinen Schritten.

Obwohl ich versucht habe, meine Ausführungen gut lesbar und nicht so abgehoben zu formulieren, sind die philosophischen und psychologischen Themen des zweiten Teils zugegebenermaßen im Allgemeinen schwieriger als im 1. Kapitel. Trotzdem lade ich Sie ein, sich diesem zweiten Teil als eine Art „Praxis des Wahren" zu nähern, indem Sie erkennen, dass das integrale Bewusstsein eine Form der psychischen Stärke ist, die für ihre Entwicklung eine bestimmte Zeit der Praxis braucht. Und auch wenn Sie nicht in allem den Argumenten im zweiten Teil zustimmen, wird Ihnen die Anstrengung, die notwendig ist, um diese Ideen zu verarbeiten, ein besseres Verständnis darüber geben, wie Ihre eigene Sicht der Wirklichkeit unvermeidlich von Ihren philosophischen Schlussfolgerungen bestimmt wird.

Genauso wie das moderne Bewusstsein während der Aufklärung durch eine neue Philosophie entstand, so verläuft auch der Aufstieg des integralen Bewusstseins in gleicher Weise durch eine allgemeine philosophische Erneuerung, in der die Kraft der Philosophie von „normalen" Menschen wiederentdeckt wird, die sie benutzen, um die Dinge klarer zu sehen und das Leben spürbar zu verbessern. Und obwohl der zweite Teil philosophisch ausgerichtet ist, ist er so formuliert, dass er für jeden interessierten Menschen nützlich sein kann – eine vorbereitende Lektüre oder philosophische Vorbildung ist also nicht nötig. Und ich habe versucht, langatmige Ausführungen zu vermeiden, die jeder möglichen Kritik gerecht zu werden versuchen oder auf jedes Gegenargument antworten möchten.

Das integrale Bewusstsein repräsentiert die Zukunft der kulturellen Evolution, und diese Weltsicht der Zukunft wird heute denjenigen zugänglich, die die integrale Philosophie dazu benutzen, ihren Geist und ihr Herz mit dem Licht der integralen Werte zu erleuchten. Aber in meiner Erfahrung sind die Konzepte der integralen Theorie nicht nur sehr hilfreich, sie sind auch in sich selbst schön. In den Worten von Pythagoras: „Philosophie ist die höchste Musik." Somit hoffe ich, dass Sie sich der folgenden philosophischen Diskussion nicht wegen ihrer Nützlichkeit nähern, sondern auch wegen ihrer Schönheit. Und vielleicht lernen Sie, neben dem Guten und Schönen der integralen Philosophie auch ihr Wahres zu schätzen.

7. Kapitel

Die Begründer der integralen Philosophie

Wenn die These dieses Buches richtig ist, dann ist es zu früh, um eine intellektuelle Geschichte der integralen Philosophie zu schreiben. Das heißt, wenn das integrale Bewusstsein wirklich eine historisch bedeutsame Ebene des Bewusstseins und der Kultur ist, die heute im Begriff ist zu entstehen, dann wird es Jahrzehnte dauern, bis wir einen objektiven Blick auf den vollen Ausdruck der integralen Philosophie werfen können. Wenn die integrale Weltsicht zudem ein wirklich selbstorganisierendes Wertesystem ist, das im inneren Universum von Bewusstsein und Kultur entsteht, dann muss die Philosophie, die dieses entstehende System hervorbringt, als ein Element des Systems verstanden werden, und nicht als das System selbst. So wie die moderne Weltsicht heute weit über die Grenzen der Philosophie der Aufklärung hinausgeht, so wird auch die integrale Weltsicht schließlich eine neue Epoche der menschlichen Geschichte bestimmen, die mehr Wissen und Weisheit umfasst, als selbst die integrale Philosophie zum Ausdruck bringen kann.

Trotzdem ist es selbst zu diesem frühen Zeitpunkt ihrer Entwicklung wichtig, die verschiedenen Strömungen des Denkens zu beschreiben, die zusammen den entstehenden Kanon der integralen Philosophie bilden. Die meisten wichtigen Elemente der integralen Philosophie sind schon seit Langem bekannt. Wie wir in diesem Kapitel sehen werden, erkannte der einflussreiche deutsche Philosoph Georg Friedrich Hegel zu Beginn des 19. Jahrhunderts den dialektischen Fortschritt der menschlichen Geschichte. Zu Beginn des 20. Jahrhunderts beschrieb der französische Philosoph Henri Bergson die spirituelle Natur des evolutionären Prozesses. Zu dieser Zeit entdeckte der amerikanische Entwicklungspsychologe James Mark Baldwin das stufenweise Voranschreiten der Entwicklung des menschlichen Bewusstseins. Und in den 1920er Jahren zeigte der englische Mathematiker und Philosoph Alfred North Whitehead, dass die Wirklichkeit am ehesten als ein Prozess verstanden werden kann, indem Materie und Bewusstsein auf jeder Ebene der Entwicklung des Universums miteinander verbunden sind. Der französische Paläontologe und evolutionäre Philosoph Pierre Teilhard de Chardin, der in den 1930er Jahren schrieb, erweiterte die Idee des inneren Universums und beschrieb die Einheit des inneren und äußeren Universums. In den späten 1940ern schrieb der schweizer Kulturphilosoph Jean Gebser über die bevorstehende Emergenz der integralen Bewusstseinsstufe. Und in den 1970er Jahren argumentierte der deutsche Denker und Sozialphilosoph Jürgen Habermas, dass in der modernen Gesellschaft moralische Beurteilungen durch die intersubjektiven Einverständnisse einer Kultur begründet werden können.

Aber erst in den 1990er Jahren entstand die integrale Philosophie in ihrer heutigen Form. Und das geschah vor allem durch die Arbeit des amerikanischen Philosophen Ken Wilber. Wie wir in diesem und dem nächsten Kapitel noch untersuchen werden, sind Wilbers Errungenschaften in der Formulierung der Synthese der integralen Philosophie in ihrer heutigen Form enorm. Man könnte sogar behaupten, dass die integrale Philosophie vor Wilber nicht existierte. Deshalb muss in meiner Diskussion der integralen Philosophie Wilber einen zentralen Platz einnehmen. Trotzdem können meiner Ansicht nach Wilbers Ideen herausfordernd und teilweise problematisch sein. Bevor wir also unsere Diskussion der anderen brillanten Denker beginnen, die zur wachsenden Gestalt der integralen Philosophie beigetragen haben, wird es hilfreich sein, den Kontext zu verstehen, in dem Wilbers Denken am besten wertgeschätzt werden kann.

Ken Wilber im Kontext

Ken Wilber (geboren 1949) ist in progressiven Kreisen auf der ganzen Welt als Gründer der transpersonalen Psychologie und innovativer evolutionärer Denker bekannt. Obwohl Wilbers erstes Buch *Das Spektrum des Bewusstseins* schon im Jahre 1977 veröffentlicht wurde, lag seine ausgereifte Philosophie erst mit seinem im Jahre 1995 erschienenen Meisterwerk *Eros, Kosmos, Logos* vor. Darin beschreibt er die Konturen dessen, was ich die Synthese der integralen Philosophie im 21. Jahrhundert nennen werde. Wilbers Stärken finden sich in der Art und Weise, wie er die Arbeit von Hunderten von Theoretikern aus ganz verschiedenen Disziplinen integriert. Mit einem unterhaltsamen Schreibstil verbindet Wilber Wissenschaft, Philosophie und Spiritualität zu einer beeindruckenden Synthese, die unmissverständlich die Wirklichkeit des inneren Universums demonstriert. Dadurch setzt Wilber den Kanon der integralen Philosophie fort und belebt diesen neu, indem er die neuesten Forschungen und Denkweisen wirkungsvoll integriert.

Aber zu Wilbers Schwächen gehört unter anderem die Tatsache, dass er manchmal sehr schnell und locker ernsthafte Forschungsergebnisse und Theorien behandelt und sie in einer Weise benutzt, mit der die Autoren, die er zitiert, vermutlich nicht übereinstimmen würden. Hinzu kommt, dass seine synthetische Philosophie nicht in angemessener Weise die Grundlagen (wie zum Beispiel die Kausalität und das Sein) in der analytischen und methodischen Weise behandelt, die von der Philosophie in der Regel gefordert werden. Aber wie wir weiter unten sehen werden, ist die gleiche Kritik auch gegenüber bahnbrechenden Philosophen wie Henri Bergson und Teilhard de Chardin geäußert worden. Von Bergson wurde gesagt, dass es ihm an Analyse mangele und Teilhard wurde vorgeworfen, er wäre ein romantischer Mystiker und ein schlechter Philosoph. Trotzdem trugen diese Denker in sinnvoller Weise zum menschlichen Wissen im Allgemeinen und zur integralen Philosophie im Besonderen bei, und die Welt ist heute ein besserer Ort aufgrund ihres Wirkens. Deshalb denke ich, dass Wilber so wie Bergson und Teilhard als einer der ersten Begründer der integralen Philosophie in die Geschichte eingehen wird.

Aber zusätzlich zu seiner manchmal ungenauen wissenschaftlichen Argumentation kann Wilbers Arbeit auch deshalb eine Herausforderung sein, weil er sowohl ein spiritueller Lehrer als auch ein Philosoph ist. Obwohl er die Bezeichnung „Guru" ablehnt, macht er doch eindeutige Aussagen über die Natur der spirituellen Wirklichkeit. Damit bevorteilt er sein persönliches Glaubenssystem, als ob es eine empirische Tatsache wäre, und er ist ein begeisterter Verkünder seiner Vedanta/Vajrayana-Religion. Aber ich möchte Wilber nicht für irgendeinen dieser Punkte kritisieren. Viele große Philosophen haben ihre Spiritualität als Teil ihrer Philosophie verstanden. Und die spirituellen Lehren, die Wilber unterstützt, sind Teil einer wichtigen Traditionslinie, die der Menschheit seit Tausenden von Jahren ihre Orientierung gegeben hat. Wilber hat seiner Traditionslinie einige wichtige Impulse gegeben und seine spirituelle Lehre hat das Leben Tausender Menschen positiv beeinflusst. Aber für diejenigen von uns, die nicht hinduistisch oder buddhistisch orientiert sind, entspricht Wilbers Lehre nicht unserer Erfahrung des GEISTES. Deshalb ist ein weiterer problematischer Aspekt in Wilbers Arbeit, dass es oft sehr schwierig ist, die Philosophie von seiner Religion zu unterscheiden. Und das ist vielleicht einer der Gründe, weshalb seine Arbeit weitgehend von der wissenschaftlichen Welt ignoriert wird.

Wie wir schon im ersten Teil besprochen haben, kann die Philosophie dem Menschen am ehesten dienen, wenn sie ein gewisses Maß an Unabhängigkeit von Wissenschaft und Religion aufrechterhält und sich gleichzeitig mit diesen beiden Disziplinen auseinandersetzt. Philosophie unterscheidet sich von der Religion in der Art und Weise, wie sie für ihre Erkenntnisse argumentiert und in der Art und Weise, wie sie versucht, „öffentliche Wahrheiten" zu beschreiben, deren Gültigkeitsanspruch nicht auf der Autorität eines besonderen spirituellen Lehrers oder einer Offenbarung beruht. Und nach dieser Definition ist vieles in Wilbers Werk vollkommen philosophisch. Aber weil Wilber oft ohne Übergang seine spirituelle Lehre mit seiner mehr allgemeingültigen Philosophie verbindet, erfordert das Lesen und Verstehen seines Werkes – wenn wir nicht willens sind, sein spezifisches Glaubenssystem zu akzeptieren – eine besondere Aufmerksamkeit und Unterscheidungskraft.

Obwohl ich mich seit 30 Jahren intensiv mit Denkern wie Teilhard de Chardin beschäftige, kam viel von meinem ersten Verständnis der integralen Philosophie durch die Schriften von Wilber. Wilbers Synthese half mir, die Bedeutung der Intersubjektivität und der Entwicklungspsychologie anzuerkennen, zwei der wichtigen Bereiche des Verstehens, die die heutige Form der integralen Philosophie so kraftvoll machen. Aber nachdem ich nun seit 10 Jahren die integrale Weltsicht angenommen und praktiziert habe und nachdem ich die meisten Schriften Wilbers gelesen habe, bin ich zu der Überzeugung gekommen, dass das integrale Bewusstsein ein selbstorganisierendes dynamisches System mit einem „Eigenleben" ist. Integrale Philosophie ist mehr als einfach nur „Ken Wilbers Philosophie", und am Ende dieses Kapitels werde ich beschreiben, in welchen Punkten ich mich von Wilber unterscheide und was ich zur integralen Philosophie hinzufüge.

Ich habe Wilber bei verschiedenen Anlässen getroffen und erlebte ihn als freundlich, außerordentlich witzig, sehr von sich eingenommen und natürlich brillant. Wilber wurde oft in bösartiger und unfairer Weise kritisiert, deshalb ist es meine Absicht, ihn im Allgemeinen zu unterstützen und ich sehe mich als sein Verbündeter in der Bewegung für ein integrales Bewusstsein. Aber obwohl ich seine Hingabe an den GEIST teile, teile ich nicht seine Religion und stimme auch nicht mit allen seinen philosophischen und psychologischen Schlussfolgerungen überein. Trotzdem muss ich anerkennen, wie viel ich ihm verdanke und wie dankbar ich bin für seinen bedeutsamen Beitrag zur Philosophie der Menschheit im Allgemeinen und zur integralen Philosophie im Besonderen. Weil Wilber das Interesse an evolutionärer Philosophie neu belebt und weiter verbreitet hat, ermöglichte er es mir und anderen, über dieses Thema zu schreiben. In der Tat braucht die Philosophie solche unabhängigen Denker wie Wilber, die zu einem Fortschritt beitragen, der ansonsten vom vorsichtigen und konventionellen akademischen Betrieb verhindert werden würde. Aber selten finden solche Pioniere die Anerkennung in den Augen der Experten, die die Tore der akademischen Legitimität bewachen. Weil die integrale Vision den modernen und postmodernen Status quo wirkungsvoll transzendiert, können wir nicht erwarten, dass diejenigen die den Status quo bewahren wollen, unsere Transzendierung ihrer Denkweise anerkennen.

Wir werden am Ende dieses Kapitel zu unserer Diskussion von Wilbers Werk zurückkehren. Aber nun wenden wir uns den Wurzeln der integralen Philosophie zu und der Arbeit einiger anderer großer Denker, die zu ihrer Entstehung beigetragen haben. Die vielen Mitgestalter der integralen Philosophie kann man mit einer großen Gebirgskette vergleichen; genauso, wie es Hunderte Berge in einer großen Gebirgskette gibt, so gab es in den letzten 200 Jahren Hunderte von wichtigen Mitgestaltern der wachsenden Gestalt der integralen Philosophie. Aber in diesem Kapitel möchte ich sozusagen nur die höchsten Gipfel beschreiben. Obwohl ich nicht der Idee einer Geschichte der „großen Männer" Vorschub leisten möchte, glaube ich doch, dass es wertvoll ist, das Denken der wichtigsten Vertreter der integralen Philosophie zu beleuchten und diese Autoren als die „Begründer der integralen Philosophie" zu würdigen.

In der nun folgenden Beschreibung der Begründer der integralen Philosophie werde ich nicht versuchen, ihr allgemeines philosophisches Denken zusammenzufassen. Stattdessen werde ich mich direkt auf ihre besonderen Beiträge zur integralen Weltsicht konzentrieren. Zudem muss ich sagen, dass eine gründliche und vollständige Beschreibung der Evolution der integralen Philosophie die ganze Karriere mehrerer Gelehrter ausfüllen könnte. Somit kann dieses Kapitel nur ein einführender Überblick darüber sein, wie sich der Kanon der integralen Philosophie bis heute entwickelt hat.

Die Evolution der Philosophie als Ausdruck menschlicher Kreativität

Die tiefsten Wurzeln der integralen Philosophie reichen zurück bis zu den Anfängen der Philosophie, die wir in den vorsokratischen Philosophen des alten Griechenlands finden. Vor der griechischen Philosophie dominierte die Religion alle Institutionen des menschlichen Wissens. Aber als die frühesten Formen des modernen Bewusstseins unter den Griechen entstanden, erschien auch die Philosophie als ein besonderes System menschlichen Nachdenkens über das Universum. Mit der neu entstehenden modernen Bewusstseinsebene ging die epistemologische Fähigkeit des Verstandes einher, eine neu entstehende menschliche Fähigkeit, die sich in Philosophie und Wissenschaft ausdrückte. Im Gegensatz zu anderen frühen Formen der Philosophie, wie zum Beispiel die Systeme philosophischen Denkens, wie sie von den alten hinduistischen, buddhistischen und chinesischen Denkern gelehrt wurden, zeigte die griechische Philosophie ein ausgeprägteres modernes Bewusstsein, indem es eine Art „Proto-Wissenschaft" übte. Weil die alte griechische Philosophie eine relativ vollständige Trennung von auf Verstand gegründeter Philosophie und auf Glauben basierender Religion erreichte (zusammen mit dem Entstehen der ersten erkennbaren Formen von Wissenschaft innerhalb dieser Philosophie), können wir sie als Anzeichen für den wahren Beginn der modernen Weltsicht ansehen. Und wie wir als Nächstes bei Hegel sehen werden, können wir immer dann, wenn die Note der Moderne erklingt, auch den leisen Nachhall des Integralen hören.

Wie wir schon gesehen haben, konnte der frühe Modernismus der alten Griechen nicht bestehen und die Proto-Wissenschaft, die in der griechischen Philosophie entstand, wurde in den Schriften von Aristoteles und Ptolemäus eingefroren und zeigte für über 1000 Jahre kaum Fortschritte. Es dauerte bis zur Aufklärung, bis die Philosophie und die Wissenschaft wiederum von ihren religiösen Einschränkungen befreit wurden. Aber innerhalb der Aufklärung wurde die Wissenschaft immer noch als Teil der Philosophie verstanden. Erst im 19. Jahrhundert wurde die Wissenschaft vollkommen von der Philosophie getrennt, als ihre verschiedenen Zweige, wie Physik und Biologie, als besondere Forschungsfelder erkannt wurden. Und in der zweiten Hälfte des 19. Jahrhunderts entstanden dann die Sozialwissenschaften, wie Psychologie, Soziologie und Anthropologie. Zunächst brachte die wissenschaftliche Herangehensweise an das menschliche Bewusstsein und die Kultur durch die sensorisch-empirische Ausrichtung der Sozialwissenschaften einigen Fortschritt. Aber als die Grenzen dessen, was durch die Untersuchung der äußeren Aspekte des Bewusstseins und der Kultur verstanden werden kann, erreicht wurden, verdunkelte sich das vielversprechende Licht der Sozialwissenschaften. Und als diese Disziplinen immer frustrierter wurden, weil sie nicht in der Lage waren, Antworten und Erklärungen zu geben, die den Grenzen des wissenschaftlichen Materialismus entsprachen, entwickelten sie eine Art „Physikerneid". Sie verlangten nach der Sicherheit und Anerkennung der Naturwissenschaften und das führte in den Sozialwissenschaften zu einer noch stärkeren materialistischen Ausrichtung. In der Tat ergab sich im 20. Jahrhundert selbst die Philosophie diesem Physikerneid, als viele Philosophen vom Szientismus fasziniert waren.

Aber heute, wo die Philosophie in der Form der integralen Philosophie neue Zeichen einer evolutionären Entwicklung setzt, ist sie auch dabei, teilweise die Bereiche der Sozialwissenschaften für sich zu entdecken. Während die integrale Philosophie erkennt, dass die Wissenschaft immer noch Wichtiges zu unserem Verständnis von Bewusstsein und Kultur beizutragen hat, erkennt sie auch, dass der äußere Ansatz der Wissenschaft allein nicht das erweiterte Verständnis von Bewusstsein und Kultur hervorbringen kann, das unsere Zivilisation heute braucht. Deshalb benutzt die integrale Weltsicht zwar die Sozialwissenschaften, aber sie wird nicht abhängig von diesen akademischen Disziplinen als die einzige Autorität in den entsprechenden Bereichen. Der erweiterte Wirklichkeitsrahmen der integralen Philosophie und die neue Fähigkeit, die Evolution von Bewusstsein und Kultur zu verstehen, die durch die neue Anerkennung der evolvierenden Strukturen des inneren Universums erreicht werden, erlaubt es der integralen Philosophie, die Bereiche der Sozialwissenschaft als eigenen Forschungsgegenstand für sich zu entdecken. Und dieses Wiedereinbeziehen, diese Praxis, das, was vorher differenziert und getrennt wurde, auf einer höheren Ebene wieder zu integrieren, ist eine allgemeine Beschreibung des gesamten Projekts der Zweiten Aufklärung. Deshalb sucht die integrale Philosophie nicht nur nach der schon erwähnten Wiedereinbeziehung von Philosophie und Sozialwissenschaft, sondern die größere Wiedereinbeziehung von Wissenschaft und Spiritualität im Allgemeinen. Dies ist aber kein Anzeichen der Wiederkehr der prämodernen Verschmelzung von Wissenschaft und Religion, sondern vielmehr ein Zeichen einer transzendenten neuen Ebene der Harmonisierung, in der die pathologischen Dissoziationen der Moderne durch die integrierende Vision der integralen Weltsicht geheilt werden können.

Aber hier gehen wir schon weiter. Um zu sehen, wie die integrale Weltsicht diese neue integrative Fähigkeit entwickelt, müssen wir die Geschichte ihrer ersten Pioniere verfolgen. Und sie beginnt mit dem vielleicht ersten wahren integralen Philosophen Georg Wilhelm Friedrich Hegel.

Hegel – Der erste integrale Philosoph

Hegels Verdienste für die Idee der Evolution von Bewusstsein und Kultur können kaum überbetont werden. Hegels Denken veränderte nachhaltig den Wirklichkeitsrahmen der westlichen Philosophie, indem es zeigte, dass Vernunft und Ordnung in der menschlichen Geschichte entdeckt werden können, trotz des Chaos und der Widersprüche, die wir in der Geschichte vorfinden. Hegel (1770-1831) zeigte, dass die Geschichte sich in einem dialektischen Prozess entfaltet, in dem Konflikte die Transformation zu einem höheren Zustand ermöglichen.

Damit legte er die Grundlagen für das evolutionäre Verständnis des Universums, das seitdem im Mittelpunkt des wissenschaftlichen und philosophischen Denkens steht. Obwohl die professionelle Philosophie mittlerweile Hegels Metaphysik fast völlig ablehnt, können wir sein System in einem neuen Licht anerkennen, wenn wir auf Hegel aus der Perspektive der heutigen integralen Philosophie zurückblicken. Obwohl die integrale Philosophie nicht „streng hegelianisch" ist, und obwohl sie bestimmte Aspekte seines Denkens ablehnt, erkennt sie trotzdem die grundlegenden Verdienste seiner kraftvollen Philosophie.

Georg W.F. Hegel

In den Grundlagen untersuchten wir die wichtige Rolle der Philosophie im Erwachen des modernen Bewusstseins in Europa. Die Philosophie der Aufklärung, die mit Descartes begann, fand ihren Höhepunkt in Kants drei großen *Kritiken* der Vernunft und des Urteilsvermögens. In der Nachfolge Kants entstand zu Beginn des 19. Jahrhunderts eine Schule deutscher Philosophen, die als *Idealisten* bekannt sind und versuchten, „Kants System zu vollenden". Zu den Idealisten gehörten eine Reihe talentierter Philosophen, die in ihren Versuchen, über Kant hinauszugehen einige Fortschritte machten. Aber der Idealismus drang in neues Territorium vor, als im Jahre 1807 Hegels erstes Buch und wahrscheinlich größtes Werk veröffentlicht wurde: *Die Phänomenologie des Geistes.*

Hegel lehnte Kants Konzept der zeitlosen Kategorien des Wissens ab und bestand darauf, dass Wissen, wie auch das Bewusstsein selbst, Teil eines größeren Entwicklungsprozesses ist. Hegel war der Erste, der in vollem Ausmaß erkannte, dass sich das Bewusstsein durch eine Reihe bestimmter Stufen entwickelt und dass das Bewusstsein selbst durch seine Interaktion mit der Gesellschaft „konstruiert" ist. In Hegels Philosophie „wächst das Bewusstsein. Es entwickelt neue Konzepte und Kategorien. Diese sind *dialektisch.* Sie wachsen durch Konfrontation und Konflikt, nicht einfach nur durch Beobachtung und Verstehen."[1] Hegel erkannte, dass der Entwicklungsprozess des Bewusstseins die größere dialektische Entwicklung des Geistes reflektierte, welche er das „Absolute" nannte – eine Synthese von Menschheit, Natur und Gott. Er war einer der Ersten, der verstand, dass dieser Entwicklungsprozess oder das „Werden" das zentrale Motiv des Universums ist. Laut Hegel „ist die Weltsicht jeder Epoche sowohl eine wertvolle Wahrheit in sich selbst, als auch eine unvollkommene Stufe im größeren Prozess der Entfaltung der absoluten Wahrheit".[2] Obwohl Hegel die evolutionäre Sicht des Ursprungs der Arten annahm (wie es sein Zeitgenosse Jean-Baptiste Lamarck tat), war seine Philosophie, in ihrem Verständnis des Bewusstseins und des Universums als Ganzem, doch durch und durch evolutionär.

Nach seinem Tod im Jahre 1831 hatte seine Philosophie weiter einen großen Einfluss.

Als seine Ideen im frühen 19. Jahrhundert und einigen Jahrzehnten danach bekannt wurden, hielten viele Hegels große Struktur des Denkens als die befriedigendste und tatsächlich vollkommene philosophische Gesamtkonzeption in der Geschichte des westlichen Geistes, der Höhepunkt der Entwicklung der Philosophie seit den Griechen."[3]

Und heute können wir aus der Perspektive der integralen Philosophie sehen, dass viele von Hegels Durchbrüchen damit zusammenhängen, dass er eine frühe Form des integralen Bewusstseins entwickelt hatte. In der Tat können wir behaupten, dass Hegel für das integrale Bewusstsein so wichtig war wie Platon für das moderne Bewusstsein. Hegels integrales Bewusstsein zeigt sich klar in seiner Anwendung der neu entstehenden Fähigkeit der dialektischen Evaluation, oder was Ken Wilber *Schau-Logik* nennt. Durch die dialektische Evaluation erkannte Hegel, dass das Bewusstsein und die menschliche Geschichte sich entwickeln. Er nutzte diese Fähigkeit, um zu sehen, dass die Konflikte, die mit allen dualistischen Wahrnehmungen einhergehen, im synthetischen Wachstumsprozess gleichzeitig bewahrt und negiert werden. Mit anderen Worten, und wie wir im 10. Kapitel noch sehen werden, erreicht der Entwicklungsprozess neue Ebenen des synthetischen Fortschritts, indem die Konflikte einer These und ihrer Antithese so gelöst werden, dass beide Seiten teilweise bewahrt werden. Die Synthese enthält weiter einen Teil des Konfliktes als „die Identität von Identität und Unterschied" und sie negiert nur die Aspekte der miteinander im Konflikt stehenden Elemente, die sich einander ausschließen. Somit hatte Hegel ein erstes Verständnis der „holarchischen" Struktur der Ganzen/Teile und des dynamischen systemischen Wesens der evolutionären Grundstruktur des Universums, die sich in Transzendieren und Einbeziehen ausdrückt.

Hegel war sich der Tatsache bewusst, dass er eine neue Erkenntnisfähigkeit benutzte, um die Wahrheiten seiner Philosophie zu zeigen. Er unterschied diese Fähigkeit (die er *Vernunft* nannte) von einer einfacheren Form der Rationalität, die wir im modernen Bewusstsein finden (und die er *Verstand* nannte). Indem er über Kant hinausging und damit auch über die Begrenzungen des modernen Bewusstseins, war Hegel einer der ersten Denker, der in das „unberührte Gebiet" der integralen Weltsicht aufbrach. Und heute können wir in Hegels Denken viele der wichtigen Elemente der integralen Philosophie finden (wenn auch nicht voll entwickelt). Aber wie das moderne Bewusstsein des alten Griechenlands, war der Integralismus Hegels in gleicher Weise instabil und frühreif und konnte sich deshalb nicht durchsetzen. Obwohl Hegel viele Anwendungen für seine dialektische Philosophie beschrieb, reichte sein Idealismus in der Praxis „nicht ganz bis auf den Grund". Das heißt, die nützlichsten Aspekte der integralen Philosophie – das Wissen um die Einzelheiten der Dynamik der Entwicklungsspirale, die Erkenntnis der systemischen Natur der Strukturen von Bewusstsein und Kultur oder die politische Vision einer Weltföderation – gab es zu Beginn des 19. Jahrhunderts noch nicht, und somit enthielt Hegels großes System nicht die wichtigen Merkmale, die die heutige integrale Philosophie so praktisch und zwingend machen (obwohl sein System für seine Zeit erstaunlich integral war). Deshalb verlor Hegels Idealismus schließlich viel von seinem Einfluss.

Der Historiker Richard Tarnas sagt dazu:

> Hegel sprach mit der autokratischen Überzeugung von jemandem, der eine Vision der Wirklichkeit erfahren hat, dessen absolute Wahrheit den Skeptizismus und die Forderungen detaillierter empirischer Tests transzendierte, der sich andere Systeme unterziehen. Für seine Kritiker war Hegels Philosophie ohne Grundlage und eine Fantasie. Der moderne Geist nahm in der Tat vieles von Hegel in sich auf, vor allem sein Verständnis der Dialektik und seine Erkenntnis der alles durchdringenden Evolution und die Kraft der Geschichte. Aber in ihrer Gänze wurde die Synthese Hegels vom modernen Geist nicht weitergetragen. Sozusagen in Erfüllung seiner eigenen Theorie, ging der Hegelianismus schließlich in den Reaktionen auf, die er hervorzurufen half – Irrationalismus und Existenzialismus (Schopenhauer und Kierkegaard), dialektischer Materialismus (Marx und Engels), pluralistischer Pragmatismus (James und Dewey), logischer Positivismus (Russell und Carnap) und linguistische Analyse (Moore und Wittgenstein), die alle mehr und mehr den allgemeinen Tenor der modernen Erfahrung wiedergaben [Moderne]. Mit Hegels schwindendem Einfluss verschwand das letzte kulturell

> wirksame metaphysische System von der intellektuellen Bühne, das die Existenz einer für den Menschen erkennbaren universellen Ordnung behauptete.[4]

Wie Tarnas in diesem Zitat zeigt, hatte der abnehmende Einfluss von Hegels Idealismus verschiedene Gründe. Obwohl sich unter seinen Kritikern auch spirituell orientierte Denker wie Soren Kierkegaard fanden, war es doch die allgemeine Strömung der atheistischen Ideologie, die in der zweiten Hälfte des 19. Jahrhunderts entstand und die viele westliche Intellektuelle dazu veranlasste, den Idealismus abzulehnen. Und viel von diesem atheistischen Enthusiasmus wurde durch die Veröffentlichung von Charles Darwins *Der Ursprung der Arten* im Jahre 1859 ausgelöst – ein Buch, dessen Auswirkungen die Welt wie wir wissen für immer veränderten. Obwohl wir materialistische Philosophien bis zu den alten Griechen zurückverfolgen können und obwohl der Materialismus schon vor Kant und Hegel in den Schriften von Empiristen wie Thomas Hobbes, David Hume und Denis Diderot sehr ausgeprägt enthalten war, dauerte es doch bis zum 19. Jahrhundert, bis der säkulare Siegeszug der Aufklärung seinen Höhepunkt im Positivismus von Auguste Comte und der leidenschaftlich atheistischen Philosophie von Ludwig Feuerbach, Karl Marx und Friedrich Nietzsche erreichte. Während *Der Ursprung der Arten* die Existenz Gottes nicht ausschloss, so schien es doch eine Möglichkeit aufzuzeigen, um das Phänomen der Menschheit in vollkommen naturalistischen Begriffen zu erklären. Und das war eine große Unterstützung für all jene, die der Spiritualität feindlich gegenüberstanden und versuchten, die Religion durch die Wissenschaft zu ersetzen.

Darwin hat viel Anerkennung für die Entdeckung der Evolution erhalten. Aber Darwin war Teil einer größeren „Bewegung des Evolutionismus", die begonnen hatte, als Lamarck im Jahre 1801 zum ersten Mal seine Sichtweise der Evolution veröffentlicht hatte. 1861 bezeichnete Darwin Lamarck als den Ersten, der den evolutionären Charakter der Natur erkannt habe. Er schrieb: „Er hat als Erster die wichtige Aufgabe übernommen, unsere Aufmerksamkeit auf die Möglichkeit zu lenken, dass sowohl die organische als auch die anorganische Welt voller Veränderung sind, die das Ergebnis von Gesetzen ist, und nicht durch ein geheimnisvolles Eingreifen bedingt sind."[5] Außer Lamarck, Darwin und Alfred Russel Wallace (der den Prozess der natürlichen Selektion zeitgleich mit Darwin entdeckte) war Herbert Spencer ein weiterer Gigant des Evolutionismus des 19. Jahrhunderts. Spencer hatte schon vor Darwin über die Evolution geschrieben und veröffentlichte im Jahre

1852 sein einflussreiches Buch *The Development Hypothesis.* Obwohl Darwin und Wallace sich ganz auf die Biologie beschränkten, erkannte Spencer, dass die Kräfte der Evolution auch in der menschlichen Gesellschaft zum Ausdruck kamen. Im Jahre 1862 veröffentlichte Spencer den ersten Band seiner *Synthetic Philosophy,* in der er die folgende Definition der Evolution vorschlägt: „Evolution ist eine Veränderung von einer unbestimmbaren, unzusammenhängenden Homogenität zu einer bestimmbaren, zusammenhängenden Heterogenität durch ständige Differenzierung und Integration."[6] Spencer war damit der Erste, der eine wissenschaftliche Beschreibung der Grundstruktur von Transzendieren und Einbeziehen in der Evolution postulierte.

Aber obwohl Spencer in seiner Synthetischen Philosophie viele der Elemente miteinbezog, die für die integrale Theorie wichtig werden sollten, scheiterte er daran, eine integrale Philosophie zu entwickeln, weil er den im Grunde spirituellen Charakter der Evolution nicht erkannte. Spencers Atheismus brachte ihn dazu, eine eher verdrehte Idee der kulturellen Evolution zu verbreiten, die als „Sozialdarwinismus" bekannt wurde. Von Spencer stammt der Begriff „Überleben des Stärkeren", und er nutzte dieses Konzept der Evolution, um seine ultraliberale politische Meinung zu rechtfertigen. Der dunkle Charakter dieser atheistischen Philosophie der kulturellen Evolution wurde später im 20. Jahrhundert sichtbar, als der Sozialdarwinismus von den Nationalsozialisten benutzt wurde, um ihre Eugenik und Eroberungskriege zu rechtfertigen. Mit dem Verschwinden des Idealismus und dem Aufstieg des atheistischen Szientismus in der zweiten Hälfte des 19. Jahrhunderts wurde die lebendige Wurzel der integralen Philosophie zurückgeschnitten und wuchs nicht weiter, bis im 20. Jahrhundert ein neuer mutiger Spross des Integralismus in der Form der optimistisch-spirituellen Philosophie von Henri-Louis Bergson erschien.

Bergson – Der erste integrale Philosoph nach Darwin

Bergson (1859-1941) wurde in dem Jahr geboren, in dem Darwin sein Buch *Der Ursprung der Arten* veröffentlichte. Bergson wurde zunächst von der Synthetischen Philosophie Herbert Spencers angezogen, erkannte aber schließlich Spencers Philosophie als das völlige Gegenteil seiner Theorie der kreativen Evolution als „eine materialistische, mechanistische, reduktionistische und deterministische Sichtweise"[7], die Bergson zutiefst ablehnte. Damit war Bergson der Erste, der eine spirituelle Interpretation der Erkenntnisse der evolutionären Wissenschaften formulierte. Nach Meinung des bekannten Historikers der Philosophiegeschichte Frederick Copleston stellte Bergsons Philosophie durch die Formulierung einer alternativen, nicht atheistischen Sichtweise der Evolution

> einen befreienden Einfluss auf viele Menschen dar. Denn sie bot eine positive Interpretation der Welt, die viele Menschen anzog, eine Interpretation, die weder auf Kritik oder Angriff anderer Sichtweisen beschränkt war, noch zum Denken der Vergangenheit zurückkehrte. Es schien nicht die Philosophie von jemandem zu sein, der in Nachhutkämpfen verstrickt war, sondern vielmehr der Ausdruck eines Ausblicks in die Zukunft. Sie war dazu in der Lage, zu inspirieren und zu begeistern, als etwas Neues und Aufregendes und weil es die Evolutionstheorie in ein neues Licht stellte. [8]

Henri-Louis Bergson

Bergson hob die Bedeutung der Intuition oder des unmittelbaren Wissens der inneren Natur der Dinge hervor. Er erkannte den praktischen Nutzen des analytischen Denkens, erklärte aber auch, dass wir, wenn wir unseren Intellekt dazu benutzen, bestimmte Punkte in der Zeit oder getrennte Objekte im Raum zu erkennen, eine Fiktion erschaffen, die uns die wahre Natur der Wirklichkeit nicht sehen lässt, die ein ständig fließender Prozess des Werdens ist. Bergsons Verständnis der Wirklichkeit als einen kreativen Prozess führte ihn zur Erkenntnis dessen, was er den *Élan vital* nannte, was als „vitaler Impuls" oder „Lebenskraft" in der Evolution übersetzt wurde. „Bergson glaubte, dass der mechanische Prozess der zufälligen Selektion unangemessen ist, um zu erklären, was geschieht. Es scheint einen ständigen Drang nach größerer Individualität zu geben und gleichzeitig zu einer größeren Komplexität, obwohl das zunehmende Verletzlichkeit und wachsendes Risiko bedeutet."[9]

Nach Ansicht des integralen Denkers Allan Comus war Bergsons Idee des Élan vital im Grunde das Bewusstsein selbst, das Bergson als die Entscheidungskraft eines Organismus beschrieb. Bergson war der Meinung, dass wir als Menschen durch unsere eigene persönliche Entscheidungsfreiheit eine direkte Erfahrung der nicht deterministischen und spirituell kreativen Natur des Evolutionsprozesses machen können. Wie das Bewusstsein selbst „ist das Universum nicht geschaffen, sondern wird ständig geschaffen."[10] Unsere eigene Freiheit und kreative Unabhängigkeit ermöglicht also eine exemplarische Erfahrung des evolutionären Werdens des Universums.

Bergsons Hauptwerk *Schöpferische Entwicklung* wurde im Jahre 1907 veröffentlicht, genau 100 Jahre nach dem Erscheinen von Hegels *Phänomenologie des Geistes.* Aber während Hegels Schreibstil langatmig und schwer verständlich war, schrieb Bergson poetisch und inspirierend und zeigte damit seine Vorliebe für die Intuition gegenüber der Analyse. Obwohl Hegel und Bergson beide einen wichtigen Beitrag zur integralen Philosophie geleistet haben, sind ihre Philosophien sehr voneinander verschieden und können nicht als Teil der gleichen Denkart angesehen werden. Die integrale Philosophie integriert deshalb die Arbeit dieser beiden großen Philosophen und erkennt gleichzeitig ihre Unterschiede an. Die Historiker Robert Solomon und Kathleen Higgins beschreiben Bergsons Grundidee sehr schön:

> Für Bergson ist die Alternative zur Analyse ein "Erfassen von innen", um die Dinge mithilfe der Intuition als Ganzes zu verstehen. Hier trennt er sich von Hegel und verbindet sich stattdessen mit den Romantikern und ihrer Idee der unbeschreibbaren und alles umfassenden Intuition. Durch die Intuition sehen wir Dinge in ihrer Ganzheit und in der Zeit. Wie sehen, wie sie Gegensätze verkörpern und einander widersprechende Sichtweisen rechtfertigen. Wir gelangen so über den statischen Augenblick hinaus und würdigen das Leben, die Lebenskraft der Dinge. Und nirgendwo ist diese Intuition des Lebens direkter und wichtiger als in unserer Intuition unserer selbst als reine Dauer. Wir sind [Zitat von Bergson] „der kontinuierliche Fortschritt der Vergangenheit in die Zukunft. Durch uns erkennen wir die Wahrheit über die Welt. Die Welt ist Dauer. Die Welt ist Evolution. Wir erweitern uns und wir transzendieren uns." Was wir als „Materie" bezeichnen, ist nichts weiter als die Wiederholung von Erfahrung. Und danach zu fragen, was sich verändert, was sich entwickelt, geht am Wesentlichen vorbei. In der Tat ist das Ziel von Bergsons Philosophie solche Fragen mit der Betonung auf Statik und Substanz zu überwinden. [11]

Während wir Bergsons Betonung der Intuition von Hegels klarem Gebrauch der dialektischen Evaluation unterscheiden können, sehen wir in Bergsons Erkenntnis der Notwendigkeit, über die moderne Vernunft hinauszugehen, um ein vollständigeres Verständnis der Wahrheit zu entwickeln, eine frühe Form des integralen Bewusstseins. Und dass Bergson selbst eine erstaunliche neue Philosophie der Evolution formulieren konnte, ist ein kraftvolles Beispiel für die Früchte seines eigenen neu entstehenden integralen Bewusstseins. Bergson ist wichtig für die integrale Philosophie, weil er erneut die Fehlschlüsse der materialistischen Metaphysik des Szientismus aufzeigte und weil er der Vater dessen ist, was später als *Prozessdenken* bezeichnet wurde. Er war der Erste, der in der Evolutionstheorie selbst eine spirituelle Philosophie der Liebe und Freiheit erkannte. Deshalb kann Bergson als einer der Begründer der integralen Philosophie genannt werden, dessen Philosophie viele wichtige Einsichten ermöglichte und die einen wichtigen Einfluss auf Whitehead, Teilhard und Sri Aurobindo hatte, deren Arbeit wir im Folgenden anschauen werden. Trotz der großen Popularität, die Bergsons *Schöpferische Entwicklung* bei seiner ersten Veröffentlichung erreichte, schwand Bergsons Einfluss auf die akademische Philosophie dahin, als die Phänomenologie und der Existenzialismus im späteren 20. Jahrhundert die Bühne betraten. Bergsons Philosophie lebte aber in der Philosophie von Alfred North Whitehead weiter, der Bergsons Ideen weiterentwickelte und der seine eigene Genialität dazu benutzte, um die bis heute wirksame Strömung der Prozessphilosophie zu begründen.

Whitehead – Der spirituelle Philosoph der Zeit

Alfred North Whitehead

Alfred North Whitehead (1861-1947) gab ein weiteres Beispiel für die kraftvolle Anwendung der neu entstehenden Möglichkeiten des integralen Bewusstseins, indem er eine spirituelle Philosophie des Bewusstseins postulierte, die heute in vieler Hinsicht die Grundlagen des Wirklichkeitsrahmens der integralen Philosophie bilden. Im Unterschied zum Werk von Bergson und Hegel ist Whiteheads Philosophie eine lebendige Philosophie, die von einigen sehr talentierten Nachfolgern weitergetragen wurde und die auch heute Wissenschaft und Spiritualität beeinflusst. Nach seinem Tod im Jahre 1940 wurde Whiteheads Philosophie von dem amerikanischen Philosophen Charles Hartsthorne (1897-2000) fortgesetzt und ausgeweitet. Und heute wird Whiteheads Vision von dem amerikanischen Philosophen und Theologen David Ray Griffin (geboren 1939) weitergetragen und ergänzt. Deshalb kann „Whiteheads lebendige Philosophie" (bekannt als *Prozessphilosophie*) heute besser als die Philosophie von Whitehead-Hartsthorne-Griffin verstanden werden (obwohl Hartsthorne und Griffin Whitehead als ihren Lehrer anerkennen). Und somit wird sich unsere Diskussion auf die gegenwärtigen Ausdrucksformen der Prozessphilosophie konzentrieren.

Aus einer integralen Perspektive ist der wichtigste Beitrag der Prozessphilosophie die Art und Weise, wie sie Wissenschaft und Spiritualität harmonisiert und integriert. Laut Griffin:

[Whitehead] glaubte, dass der Grund für den scheinbaren Konflikt zwischen Wissenschaft und Religion einerseits in veralteten religiösen Ideen und andererseits in der Weltsicht, mit der die Wissenschaft heute oft assoziiert wird (und die wir als „wissenschaftlichen Materialismus" bezeichnet haben), liegt. Und wir glaubten, dass die notwendigen Modifikationen auf beiden Seiten nur durch die Philosophie erfolgen könnten, wobei „Philosophie" primär als metaphysische Philosophie verstanden wurde, also der Versuch, eine alles umfassende Weltsicht zu schaffen, in der wissenschaftliche Tatsachen und unauslöschliche religiöse Intuitionen harmonisiert werden können. Wie jene, die von einer gegenseitigen Unabhängigkeit zwischen religiösen und wissenschaftlichen Glaubenssätzen ausgehen, erkannte Whitehead, dass sie in zwei ganz unterschiedlichen Erfahrungen ihren Ursprung haben. [Zitat von Whitehead] „Die Dogmen der Religion sind Versuche, die Wahrheiten, die sich in der religiösen Erfahrung des Menschen offenbaren, in präzise Begriffe zu fassen. Und in genau der gleichen Weise ist das Dogma der Naturwissenschaft der Versuch, Wahrheiten, die sich in der Sinneserfahrung des Menschen offenbaren, in präzise Begriffe zu fassen." Wissenschaftliche Glaubenssätze beruhen also vor allem auf der Sinneserfahrung, wohingegen religiöse Glaubenssysteme vor allem auf nicht-sinnlichen Erfahrungen beruhen. Anders als die Vertreter der These der Unabhängigkeit glaubte Whitehead aber, dass die unterschiedlichen Wurzeln wissenschaftlicher und religiöser Glaubenssätze bedeuten, dass sie nicht miteinander versöhnt werden müssen.[12]

Somit versucht die Prozessphilosophie, Wissenschaft und Religion miteinander zu versöhnen, indem sie die Methode des *radikalen Empirismus* von William James benutzt (die wir im 6. Kapitel besprochen haben), die den Wert nicht-sinnlicher Erfahrung für das philosophische

Denken betont. Weil die Prozessphilosophie die Authentizität spirituеller Erfahrungen anerkennt, beschränkt sie ihre Untersuchungen auf all das, was erfahren werden kann, und kann gleichzeitig über spirituelle Wirklichkeiten sprechen. Die Prozessphilosophie kann philosophisch über „die Seele des Universums" sprechen, weil wir laut Griffin „diese Seele durch die Erfahrung von kognitiven, ästhetischen und moralischen Formen direkt erfahren, durch die wir den Ruf nach dem Wahren, Schönen und Guten als leitende Ideale spüren."[13] Die „metaphysische Kosmologie" der Prozessphilosophie basiert deshalb auf direkter Erfahrung.

Die Prozessphilosophie überwindet damit den Dualismus, Materialismus, Determinismus und Reduktionismus und entwickelt eine plausible Lösung für das Geist-Körper-Problem. Diese Lösung wird durch Whiteheads Konzept des Bewusstseins erreicht, indem er Bewusstsein nicht nur als etwas versteht, das in höheren Tieren entsteht, sondern als ein Aspekt des Kosmos, der in jeder natürlich entstehenden Struktur des Universums gefunden werden kann, egal wie klein diese auch sein mag. Whiteheads Hypothese besagt, dass der essenzielle „Stoff" der Natur kreative Ereignisse der Erfahrung oder „Erfahrungsgelegenheiten" (occasions of experience) sind, anstatt einfach nur Materieteilchen. Somit hat nach der Prozessphilosophie alles Äußere ein Inneres. Mit anderen Worten, jede natürlich entstehende Struktur des Universums, von Atomen zu Zellen zu Säugetieren zu Menschen hat sowohl eine subjektive als auch eine objektive Tendenz. Diese inneren und äußeren Aspekte der Wirklichkeit entstehen von Beginn an zusammen, interagieren natürlich und nondual und durchdringen das Universum in jeder Ebene seiner Organisation. Das heißt nicht, dass zum Beispiel Atome wirklich in der gleichen Weise bewusst sind wie Menschen, sondern vielmehr bedeutet es, dass sie eine primitive Form der Wahrnehmung haben, die Whitehead „Erfassen" [prehension] nannte. Das heißt, jedes Atom zeigt eine rudimentäre Wahrnehmungsfähigkeit, indem es mit anderen Atomen interagiert. Wenn die Hülle eines Atoms leer ist, dient dieser Zustand als ein Signal für andere Atome, dass ihre Elektronen in die leere Hülle eintreten können, und diese einfache Form der Proto-Kommunikation zeigt die grundlegende Natur der „erfassenden" Wahrnehmung.

Whiteheads Lehre, die Wirklichkeit als eine Ansammlung von Prozessen oder Ereignissen der Erfahrung charakterisiert, ist heute als *Panexperimentalismus* bekannt. Als Zusammenfassung von Hartsthornes Ausführungen dieser Lehre schreibt Griffin:

> Ein Vorteil des Panexperimentalismus ist, dass er uns Einsicht in die wahre Natur der Materie gibt. Für die moderne Philosophie ist die Natur der Materie vollkommen rätselhaft, sie sagt, wir könnten nicht wissen, was sie ist, sondern nur, wie sie uns erscheint. Aber Hartsthorne sagt, wir sollten die Tatsache nutzen, dass wir selbst einen Teil Natur in uns tragen, den wir von innen und außen kennen. Wenn wir Naturalisten sind und deshalb unsere eigene Erfahrung als völlig natürlich betrachten und nicht als ein übernatürliches Etwas, das der Natur hinzugefügt ist, sollten wir dann nicht davon ausgehen, dass alle natürlichen Einheiten zwei Seiten haben? Die Tatsache, dass wir nur unser eigenes Inneres direkt kennen, hält uns nicht davon ab anzunehmen, dass andere Menschen ein Inneres, das heißt Erfahrungen, haben. Und die meisten von uns nehmen an, dass Tiere eine Form der Erfahrung besitzen. Warum sollten wir nicht annehmen, dass alle natürlichen Entitäten, bis hinunter zu den subatomaren Ereignissen, sowohl innere Erfahrung als auch äußere Erfahrung besitzen? Wir sehen, dass ein nur verhaltensorientierter Ansatz für Menschen und höhere Tiere unangemessen ist. Indem wir diese Einsicht auf alle Ebenen der Natur ausweiten, können wir eine schwache Intuition dessen haben, wie die Dinge sind. Was wir Materie nennen, ist dann die äußere Erscheinung von etwas, das von innen unserer Erfahrung entspricht. [14]

Whiteheads Erkenntnis der alles durchdringenden *Innerlichkeit,* die Griffin in diesem Zitat erklärt, bildet eine wichtige Grundlage für das Verständnis eines inneren Universums in der integralen Philosophie. Obwohl wir bereits in den Werken verschiedener Philosophen vor Whitehead erste Anzeichen dieser Ideen sehen, und obwohl Teilhard auf seinem eigenen Weg zu vielen dieser Schlussfolgerungen kam, findet die Idee, dass es neben dem äußeren Universum auch ein inneres Universum gibt und diese Dimensionen in einem ständigen Prozess des Werdens vereint sind, ihren ersten Ausdruck bei Whitehead. Obwohl das philosophische Konzept eines inneren Universums in vielen Quellen vorhanden ist, finden wir vieles bei Whitehead, das völlig neu und einzigartig ist, vor allem, wenn wir nach den Anfängen einer Metaphysik der Innerlichkeit suchen. Aber Whitehead bildete seine Philosophie vor der Entstehung der Postmoderne, deshalb lag sein Fokus darauf, die Metaphysik des wissenschaftlichen Materialismus zu überwinden. Weil er zu Beginn des 20. Jahrhunderts schrieb, war er weder mit den Problemen noch den Möglichkeiten der Postmoderne konfrontiert, deshalb beinhaltet seine evolutionäre Metaphysik nicht die grundlegenden Erkenntnisse über Intersubjektivität, die seither einen wichtigen Teil der Synthese der integralen Philosophie im 21. Jahrhundert geformt haben. Aus meiner Sicht ist der wichtigste Aspekt von Whiteheads Arbeit die Erkenntnis der spirituellen Natur der Evolution, die er als „sanfte Überzeugung durch Liebe" [gentle persuasion through love] bezeichnet. Das heißt im Sinne von Whitehead, dass göttlicher Einfluss im Universum zukünftige Ereignisse nicht vorherbestimmt. Bewusstsein ist zum Teil selbstbestimmt und relativ frei, Entscheidungen zu treffen und an kreativen Handlungen mitzuwirken, durch die sich das Universum manifestiert.

Göttlicher Einfluss dirigiert aber den evolutionären Prozess, indem er die göttliche Sehnsucht nach zunehmender Vollkommenheit mit allen Formen von Bewusstsein teilt. Und durch diese Einsicht kommt Whitehead auch zu seinem Kriterium für evolutionären Fortschritt: *eine wachsende Fähigkeit, das in sich Wertvolle zu erfahren.*

Allgemein kann man sagen, dass die Prozessphilosophie eine integrale Philosophie ist, aber nicht genau die integrale Philosophie, die ich in diesem Buch beschreibe. Trotz ihrer Kraft, Wissenschaft und Spiritualität zu harmonisieren, hat die Prozessphilosophie bisher noch kein Verständnis der Intersubjektivität und der Spirale der Entwicklung hervorgebracht, und deshalb kann sie uns viele der wichtigen Einsichten und Anwendungsmöglichkeiten nicht geben, die die heutige Form der integralen Philosophie (wie Wilber und ich sie beschreiben) so kraftvoll machen. Aber mit zunehmender Entwicklung und Anerkennung der integralen Philosophie wird die Prozessphilosophie weiterhin die größere integrale Weltsicht beeinflussen, und im gleichen Maße wird die bleibende Bedeutung von Alfred North Whitehead immer mehr anerkannt werden.

Teilhard de Chardin – Der Meister des inneren Universums

Sowohl Bergson als auch Whitehead entwickelten Philosophien, welche die dem evolutionären Prozess innewohnende Spiritualität anerkannten, aber Pierre Teilhard de Chardin (1881-1955) ging noch darüber hinaus, indem er noch wissenschaftlicher und auch spiritueller als diese beiden großen Denker war. Weil Teilhard sowohl ein anerkannter Wissenschaftler (ein prominenter Paläontologe) und ein tief religiöser Mensch (ein Jesuitenpater) war, nutzte er diese Weite seiner Perspektive, um eine einzigartige Weltsicht zu entwickeln, die gleichzeitig vollkommen evolutionär und vollkommen spirituell war. Und wie Whitehead bildet Teilhards evolutionäre Weltsicht eine wichtige Grundlage für das integrale Bewusstsein.

Pierre Teilhard de Chardin

Wegen des Konfliktes zwischen seinen kontroversen Ansichten über die Evolution und seiner Loyalität gegenüber seinem Jesuitenorden verhinderte die katholische Kirche die Veröffentlichung seiner Philosophie während seines Lebens. Aber nach seinem Tod im Jahre 1955 rief die Veröffentlichung seines grundlegenden Buches *Der Mensch im Kosmos* großes Interesse hervor. Teilhard war sehr von Bergsons *Schöpferische Entwicklung* beeinflusst und vieles von Teilhards Philosophie wurde mit der Absicht formuliert, Bergsons Verständnis der spirituellen Bedeutung der Evolution weiterzutragen. Aber Teilhard hat scheinbar Whiteheads Werke nicht gekannt, und das ist erstaunlich, weil es zwischen dem Denken Teilhards und Whiteheads viele Gemeinsamkeiten gibt (dazu gehört zum Beispiel, dass sie beide einen Panexperimentalismus formulieren).

Im Zentrum von Teilhards Philosophie steht seine Erkenntnis der Entwicklung von evolutionären Übergängen – aufeinander folgende und einander umhüllende Sphären, die verschiedene Arten evolutionärer Aktivität repräsentieren. In Teilhards Schema der Kosmogenesis ist die erste Sphäre evolutionärer Entwicklung, die auf der Erde erscheint, die *Physiosphäre* oder Geosphäre, die die ganze Evolution vor der Entstehung des Lebens beinhaltet (dazu gehören die Entwicklung der Lithosphäre, Hydrosphäre, Atmosphäre und Stratosphäre). In den frühen Jahren der planetaren Entwicklung erreichte die anorganische Evolution innerhalb der Physiosphäre einen wichtigen Übergang, in dem eine neue Art der Evolution erschien. Laut Teilhard markierte die Entstehung des Lebens den Beginn einer neuen evolutionären Ebene, die wir als Biosphäre kennen. Die Entwicklung in der Biosphäre schreitet dann für Milliarden von Jahren fort, bis ein weiterer evolutionärer

Übergang erreicht ist – die Entstehung dessen, was Teilhard als *Noosphäre* bezeichnet oder die psychosoziale Ebene der Evolution. Und so wie die Biosphäre schließlich die vorausgehende Physiosphäre umhüllt und transformiert, hat die Noosphäre seit Kurzem die Biosphäre umhüllt und transformiert.

Laut Teilhard führte das Überschreiten des wichtigen Übergangs der Noosphäre zur Entstehung eines qualitativen Unterschieds oder einer Veränderung des Zustands zwischen bewusstem Leben und selbstbewusster Menschheit. Wie wir schon im 2. Kapitel angemerkt haben, erkannte Teilhard, dass der grundlegende Unterschied zwischen Menschen und Tieren *im Inneren* liegt – die höheren Tiere mögen fähig sein zu wissen, aber der Mensch weiß, dass er weiß, und diese selbstreflexive Fähigkeit markiert den Beginn eines neuen Bereichs evolutionärer Möglichkeiten. „Von *außen* betrachtet repräsentiert die zoologische Gruppe des Menschen nur einer weitere biologische Spezies, aber von *innen* repräsentiert der menschliche Stamm für Teilhard die Weiterführung der Vergeistigung des Kosmos."[15] Teilhard erklärt:

> „Der Mensch ist ein schier unlösbares Problem für die Wissenschaft, weil sie ihn nicht in seiner vollen Bedeutung akzeptieren will, das heißt als die Erscheinungsform eines völlig neuen Zustands des Lebens, am Ziel einer ständigen Transformation. Lassen Sie uns ein für alle Mal ehrlich feststellen, dass in jeder realistischen Sichtweise der Weltgeschichte die Entstehung des Denkens ein reales, spezifisches Ereignis ist, und genauso großartig wie die erste Kondensation der Materie oder das erste Erscheinen des Lebens: Und wir werden vielleicht anstatt der gefürchteten Unordnung eine vollkommenere Harmonie erkennen, die unsere Sicht des Universums durchdringen wird."[16]

Mehr als jeder andere Philosoph vor ihm erkannte Teilhard in der Geschichte der Evolution eine tiefgründige spirituelle Lehre über den Platz der Menschheit im Universum. Er konnte sehen, dass die Fakten der Evolution selbst zeigten, dass die Entwicklung des Kosmos einer Ordnung, Ausrichtung und Sinnhaftigkeit folgt. Und Teilhard konnte auch sehen, dass dieses spirituelle Verständnis der Evolution uns auf unsere natürliche Aufgabe verweist, die Situation des Menschen zu verbessern, indem wir an der Evolution der Noosphäre mitwirken. Teilhard erkannte auch die zutiefst spirituelle Qualität der Evolution, die er im evolutionären Muster einer immer weiteren Entwicklung in Richtung höherer Ebenen von Einheit und Vollkommenheit erkannte. Und er war der Ansicht, dass der nächste große evolutionäre Übergang das Erreichen dessen sein wird, was er den „Omega-Punkt" nennt, die Verwirklichung der Brüderlichkeit der Menschen auf der Erde. Teilhard verstand den Omega-Punkt als eine Art „utopischen Attraktor", dessen Existenz als Potenzial eine Art evolutionärer Schwerkraft erzeugt, die die Entwicklung der Noosphäre beeinflusst. Aber obwohl Teilhard die Existenz des Omega-Punktes als präexistent voraussetzt, sind seine Ansichten jedoch nicht völlig deterministisch, denn er war sich der Bedeutung des freien Willens bewusst.

Als Wissenschaftler wollte Teilhard das innere Universum wissenschaftlich erforschen. Deshalb sprach er über Aspekte des Integralen, die wir bei Hegel, Bergson oder Whitehead nicht finden. Teilhard entwickelte zum Beispiel sein „Gesetz von Komplexität und Bewusstsein", das besagt, dass das Bewusstsein sich direkt proportional mit der organisatorischen Komplexität eines Organismus entwickelt. Laut Teilhard „entsteht Komplexität durch das Wachstum des Bewusstseins, oder das Bewusstsein ist das Ergebnis von Komplexität: In der Erfahrung sind beide Begriffe untrennbar."[17] Teilhards Erkenntnis der systemischen Natur der Evolution, ihre „Entwicklung durch Umhüllung" und ihre Transformationen, die an wichtigen Übergängen entstehen (sogar noch bevor dies von den Systemwissenschaften beschrieben wurde), zusammen mit seinem klaren Verständnis der direkten Verbindung in der Entwicklung des Inneren und Äußeren aller sich entfaltenden Dinge, sichert ihm einen Platz als ein wichtiger Begründer der integralen Philosophie.

Obwohl Bergson von den Materialisten für seine Lehre über die spirituelle Natur der Evolution kritisiert wurde, haben Teilhards Anerkennung als Wissenschaftler und der wissenschaftliche Stil von *Der Mensch im Kosmos* wie vielleicht kein anderes Buch des 20. Jahrhunderts die Wut des Szientismus auf sich gezogen. Aber obwohl diese Kritik sehr extrem war, gab es auch andere Wissenschaftler, die von Teilhards spiritueller Philosophie der Evolution sehr inspiriert waren. Der Einfluss von Teilhards Denken ging aber weit über Philosophie und die Wissenschaft der Evolution hinaus und hinterließ Spuren in so verschiedenen Bereichen wie dem Rechtswesen, der Wirtschaft und der Medizin.

Im letzten Kapitel *Die Richtung der Evolution* werden wir zu unserer Untersuchung von Teilhard de Chardins wichtigen Einsichten zurückkehren. Aber nun wenden wir uns der Diskussion des vielleicht prophetischsten Denkers zu, der zu den Begründern der integralen Philosophie gezählt werden kann: dem schweizer Philosophen und Soziologen Jean Gebser.

Jean Gebser – Der Prophet des integralen Bewusstseins

Jean Gebser

Obwohl Hegel, Bergson, Whitehead und Teilhard nicht Teil der gleichen „philosophischen Schule" sind und obwohl sie nicht immer in jedem Punkt miteinander übereinstimmen, können wir eine gewundene Entwicklungslinie durch die erste Hälfte des 20. Jahrhunderts erkennen, die sie alle verbindet. Aber zusätzlich zu ihrem Status als Begründer der integralen Philosophie wurden diese herausragenden Denker von den akademischen Institutionen für ihren wichtigen Beitrag für das menschliche Wissen insgesamt gewürdigt. Wenn wir uns aber Jean Gebser (1905-73) anschauen, haben wir es mit einer anderen Art von Denker zu tun. Im Unterschied zu den bekannten Philosophen, die wir uns bisher angeschaut haben, ist Gebser ziemlich unbekannt. Und das kommt vielleicht auch daher, dass seine Texte manchmal sehr schwer verständlich, exzentrisch und dogmatisch sein können. Gebers Werk ist beeindruckend scharfsinnig und prophetisch in der Beschreibung des integralen Bewusstseins, aber es hat nicht den starken Effekt auf die Philosophie hinterlassen wie bei den anderen Begründern des integralen Bewusstseins, die wir besprochen haben. Wie dem auch sei, wenn wir aus der Perspektive der integralen Philosophie des 21. Jahrhunderts auf Gebser schauen, können wir sehen, dass er sicher einen Platz unter den ersten Begründern der integralen Tradition verdient.

Schon in den späten 30er Jahren des 20. Jahrhunderts hatte Gebser eine klare Intuition, dass die menschliche Geschichte bald eine neu entstehende Struktur von Bewusstsein und Kultur hervorbringen wird, die er als *integrales Bewusstsein* bezeichnete. Als er dieser Intuition nachging, führte ihn das zu der Erkenntnis, dass die menschliche Geschichte sich durch eine Abfolge unregelmäßiger Mutationen entfaltet, wobei jede Mutation ein völlig neues Muster der Erfahrung und eine neue Wahrnehmung von Raum und Zeit mit sich bringt. Gebser erkannte, dass jede neue Mutation im Bewusstsein eine erweiterte Perspektive eröffnete. Laut Gebser war die Entstehung solch einer neuen Perspektive besonders sichtbar beim Aufstieg des modernen Bewusstseins, das er als *mental-rationale Struktur* bezeichnete. Um diesen Punkt zu unterstreichen, benutzte er zum Beispiel das Erscheinen einer dreidimensionalen Perspektive in der Malerei der Renaissance, die den Beginn der neu entstehenden mental-rationalen Struktur mit ihrer besonderen Form der mental-perspektivischen Wahrnehmung kennzeichnete. Gebser zeigte jedoch auch die Beschränkungen des *mental-perspektivischen Bewusstseins,* da es seiner Ansicht nach im Ego zentriert ist. Deshalb verurteilte er diese Sichtweise als den wichtigsten Grund für die Pathologie der modernen Gesellschaft. Im Gegensatz zur rational-perpektivischen Sicht der mentalen Struktur sprach Gebser von der Überlegenheit einer seiner Meinung nach neu entstehenden Mutation der integralen Struktur mit ihrer charakteristischen Form des *integral-aperspektivischen Bewusstseins.* Laut Gebser ist aperspektivische Wahrnehmung frei vom Ego, es ist „nicht auf Teilwahrheiten fixiert", ihre Perspektive ist nicht durch das Ego eines Individuums oder einer Form von Bewusstsein gebunden, sondern ist vielmehr dazu in der Lage, viele verschiedene Perspektiven einzunehmen. Durch aperspektivisches Bewusstsein werden die vorhergehenden Bewusstseinsstrukturen transparent und „diaphan", und das führt zu einer zunehmenden Intensität des Bewusstseins, die alle vorhergehenden Strukturen integriert. In Gebsers Hauptwerk *Ursprung und Gegenwart,* das im Jahre 1953 veröffentlicht wurde, schreibt er:

> Um diese Absprungbasis zu gewinnen, wollen wir im Sinne einer Arbeitshypothese die vier beziehungsweise fünf Strukturen darstellen, die wir als die archaische, die magische, die mythische, die mentale und die integrale bezeichnet haben. Dabei müssen wir uns jedoch stets gegenwärtig halten, dass diese Strukturen durchaus nicht nur einen Vergangenheits-Charakter haben, sondern in mehr oder minder latenter oder akuter Form heute noch in jedem von uns vorhanden sind. Nur mit der Herausarbeitung und der damit verbundenen Bewusstmachung dieses bisher mehr oder weniger übersehenen Tatbestandes wird uns, im Gegensatz beispielsweise zu Hegel oder Comte, eine gegensätzliche Betrachtungsweise möglich. Wir stellen gegen die Evolutionstheorie nicht nur unsere Mutationstheorie oder Bewusstwerdung; wir beziehen in unsere Betrachtung, nach der Gegenwärtigung (nach der Gegenwärtig- und damit Bewusstmachung) des Vergangenen, die Zukunft als bereits vorhanden, weil in uns latent vor-

> handen, ein. Wir lassen nicht nur die Möglichkeit einer neuen Bewusstseinsmutation offen, jene in die neue Struktur der integralen „Bewusstheit" der aperspektivischen Welt, sondern nähern sie uns an; das aber besagt: wir gegenwärtigen sie."[18]

Hegel hat die Evolution der menschlichen Geschichte als eine sich entfaltende Abfolge von Bewusstseinsstufen beschrieben, aber Gebser ging weiter, indem er diese Stufen noch genauer definierte und beschrieb, wie die Erkenntnis dieser spezifischen Stufen der historischen Entwicklung tatsächlich das Entstehen der nächsten Stufe ermöglicht. Mit anderen Worten, die von Gebser postulierte Mutation zum integralen Bewusstsein wird dadurch erreicht, dass *die Sichtweise jeder vorhergehenden Stufe für die aperspektivische Wahrnehmung transparent wird,* und das lässt wiederum eine neue Stufe entstehen – eine neue Philosophie, eine epistemologische Fähigkeit und eine neue auf Werten basierende Weltsicht.

Gebsers Betonung dieser neuen und spezifischen epistemologischen Fähigkeit, die mit jeder neuen Bewusstseinsstufe entsteht, ist eine seiner wichtigsten Beiträge zur integralen Philosophie. Wir haben schon untersucht, dass durch die Entstehung des modernen Bewusstseins diejenigen, die die moderne Weltsicht verinnerlichen, von einer erweiterten rationalen Fähigkeit profitieren – eine neue Fähigkeit des Denkens und der Logik. Aber Gebser erkannte im modernen Bewusstsein sowohl eine *effiziente* Form des Denkens – „ausgewogenes gerichtetes Denken" (wie es von Platon verwendet wurde) – als auch eine *negative* Form des Rationalismus, die er als exzessiv analytisch, zerteilend und dualistisch charakterisierte. Laut Gebser wird die starre Form des „Egobewusstseins" der rationalen Perspektive von der integralen Struktur überwunden, indem sie etwas benutzt, was er „Wahrung" nennt, eine Möglichkeit, die Dinge so zu sehen, wie sie wirklich sind – eine Wahrnehmung der Wahrheit, die durch die Dinge *hindurchsieht*. Er bemerkte, dass es die Errungenschaft dieser aperspektivischen Wahrnehmung ist, dass sich durch sie die Wirklichkeit als transparent und diaphan erweist, was es uns erlaubt wortwörtlich durch frühere Perspektiven hindurchzusehen und den immer gegenwärtigen Ursprung hinter allen Erscheinungen zu erkennen. Gebser behauptete, dass diese „aperspektivische Wahrung" zu einer kategoriefreien Wahrnehmung führt, die an die Phänomenologie des Seins des deutschen Philosophen Martin Heidegger erinnert. Obwohl Gebser Heideggers säkularisierte „Theologie ohne Gott" kritisierte, hat er Heideggers Philosophie auch als einen Ausdruck von „Diaphanie in der neueren Philosophie" gewürdigt, dessen „Verzicht auf die Notwendigkeit der Konzeptualisierung ... die Mutation vom dreidimensionalen Mentalen zum vierdimensionalen Integralen des Ganzen erlaubt".[19]

Obwohl Gebser die kategoriefreie Methode der Phänomenologie mit der Aperspektivität verglichen hat, unterschied er auch die *effiziente* Form des integral-aperspektivischen Bewusstseins, die eine Transzendierung des Egos mit einschließt, von den *negativen* Formen des Integralen. Damit meint er, nach Allan Combs' Verständnis von Gebser, „die gewöhnliche Leerheit, die Leere der Existenzialisten und den Relativismus der multiplen Perspektiven, seien sie wörtlich oder bildlich, die nicht auf den Ursprung hin durchlässig sind, sondern einfach nur komplex".[20] Und in dieser Argumentation können wir sehen, dass Gebser damit rang, das postmoderne vom integralen Bewusstsein zu unterscheiden.

Gebsers vorhersehende Intuition der neu entstehenden Konturen der integralen Tradition zeigen sich in seiner Affinität für Teilhard und den indischen Mystiker, Philosophen und spirituellen Lehrer Sri Aurobindo (1872-1950). In seinem Vorwort zur zweiten Auflage von *Ursprung und Gegenwart,* die im Jahre 1966 erschien, sprach Gebser über bestimmte „unterstützende Ereignisse" seit der ersten Auflage des Buches, deren „spirituelles Potenzial" gesehen werden sollte:

> Zu diesen Werken sind vor allem die von Sri Aurobindo und Pierre Teilhard de Chardin zu zählen. ... Beide entwickeln je auf ihre Weise das Konzept eines sich neu herausbildenden Bewusstseins. Es handelt sich um jenes, das Sri Aurobindo als das „supramentale" bezeichnet hat. ... Denn obwohl diese [beiden Autoren] menschheitlich und universal orientiert sind, ist die Ausgangsbasis Sri Aurobindos eine reformiert Hinduistische, die das westliche Denken integrierte; die Teilhard de Chardins ist katholisch, während die des vorliegenden Werkes allgemein-abendländischer Art ist. Das aber hindert nicht, dass die Ausführungen des einen die anderen nicht nur unterstützen und ergänzen, sondern bestätigen.[21]

Wie Teilhard hatte auch Sri Aurobindo versucht zu zeigen, dass die Tatsachen der Evolution mit einem spirituellen Verständnis des Universums harmonisiert werden können. In seinem Meisterwerk *Das göttliche Leben* versuchte Aurobindo, prämodernen Hinduismus mit den wissenschaftlichen und philosophischen Einsichten der westlichen Moderne zu verbinden, um eine frühe Form einer integralen Spiritualität zu entwickeln.

Es gibt keinen Zweifel daran, dass Sri Aurobindo ein wichtiger Pionier des integralen Bewusstseins ist und wir müssen ihn als einen der herausragenden Begründer der integralen Weltsicht anerkennen. Meiner Ansicht nach gehört seine meisterhafte Integration von Evolution und Spiritualität in *Das göttliche Leben* zu den tiefgründigsten religiösen Werken des 20. Jahrhunderts. Obwohl ich keinem spirituellen Weg folge, der im Hinduismus wurzelt, ist Aurobindo trotzdem einer meiner spirituellen Helden. Sein Werk ist aber vielmehr religiös als philosophisch. Obwohl er sich mit philosophischen Themen befasste, sah er sich selbst mehr als spiritueller Lehrer der Hindu-Tradition, denn als Philosoph der westlichen Tradition. Und dementsprechend schrieb Aurobindo mit der autokratischen Autorität eines allwissenden spirituellen Meisters und sprach über universelle Wahrheiten als ein erleuchteter Guru. Er hielt es nicht für notwendig, seine Schlussfolgerung sorgfältig zu begründen, oder zu beschreiben, wie er zu seinen fantastischen Wahrheiten gekommen war. Zudem äußerte Aurobindo keine Anerkennung dessen, was er Hegel oder den meisten der westlichen Philosophen schuldete, auf dessen Werke er sich offensichtlich bezog. Weiterhin kann man sagen, dass, obwohl Aurobindo sich einem erweiterten Verständnis der Bewusstseinsevolution durch Stufen verpflichtet fühlte, er die direkte Verbindung zwischen der Evolution des Bewusstseins und der Evolution der Kultur nicht ausreichend verstand.

Trotzdem hat Aurobindos Genius einen bedeutenden Beitrag zur Entstehung der integralen Weltsicht geleistet, und das kann man auch daran sehen, dass viele der bekanntesten Lehrer der integralen Bewegung spirituellen Wegen folgen, die im Hinduismus wurzeln und von Aurobindos Lehre inspiriert sind. Trotzdem werde ich sein Werk hier nicht ausführlich behandeln, denn ich glaube, dass es vielmehr eine Form der integralen Spiritualität ist als eine integrale Philosophie im engeren Sinne. Laut M. P. Pandit, dem offiziellen Biografen von Aurobindo, entstand Sri Aurobindos evolutionäre Philosophie, die zuerst in (seinem Tagebuch) *Arya* erschien, aus dem später *Das göttliche Leben* wurde, durch eine Art automatisches Schreiben. In Pandits Worten: „Dieses Werk des Wissens, so soll hier angemerkt sein, war nicht das Produkt seines Gehirns – so brillant es auch war. Die Texte des *Arya*, so erinnert sich Aurobindo, wurden direkt in seinen Füller hinein übermittelt."[22]

Wie ich noch ausführlich im nächsten Kapitel beschreiben werde, ist es sehr wichtig für die integrale Philosophie, als eine Sichtweise verstanden zu werden, die eine Vielzahl von spirituellen Wegen und Perspektiven miteinbeziehen und beinhalten kann. Wenn wir also die spirituellen Lehren von Sri Aurobindo in diesen Ausführungen über die ursprünglichen Begründer der integralen Philosophie berücksichtigen würden – ohne dass wir all die anderen spirituellen Lehrer des Ostens und Westens erwähnen, die auch einen wichtigen Einfluss auf die integrale Philosophie hatten – würden wir riskieren, auf unfaire Weise eine bestimmte spirituelle Tradition mit der integralen Philosophie zu assoziieren.

Aurobindo wird oft als derjenige gewürdigt, der den Begriff „integral" zum ersten Mal in Verbindung mit einer evolutionären Philosophie verwendet hat. Aber der Soziologe Pitrim Sorokin von der Harvard-Universität begann auch zur selben Zeit wie Aurobindo, den Begriff „integrale Philosophie" oder „Integralisten" in diesem Zusammenhang zu benutzen.[23] Tatsächlich hat es den Anschein, dass Sorokin, Aurobindo und Gebser alle den Begriff „integral" verwendeten, ohne voneinander zu wissen. Wenn diese Autoren auch nicht genau das Gleiche meinten, so können wir doch sehen, dass sie alle eine ähnliche Vision des Kommenden hatten.

Aber, um zu unseren Ausführungen über Gebser zurückzukommen, müssen wir aus heutiger Perspektive sagen, dass *Ursprung und Gegenwart* – obwohl es viele Elemente der integralen Philosophie vorhersieht und in vielen wichtigen Teilen sehr anziehend und fast vollständig wirkt – letztendlich kein nützliches Manifest der integralen Philosophie ist, weil es nicht klar zwischen dem Integralen und der Postmoderne unterscheidet. Obwohl vieles in Gebsers Beschreibungen der integralen Struktur gut zum heutigen Verständnis des integralen Bewusstseins passt, gibt es aber auch genauso vieles – wenn nicht mehr –, das besser der postmodernen Stufe zugeordnet wäre. Obwohl also Gebser die von ihm erwartete neue Bewusstseinsstruktur als integral bezeichnete, sah seine prophetische Vision eher die Postmoderne voraus als die später erscheinende *integrale* Stufe.

Wir können Gebser diesen Fehler sicher nachsehen, wenn wir bedenken, dass ein vollständiges Verständnis des Unterschieds zwischen dem postmodernen und dem integralen Bewusstsein von den integralen Theoretikern nicht vollständig erkannt wurde, bis schließlich die Einsichten von Clare Graves in den späten 1990er Jahren in die integrale Philosophie aufgenommen wurden. Aber Gebers allgemeines Verständnis der spezifischen Bewusstseinsstufen, zusammen mit seiner

Betonung der Art und Weise, wie die integrale Struktur ihre neue Erkenntnis dieser Stufen benutzt, um ihre eigene Weltsicht zu konstruieren, sichert ihm einen Platz unter den Begründern der integralen Philosophie.

Aber es ist in diesem Zusammenhang auch interessant anzumerken, dass sich bei Gebser, obwohl er in der frühen Erkenntnis der Bewusstseinsstufen außerordentlich prophetisch war, unter den Hunderten von Philosophen, Wissenschaftlern und Künstlern, die er in *Ursprung und Gegenwart* zitiert, keine Erwähnung der Entwicklungspsychologen wie zum Beispiel James Mark Baldwin oder Gebsers Landsmann, dem schweizer Denker Jean Piaget findet. Und das erstaunt umso mehr, weil zur Zeit der zweiten Auflage von *Ursprung und Gegenwart* das Werk von Piaget in intellektuellen Kreisen sehr bekannt war. Dass Gebser die Entwicklungspsychologie in seiner Recherche nicht berücksichtigt, können wir heute als einen großen Fehler erkennen, denn wir sehen mittlerweile, dass die Linie der Entwicklungspsychologie, die mit Baldwin beginnt und in Graves seinen Höhepunkt findet, ein wichtiger Bestandteil der integralen Weltsicht geworden ist. Und der Entwicklung dieses Gedankenguts wenden wir uns jetzt zu.

Entwicklungspsychologie und die Kartografie des inneren Universums

Zusätzlich zu ihren Wurzeln in der westlichen Philosophie ist die Tradition der integralen Theorie auch in den Sozialwissenschaften begründet, besonders in der Entwicklungspsychologie, wie wir schon kurz zu Beginn des 3. Kapitels untersucht haben. Im folgenden Teil dieses Kapitels kehren wir zum Beginn des 20. Jahrhunderts zurück, um die Evolution der Entwicklungspsychologie zu verfolgen, die eine Denkrichtung darstellt, die heute ein wichtiger Teil der Synthese der integralen Philosophie des 21. Jahrhunderts geworden ist. Das Feld der Psychologie im Allgemeinen wurde nie in einer einheitlichen Art und Weise integriert oder koordiniert. Es entstand als eine eigene Disziplin im 19. Jahrhundert aus der Philosophie. Und es ist charakteristisch für diese Epoche, dass die frühen Psychologen sich als Wissenschaftler verstanden, die eine Wissenschaft der Psyche begründeten, die ein für alle Mal das Bewusstsein demystifizieren würde. Aber aufgrund der Schwierigkeiten, mit einem materiellen Ansatz einen nicht-materiellen Forschungsgegenstand zu untersuchen, war dieses Feld durch unterschiedliche und einander widersprechende Theorien gekennzeichnet. Jede von ihnen wetteiferte um die empirische Autorität in einem Bereich, in dem empirische Sicherheit schwer zu erreichen ist.

In diesen ersten Jahren hatte auch der Zweig der Psychologie seinen Ursprung, den wir heute als „Entwicklungspsychologie" bezeichnen. Aber eigentlich war es Hegel, der zum ersten Mal beschrieb, wie sich das Bewusstsein durch spezifische Stufen hindurch entwickelt. Und tatsächlich können wir heute in Hegels Philosophie die gesamte Spanne integraler Theorie erkennen, wenn auch in einer unentwickelten Form. Im Gegensatz zu den meisten Zweigen der Psychologie, die zu Beginn des 19. Jahrhunderts entstanden, knüpfte die Entwicklungspsychologie an die ethischen Philosophen Kant und Hegel an. Aber trotz der Affinität der Entwicklungspsychologie gegenüber der evolutionären Philosophie erkannten weder Bergson noch Whitehead oder Teilhard die Bedeutung der Entwicklungspsychologie für ihre Theorien, sie verstanden nicht tief genug die Bedeutung der Wechselwirkung zwischen der Evolution der Kultur und der Evolution des Bewusstseins.

Aber im Gegensatz zu den anderen integralen Pionieren, die wir bisher besprochen haben, ist Gebser wiederum ein Sonderfall. Er schrieb in den späten 1940ern und frühen 1950er Jahren und entwickelte sein eigenes unabhängiges Verständnis der Stufen von Bewusstsein und Kultur, ohne von dem recht großen Ausmaß empirischer Forschungen zu profitieren, die durch die Entwicklungspsychologie selbst schon zur Zeit seines Schreibens zusammengetragen worden waren. So wie Gebsers Denken im Allgemeinen blieben auch seine Erkenntnisse über die Evolution des Bewusstseins relativ isoliert, bis sie in den 1980er Jahren „wiederentdeckt" wurden. Erst in den 1970er Jahren erkannte der prominente Philosoph Jürgen Habermas die Bedeutung der Entwicklungspsychologie für die evolutionäre Philosophie. Und erst in den 1980er Jahren fanden diese Felder eine umfassende Integration im Werk von Ken Wilber.

Aber abgesehen davon, dass evolutionäre Philosophie und Entwicklungspsychologie sich unabhängig voneinander entwickelten, entstanden beide Felder durch Einsichten, die durch Schau-Logik bzw. was ich als dialektische Evaluation bezeichne – die neu entstehende Erkenntnisfähigkeit des integralen Bewusstseins – möglich wurden. Wir haben schon weiter oben besprochen, wie die erweiterte Erkenntnisfähigkeit des integralen Bewusstseins von Hegel, Bergson, Whitehead, Teilhard und Gebser benutzt wurde, um ihre jeweiligen Philosophien zu formulieren. Aber neben diesen anerkannten philosophischen Genies gab es noch einen weiteren frühen Genius, der die Kraft des integralen Bewusstseins benutzte, um wichtige Merkmale des inneren Universums zu entdecken, die nun zu einem zentralen Bestandteil der integralen Philosophie geworden sind. Dieser Genius war James Mark Baldwin (1861-1934) und sein großer Beitrag war die Entdeckung, dass das Bewusstsein durch universelle, kulturübergreifende Entwicklungsstufen evolviert. Wie wir kurz im 3. Kapitel untersucht haben, ermöglichte Baldwins Werk die Grundlage, auf der das gesamte Feld der Entwicklungspsychologie beruht.

James Mark Baldwin

Baldwin war ursprünglich von der Leidenschaft motiviert, den Dualismus in der Weltsicht des modernen Bewusstseins zu überwinden. Zunächst war er von der erfahrungsorientierten Philosophie Spinozas angezogen, aber er war auch sehr vom Denken Kants und der Idealisten, wie zum Beispiel Fichte und Hegel, beeinflusst. In der Tat liest sich die Entwicklung von Baldwins intellektueller Karriere wie ein Mikrokosmos der Entwicklung der integralen Philosophie selbst. Obwohl er 150 akademische Bücher und Artikel schrieb, findet man die ausgereifte Form seines Denkens in seinem Hauptwerk *Thought and Things: A Study of the Development and Meaning of Thought, Genetic Logic* (fertiggestellt im Jahre 1911), das die dialektische Entwicklung des menschlichen Bewusstseins durch die folgenden spezifischen Stufen hindurch beschreibt: „prä-logisch, quasi-logisch, logisch, extra-logisch und über-logisch".

Zusätzlich zu seinen frühen Entdeckungen der Entwicklungsstufen im Bewusstsein erkannte Baldwin auch getrennte, aber miteinander in Beziehung stehende Linien der Entwicklung, die in diesen Stufen in Erscheinung treten. Diese assoziierte er mit den Kategorien Kants als Gefühl, Gedanke und Willen oder Ästhetik, Wissenschaft und Moral. Und genauso wie Whitehead erkannte Baldwin die ästhetische Entwicklungslinie als die grundlegendste. Aber trotz seiner frühen Bekanntheit als einer der Begründer der Psychologie fand seine Arbeit später kaum Beachtung, was vor allem an seiner idealistischen Ausrichtung lag, die von einer akademischen Psychologie, die völlig eingenommen war von einem sensorisch-empirischen Ansatz und den metaphysischen Begrenzungen des Szientismus, abgelehnt wurde. Trotzdem fielen Baldwins

Einsichten auf fruchtbaren Boden und wurden von einem weiteren Entwicklungstheoretiker weitergetragen, dessen empirische Forschung die Frage der Entwicklungsstufen ohne jeden Zweifel beantwortete. Dieser bekannte Forscher war natürlich Jean Piaget (1896-1980) und seine empirische Forschungsarbeit über die universellen, kulturübergreifenden Entwicklungsstufen des Bewusstseins mit je eigenen Weltsichten wurde seither durch buchstäblich Hunderte von wissenschaftlichen Studien immer wieder bestätigt. Piagets Theorie der kognitiven Entwicklungslinie diente als Inspiration und Vorbild für die Forschungsarbeit von vielen nachfolgenden Entwicklungspsychologen, die seither andere Entwicklungslinien untersucht haben (wie zum Beispiel die moralischen Schlussfolgerungen oder das Selbstempfinden) und die herausgefunden haben, dass die Bewusstseinsentwicklung durch diese spezifischen, universellen, kulturübergreifenden Stufen voranschreitet, wobei dieselben Stufen erkennbar sind, egal, welche Entwicklungslinie untersucht wird.

Aber im Gegensatz zu Baldwins klarer Demonstration eines frühen integralen Bewusstseins waren Piaget und die meisten seiner Nachfolger in der Entwicklungspsychologie Vertreter einer modernen Weltsicht. Die Begrenzungen der modernen Ideologie hielten diese Forscher davon ab, ihre Theorien mit einem größeren Verständnis der Evolution zu verbinden, auf das ihre Forschungsergebnisse hindeuteten. Auch wenn wir in der etablierten Entwicklungspsychologie eine Linie der Nachfolge von Baldwin zu Piaget und dann von Piaget zu vielen der prominenten Theoretiker stufenweiser Entwicklung, die von ihm inspiriert waren, sehen können – u. a. Kohlberg, Loevinger, Gilligan, Gardner und Kegan – enthält das, was wir heute als Entwicklungspsychologie erkennen, auch die Einsichten der humanistischen und transpersonalen Psychologie, die nicht aus der Arbeit von Baldwin oder Piaget entstand.

Obwohl er heute meist auf der Liste der wichtigen Entwicklungspsychologen zu finden ist, kannte Abraham Maslow (1908-70), wie Gebser, nicht die Arbeit von Baldwin oder Piaget, als er seine bekannte Theorie der menschlichen Bedürfnisse formulierte, die er 1954 zum ersten Mal in seinem Meisterwerk *Motivation und Persönlichkeit* veröffentlichte. Anders als die Entwicklungstheoretiker dieser Zeit, die in der Nachfolge Piagets standen, umfasste Maslows Bewusstsein eine besondere Kombination von modernem, postmodernem und frühem integralen Denken. Als Atheist war Maslow vom Existenzialismus der 1950er Jahre angezogen und sein Versuch, die existenzialistische Philosophie mit der wissenschaftlichen Psychologie zu verbinden, ließ die „Humanistische Psychologie" entstehen, die er in Abgrenzung zu den zu seiner Zeit vorherrschenden freudianischen und behavioristischen Schulen der Psychologie als „dritte Kraft" der Psychologie seiner Zeit bezeichnete.

Maslows Einfluss im Bereich der akademischen Psychologie als Ganzes war enorm, aber in den späten 1960er Jahren wuchs seine Enttäuschung über die Begrenzungen der humanistischen Psychologie, und durch den Einfluss der postmodernen Gegenkultur wurde er einer der Begründer der transpersonalen Psychologie, die er als „vierte Kraft" bezeichnete. Und interessanterweise war es dieses Feld der transpersonalen Psychologie, in dem Ken Wilber seine Karriere begann. Aber Wilber sollte sich später von diesem Bereich der Psychologie, als dieser mehr und mehr mit postmoderner New Age-Spiritualität vermischt wurde, distanzieren.

Claire W. Graves

Aber vom Gesichtspunkt der Synthese der integralen Philosophie des 21. Jahrhunderts ist Maslows größtes Vermächtnis sein Einfluss auf Clare W. Graves (1914-86), den wir in den Grundlagen des integralen Bewusstseins schon ausführlich besprochen haben. Obwohl Graves auch von Piaget beeinflusst wurde, entwickelte er sein Forschungsprogramm über den „idealen Menschen", das in den späten 1950er Jahren begann, um die von Maslow postulierten Entwicklungsstufen zu prüfen und zu bestätigen. Maslows großen Einfluss auf Graves kann man darin sehen, dass er die integralen und höheren Stufen als „Seinsebenen" bezeichnete, indem er die Idee der „Seinswerte" von Maslows Beschreibung der Werte und Motivation selbstverwirklichter Menschen herleitete. Graves' Forschungsarbeit zeigte aber einige Probleme in Maslows Stufentheorie, die Maslow später anerkannte.

Wie wir im 3. Kapitel betrachtet haben, ist unter allen Entwicklungspsychologen, die auf Baldwin folgten, Graves der Wichtigste für die integrale Philosophie, weil er die systemische Natur der Entwicklungsspirale klar erkannte. Obwohl Graves' Forschungsarbeit größer und empirischer als Maslows Forschungen war, hatte sie auch wichtige Einschränkungen und war wissenschaftlich nicht so überzeugend wie Piagets Studien. Was Graves so bedeutsam macht, sind nicht die Daten, die er gesammelt hat, sondern seine *Interpretation* der Daten. Graves erlangte ein nie da gewesenes Verständnis des Zusammenhangs zwischen den Lebensbedingungen und den spezifischen, auf Werten basierenden Weltsichten, die als Reaktion auf diese Lebensbedingungen entstanden.

Seine Erkenntnisse über die kokreative Beziehung zwischen den Stufen, den „bio-psycho-sozialen" Charakter der menschlichen Entwicklung und das wiederkehrende spiralförmige Muster der dialektischen Evolution des Bewusstseins, repräsentieren auch wichtige Beiträge zu unserem Verständnis des inneren Universums. Graves' unvergleichliches Verständnis der systemischen Strukturen des Bewusstseins und der Kultur, zusammen mit dem Ruf, ein unverbesserlicher Einzelgänger zu sein, den er sich unter den Psychologen seiner Zeit erworben hatte, weil er die Weisheit der humanistischen Psychologie ablehnte, sind ein eindeutiges Zeichen seiner eigenen Entwicklung in ein integrales Bewusstsein.

Bevor Wilber das *Spiral Dynamics*-Modell, das von Don Beck und Chris Cowan weiterentwickelt wurde, in seine Arbeit aufnahm, beruhte Wilbers Philosophie der Entwicklung auf einer Kombination der Bewusstseinsstufen, wie sie Piaget und seine Nachfolger beschreiben, und den Stufen der Kultur, wie sie Gebser beschreibt. Erst nachdem Wilber das weiterentwickelte Verständnis von Graves übernahm, entwickelte Wilber ein klareres Verständnis des Unterschieds zwischen postmodernem und integralem Bewusstsein, das zu Wilbers Buch über die postmodernen Pathologien führte, dem er den Titel *Boomeritis* gab.

Wir werden im 9. Kapitel über die *Strukturen des menschlichen Geistes* zu unserer Diskussion der Entwicklungspsychologie zurückkehren. Aber während wir unsere Untersuchung der Evolution der integralen Philosophie als Ganzes fortsetzen, wenden wir uns nun dem Bereich der anerkannten akademischen westlichen Philosophie zu, um das Werk von Jürgen Habermas zu untersuchen.

Jürgen Habermas – Der Architekt der integralen Grundlagen

Jürgen Habermass

Der deutsche Philosoph Jürgen Habermas (geboren 1929) muss als der Gründer der integralen Philosophie gewürdigt werden, weil er in seinen Schriften mehrere wichtige Merkmale der Synthese des integralen Bewusstseins im 21. Jahrhundert begründet oder hervorgehoben hat. Aber anders als die spirituell orientierten Philosophen der Evolution, die wir bisher besprochen haben, ist Habermas ein Atheist und Neo-Marxist und deshalb ist er kein wahrhaft „integraler Philosoph" nach Art von Whitehead oder Teilhard. Trotzdem dienen seine Ideen als eine Grundlage für viele wichtige Grundsätze der heutigen integralen Philosophie. Der Grund dafür ist Habermas' Geschick in der Verteidigung der Würde der Moderne gegen die antimodernen Angriffe der leidenschaftlichen dekonstruktiven Postmodernisten Europas; seine Einsichten in die Korrelation zwischen der Evolution des Bewusstseins und der Evolution der Kultur; seine Erkenntnis der sich dialektisch entwickelnden Stufen, die er in objektiven, subjektiven und intersubjektiven „Welten" entstehen sieht und seine Glaubwürdigkeit als einer der weltweit repektiertesten lebenden akademischen Philosophen, mit der er diese Argumente vorbringt.

Habermas' Bedeutung für die integrale Philosophie haben wir fast ausschließlich seinem Einfluss auf Ken Wilber zu verdanken, der Habermas als „einen der weltweit wichtigsten Philosophen und sozialen Theoretiker" bezeichnet.[24] Und obwohl Habermas zweifellos viele wichtige Elemente der integralen Philosophie in ihrer heutigen Form ablehnen würde (wenn er sie überhaupt beachten würde), sind seine wichtigen Beiträge zum integralen Verständnis der Wirklichkeit nicht zu übersehen.

Habermas war ein Erbe der bekannten „Frankfurter Schule" der Philosophie, die im frühen 20. Jahrhundert für ihre postmoderne Interpretation des Marxismus bekannt war. Heute scheint es, dass der Marxismus bei Habermas zum größten Teil etwas Formales geworden ist, aber trotzdem bleibt er einem „methodologischen Atheismus" verpflichtet. Als ein „öffentlicher Intellektueller" der europäischen Tradition war Habermas in seinen Weltsichten chamäleonhaft und erschien gleichzeitig als linker Sozialkritiker, Kämpfer für die Moderne und beredter Befürworter der Europäischen Union.

Die soziale Philosophie von Habermas verbindet die Stufenmodelle von Piaget und Kohlberg mit dem historischen Materialismus von Marx und argumentiert für die Erkenntnis einer losen Korrespondenz zwischen der Evolution des menschlichen Bewusstseins und der Evolution der menschlichen Kultur. Seiner Ansicht nach entwickelt sich die menschliche Geschichte durch drei allgemeine Stufen und Weltsichten – mythisch, religiös-metaphysisch und modern –, die er mit Kohlbergs Stufen der moralischen Entwicklung des Individuums in Beziehung setzt. Dies sind die gleichen Stufen, die Kohlberg als präkonventionell, konventionell und postkonventionell bezeichnete. Habermas erkennt die Überlegenheit der modernen/postkonventionellen Stufe der Evolution, weil diese Weltsicht die „Wertesphären" der Wissenschaft, Moral und Ästhetik differenziert hat, indem sie aus der prämodernen Fusion in der Religion herausgelöst wurden, was zu einem klareren Verständnis objektiver ethischer Normen führte.

In seiner Verteidigung der aufklärerischen Ideale einer universellen Rationalität hat Habermas versucht transzendentale und idealistische (oder spirituelle) Begründungen der Moral zu vermeiden, indem er seine Moraltheorie auf die ethische Legitimität intersubjektiver Vereinbarungen gründet. Das heißt, Habermas argumentiert, dass eine rechtliche Norm für eine Gemeinschaft nur dann moralisch gerechtfertigt ist, wenn es eine gemeinsame Vereinbarung gibt, die durch freien rationalen Diskurs zustande gekommen ist. Und für ihn ist das Kriterium, ob solch eine Vereinbarung „frei und rational" ist (und deshalb in seiner Durchsetzung als Norm objektiv gerechtfertigt), ob alle Teilnehmenden der Vereinbarung eine postkonventionelle Moral oder ein modernes Bewusstsein entwickelt haben. Weil er versuchte, sowohl den extremen Relativismus der Postmoderne als auch eine auf kirchlicher Tradition basierende Moral zu vermeiden, hat Habermas ein Verständnis von Vernunft und objektiver Moral aufrechtzuerhalten, das die Evaluation sozialer Normen ermöglicht, ohne auf religiöse Autoritäten angewiesen zu sein. Deshalb bildet für Habermas die offensichtliche Wirklichkeit intersubjektiver Vereinbarungen die Grundlage seiner moralischen und sozialen Theorien.

Habermas verbindet auch sein Konzept der drei grundlegenden Wertesphären (die er von Kants drei „Formen der Vernunft" herleitete) mit seiner Idee der „Lebenswelt", die laut Habermas die *objektive* Welt, die *soziale* oder *intersubjektive* Welt und die *subjektive* Welt umfasst. Indem er sich auf das konzentriert was er die „Welten" nennt, die durch den tatsächlichen Inhalt der menschlichen Sprache erkennbar sind, zeigt Habermas, dass zusätzlich zur objektiven Feststellung faktischer Wahrheiten in der menschlichen Sprache auch die „normative Richtigkeit" und die „subjektive Wahrhaftigkeit" wichtig sind. Laut Habermas müssen wir, wenn wir die objektive „Welt" der Fakten anerkennen, auch eine andere Welt anerkennen: „eine Welt nicht nur für ‚Objektives', das uns in der Einstellung der dritten Person begegnet, sondern auch eine für ‚Normatives', dem wir uns in der Einstellung von Adressaten verpflichtet fühlen, sowie eine für ‚Subjektives', das wir in der Einstellung der ersten Person vor einem Publikum enthüllen oder verbergen. Mit jedem Sprechakt bezieht sich der Sprecher gleichzeitig auf etwas in der objektiven, in einer gemeinsamen sozialen und in seiner subjektiven Welt."[25]

Deshalb kommt Habermas durch eine Analyse der „Sprechakte" zu einer eigenen, aber nichtsdestotrotz integralen Anerkennung der objektiven, subjektiven und intersubjektiven Bereiche der Lebenswelt. Aber Habermas geht noch weiter, indem er den Unterschied zwischen der natürlichen Lebenswelt, wie sie von Individuen wahrgenommen wird, und dem Bereich der künstlichen Systeme der kapitalistischen Gesellschaft hervorhebt, die er für ihre „Technisierung der Lebenswelt" und ihre Tendenz, die Moral der menschlichen Gesellschaft auf die Ebene von instrumenteller Effizienz zu reduzieren, kritisiert. Zusätzlich zu seiner Erkenntnis der objektiven, subjektiven und intersubjektiven Wirklichkeiten hat Habermas auch den eigenen Bereich der Artefakte und von Menschen geschaffenen Systemen in sein philosophisches Werk aufgenommen.

Wie wir im 8. Kapitel noch genauer betrachten werden, ist es ziemlich ironisch, dass Habermas mit der Beschreibung der Metaphysik der objektiven, subjektiven und intersubjektiven Wirklichkeiten der integralen Weltsicht solch einen großen Beitrag geleistet hat, aber gleichzeitig für seine Philosophie beansprucht, strikt „post-metaphysisch" zu sein. So wie er den Begriff post-metaphysisch benutzt, bezieht er sich im Allgemeinen auf die politische und soziale Überwindung der religiösen oder metaphysischen Autorität in der entwickelten modernen Weltsicht. Und er zeigt damit auch seine Anerkennung von Martin Heideggers Kritik der traditionellen metaphysischen Philosophie, die in den meisten europäischen Universitäten zum akzeptierten Wissen geworden ist. Aber weil er an die Begrenzungen der materialistischen Philosophie gebunden bleibt, erklärt er nicht ausreichend, wie seine Vorstellungen über die dialektische Sinnhaftigkeit der Geschichte post-metaphysisch sind, und folgt damit seiner chamäleonhaften Strategie. Er erklärt auch nicht, warum seine Ideen über die subjektiven und intersubjektiven „Welten" keine ontologischen Implikationen jenseits der Sprache haben.

Aber trotz seiner allgemeinen Ablehnung von Spiritualität und seines opportunistischen politischen Manövrierens in einigen seiner Schriften hat Habermas ein beeindruckendes Verständnis einiger der höchsten Wahrheiten gezeigt, die die Philosophie bisher erkannt hat. Sein außergewöhnliches Verständnis der meisten wichtigen Grundsätze der integralen Philosophie, zu dem er aus einer vollkommen anderen Richtung kommt als die anderen integralen Philosophen, die wir besprochen haben, zeugt von einer kraftvollen Intuition der Wahrheit. Wir werden zu Habermas zurückkehren, wenn wir seine Philosophie im nächsten Kapitel noch detaillierter besprechen werden. Aber wenn wir nun unsere Beschreibung der Begründer der integralen Philosophie beenden, wenden wir uns schließlich dem Werk von Ken Wilber zu.

Ken Wilber – Der Begründer der Synthese einer integralen Philosophie des 21. Jahrhunderts

Ken Wilber

Wie wir zu Beginn dieses Kapitels betrachtet haben, hat Ken Wilbers Werk die Tradition der integralen Philosophie in einer Reihe wichtiger Bereiche weitergetragen und erweitert. Ich beziehe mich hierbei auf Wilbers Beitrag als „die Synthese der integralen Philosophie des 21. Jahrhunderts", weil Wilber die evolutionäre Philosophie sehr effektiv auf den neuesten Stand gebracht hat, indem er es verstand, viele der wichtigen Fortschritte in Wissenschaft und Philosophie, die in den letzten 25 Jahren des 20. Jahrhunderts möglich wurden, geschickt in sein Werk zu integrieren. Aber Wilber hat nicht nur den Inhalt und die heutige Relevanz der integralen Philosophie erweitert, er hat auch die Spannbreite der integralen Philosophie vergrößert. Das heißt, Wilber hat ein Modell der sich entfaltenden Wirklichkeit entwickelt, das das innere Universum aus neuen und wichtigen Gesichtspunkten betrachtet. Wie wir im nächsten Kapitel besprechen werden, offenbart Wilbers Vier-Quadranten-Modell Aspekte der Wirklichkeit, die vorher nicht vollkommen erkannt oder verstanden wurden. In gewisser Weise ermöglicht dieser neue Wirklichkeitsrahmen für das *innere Universum* etwas Ähnliches, was Descartes' Philosophie in der Aufklärung für das *äußere Universum* ermöglichte. Wilbers integrale Synthese des 21. Jahrhunderts ermöglicht den Beginn des erweiterten Wirklichkeitsrahmens, der dazu dient, die nächste historisch bedeutsame Weltsicht hervorzubringen, die heute in der kulturellen Evolution der Menschheit entsteht.

Obwohl Wilber versucht, die Arbeit von Hunderten von Denkern und Theoretikern einzubeziehen und zu integrieren, sind seine wichtigsten Erweiterungen der evolutionären Philosophie das Einbeziehen der neuen Erkenntnisse der Systemwissenschaft, Entwicklungspsychologie und postmodernen Philosophie. Teilhard und Whitehead hatten erste Einsichten in die systemische Natur der inneren Evolution, aber sie konnten nicht von den wissenschaftlichen Durchbrüchen profitieren, die die Systemwissenschaften in den 1970er Jahren radikal erweiterten. Zu diesen Durchbrüchen gehörte die Entdeckung selbstorganisierender dynamischer Systeme, für die Ilya Prigogine den Nobelpreis erhielt, und

Francesco Varelas und Humberto Maturanas Entdeckung der *Autopoiesis* – der Mechanismus, durch den evolutionäre Systeme ihre Organisation aufrechterhalten und Entropie überwinden. Wilber erkannte die Bedeutung dieser Entdeckungen für die evolutionäre Philosophie und nahm sie in seine Theorie auf, indem er das Konzept der *Holons*, oder Systeme von Ganzen und Teilen, verwendete. Wie wir im nächsten Kapitel anschauen werden, zeigt die Theorie der Holons eindeutig die Ähnlichkeiten zwischen den evolutionären Strukturen, die wir im äußeren Bereich der Biologie und Kosmologie und im inneren Bereich des menschlichen Bewusstseins und der Kultur finden. Zudem zeigt diese Erkenntnis der universellen Struktur von Ganzen und Teilen jeder evolutionären Entwicklung, wie Systeme es schaffen, ihre Integrität angesichts zunehmender Komplexität aufrechtzuerhalten.

In dieser Formulierung der Synthese der integralen Philosophie des 21. Jahrhunderts erhellte Wilber auch geschickt die Verbindung zwischen der Entwicklungspsychologie und der evolutionären Philosophie. Obwohl Hegel, Gebser und Habermas jeder auf seine Weise erkannte, dass Bewusstsein und Kultur sich durch spezifische Stufen entwickeln, demonstrierte Wilber noch klarer, wie diese Stufen sich in der historischen Evolution der menschlichen Kultur herausgebildet haben und wie sie heute die gesellschaftlichen Probleme und Möglichkeiten erklären. Obwohl Wilber schon zu Beginn seiner Arbeit die Bedeutung der Entwicklungspsychologie erkannte, war er auch einer der Ersten, die das erweiterte Verständnis durch die Arbeit von Clare Graves anerkannten, als diese in den späten 1990er Jahren durch Don Beck und Chris Cowan bekannt wurde.

Wie wir im nächsten Kapitel noch genauer untersuchen werden, hatte Habermas in Bezug auf die Postmoderne schon die Begrenzungen der postmodernen Philosophie beschrieben und versucht, sie mit einem „post-postmodernen“ Ansatz zu überwinden, der zum Ziel hat, die Legitimität theoretischer Schlussfolgerung und Moral zu rehabilitieren. Wilber konnte aber noch über Habermas' Einsichten über die Postmoderne hinausgehen, weil er im Sinne von Graves zeigen konnte, dass die postmoderne Sichtweise in Wirklichkeit der Ausdruck einer spezifischen Weltsicht ist, die eine Position zwischen der Moderne und dem Integralen einnimmt. Durch das erweiterte Verständnis der Postmoderne als historisch bedeutsame Bewusstseinsstufe war Wilber dazu in der Lage, die Postmoderne gründlicher zu transzendieren, als Habermas dies gelungen ist, weil Wilber sowohl die bleibenden Errungenschaften der Postmoderne als auch ihre Schwächen und Fehler klar herausarbeitet. Und durch diese tief greifende Transzendierung der Postmoderne in ihren kulturellen und philosophischen Ausdrucksformen hat Wilber gezeigt, warum und in welcher Weise die integrale Weltsicht in der Tat die nächste Stufe in der Entwicklung der Menschheit ist.

Der wichtigste Beitrag von Wilbers Synthese des 21. Jahrhunderts zur integralen Philosophie im Allgemeinen ist seine Bereitschaft zu versuchen, „das große Bild" zu beschreiben. Das können wir sowohl in seiner Erkenntnis dessen sehen, was er als „das große Nest" bezeichnet – Materie, Verstand und GEIST – und in seiner Abbildung des sich entwickelnden Universums in seinem Vier-Quadranten-Modell der Evolution (s. S. 226). Mit dieser Vier-Quadranten-Landkarte der universellen Entwicklung zeigt Wilber wie die Evolution der Kultur zutiefst mit der biologischen Evolution, der Evolution des individuellen Bewusstseins und der Evolution der äußeren Strukturen der menschlichen Gesellschaft verbunden ist. Wilber lokalisiert jeden dieser spezifischen Aspekte der Evolution in einem der *Quadranten* seines Modells, mit dem Ziel, das Innere und Äußere der individuellen und kollektiven Aspekte der Evolution darzustellen. Was die Quadranten verbindet, sind die *Ebenen* der Evolution, die sich über alle vier Bereiche gleichzeitig erstrecken, und in jedem Quadranten gibt es verschiedene Entwicklungs*linien,* durch die hindurch sich die Evolution entfaltet. Und zusätzlich zu den Quadranten, Ebenen und Linien erkennt Wilbers Modell auch die verschiedenen vorübergehenden *Zustände* und nicht-hierarchischen *Typen* des Bewusstseins, die im inneren Universum existieren. Durch seine Erkenntnis der *Quadranten, Ebenen, Linien, Stufen* und *Typen* versucht Wilber ein Gesamtbild aller erkennbaren Aspekte der evolutionären Entwicklung zu geben. Aber Wilbers Philosophie hat auch das Ziel, den GEIST in dieses Gesamtbild zu integrieren, indem sie Evolution und Spiritualität miteinander verbindet, sodass die Weisheit einer Vielzahl von spirituellen Traditionen berücksichtigt wird, und damit spielt die spirituelle Entwicklung eine zentrale Rolle in der Ausrichtung von Wilbers Philosophie.

Wilber ist in der Lage, all diese verschiedenen Aspekte der Wirklichkeit zusammenzubringen, indem er die sogenannten „Orientierungsverallgemeinerungen" benutzt, die ein „verbindendes Muster" erkennbar machen. Um seine Motivation hinter der Schaffung dieser neuen integralen Synthese zu beschreiben, schreibt Wilber:

> Deshalb strebte ich danach, die Philosophie eines universalen Integralismus zu umreißen. Anders ausgedrückt, ich suchte nach einer Weltphilosophie – oder einer *integralen* Philosophie –, die auf glaubwürdige Weise die vielen plura-

> listischen Kontexte von Wissenschaft, Moral, Ästhetik, der östlichen wie der westlichen Philosophien und dazu die großen Weisheitsüberlieferungen der Welt zusammenwebt. Nicht auf der Ebene von Einzelheiten, das ist unmöglich, sondern auf der Ebene von *Orientierungsverallgemeinerungen.* Ich wollte eine Sichtweise formulieren, die erkennen lässt, dass die Welt in der Wirklichkeit ungeteilt, ein Ganzes und in allen Aspekten wechselwirkend ist; eine ganzheitliche Philosophie für einen ganzheitlichen KOSMOS, eine plausible Theorie von Allem.[26]

Wir werden in den nächsten zwei Kapiteln noch näher untersuchen, wie wertvoll Wilbers Ideen sind. Aber obwohl ich vieles aus Wilbers integraler Synthese des 21. Jahrhunderts in diesem Buch aufgenommen und besprochen habe, war es auch mein Ziel, die integrale Philosophie mit einigen neuen und eigenständigen Gedanken zu erweitern. Und während ich mit Sicherheit Wilbers historisch bedeutsamen Beitrag zum menschlichen Verständnis der Evolution anerkenne, ist es auch klar für mich, dass die entstehende Weltsicht des integralen Bewusstseins auch den kreativen Impuls für eine Reihe neuer Philosophen hervorbringt. Und ich habe das Privileg, einer von ihnen zu sein. Deshalb können wir dieses Kapitel mit einer kurzen Zusammenfassung dessen beenden, was ich zur integralen Tradition hinzufügen möchte.

Was ich zur integralen Philosophie hinzufüge

Durch Reaktionen auf frühere Versionen dieses Buches wurde mir klar, dass ich genauer erklären muss, warum ich nicht nur die Arbeit anderer Denker wiedergeben oder bekannter machen will. Deshalb gebe ich im Folgenden einen Überblick oder eine Zusammenfassung der eigenständigen oder neuen Elemente meiner Arbeit. Diesen Überblick verbinde ich mit der Anmerkung, dass diese Ideen, um sie zu verstehen und nachvollziehen zu können, eine eingehendere Erklärung benötigen, als ich sie in dieser kurzen Zusammenfassung geben kann. Die nun folgenden Betrachtungen geben Hinweise zu den Teilen des Buches, wo diese ausführlicheren Erklärungen gefunden werden können.

Als einen ersten eigenständigen Beitrag möchte ich auf den Bereich der *integralen Spiritualität* eingehen, denn ich argumentiere hier, dass es in der integralen Weltsicht einen Grad der Trennung zwischen Wissenschaft, Philosophie und Spiritualität geben sollte. Wie ich im 1. Kapitel beschrieben habe, dient die Philosophie der Menschheit am meisten, wenn ihre Sichtweise sich über die materialistischen Begrenzungen der Wissenschaft ausweiten kann. Aber in ihrer Suche für Sinn im Universum muss die Philosophie auch vorsichtig sein, keine spezifische spirituelle Lehre zu werden. Am heutigen Punkt unserer Geschichte verspricht die integrale Philosophie, eine entscheidend wichtige Rolle bei der Begründung einer neuen, auf Werte basierenden Weltsicht zu spielen. Aber in dem Maße, wie sie zum großen Teil mit einer bestimmten Religion oder Form von Spiritualität gleichgesetzt wird, kann sie die breite Übereinstimmung, die die Voraussetzung für solch eine Weltsicht wäre, nicht schaffen. Die integrale Weltsicht wird eine kritische Masse nur dann erreichen, wenn sie erfolgreich eine Vielzahl verschiedener Perspektiven der spirituellen Entwicklung in sich aufnehmen kann.

Wie ich schon zum Beginn dieses Kapitels angemerkt habe, unterscheidet Wilber nicht wirklich zwischen seiner Philosophie und seiner Religion, sondern behauptet vielmehr, dass diese Bereiche seines Denkens auf Tatsachen basieren, die durch die Methode eines weitreichenden Empirismus begründet sind. Ich denke aber, dass die integrale Philosophie den GEIST miteinbeziehen sollte, aber nicht versuchen sollte, diese Absolute Wirklichkeit zu erklären, um damit die Spiritualität als eine getrennte Kategorie menschlicher Erfahrung zu bewahren, die sich von der Philosophie unterscheidet. Diese Gedanken sind im 8. Kapitel ausgeführt, vor allem in dem Absatz mit dem Titel „Integrale Philosophie und menschliche Spiritualität".

Auch meine Untersuchung der evolutionären Bedeutung von Werten gehört in den Bereich der integralen Spiritualität. Hier gehört zu meinen eigenständigen Ideen ein erweitertes Verständnis der Bedeutung der grundlegenden Werte des Schönen, Wahren und Guten. Obwohl auch andere integrale Philosophen die zentrale Bedeutung dieser Werte-Dreiheit anerkennen, versuche ich – zuerst im 6. Kapitel und dann ausführlicher im 10. Kapitel – zu zeigen, wie diese grundlegenden Werte eigentlich Beschreibungen der grundlegenden Kräfte im Herzen der gesamten Evolution sind. Dieses erweiterte philosophische Verständnis der Bedeutung des Schönen, Wahren und Guten ist so wichtig, weil dadurch: 1. spirituelle Erfahrungen definiert und gemeinsame Grundsätze einer integralen Spiritualität geschaffen werden können, in denen die Übenden verschiedener Traditionen Solidarität finden; 2. lebendige Formen spiritueller Praxis empfohlen werden können, die uns dabei helfen, unsere Anstrengungen zur Verbesserung des Menschen und der Welt zu fokussieren; 3. die Methoden und Richtungen der evolutionären Entwicklung besser verstanden werden können, indem wir den „dreifachen Einfluss" der Vollkommenheit auf das sich entwickelnde Universum erkennen. Und das 10. Kapitel erklärt, wie die „Werte-Attraktoren" des Schönen, Wahren und Guten in der Tat die Entfaltung des Kosmos in seinen drei wichtigen Bereichen der Natur, des Selbst und der Kultur formen.

Der zweite Bereich der integralen Philosophie, zu dem ich neue Gedanken beisteuere, betrifft die Konturen des *integralen Wirklichkeitsrahmens* selbst. Diese Betrachtung beginnt im 8. Kapitel, in dem ich die „minimale Metaphysik" erkläre, die für die Integrität der integralen Weltsicht notwendig ist. Dies schließt die Erkenntnis mit ein, dass die Evolution von einer transzendenten Ursache oder einem morphogenetischen Zug angetrieben wird und dass sie ein sinnvolles Phänomen des Wachstums ist, das sich in einer allgemein positiven Richtung entwickelt. In diesem Kontext beschreibe ich auch, wie die integrale Philosophie wirkungsvoll die Ablehnung der postmodernen Philosophie gegenüber allen „Wirklichkeitsrahmen" überwindet, indem sie die spezifischen Begrenzungen erkennt, die mit dem integralen Wirklichkeitsrahmen einhergehen, einschließlich der Erkenntnis, dass die integrale Weltsicht schließlich selbst von der antithetischen Metaphysik des „postintegralen Wirklichkeitsrahmens" transzendiert werden wird.

Zusätzlich zu diesen Überlegungen zur integralen Metaphysik habe ich auch versucht, unser allgemeines Verständnis des integralen Wirklichkeitsrahmens durch meine Kritik an Wilbers Vier-Quadranten-Modell der Evolution zu erweitern. Beginnend im 8. Kapitel und in größerer Tiefe dann im Appendix B argumentiere ich, dass Wilber in seinem Versuch, die Arbeit der sozialen Systemtheoretiker zu würdigen und einzuschließen, eine Art Kategorienfehler unterlaufen ist, indem er die Fehler des „subtilen Reduktionismus" wiederholt und die Rolle von menschen-gemachten Artefakten in der Evolution der Kultur falsch interpretiert. Diese Betrachtung ermöglicht es, den integralen Wirklichkeitsrahmen zu klären und zu vereinfachen, indem der Fokus auf den intersubjektiven Bereich der menschlichen Übereinkünfte und Beziehungen geschärft wird.

Der dritte Bereich, in dem ich eine eigenständige Analyse zur integralen Philosophie hinzufüge, dreht sich um die *Bedeutung der Entwicklungsspirale* und die Bedeutung der „Linie der Werte" oder „Linie der Weltsichten" in der Entwicklung, die wir im sich entwickelnden Bewusstsein und der Kultur finden. Diese Analyse stimmt nicht mit Wilbers jüngsten Veröffentlichungen überein, in denen er ein Modell benutzt, das er Psychogramm nennt, und in dem die vielen verschiedenen Arten von Intelligenz, die von Menschen genutzt werden, als unabhängige Entwicklungslinien beschrieben werden. Wenn ich auch damit übereinstimme, dass verschiedene Arten der menschlichen Intelligenz sich relativ unabhängig voneinander entwickeln können, bin ich aber der Ansicht, dass diese verschiedenen Entwicklungslinien innerhalb einer größeren holarchischen Struktur organisiert sind, in der die drei grundlegenden Entwicklungslinien alle restlichen Linien umfassen. Und durch die Erkenntnis dieser Holarchie der Entwicklungslinien beginnen wir zu sehen, warum die „Linie der Weltsichten" den wichtigsten Einfluss auf das Bewusstsein des Menschen zu haben scheint. Diese Überlegungen finden Sie im 9. Kapitel mit dem Titel „Die Strukturen des menschlichen Geistes".

Und schließlich habe ich wie andere Denker auch die integrale Weltsicht mit dem *evolutionären Ziel von global Governance* verbunden. Ich bin aber der Meinung, dass dieses Ziel der zentrale Fokus der integralen politischen Agenda werden wird, wenn sie im Laufe des 21. Jahrhunderts nach und nach entstehen wird. Mein eigenständiger Beitrag auf diesem Gebiet ist die Beschreibung, warum eine integral informierte Weltföderation erstrebenswert, möglich und unvermeidlich ist, und zudem der Ausdruck der Überzeugung, dass integrales Bewusstsein und Global Governance genauso untrennbar sind wie das moderne Bewusstsein und die Demokratie. Diese Argumente sind im 5. Kapitel über „Integrale Politik" ausgeführt und im Appendix A weiter erklärt. Und es gibt in diesem Buch sicher noch weitere Einsichten und Beobachtungen, die bisher noch nicht beschrieben wurden, aber dieser Absatz hat einen allgemeinen Überblick über die wichtigsten Bereiche gegeben, in denen ich versuche, einen eigenständigen Beitrag zur integralen Philosophie hinzuzufügen.

8. Kapitel

Der integrale Wirklichkeitsrahmen

Im 2. Kapitel über „Das innere Universum" haben wir kurz untersucht, wie sich die moderne Weltsicht ursprünglich um den erweiterten Wirklichkeitsrahmen formte, den die Philosophie von René Descartes ermöglichte. Und in der Tat stimmen die meisten Historiker und Philosophen heute im Allgemeinen darin überein, dass Descartes' „Subjekt-Objekt-Metaphysik" eine wichtige Rolle in der Entstehung der Wissenschaft und dem Aufstieg der modernen Weltsicht im 19. Jahrhundert spielte. Aber weil das als historische Tatsache gilt, übersehen wir leicht, wie erstaunlich eigentlich Descartes' Errungenschaft war. Wenn auch andere Pioniere, wie zum Beispiel Galileo, offensichtlich eine große Rolle in der Entstehung der Moderne spielten, erhob Descartes' Philosophie die wissenschaftliche Sichtweise zu einer neuen Ebene, indem er zeigte, dass dieses neue Verständnis der Subjekte und Objekte tatsächlich eine übergeordnete Identität für diejenigen ermöglichte, die diese neue Sicht- und Denkweise annahmen. Man könnte sagen, dass Descartes ein Buch über Philosophie schrieb, das mehr als jeder andere einzelne Einfluss, eines der spektakulärsten Ereignisse kultureller Evolution in der menschlichen Geschichte hervorbrachte. Und wenn die integrale Philosophie recht hat, dann ist dieses historische Ereignis für unsere Zeit außerordentlich wichtig. Denn wenn wir Descartes' Errungenschaft in diesem Jahrhundert wiederholen können, wenn wir die Philosophie dazu benutzen können, eine neue historisch bedeutsame Weltsicht zu begründen, die eine übergeordnete persönliche Identität für diejenigen ermöglicht, die diese neue Sicht- und Denkweise annehmen, dann können wir dabei helfen, die kulturelle Evolution hervorzubringen, die unsere Welt so dringend braucht.

Natürlich entstehen neue historisch bedeutsame Weltsichten nicht einfach aus scharfsinnigen Philosophiebüchern. Das Verständnis der integralen Philosophie von kultureller Evolution macht klar, dass die Systeme neuer Weltsichten nur dann entstehen, wenn die vorhergehenden Weltsichten erfolgreich genug waren, um die bestimmte Art problematischer Lebensbedingungen hervorzubringen, die zur Entstehung der nachfolgenden Weltsicht führen kann. Mit anderen Worten, nur wenn die Zeit reif ist, kann die Philosophie dabei helfen, die Entstehung einer neuen Phase der menschlichen Geschichte anzustoßen, indem sie einen neuen Standpunkt, einen neuen „kulturellen Ort" schafft, von dem aus neue Aspekte der Wirklichkeit sichtbar sind. Aber angenommen die Zeit ist wirklich reif für solch eine Transzendierung, dann könnte unser Versuch, Descartes' philosophische Wirkung zu wiederholen, sehr fruchtbar sein. Wie wir in diesem Kapitel untersuchen werden, formt sich die integrale Weltsicht heute um ein erweitertes Verständnis der Wirklichkeit, das Lösungen für viele der heutigen Probleme ermöglicht, weil darin das innere Universum wie nie zuvor erkennbar wird. Die integrale Weltsicht erreicht dies durch eine Neuinterpretation der Wirklichkeit, die die Evolution von Bewusstsein und Kultur klarer hervorhebt. Diese neue Sichtweise ermöglicht etwas, das wir vielleicht als „Wissenschaft des inneren Universums" bezeichnen können. So wie Descartes die Wirklichkeit neu interpretierte, indem er den Menschen zeigte, wie sie die Dinge *objektiver* erkennen können, so ermöglicht auch die integrale Philosophie einen ebenso erweiterten neuen Wirklichkeitsrahmen, der es uns erlaubt, die Dinge *intersubjektiver* zu sehen. Das heißt, die integrale Philosophie zeigt die Bedeutung der intersubjektiven Dimension der kulturellen Evolution. Und dadurch ermöglicht sie es uns, die positive kulturelle Evolution in jedem Bereich besser zu führen.

In diesem Kapitel werden wir also einen genaueren Blick auf den Inhalt des integralen Wirklichkeitsrahmens werfen. Wir werden sehen, dass alle historisch bedeutsamen Weltsichten durch metaphysische Schlussfolgerungen hervorgebracht werden und dass die integrale Philosophie in der Metaphysik der Moderne und Postmoderne ihren Ausgang nimmt. Wir werden untersuchen, woher dieser neue Wirklichkeitsrahmen kommt und wie er gerechtfertigt und verteidigt wird. Und nachdem wir die Konturen dieses neuen Wirklichkeitsrahmens der integralen Philosophie besprochen haben, werden wir die Versuche, die Beziehung der integralen Philosophie zur Spiritualität zu definieren, genauer betrachten. Aber in diesem Kapitel werden wir nicht nur die komplexe Metaphysik der integralen Philosophie untersuchen, sondern auch die Kritiken an dieser Metaphysik – Kritiken, die natürlicherweise geäußert werden, wenn wir versuchen, die Wirklichkeit in Begriffen zu interpretieren, die wir als Menschen verstehen können.

Metaphysik und die Evolution der Wirklichkeitsrahmen

Der Begriff „Metaphysik" ist sehr problematisch. Heute ist das Thema Metaphysik für viele Philosophen ein Relikt der Vergangenheit. Zudem assoziieren viele Menschen diesen Begriff mit der New Age-Spiritualität oder okkulten Glaubenssystemen. Aber wenn Sie in einem

Wörterbuch nachschlagen, finden Sie unter dem Begriff Metaphysik ungefähr Folgendes: „Metaphysik ist der Zweig der Philosophie, der die Natur der Wirklichkeit untersucht, einschließlich der Beziehung zwischen Geist und Materie, Substanz und Eigenschaft, Tatsache und Wert." Das Wort wurde ursprünglich von Aristoteles' Schülern geprägt, die es im Allgemeinen als „dasjenige, was nach der Physik kommt" – dasjenige, was nach der Wissenschaft kommt – beschrieben haben. Das heißt, dass es zwischen den eindeutigen Tatsachen der Wissenschaft und den offenbarten Wahrheiten der Religion noch Fragen über die Natur der Wirklichkeit gibt, die im Bereich der Vernunft beantwortet werden können. Metaphysik kann also als der Versuch der Philosophie bezeichnet werden, das, was jenseits des äußeren materiellen Bereichs liegt, zu erkennen, ohne auf Erklärungen zurückzugreifen, die allein auf der unhinterfragten Autorität eines spirituellen Lehrers oder heiligen Textes beruhen.

In den modernen Gesellschaften werden die Themen der Gerechtigkeit, der Wirtschaft, Bildung, sozialen Beziehungen, Freiheit und Moral (nur um einige wenige zu nennen) letztendlich vor dem Hintergrund des Wirklichkeitsrahmens der Gesellschaft entschieden. Und dieser Wirklichkeitsrahmen ist zum großen Teil durch die Metaphysik der Philosophie konstruiert. Die Gründungsdokumente der Vereinigten Staaten sind voll von einer Metaphysik, die den Wirklichkeitsrahmen formt und erklärt, und voll von „sich selbst-offenbarenden Wahrheiten". Tatsächlich beruht fast jedes Gesetz auf der sehr metaphysischen Idee, dass Menschen für ihr Handeln verantwortlich sind. In prämodernen Gesellschaften wurde die Metaphysik, die die soziale Ordnung unterstützte, zum großen Teil von der Religion formuliert. Aber als mit dem Aufstieg der Moderne die gesellschaftlichen Institutionen mehr und mehr von der Vorherrschaft der monolithischen Religion befreit wurden, entsand die dringende Notwendigkeit eines Wirklichkeitsrahmens, der die Wahrheiten der Wissenschaft und der Pluralität der verschiedenen Religionen enthält. Und wie wir schon gesehen haben, war es Descartes' Erfolg, der solch einen metaphysischen Wirklichkeitsrahmen möglich machte und dabei half, die Moderne dauerhaft zu begründen.

Aber kurz nachdem Descartes' Subjekt-Objekt-Metaphysik anerkannt wurde, begannen auch die Versuche, sie zu transzendieren. Und in vielerlei Hinsicht ist das der Punkt, an dem die heutige Philosophie steht, denn sie ist auf verschiedene Weisen darum bemüht, die sogenannte „Philosophie des Subjekts" zu überwinden, der metaphysische Wirklichkeitsrahmen, der mit Descartes' berühmtem Ausgangspunkt „Ich denke, also bin ich" begann.

Im 2. Kapitel haben wir angemerkt, dass Descartes' früher moderner Wirklichkeitsrahmen die Existenz von zwei Substanzen postulierte: *Materie,* die objektiv und natürlich ist; und *Geist,* der subjektiv und übernatürlich ist. Diese Erklärung funktionierte zunächst sehr gut, weil sie den sogenannten „verzauberten Kreislauf des Objektivismus" ermöglichte. Es gab dem objektiven Beobachter sozusagen einen „Platz zum Stehen". Dieser objektive Standpunkt ermöglichte die Weltsicht, die für die Entstehung der wissenschaftlichen Methode und Perspektive notwendig war. Aber es war genau diese wissenschaftliche Perspektive, die zu erkennen begann, dass Desartes' übernatürlicher Subjektivismus unhaltbar war. Wenn das Bewusstsein eine Art von Substanz war, die sich völlig von dem Gehirn unterschied, das es bewohnte, wie nahm es dann Kontakt mit dem Gehirn auf? Wie konnten das Natürliche und das Übernatürliche interagieren? Gab es wirklich einen „Geist in der Maschine"? Und es brauchte nicht lange, bis die wissenschaftliche Philosophie der Aufklärung die übernatürliche Seite von Descartes' Dualismus ablehnte, indem sie einfach das Subjektive im Objektiven aufgehen ließ. Und hier können wir nun den ersten Versuch entdecken, den kartesianischen Dualismus durch eine materialistische Philosophie zu überwinden, die zum Ziel hat, jede Metaphysik zu verbannen, indem sie einfach behauptet, es gäbe nichts jenseits der Physik. Ungeachtet der durchdachten Kritiken von Kant und der visionären Alternativen des Idealismus ist der Materialismus als eine starke Form einer antimetaphysischen Metaphysik bis heute sehr einflussreich und beherrscht auch im 21. Jahrhundert viele wichtige Bereiche des menschlichen Wissens.

Mit dem Beginn des 20. Jahrhunderts gab der erstaunliche Erfolg der Wissenschaft der Metaphysik des Materialismus eine grundlegende Anerkennung, die ihr dabei half, eine dauerhafte Position als respektierte Philosophie zu bewahren, ungeachtet eines unübersehbaren Problems: Der Materialismus konnte nicht ausreichend das reiche innere Erleben, das jeder Mensch direkt erfahren konnte, erklären. Die Philosophie des Materialismus war eigentlich von der offensichtlichen Wirklichkeit der Subjektivität widerlegt. Doch der Materialismus setzte sich fort, sogar als eindeutig gezeigt werden konnte, dass ein Wirklichkeitsrahmen, der behauptet, dass das Universum nur „Materie in Bewegung" sei, genauso unwissenschaftlich ist wie jede andere Art von Metaphysik. Und als die Materialisten weiterhin mit dem Körper/Geist-Problem rangen und als sie weiterhin fragten: „Wie kann die bewusste Erfahrung aus der elektrischen Aktivität des Gehirns entstehen?", konnten sie nicht sehen, dass ihr Ausgangspunkt die falschen Gewissheiten über die physische Materie enthielt und dass das ein durch und durch metaphysischer Standpunkt war. Dieses Dilemma identifizierte Whitehead in seinen bekannten Worten als den „Fehler der unangebrachten Konkretheit" [Fallacy of Misplaced Concreteness].[1]

Aber als die Moderne sich weiter entwickelte, wurden ihre philosophischen Probleme noch viel schlimmer, als diejenigen, die vom massiven Reduktionismus der Wissenschaft geschaffen wurden. Als die Philosophen mit den Problemen der „Philosophie des Subjekts" rangen, durch welche die Aufklärung begründet worden war, begannen sie die Rechtmäßigkeit des ganzen Projekts der Aufklärung zu hinterfragen. Als die religiösen Kräfte sozialer Integration schwächer wurden, erhöhte das den Druck auf die legitimierende Rolle der Vernunft, die die Philosophen der Aufklärung als einen Ersatz für die vereinigende Kraft der Religion entwickelt hatten. Aber die Metaphysik der Vernunft hat auch ihre Grenzen. Und diese Ungereimtheiten wurden durch die reaktionäre Philosophie von Friedrich Nietzsche in dramatischer Weise offenbart. Er war der Erste einer langen Reihe von Philosophen, die den Wert der subjekt-zentrierten Vernunft hinterfragten und angriffen und den Weg in die Postmoderne eröffneten. Nietzsches radikale Kritik der Vernunft wurde von Martin Heidegger weitergetragen, der versuchte die Metaphysik der Vernunft vollkommen zu überwinden, indem er argumentierte, dass die ganze Philosophie seit Platon fälschlicherweise voll von Konzepten des Seins sei, Reproduktionen des Wirklichen, die die Philosophen für die wirkliche Natur des Seins als es selbst blind machte. Heidegger rief das „Ende der Philosophie" aus und schlug eine vollkommen neue Art des konzeptuellen Denkens vor, das den Fokus und die Notwendigkeit irgendeiner Form von Metaphysik ersetzte.

Heideggers postmetaphysisches Programm zur Widerlegung des westlichen Rationalismus wurde später von den französischen „Post-Strukturalisten" wie Michel Foucault und Jacques Derrida weitergetragen, die argumentierten, dass jede Wahrheit nur eine soziale Konstruktion sei und dass die Philosophie als Ganzes nichts weiter sei, als eine anmaßende literarische Geschichte. Diese postmodernen „akademischen Philosophen" versuchten, den rationalen Wirklichkeitsrahmen der Moderne zu Fall zu bringen und taten gleichzeitig ihr Bestes, um zu verhindern, dass irgendetwas anderes diesen Platz einnehmen konnte. Aber wie wir im 3. Kapitel besprochen haben, formte sich die kulturelle Weltsicht der Postmoderne schließlich doch um eine Art umgekehrte und fragmentierte Metaphysik, die das Gute in dem fand, was die Moderne abgelehnt oder vernachlässigt hatte. Die Postmoderne gründet sich auf reiner Antithese und konstruierte ihre Weltsicht um die ausgefransten Ränder der Aufklärung. Laut dem bekannten Habermas-

Kenner Thomas McCarthy „war die Kritik der subjekt-zentrierten Vernunft der Prolog zur Kritik einer bankrotten Kultur".[2]

Aber trotz des Versuchs der akademischen postmodernen Philosophie sich selbst zu dekonstruieren, begründete ihre antimoderne Weltsicht indirekt wichtige Reformbewegungen wie den Feminismus, die Umweltbewegung und den Multikulturalismus.[3] Als die Dekonstruktivisten an den Universitäten Legitimation erhielten und deshalb die akademische Philosophie immer bedeutungsloser wurde – außer für einige Spezialisten –, inspirierte das indirekt die Entstehung der New Age-Alternativen zur Philosophie. Durch die Schwächung der Philosophie der Moderne schufen die Postmodernen eine Öffnung, in der die spirituelle Wiederbelebung der Gegenkultur sich in einer Umgebung ausbilden konnte, in denen die Tore der metaphysischen Legitimität von den französischen Subversiven aufgesprengt worden waren. Die Freiheit, die durch die mittlerweile geschwächte Strenge der Philosophie der Aufklärung möglich war, gab dem postmodernen Westen eine neue Anerkennung der Mythen und half dabei, die spirituelle Weisheit des Ostens zu entdecken und in sich aufzunehmen. Aber als in den 1990er Jahren die Postmoderne reifer wurde, fand sie heraus, dass ihre Weltsicht immer noch von einer Art Metaphysik konstruiert wurde, wenn auch eine Metaphysik ohne eine systematisierte Ausdrucksform, die mit einem ungehinderten subjektiven Relativismus zufrieden war.

Als Antwort auf die Dilemmata, die aus dem Erfolg der postmodernen Philosophie entstanden, begann in den 1970er Jahren der „post-postmoderne" Philosoph Jürgen Habermas seine Arbeit, die einen wichtigen Versuch unternimmt, die Legitimität der Vernunft durch ein „intersubjektives Paradigma des kommunikativen Handelns" zu rekonstruieren. Durch den Fokus auf die innere Vernunft, die im intersubjektiven Bereich der menschlichen Beziehungen und des gegenseitigen Verstehens gefunden werden kann, statt der Vernunft, die Descartes ausschließlich im Subjekt verankert hat, versuchte Habermas den philosophischen Diskurs der Moderne zu rehabilitieren. Habermas stimmte im Allgemeinen mit der Kritik des Verstandes überein, wie sie von den Poststrukturalisten vorgebracht wurde, aber er lehnte die „Totalisierung" dieser Kritik ab. Mit den Worten von Thomas McCarthy:

> Habermas stimmt mit den radikalen Kritiken der Aufklärung überein, die besagen, dass das Paradigma des Bewusstseins sich erschöpft hat. In Übereinstimmung mit ihnen räumt er der Vernunft eine zentrale Stellung ein, so

> wie sie sich in der Geschichte, der Gesellschaft, dem Körper und der Sprache konkretisiert hat. Aber im Gegensatz zu ihnen argumentiert er, dass die Fehler der Aufklärung nur durch weitere Aufklärung verbessert werden können. Die totalisierte Kritik der Vernunft untergräbt die Fähigkeit der Vernunft, von entscheidender Bedeutung zu sein. Sie weigert sich anzuerkennen, dass die Modernisierung sowohl Entwicklungen als auch Entstellungen der Vernunft enthält.[4]

Durch die Anerkennung der angemessenen Kritik der Postmoderne und dem gleichzeitigen Versuch, die „Sackgassen" ihrer Dekonstruktionen zu überwinden, hat Habermas versucht, einen mittleren Standpunkt zwischen den metaphysischen Konzepten der Vernunft und den radikalen Dekonstruktionen der Vernunft zu finden. Und er tat dies ausschließlich durch eine Untersuchung der Sprache. Das heißt, Habermas, der sich einem „methodologischen Atheismus" verpflichtet fühlt, hat versucht jede Metaphysik zu vermeiden, indem er seine Untersuchungen auf die Analyse der Sprechakte beschränkt. Er benutzt eine Methode, die er „rekonstruktive Wissenschaft" nennt, um die „Tiefenstrukturen" der Vernunft in der Sprache zu entdecken. Laut Habermas arbeitet die rekonstruktive Wissenschaft in der engen Philosophie der Sprache und offenbart „drei Geltungsansprüche" der intersubjektiven Vernunft – theoretische Wahrheit, subjektive Wahrhaftigkeit und normative Richtigkeit. Diese linguistisch begründeten Geltungsansprüche, zu denen Habermas ohne Rückzug auf transzendente ontologische Kategorien kommt, sollen eine postmetaphysische Grundlage der Vernunft bilden, die es der Vernunft erlaubt wieder rehabilitiert zu werden, und die dadurch dazu verwendet werden kann, die Institutionen der menschlichen Gesellschaft zu beurteilen und zu rechtfertigen.

Und wenn sich das etwas eng und unplausibel anhört, dann ist der Grund dafür, dass es das auch ist. Egal wie sehr wir es auch versuchen, wir finden die Fülle der Wahrheit nicht allein im Bereich der Sprache. Linguistische Philosophie entstand ursprünglich als Antwort auf den Zusammensturz des kartesianischen Dualismus, sie eröffnete einen Weg, um sich von den metaphysischen Problemen der Moderne zurückzuziehen. Indem sie sich auf die Sprache konzentrierten, konnten die akademischen Philosophen vermeiden, sich einer bestimmten abstrakten Idee der Wirklichkeit zu verpflichten. Die Sprache wurde also der Bereich, in dem die Philosophie im Angesicht der Wissenschaft und später der Postmoderne weiterarbeiten und trotzdem Metaphysik und

Spiritualität insgesamt vermeiden konnte. Alle großen philosophischen Bewegungen des 20. Jahrhunderts – logischer Positivismus, Existenzialismus, Phänomenologie und linguistische Analyse – haben in der Tat eines gemein: Sie erreichten ihren Fortschritt durch eine konsequente Antithese der Philosophie des Subjekts, und teilen und unterstützen damit alle das metaphysische Einvernehmen der postmodernen Weltsicht, dass es keine transzendenten ontologischen Kategorien gibt. Laut Richard Tarnas: „Trotz der Unterschiede in den Zielen und Ausrichtungen der verschiedenen Schulen der Philosophie im 20. Jahrhundert, gab es ein allgemeines Einverständnis über einen entscheidenden Punkt: Die Unmöglichkeit, eine objektive kosmische Ordnung in der menschlichen Intelligenz zu erkennen."[5] Habermas' Philosophie ist deshalb ein Beispiel für das Äußerste, was man in der postmodernen Welt mit den Überbleibseln der Aufklärung noch anfangen kann.

Wie wir schon besprochen haben, entstand die Philosophie während des teilweisen Erscheinens der modernen Weltsicht im goldenen Zeitalter des antiken Griechenlands. Als dann die Moderne während der Aufklärung wiederbelebt wurde, geschah das durch eine Wiederentdeckung der Philosophie. Aber im Laufe der kulturellen Evolution wurde die moderne Weltsicht schließlich von ihrer postmodernen Antithese transzendiert. Und mit dieser Transzendierung kam der „Tod der Philosophie" als ein spezifisch modernes Forschungsgebiet. Habermas hat versucht die Philosophie zu retten, bleibt aber im Grunde in der Weltsicht der Postmoderne und die Ergebnisse sind nicht sehr inspirierend. Das heißt, genauso wie die Postmodernen erkannten, dass sich die Moderne erschöpft hat, so hat Habermas erkannt, dass sich die Postmoderne als Philosophie erschöpft hat. Aber weil er die postmoderne Behauptung, es gäbe keine Wirklichkeitsrahmen und keine metaphysischen Beschreibungen des Universums, nicht zurückweist, muss Habermas schließlich darin scheitern, die Philosophie dazu zu benutzen, den Rahmen für die nächste entstehende Weltsicht in der kulturellen Evolution der Menschheit zu begründen.

Wenn wir aber durch die Untersuchung der Geschichte erkannt haben, dass die Kultur sich in der Tat durch eine Abfolge von Stufen mit dazugehörigen Weltsichten entwickelt, und wenn wir anerkennen, dass alle Weltsichten unvollkommene menschliche Konstrukte sind, die dazu bestimmt sind, letztendlich transzendiert zu werden, müssen wir nicht nach einer endgültigen Weltsicht suchen – unsere neue Weltsicht muss nicht jedem möglichen Widerspruch gerecht werden. Wir müssen also nicht in der Behauptung der postmodernen Weltsicht stecken bleiben, dass es keine wertvollen Weltsichten, keine Wirklichkeitsrahmen der

Metaphysik geben kann, die zwischen Wissenschaft und Religion vermitteln können. Die Kritik der Postmoderne zeigt, dass die Moderne nicht länger die vorderste Front der kulturellen Evolution ist. Aber die Postmoderne ist nicht das Ende der Geschichte. Durch die integrale Philosophie können wir nun sehen, dass die postmoderne Philosophie selbst Teil einer historisch bedeutsamen Weltsicht ist, die durch ihre eigene antimetaphysische Metaphysik gebildet wird. Wie es die *Encyclopedia Britannica* formuliert: „Zu versuchen eine metaphysische Theorie zu widerlegen ..., ist selbst ein metaphysisches Unterfangen – vielleicht nicht sehr interessante Metaphysik, aber trotz allem Metaphysik."[6] Wenn Habermas zum Beispiel sagt, dass seine Philosophie von „allen religiösen und metaphysischen Anleihen frei sein muss", dann bringt er damit eine eigene Metaphysik mit der Definition einer Weltsicht zum Ausdruck. Mit anderen Worten, wenn wir die Metaphysik als den Aspekt der Philosophie verstehen, der zwischen Wissenschaft und Religion lokalisiert ist, dann können wir sehen, wie Habermas' grundlegende philosophische Position, die einfach sagt, dass seine postmetaphysische Philosophie sich nicht mit Religion verbinden oder mit Religion assoziiert werden kann, in der Tat eine antimetaphysische Metaphysik ist, die letztendlich ein Ausdruck einer spezifischen, auf Werten beruhenden Weltsicht ist. Wenn er also versucht, Bedeutung und Werte zu thematisieren, ist Habermas durch seine Weltsicht dazu gezwungen, allem Spirituellen fern zu bleiben, trotz der unangenehmen Tatsache, dass Menschen fast immer Bedeutung und Werte mit Spiritualität verbunden haben. Habermas' ontologische Allergie hat seinen Ursprung in einer bestimmten Form von linguistisch gebundener Metaphysik, wenn auch eine ziemlich unglaubwürdige.

Aber da wir mehr und mehr mit den wachsenden Problemen der Welt konfrontiert sind, beginnen wir zu erkennen, dass die Lösungen dieser Probleme eine weitreichende kulturelle Evolution erfordern. Und wenn wir die historischen Beispiele solcher weitreichenden kulturellen Entwicklungen untersuchen, sehen wir, dass diese meist durch eine neue, auf Werten basierende Weltsicht hervorgerufen wird – neue Wirklichkeitsrahmen, die durch ein erweitertes Verständnis der Wirklichkeit begründet und durch neue Formen der Metaphysik erklärt werden. Wenn wir also die kulturelle Evolution voranbringen wollen, sehen wir, dass die Zeit gekommen ist, eine neue philosophische Synthese in der Form eines neuen Wirklichkeitsrahmens zu formulieren – ein Wirklichkeitsrahmen, der keine totgeborene Synthese versucht, die weiterhin in den Begrenzungen der Postmoderne besteht (wie Habermas es versucht hat), sondern vielmehr eine Synthese, die weit genug über die Postmoderne hinausgeht, damit wir eine brauchbare, inspirierende Philosophie finden, die eine neue Weltsicht begründet, die die Prämoderne, Moderne und Postmoderne transzendiert und einschließt.

Nun können wir aber voraussehen, dass der Integralismus für die Postmoderne wie eine verkleidete Moderne erscheint. Wenn die integrale Philosophie an Einfluss gewinnt, werden die Postmodernen unvermeidlich dieselben Angriffe führen, wie sie es gegen die Moderne getan haben – sie werden den Wirklichkeitsrahmen der integralen Weltsicht angreifen und die Metaphysik, die ihn begründet. Damit die integrale Metaphysik diese Angriffe übersteht, muss sie zeigen, dass auch sie die Moderne transzendiert und somit sichergehen, dass sie sich von der dekonstruktivistischen Weltsicht der Postmoderne befreit, in der nur sehr wenig Fortschritte möglich sind.

Andererseits muss auch gesagt werden, dass trotz ihrer destruktiven Auswirkungen die vernichtende Kritik der Postmoderne als eine Art vorwärtstreibende Kraft für weitere Evolution wirkt. Der Erfolg der postmodernen Philosophie hat die Lebensbedingungen geschaffen, die notwendig sind, damit die nächste historisch bedeutsame Weltsicht entstehen kann. Und niemand hat die Kräfte der Probleme der Postmoderne besser zusammengefasst und benutzt als Ken Wilber. Wilber ist dabei über Habermas hinausgegangen, indem er durch die Formulierung der Synthese der integralen Philosophie des 21. Jahrhunderts mutig die Begrenzungen der Postmoderne transzendiert hat. Wilbers Wirklichkeitsrahmen der vier Quadranten begründet wirkungsvoll die neue Metaphysik der nächsten historisch bedeutsamen Weltsicht. Wie Habermas nimmt diese von der berechtigten Kritik der Postmoderne Notiz, ohne aber ihrer Totalisierung zu erliegen. Aber anders als Habermas transzendiert Wilber die antimetaphysische Metaphysik der Postmoderne, indem er zeigt, dass es möglich ist, nützliches Wissen des inneren Universums jenseits der Grenzen der Sprache zu erlangen. Die Kraft des integralen Wirklichkeitsrahmens kommt aus der Beschreibung der sich entwickelnden Systeme und Strukturen des Bewusstseins und der Kultur in ausführlichen ontologischen Begriffen – er zeigt, wie diese dynamischen Systeme des Bewusstseins und der Kultur wirklich existieren. Dieses neue ontologische Verständnis der Strukturen des inneren Universums eröffnet neue Möglichkeiten, die Wunden der Vergangenheit zu heilen und wichtige Fortschritte in eine bessere Zukunft zu machen. Und Wilber hat seinen Wirklichkeitsrahmen durch eine Reihe von Argumenten verteidigt.

Wie schon vorher erwähnt, benutzt Wilber u.a. ein Argument, was er als *umfassenden Empirismus* [broad empirism] bezeichnet. Dies ist mit

William James' Konzept des radikalen Empirismus vergleichbar, das wir kurz im 6. Kapitel untersucht haben – die Idee, dass die empirischen Methoden der Wissenschaft in einer Weise erweitert werden können, die nicht nur die direkte Erfahrung durch die physischen Sinne beinhaltet, sondern auch mentale Erfahrungen und (zu einem gewissen Grad) spirituelle Erfahrungen. Wilbers Idee eines umfassenden Empirismus knüpft an James' Konzept an und behauptet, dass jede Art von direkter Erfahrung (spirituelle Erfahrungen eingeschlossen) Gegenstand eines empirischen Tests ihrer demonstrierbaren Richtigkeit sein kann. Als Antwort auf die Angriffe auf die Philosophie der Aufklärung und des Idealismus – Angriffe, die zeigten, dass diese philosophischen Systeme keine Mittel der Bestätigung ihrer Behauptungen hatten und deshalb kein experimenteller Nachweis oder eine Wiederlegung ihrer metaphysischen Erklärungen möglich ist – hat Wilber argumentiert, dass seine Beschreibungen der inneren Dimension der Wirklichkeit tatsächlich Gegenstand wiederholbarer Erfahrungen sind und deshalb auch als rechtmäßiges Wissen gelten können. Wilbers umfassender Empirismus nutzt dieselbe dreistufige Methode, die in der Wissenschaft des äußeren Universums so erfolgreich angewendet wurde, auch für das innere Universum: 1. eine instrumentelle Injunktion („Wenn Sie das wissen möchten, dann tun Sie dies."); 2. eine direkte Wahrnehmung (persönliche Erfahrung) und 3. eine Bestätigung durch Andere (Anerkennung der Richtigkeit der Erfahrung durch eine „Gemeinschaft der Wissenden". Wilber schlussfolgert daraus, dass die Methode des umfassenden Empirismus eine Möglichkeit bietet, die Ontologie des inneren Universums zu bestätigen, wie sie die integrale Philosophie beschreibt.

Im Allgemeinen denke ich, dass dieser umfassende Empirismus eine angemessene Verteidigung gegen das Argument ist, dass der integrale Wirklichkeitsrahmen nicht Gegenstand der objektiven Bestätigung sein kann. Aber trotz der Nützlichkeit dieses Arguments hat Wilber seit Kurzem einige neue Argumente vorgebracht, die behaupten, die integrale Philosophie sei nun frei von aller Metaphysik.

Wilber legte seinen ursprünglichen Standpunkt zur Metaphysik 1995 in *Eros, Kosmos, Logos* dar, worin er schreibt: „Mancher Leser wird das, was ich unternehme, ‚Metaphysik' nennen wollen, aber wenn Metaphysik soviel wie ‚Denken ohne Beweise' bedeutet, gibt es nicht einen metaphysischen Satz in diesem Buch."[7] Aber seitdem *Eros, Kosmos, Logos* veröffentlicht wurde, hat Wilber seine Ablehnung der Bezeichnung Metaphysik ausgeweitet, indem er erklärt, dass die integrale Philosophie, die er vertritt, nach Art von Habermas streng postmetaphysisch sei. Wilbers „postmetaphysische Wende" kann wie sein umfassender

Empirismus als Versuch gesehen werden, die postmoderne Kritik zu widerlegen. Laut Wilber ist seine Philosophie postmetaphysisch, weil sie zum einen „Wahrnehmungen durch Perspektiven ersetzt" und zum anderen, weil sie vorgegebene Ebenen oder bereits existierende unsichtbare Bereiche der Wirklichkeit ablehnt. Dabei erkennt seine Philosophie, dass die existierenden evolutionären Ebenen in Wirklichkeit nur „kosmische Gewohnheiten" sind, die ursprünglich neue kreative Erscheinungen waren, aber sich im Laufe der Zeit durch Wiederholung stabilisiert haben.

Lassen Sie uns diese Argumente kurz anschauen. Wir beginnen mit der Idee der „postmetaphysischen Perspektiven".

Nach Wilbers Ansicht

> gibt es in der realen Welt keine Wahrnehmungen; dort gibt es nur Perspektiven. Ein Subjekt, das ein Objekt wahrnimmt, ist immer schon in Beziehungen der ersten, zweiten und dritten Person in Bezug auf das wahrgenommene Ereignis. ... Die Bewegung von Wahrnehmungen zu Perspektiven ist der erste radikale Schritt von der Metaphysik zur Postmetaphysik. Subjekte nehmen nirgendwo im Universum Objekte wahr; vielmehr nehmen Perspektiven der ersten Person Perspektiven der zweiten und dritten Person wahr: Wahrnehmungen sind immer innerhalb tatsächlicher Perspektiven enthalten. „Subjekte, die Objekte wahrnehmen (oder „reine Erkenntnis der Dharmas") ist nichts einfach Gegebenes, sondern eine vereinfachende Abstraktion, die das Gewebe des Kosmos in einer Art und Weise zerreißt, die nur schwer wieder hergestellt werden kann.[8]

Dieser Standpunkt lehnt die kartesianischen Konzepte einer objektiven Realität, die einfach vorgegeben ist, ab, indem sie die wichtigen Einsichten über Kontext und Interpretation der Postmoderne aufnimmt. Obwohl ich damit übereinstimme, dass nichts einfach nur erkannt werden kann, wie es „objektiv" ist, und obwohl ich auch damit übereinstimme, dass alle Wahrnehmungen immer schon Perspektiven sind, kann ich der Argumentation nicht folgen, dass dieses Verständnis die Ontologie der objektiven Dimension der Wirklichkeit vollkommen negiert, oder andererseits die Metaphysik aus unserer Weltsicht verbannt. Wenn wir auch keine perspektivlosen Wahrnehmungen erreichen können, heißt das nicht, dass wir nichts außer Perspektiven wahrnehmen können. Wenn wir unsere Ontologie nur auf Perspektiven beschränken, wenn wir behaupten, nur Perspektiven seien real, hat das den unvermeidbaren Effekt, dass das Universum in die subjektive Dimension hinein kollabiert und ich weiß, dass das nicht Wilbers Intention ist. Wie wir schon gesehen haben, ist es in der Tat der Wert der integralen Philosophie, dass sie die sich entwickelnden Systeme des inneren Universums klar erkennt – die integrale Philosophie nimmt ihre Kraft aus dieser Erkenntnis der relativen *Tatsächlichkeit* dieser inneren Systeme. Wenn wir die Weltsichten der Moderne und Postmoderne wirkungsvoll transzendieren und einschließen wollen, während wir gleichzeitig eine neue Weltsicht schaffen, die die dringende Aufgabe erfüllen kann, kulturelle Evolution hervorzubringen, dann müssen wir zwischen zwei Extremen manövrieren: einerseits der naive Realismus und andererseits der relativistische Kontextualismus. Dazu müssen wir sowohl den Mythos des Gegebenen (der die interpretierende und mitgestaltende Natur der Wirklichkeit ignoriert) als auch den „Mythos der Interpretation", wie Karl Popper ihn nannte und der besagt, dass die Realität im Grunde illusionär ist oder willkürlich vom Beobachter konstruiert wird.[9] Obwohl jede Wahrnehmung immer schon eine Perspektive ist, und obwohl Menschen auch niemals die Dinge so wahrnehmen können, *wie sie sind*, kann jede Perspektive im relativen Sinne mehr oder weniger kraftvoll sein, je nach dem Grad der Wirklichkeit, die sie erkennt. Und eine Möglichkeit der Prüfung, inwieweit eine Perspektive im relativen Sinne mehr von der Wirklichkeit erkennt, ist ihre Fähigkeit, den Menschen und seine Welt weiterzuentwickeln.

Wenn wir über die Grenzen unseres Wirklichkeitsrahmens nachdenken, ist es wichtig uns daran zu erinnern, dass die integrale Philosophie in dem Versuch, eine post-postmoderne Interpretation der Natur dessen, „was ist", zu entwickeln, die kulturelle Evolution dadurch vorantreibt, dass sie eine erweiterte Ontologie des inneren Universums zur Verfügung stellt und unser Verständnis der Wirklichkeit vergrößert. Und anders als in Habermas' Postmetaphysik, die ihre ontologischen Beschreibungen allein auf die Sprache reduziert, lokalisiert die integrale Philosophie ihre „Perspektiven" des inneren und äußeren Universums in der Wirklichkeit als Ganzes. Und dieses grundlegend erweiterte Verständnis der Ontologie des sich entwickelnden Universums – dieses größere Verständnis der evolutionären Systeme, die wir in den miteinander verbundenen Bereichen von Natur, Selbst und Kultur finden – ermöglicht der integralen Theorie einen neuen philosophischen Fortschritt, indem sie die postmodernen Vorurteile gegen ontologische Beschreibungen der Wirklichkeit transzendiert.

Im zweiten Teil von Wilbers postmetaphysischer Wende – namentlich die Aussage, dass es keine vorgegebenen ontologischen Ebenen gibt, sondern nur kosmische Gewohnheiten, die sich im Laufe der Zeit ausbilden – scheint Wilber sich selbst zu widersprechen. Einerseits behauptet er explizit, dass sein System „keinen metaphysischen Ballast – keine Archetypen, keine ontologischen Bereiche von Wirklichkeit, keine unabhängigen Ebenen des Seins, die herumliegen und darauf warten, dass Menschen sie sehen ...", enthält.[10] Aber andererseits greift Wilber in einer Anmerkung zu dem langen Artikel, in dem er diese postmetaphysische Position vertritt, auf die durch und durch metaphysische Idee der „Involution" zurück. Als Antwort auf die Frage, ob vor dem Urknall etwas existierte, schreibt Wilber: „Unter den wenigen Theoretikern, die über dieses Thema mit einiger Klarheit nachgedacht haben, scheint der Konsens ein Ja zu sein." Und dann bietet Wilber folgende Erklärung:

> Wenn der GEIST sich nach außen wirft (das heißt *Involution*), um dieses bestimmte Universum mit einem bestimmten Urknall zu schaffen, hinterlässt er Spuren oder ein Echo dieser kosmischen Ausatmung. Diese Spuren bestehen weniger aus tatsächlichen Inhalten oder Entitäten oder Ebenen, sondern vielmehr aus einem morphogenetischen Feld, das einen sanften Zug (oder *Agape*) in Richtung höherer, weiterer, tieferer Ereignisse ausübt, ein Zug, der sich in manifesten oder tatsächlichen Ereignissen als *Eros* in der Agenz aller Holons zeigt. (Wir können diesen Zug auch als den Zug aller Dinge zurück zum GEIST verstehen; Whitehead nannte es „Liebe" als „die sanfte Verführung Gottes" zur Einheit. Diese Liebe, die vom Höheren zum Niedrigeren herunterreicht, heißt Agape, und wenn sie vom Niedrigeren zum Höheren reicht, heißt sie Eros: zwei Seiten der gleichen Zugkraft.) Diese umfassende morphogenetische Zugkraft verbindet die Potenziale der niedrigsten Holons (im materiellen Schlaf) mit den Potenzialen des Höchsten (im spirituellen Erwachen). Das durch Involution Gegebene dieses morphogenetischen Feldes ist ein Anstieg der Potenziale, nicht der Tatsachen, und somit wirkt die Agape durch das ganze Universum als die Liebe der sanften Verführung und zieht die niedrigeren manifesten Formen des GEISTES in Richtung der höheren Manifestationen des GEISTES – ein potenzieller Aufstieg, den die Menschen, sobald sie erschienen sind, oft mit der Bewe-

> gung von Materie zum Körper zum Verstand zur Seele zum Geist bezeichnen. „GEIST" (in Großbuchstaben) war (und ist) natürlich der immer-gegenwärtige Grund all dieser manifesten Wellen, in jeder gleichermaßen voll und gegenwärtig, aber der Geist ist auch eine allgemeine Stufe oder Welle der Evolution: Der Geist repräsentiert die transpersonale(n) Stufe(n), in denen der GEIST als der Urgrund ständig verwirklicht werden kann.[11]

Nachdem ich recht viel Zeit damit verbracht hatte, Wilbers postmetaphysische Argumente zu verstehen, war ich sehr erleichtert, als ich diese Passage fand und erfuhr, dass Wilber die historische Tradition der integralen Philosophie nicht völlig verlassen hat. Wie das soeben wiedergegebene Zitat bezeugt, muss man Wilber zugutehalten, dass seine spirituelle Metaphysik noch immer intakt ist, obwohl er sie bis aufs Notwendige reduziert hat. Und meiner Meinung nach ist diese metaphysische Erkenntnis der Rolle des GEISTES in der Evolution die wichtigste grundlegende Wahrheit der integralen Philosophie.

Aber ich kann verstehen, warum Wilber sich entschieden hat, den Begriff „Metaphysik" nicht mehr zu verwenden, und ich stimme auf jeden Fall damit überein, dass die integrale Philosophie die Metaphysik der prämodernen und modernen Weltsicht transzendiert hat. Aber ich kann nicht damit übereinstimmen, dass die integrale Philosophie streng postmetaphysisch ist, in dem Sinne, wie es Denker wie Habermas fordern. Tatsächlich gelingt es der integralen Philosophie durch eine spezifische Form einer reduzierten, weitgehend empirischen Metaphysik, die verflachte antimetaphysische Metaphysik der postmodernen Philosophie wirkungsvoll zu transzendieren.

Somit wird klar, dass der Wirklichkeitsrahmen der integralen Philosophie unausweichlich metaphysisch ist – nicht in einer schlechten, unnachweisbaren Weise, sondern so, dass sie definitiv die objektiven, subjektiven und intersubjektiven Kategorien der Evolution berücksichtigt. Diese Kategorien sind deshalb ein nicht wegzudenkender Teil der Metaphysik der integralen Weltsicht. Aber zusätzlich zu der Erkenntnis der verschiedenen, aber sich überlappenden Kategorien von Natur, Selbst und Kultur, wie sie von Wilber in dem oben stehenden Zitat formuliert wird (ein Thema, das wir im 10. Kapitel genauer untersuchen werden), erkennt die Metaphysik des integralen Wirklichkeitsrahmens auch, dass alle Kategorien der Evolution von einem morphogenetischen Zug (nach einer Bezeichnung von Wilber, in Anlehnung an Rupert Sheldrake) beeinflusst (angezogen) werden. Dies ist eine Art von *Eros*, der sozusagen *die Evolution aus der Zukunft nach vorne zieht.* Das ist kein Argument für eine Teleologie, wie sie traditionell verstanden wurde, hierbei geht es um die grundlegende Erkenntnis, dass das Universum kein sinnloser Zufall ist und dass die Evolution definitiv in eine Richtung unterwegs ist.

Aber woher wissen wir das? Wie kann die integrale Philosophie davon ausgehen, dass die Evolution irgendwie nach vorne gezogen wird oder von irgendeiner Kraft oder einem Einfluss angezogen wird? Nun, wie wir schon besprochen haben, konstruiert die integrale Philosophie ihre Weltsicht in einer Art und Weise, die alle Möglichkeiten menschlicher Erfahrung in sich aufnehmen kann – seien es sensorische, mentale oder spirituelle Erfahrungen. Und in dem Versuch, alle diese wichtigen Erfahrungen aufzunehmen, lokalisiert sich die integrale Philosophie zwischen Wissenschaft und Religion und möchte beide menschlichen Erfahrungsgebiete würdigen und sich mit beiden verbinden.

Was es bedeutet, sich mit der Wissenschaft zu verbinden, ist ziemlich eindeutig. Die integrale Philosophie ermöglicht das durch eine Haltung, die besagt: Wenn es einen Konflikt zwischen der Wissenschaft und irgendetwas anderem gibt, gewinnt die Wissenschaft (nicht der Szientismus). Mit anderen Worten, die Wissenschaft ist die letztendliche Autorität, wenn es um Fragen des äußeren Universums geht. Wiewohl es einfach sein kann, die Erkenntnisse der Wissenschaft zu würdigen, ist es weitaus komplexer Religion und Spiritualität angemessen zu würdigen. Wie wir im übernächsten Absatz untersuchen werden, gibt es unter den Integralisten zurzeit verschiedene Meinungen darüber, wie die integrale Philosophie mit Spiritualität umgehen sollte. Meiner Ansicht nach ist die effektivste Beziehung der integralen Philosophie zur Spiritualität eine Haltung, die die Wirklichkeit des GEISTES anerkennt, aber keine Beschreibung dieser Wirklichkeit als letztendliche anerkennt. Aber unabhängig von den Einzelheiten der Beziehung der integralen Philosophie zur Spiritualität, müssen wir auf Folgendem bestehen: Wenn sie die Spiritualität würdigt, dann muss sie anerkennen, dass das Universum kein sinnloser Zufall ist. Es gibt wirklich keinen anderen Weg, die Spiritualität in unserer Philosophie zu integrieren, wenn wir nicht erkennen, dass das Universum einen Sinn hat. Obwohl dieser „Sinn" von verschiedenen spirituellen Traditionen anders bezeichnet wird, erkennen alle Formen authentischer Spiritualität einen *Sinn* im Universum. Selbst Menschen, die glauben, das Leben sei sinnlos, handeln täglich so, als hätte es einen Sinn – *wir alle setzen praktisch voraus,* dass das Leben einen Sinn hat. Und wenn Sie damit übereinstimmen, dass es einen Sinn hat, dann haben Sie auch damit übereingestimmt, dass es irgendein Ziel hat.

In der Tat ist der Versuch, jeglichen Sinn im Universum zu verneinen, eine klare Verneinung der Spiritualität, und das nach fast jeder Definition. Die Idee, dass das Universum vollkommen zufällig und sinnlos ist, ist ein Angriff auf die Spiritualität. Wenn also die integrale Philosophie die Wirklichkeit spiritueller Erfahrungen angemessen würdigen soll, wenn sie anerkennt, dass der GEIST – mit welchen Namen er auch bezeichnet wird – immer wirklich existiert, dann muss sie die Metaphysik des sinnvollen Universums in ihren Wirklichkeitsrahmen mit aufnehmen. Und wenn das Universum einen Sinn hat, dann hat auch die Evolution, die alles umfassende Aktivität des Universums, einen Sinn, und das führt zu der unvermeidlichen Erkenntnis einer wie auch immer gearteten transzendenten Ursache oder eines morphogenetischen Zuges, der einen subtilen Einfluss auf alle Formen der Evolution ausübt. Das heißt nicht, dass die biologische Evolution das Produkt eines „intelligenten Designs" oder einer übernatürlichen Beeinflussung ist, aber es bedeutet, dass die Evolution ein sinnvolles Phänomen des Wachstums ist, das in einer grundlegend positiven Richtung fortschreitet.

Ausgehend von Erfahrungen und im Verständnis, dass die menschliche Erfahrung die drei wichtigen Kategorien der physischen, mentalen und spirituellen Erfahrungen umfasst – von denen keine auf eine der anderen reduziert werden kann – kommt die integrale Philosophie zu dem Schluss, dass sie in der Tat eine Metaphysik hat, die unvermeidlich Teil ihrer Weltsicht ist.

Als integrale Philosophen können wir niemals völlig ohne Metaphysik auskommen. Egal, auf wie viel Erfahrungennachweise wir hindeuten können, wenn wir nach der Natur der Wirklichkeit fragen, wird die Antwort immer einen metaphysischen Charakter haben. Selbst wenn wir annehmen, es gäbe keine philosophischen Fragen oder Antworten über die „Natur der Wirklichkeit", ist das trotzdem eine durch und durch metaphysische Haltung. Durch dieses Verständnis wird die integrale Philosophie zu einer Haltung geführt, die nach einer „minimalen Metaphysik" sucht. Diese minimalistische Haltung erkennt, dass die Evolution in der Tat in den verschiedenen, aber sich gegenseitig beeinflussenden Kategorien von Natur, Selbst und Kultur entsteht, und sie lokalisiert diese Bereiche der Evolution in einem größeren Wirklichkeitsrahmen. Zudem erkennt diese minimalistische Haltung die Wirklichkeit des GEISTES. Aber anstatt direkt über die Natur der spirituellen Wirklichkeit zu sprechen, überlässt die integrale Philosophie die Beantwortung diese Fragen besser den verschiedenen Formen von Religion und Spiritualität, die ihren Platz in der integralen Weltsicht finden können. Die integrale Philosophie kann ihre Metaphysik also auf minimalem

Niveau halten und gleichzeitig die spirituelle Natur des Universums anerkennen, weil sie die Religion als einen spezifischen Bereich der menschlichen Erfahrung versteht, der zum großen Teil über die Untersuchungen der Philosophie hinausgeht.

Aber selbst in der Weiterentwicklung des Verständnisses von Natur, Selbst und Kultur erkennt die integrale Weltsicht, dass jede historisch bedeutsame Weltsicht sich im dialektischen System der Entwicklungsspirale entfaltet, und wenn wir auch auf diese fortschreitend sich entwickelnden Weltsichten vertrauen müssen, weil sie die Stufen für unseren Fortschritt sind, müssen wir nun auch anerkennen, dass jede Weltsicht nur eine Teilwahrheit erkennt und unvollständig ist – jede Weltsicht wird schließlich im Laufe der fortlaufenden kulturellen Evolution transzendiert. Deshalb ist der metaphysische Wirklichkeitsrahmen, der als Gefäß jeder Weltsicht dient, immer nur ein Gerüst, das schließlich wieder abgebaut wird, wenn das Gebäude unserer Zivilisation immer umfassender wird. Das heißt nicht, dass die objektiven, subjektiven und intersubjektiven Kategorien beliebig oder vollkommen künstlich sind. Aber es bedeutet, dass diese Kategorien einen Wirklichkeitsrahmen bilden, und gerade weil dieser Rahmen für diese nächste Evolutionsstufe so nützlich ist und aufgrund seiner spezifischen Bedeutung für diese spezifische Weltsicht, ist dieser Wirklichkeitsrahmen notwendigerweise nur teilweise wahr und per Definition dazu bestimmt, schließlich transzendiert zu werden. Und diese Transzendierung wird sich durch die Entstehung der unvermeidlich antithetischen Metaphysik des postintegralen Wirklichkeitsrahmens ereignen. Indem wir also anerkennen, dass der integrale Wirklichkeitsrahmen nur ein vorübergehendes aber sehr nützliches Konstrukt ist, nehmen wir die postmoderne Kritik des Wirklichkeitsrahmens an und bewegen uns aber gleichzeitig über die einengenden Begrenzungen der Postmoderne hinaus.

Mit diesen Überlegungen als Hintergrund widmen wir uns nun der Betrachtung des integralen Wirklichkeitsrahmens, wie ich ihn verstehe.

Die integrale Landkarte der Wirklichkeit

Wie wir im vorangegangenen Kapitel untersucht haben, entwickelte sich der Kanon der integralen Philosophie in den letzten 200 Jahren als Ergebnis der Anstrengungen vieler genialer Denker. Wilbers Philosophie ist nur die neueste Entwicklung in einem größeren Projekt, dass durch einige der fähigsten Denker der Menschheit vorangetrieben wird, um mit der vollen Bedeutung der Erkenntnis der Evolution zurechtzukommen. Wenn also die integrale Theorie die Tradition der großen evolutionären Philosophen weiterträgt, erkennt sie, das nicht nur Materie und Leben im äußeren Bereich sich entwickeln, sondern dass die Evolution auch in den inneren Bereichen vollkommen aktiv ist. Wenn wir beginnen, diese inneren Aspekte des Universums zu sehen und besser zu verstehen, dann erkennen wir, dass das innere Universum, genauso wie das äußere Universum, Gewohnheiten und Gesetze hat. Wenn wir das äußere objektive Universum aus der Perspektive der Wissenschaft her anschauen, können wir seine wichtigsten Bestandteile sehen. Wir können sehen, dass das äußere Universum seine Ausbreitung in den Koordinaten von Raum und Zeit findet und seinen Inhalt in der Form von Materie, Energie und Leben. Wenn wir das subjektive und intersubjektive Universum aus der Perspektive der integralen Philosophie her anschauen, finden wir gleichermaßen eine Reihe wichtiger Komponenten. Wir können nun sehen, dass das innere Universum seine Ausbreitung in Bewusstsein und Kultur findet und seinen Inhalt in der Form von Bedeutung, Werten und Liebe. Diese Parallelen sind nicht nur poetisch, sie sind der Ausgangspunkt für die „Physik des inneren Universums", ein weitgehend empirisches aber gleichzeitig metaphysisches Verständnis der Innerlichkeit, das neue Dimensionen des menschlichen Verstehens und damit einhergehend neue Kräfte des Fortschritts eröffnet. Und es ist sinnvoll hier zu wiederholen, dass die Entstehung der integralen Weltsicht, mit ihren neuen Fähigkeiten, Zugänge zum inneren Universum zu eröffnen, in fast jedem Punkt ein evolutionäres Äquivalent für die Entstehung der modernen Weltsicht darstellt, die durch die Wissenschaft ähnliche Fähigkeiten für den Zugang zum äußeren Universum eröffnete. Die Emergenz der integralen Weltsicht kennzeichnet deshalb den Beginn der Zweiten Aufklärung der Geschichte.

Aber um der Verheißung einer Weiterentwicklung, wie sie diese Zweite Aufklärung in sich trägt, gerecht zu werden, muss unser Verständnis des inneren Universums ausgereift sein. Wir müssen erkennen, dass die inneren Strukturen und Muster, die durch die integrale Philosophie offenbart werden, nicht bloß Metaphern, sondern wirkliche Systeme sind, die von realen Kräften geformt werden. Und unser anfängliches Verständnis dieser inneren Strukturen wurde durch die minimale Metaphysik des integralen Wirklichkeitsrahmens möglich. Wenn wir uns die Geschichte der ersten Aufklärung anschauen, sehen wir, wie die Kraft des modernen Wirklichkeitsrahmens ursprünglich damit begründet wurde, dass Descartes' Metaphysik die Entitäten des objektiven Universums unterschied und identifizierte. Die integrale Weltsicht hat eine ähnliche Kraft durch die Art und Weise, wie ihre Metaphysik die Entitäten des inneren Universums unterscheidet und identifiziert. Das heißt, der Wirklichkeitsrahmen der integralen Weltsicht erzeugt einen „neuen Ort" im inneren Universum, einen neuen Ausgangspunkt, von dem aus die Strukturen des Bewusstseins und der Kultur sichtbarer werden. Die weltverändernde Kraft des integralen Bewusstseins kommt deshalb aus ihrer neuen Fähigkeit, mit diesen integralen Strukturen in Kontakt zu treten, mit ihnen zu arbeiten, sie zu handhaben und zu entwickeln. Aber diese Kraft erwächst der integralen Weltsicht nur, wenn sie die ontologischen Vorurteile der postmodernen Philosophie hinter sich lässt, vor allem ihre Überzeugung, dass die Philosophie nicht dazu qualifiziert ist, Beschreibungen einer größeren Wirklichkeit zu geben.

So wie die Wissenschaftler die ersten Mikroskope benutzten, um zuvor unsichtbare Krankheitserreger zu sehen, die bis dahin soviel Leiden in der Welt hervorgerufen hatten, so können Integralisten das Verständnis ihrer neuen Philosophie über das innere Universum dazu nutzen, die bis dahin unsichtbaren Strukturen des Bewusstseins und der Kultur zu sehen und Kontakt mit ihnen aufzunehmen. Aber genauso wie die Wissenschaftler schließlich die optischen Mikroskope gegen wirkungsvollere Elektronenmikroskope getauscht haben, so wird auch die integrale Metaphysik schließlich von einem noch wirkungsvolleren Verständnis der Wirklichkeit transzendiert werden. Aber wenn wir erkennen, dass die meisten Probleme der heutigen Welt in Wirklichkeit Probleme des Bewusstseins sind (und damit Möglichkeiten für kulturelle Evolution), können wir sehen, wie wichtig dieses neue Verständnis des Bewusstseins für unsere Fähigkeit ist, die Dinge zum Positiven zu verändern.

Im vorherigen Kapitel haben wir die Entwicklung der Tradition der integralen Philosophie bis zu Hegel zurückverfolgt. Wenn wir nun über den integralen Wirklichkeitsrahmen sprechen, können wir sehen, dass wir unser Verständnis der dialektischen Struktur des evolutionären Fortschritts von Hegel und den Idealisten übernommen haben. Von Bergson haben wir gelernt, dass die Wirklichkeit am besten als kreativer Prozess verstanden wird. Bei Whitehead sahen wir, dass die inneren und äußeren Dimensionen des Universums auf jeder Ebene in der Erfahrung jedes Wesens miteinander verwoben sind. Von Teilhard haben wir gelernt, dass Komplexität und Bewusstsein als die äußeren und inneren Aspekte der Evolution gleichzeitig entstehen. Mit Graves sahen wir die systemische Natur der Entwicklungsspirale und von Habermas lernten wir die Bedeutung der Intersubjektivität. Und mit Wilber haben wir nun eine Landkarte des sich entwickelnden Universums, die all diese Einsichten (und viele andere) in einer Art und Weise zusammenbringt, die eine völlig neue Weltsicht formt. Wie wir schon weiter oben besprochen haben, gelingt es Wilbers Philosophie, eine neue Weltsicht zu schaffen, wo die Philosophie von Habermas scheitert. Wilbers Philosophie gelingt das, weil sie in der Praxis stabil in einer Ontologie verankert ist – denn sie beschreibt reale Strukturen, die sich in realen Bereichen entwickeln.

Wilber hat seine neue Landkarte des Universums auf einem Konzept der Systemtheorie begründet, das als *Holons* bekannt ist. Die Idee der Holons wurde zum ersten Mal von dem ungarischen Denker Arthur Koestler entwickelt, um die grundlegenden Organisationseinheiten in biologischen und sozialen Systemen zu beschreiben. Koestler beobachtete, dass es in biologischen und sozialen Organisationen keine völlig eigenständigen, nicht miteinander interagierenden Entitäten gab. In jedem Bereich der Evolution gab es weder einfache Ganzheiten oder einfache Teile, denn jede Entität in der Evolution war gleichzeitig ein Ganzes und ein Teil. Koestler erkannte, wie diese Ganzen und Teile – diese Systeme eingebettet in Systemen – in natürlichen Hierarchien oder „Holarchien" (Hierarchien von Holons) organisiert sind, wobei jede holarchische Linie der evolutionären Entwicklung sich selbst wie ein selbstorganisierendes dynamisches System verhält. Koestler sah auch, dass diese natürlich auftretenden holarchischen Systeme durch den Prozess des Transzendierens und des Einschließens entstanden – Moleküle transzendieren und umschließen Atome, Zellen transzendieren und umschließen Moleküle, Organe transzendieren und umschließen Zellen. Dieses Konzept der Holons und der Holarchie entstand also als eine Art und Weise diese komplexen Systeme zu formen, und es ist auch eine gute Methode der Analyse, die die scheinbaren Widersprüche zwischen Atomismus und Holismus versöhnt.

Als Wilber diese evolutionären Entwicklungslinien kontemplierte, erkannte er, dass jede äußere beobachtbare natürliche evolutionäre Struktur ein korrespondierendes Inneres hatte; in der Nachfolge von Whitehead erkannte er, dass jedes Holon eine Art von Bewusstsein hat, denn er beobachtete, dass selbst die primitivsten Zellen eine bestimmte Art des Proto-Bewusstseins oder der „Erregbarkeit" zum Ausdruck bringen. Wilber erkannte auch, dass mit einer Zunahme der Komplexität des Äußeren eines biologischen Organismus eine Zunahme der Komplexität des Bewusstseins dieses Organismus einhergeht. In der Nachfolge von Teilhard sah Wilber, wie die Entwicklung des „Außen" mit der Entwicklung des „Innen" koevolviert. Wilber konstruierte dieses Model, indem er richtigerweise die untrennbaren Verbindungen zwischen den äußeren und inneren Holarchien der evolutionären Entwicklung verfolgte.

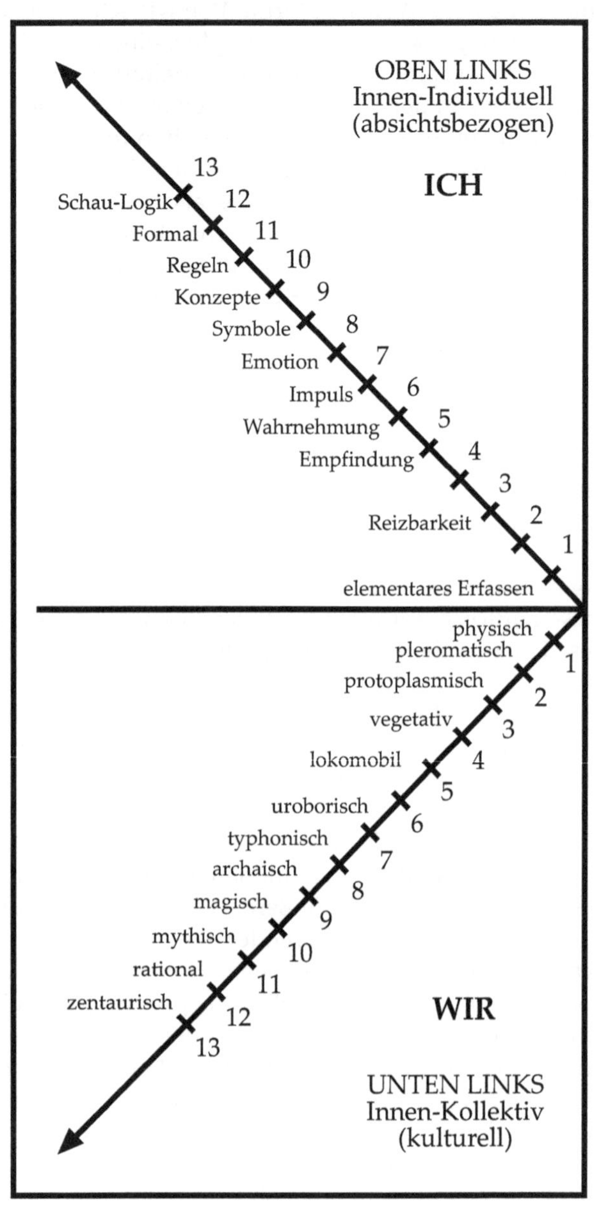

Bild 7-1: Wilbers Vier-Quadranten-Modell der Evolution.

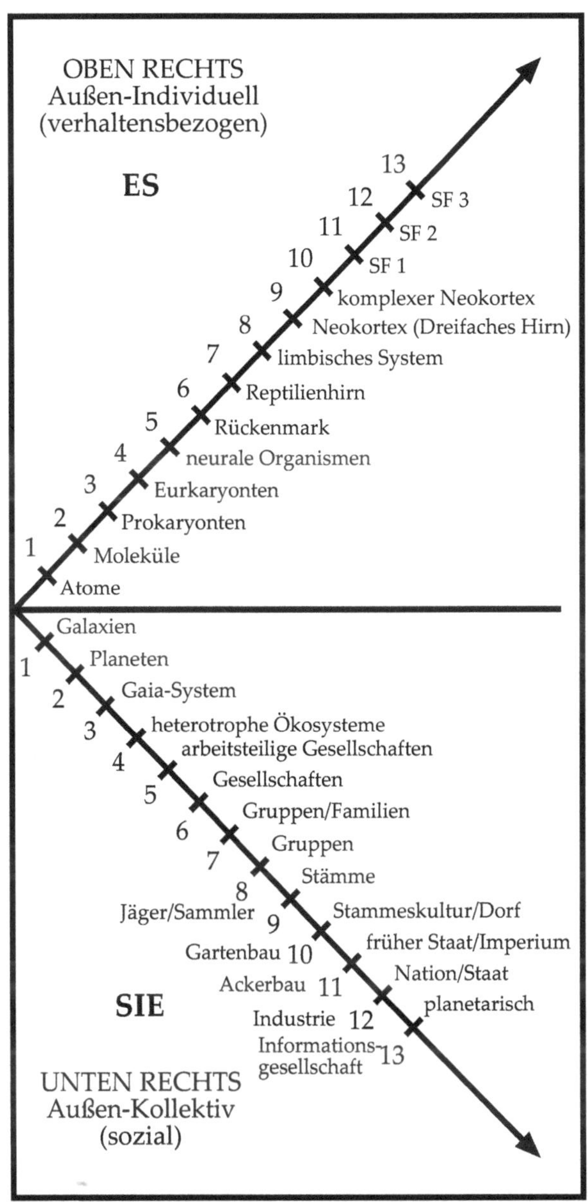
OBEN RECHTS
Außen-Individuell
(verhaltensbezogen)
ES
13
12
11
10
9
8
7
6
5
4
3
2
1
SF 3
SF 2
SF 1
komplexer Neokortex
Neokortex (Dreifaches Hirn)
limbisches System
Reptilienhirn
Rückenmark
neurale Organismen
Eurkaryonten
Prokaryonten
Moleküle
Atome
Galaxien
Planeten
Gaia-System
heterotrophe Ökosysteme
arbeitsteilige Gesellschaften
Gesellschaften
Gruppen/Familien
Gruppen
Stämme
Stammeskultur/Dorf
früher Staat/Imperium
Nation/Staat
planetarisch
1
2
3
4
5
6
7
8
Jäger/Sammler 9
Gartenbau 10
Ackerbau 11
Industrie 12
Informations-gesellschaft 13
SIE
UNTEN RECHTS
Außen-Kollektiv
(sozial)

Aber zusätzlich zur symmetrischen Form miteinander korrespondierender innerer und äußerer Bereiche in der Evolution beobachtete Wilber auch, dass evolutionäre Strukturen eine individuelle und kollektive Dimension haben. Aufbauend auf der Arbeit des Systemtheoretikers Erich Jantsch verfolgte Wilber die Koevolution von individuellen evolutionären Entitäten und ihren korrespondierenden kollektiven Umgebungen. Wo es zum Beispiel ein individuelles Bewusstsein gibt, dort gibt es auch eine kollektive Kultur, der dieses Individuum angehört. Und wenn das Bewusstsein eines Individuums in einer Kultur sich entwickelt, dann entwickelt sich auch die Kultur als Ganzes. Wilber postulierte also ein Modell, welches besagt, dass die vier verschiedenen Stränge der hierarchischen Entwicklung „eng mit allen anderen verknüpft, ja von ihnen abhängig [sind], aber keiner von ihnen kann auf die übrigen reduziert werden. Diese vier Stränge sind das Innere und das Äußere, das Individuum und das Soziale."[12] Wilbers Vier-Quadranten-Modell, wie es im Bild 8-1 wiedergegeben ist, zeigt seinen Versuch, die vier Arten miteinander in Beziehung stehender evolutionärer Entwicklung zu umfassen, wie sie sich in dem, was Wilber die „vier Ecken des bekannten Universums" nennt, entfalten.

Allgemein kann man sagen, dass das Vier-Quadranten-Modell eine wichtige Grundlage des integralen Wirklichkeitsrahmens ist. Die Veröffentlichung dieses Modells kennzeichnet den Beginn der integralen Synthese des 21. Jahrhunderts. Und offensichtlich gibt es in diesem Modell viele wichtige Details und Einzelheiten, die in diesem Kapitel nicht behandelt werden können. Aber wie Wilber selbst zugibt, beachtete er bei der ersten Ausformulierung des Quadranten-Modells nicht die Existenz *menschlicher Artefakte*. Der Unterschied zwischen einem Holon und einem Artefakt ist, dass ein Holon ein natürlich entstehendes, selbstorganisierendes evolutionäres System ist, wohingegen ein Artefakt kein natürliches System ist, sondern ein künstliches menschliches Produkt, und deshalb kein Inneres hat. Ein Mensch zum Beispiel ist ein holonisches evolutionäres System mit einem äußeren Körper und einem inneren subjektiven Bewusstsein, aber ein Computer ist ein Artefakt, der nur aus der äußeren Materie besteht. Ein Computer mag eine Software haben und innere Aktivitäten ausführen, aber er hat kein wirkliches Inneres – seine Realität reicht nicht bis ins innere Universum. Wenn wir also eine umfassende Landkarte des sich entwickelnden Universums zeichnen wollen, ist es wichtig, dass wir nicht nur Holons darin einschließen, sondern auch die Realität menschlicher Artefakte, weil in unserer zunehmend „technisierten Lebenswelt" der Einfluss der Artefakte nicht ignoriert werden kann. Nun muss man zugeben, dass Wilbers Modell Artefakte in gewisser Weise miteinschließt, sie werden nur ungenau als Holons bezeichnet. Aber diese offensichtlich technische Unterscheidung zeigt einige der Begrenzungen des Quadranten-Modells.

Das Problem befindet sich in Wilbers unterem rechten „interobjektiven Quadranten", von dem gesagt wird, dass er die holonischen Systeme enthält, aus denen das Äußere der Kultur besteht. Wenn wir uns aber das Äußere der menschlichen Kultur anschauen, wenn wir nach den objektiven Aspekten der menschlichen Gesellschaft suchen, können wir sehen, dass fast alle von Menschen geschaffene Konstruktionen sind, wie zum Beispiel (nach einem Zitat von Wilber): „Bauweisen, Transportsysteme, die physische Infrastruktur, sogar geschriebene Bücher, Gesetzestexte, sprachliche Strukturen, verbale Signifikanten".[13] Diese Artefakte umhüllen die inneren Systeme der menschlichen Kultur mit den äußeren Manifestationen der Kunst, Technologie, menschlichen Organisationen, aber diese von Menschen geschaffenen Konstrukte können nicht als „selbstorganisierende Systeme dynamischer Es-Wirklichkeiten" beschrieben werden; die physischen Strukturen unserer komplexen Gesellschaft sind nicht autopoietisch entstanden, sie wurden sorgsam gestaltet und durch Absicht, Einfallsreichtum und Anstrengung des Menschen geschaffen. Hier entsteht also ein Problem, weil das Quadranten-Modell Symmetrien nahelegt, die die Beziehungen zwischen den Bereichen übertrieben darstellt. Die symmetrischen Verbindungen zwischen dem Inneren und Äußeren einer individuellen Person mögen vollkommen miteinander korrelieren, aber die Verbindungen zwischen der Holarchie der intersubjektiven menschlichen Beziehungen und den äußeren Artefakten, mit denen diese Beziehungen assoziiert werden, korrelieren nicht immer so vollkommen symmetrisch. Wenn sich die integrale Philosophie weiter entwickelt und das Quadranten-Modell an Bedeutung gewinnt, wird diese Schwäche immer problematischer. Aber um genauer zu erklären, warum die Unterscheidung zwischen Holons und Artefakten im unteren rechten Quadranten so wichtig ist, muss ich ausführlicher argumentieren und verweise hierzu auf den Appendix B mit dem Titel „Überlegungen zu Wilbers Vier-Quadranten-Modell der Evolution". Ich lade also all jene, die sich für die Feinheiten der integralen Philosophie interessieren, ein, die Diskussion im Appendix B weiterzuführen, wo wir tiefer in die Einzelheiten der integralen Metaphysik eintauchen.

Aber für unsere gegenwärtige Betrachtung können wir sagen, dass das Vier-Quadranten-Modell eine der besten Landkarten ist, die das innere Universum in seiner Beziehung zum äußeren Bereich darstellt.

Trotz seiner Begrenzungen können wir, denke ich, das Quadranten-Modell weiter benutzen, wenn wir es nicht zu wörtlich nehmen. Und das ist natürlich auch die beste Herangehensweise an jede Metaphysik. Aber die Metaphysik der integralen Philosophie entwickelt sich noch und Wilber selbst hat gesagt, dass eine gute Theorie nur „eine [ist], die so lange Bestand hat, bis sie uns zu einer besseren geführt hat"[14]. Meiner Meinung nach hat die Landkarte der Quadranten einen exzellenten Anfang für den neu entstehenden Wirklichkeitsrahmen des integralen Bewusstseins gesetzt, aber diese Landkarte ist nicht das letzte Wort über die integrale Weltsicht.

Wie schon im 2. Kapitel beschrieben, denke ich, dass die integrale Philosophie sich auf viel stabilerem Grund befindet, wenn sie sich ihrer Identifizierung der drei grundlegenden und beobachtbaren Bereiche der Evolution widmet, die wir in der Natur, im Selbst und der Kultur finden. Diese Erkenntnis der objektiven, subjektiven und intersubjektiven Dimensionen der sich entwickelnden Wirklichkeit bildet die Grundlage der integralen Metaphysik und formt die Weltsicht des integralen Bewusstseins. Wilber hat dies in seiner Betonung dessen erkannt, was er die „Großen Drei" nennt. In der Tat reduziert Wilber die vier Quadranten oft auf die Bereiche der „Großen Drei" : objektiv, subjektiv und intersubjektiv. In seinen Schriften fasst er immer wieder die individuellen und kollektiven Aspekte der „rechten" äußeren Seite seines Modells zu einem einzigen Bereich zusammen. Und auch das individuell Objektive und das kollektiv Intersubjektive werden – „Es und Sie" [„Es" Singular und „Es" Plural, Anm. d. Ü.] – einfach zu „Es". Indem er also diese zwei äußeren Quadranten zu einem einzigen Bereich zusammenfasst und damit die vier Quadranten auf drei wichtige Bereiche reduziert, gelingt es Wilber, sein Modell der Wirklichkeit mit dem Erbe der größten Denker der Menschheit zu verbinden, die immer wieder in der einen oder anderen Weise diese drei grundlegenden Bereiche der Wirklichkeit erkannt haben. In seinem Buch *Naturwissenschaft und Religion* aus dem Jahre 1998 schreibt Wilber zum Beispiel:

> Ich bezeichne diese drei Wertsphären als die „Großen Drei", weil sie drei der bedeutsamsten Differenzierungen der Moderne sind, die in vielen Bereichen des Lebens eine überragende Rolle spielen. Dies ist nicht nur meine eigene Auffassung. Die Großen Drei werden von einer ganzen Reihe einflussreicher Gelehrter anerkannt. Es sind die drei Welten von Sir Karl Popper: die subjektive (Ich), die kulturelle (Wir) und die objektive (Es). Es sind Habermas' drei

> Geltungsansprüche: subjektive Wahrhaftigkeit (Ich), intersubjektive Richtigkeit (Wir) und objektive Wahrheit (Es). Es sind Platons Schönes, Gutes und Wahres. Man findet sie sogar im Buddhismus als Buddha, Dharma und Sangha …
> Von außerordentlicher historischer Bedeutung waren die Großen Drei in Kants überaus einflussreicher Trilogie *Kritik der reinen Vernunft* (objektive Wissenschaft), *Kritik der praktischen Vernunft* (Ethik) und *Kritik der Urteilskraft* (ästhetisches Urteil und Kunst). Man könnte Dutzende weiterer Beispiele geben, doch dürfte damit das allgemeine Bild der Großen Drei ausreichend skizziert sein, die einfach eine verkürzte Version der vier Quadranten sind.
> Die Tatsache, dass die vier Quadranten (oder einfach die Großen Drei) das Ergebnis einer umfassenden Datensichtung in Hunderten von Holarchien sind, dass sie in allen Kulturen und praktisch universell auftreten, dass sie von zahlreichen Philosophen von Platon bis Popper postuliert werden, dass sie allen Versuchen widerstehen, sie zu reduzieren oder zu übergehen, sollte uns etwas sagen: Dass sie nämlich dem Wesen des Kósmos zutiefst eingeprägt sind, dass sie Kette und Schuss des Gewebes des Wirklichen sind und eine bleibende Wahrheit über unsere Welt, über ihre Innen- und Außenseite und über ihre individuellen und gemeinschaftlichen Formen darstellen. …[15]

Wie dieser Absatz klarmacht, ist die Metaphysik der integralen Philosophie, die das sich entwickelnde Universum in den miteinander verbundenen Kategorien von Natur, Selbst und Kultur versteht, in beobachtbarer Wirklichkeit gegründet. Wenn auch das Beobachtbare nicht immer sichtbar sein muss, so ist es dennoch deutlich erfahrbar und wertvoll. Die integrale Metaphysik ist deshalb keineswegs „okkult" oder unwissenschaftlich. Wenn wir uns selbst fragen, was das Wichtigste ist, dann können wir sicher darin übereinstimmen, dass Natur, Selbst und Kultur dasjenige beschreiben, was im Leben am wichtigsten ist. Und wenn wir mit dem Leben in seiner ganzen Fülle verbunden sein wollen, ist es hilfreich, eine Philosophie zu haben, die in angemessener Weise diese Dimensionen der Existenz einschließt und uns klar zeigt, was diese sind und wie sie miteinander in Beziehung stehen. Aber die integrale Metaphysik umfasst noch mehr als die objektiven, subjektiven und intersubjektiven Dimensionen der Evolution. Ein weiteres zentrales Merkmal der integralen Philosophie ist die Art und Weise, wie sie sich mit der Spiritualität verbindet.

Integrale Philosophie und menschliche Spiritualität

Die integrale Philosophie war immer eine spirituelle Philosophie. Das heißt, alle Begründer der integralen Philosophie, die wir besprochen haben (mit Ausnahme des tatsächlichen Gründers Habermas) haben in der einen oder anderen Weise erkannt, dass der GEIST eine zentrale Dimension des Universums ist. Wenn also die integrale Philosophie ihre Weltsicht im 21. Jahrhundert weiter ausgestaltet, muss sie sich entscheiden, wo der GEIST darin seinen Platz bekommt. In diesem Bemühen hat die integrale Philosophie im Grunde drei Optionen: In einem Standpunkt, den ich als *Option 1* bezeichne, kann sie sich auf die Wissenschaft beziehen und erklären, die Wirklichkeiten des GEISTES seien empirisch zu entdecken und die integrale Philosophie sei eine Art spiritueller Wissenschaft. Die *Option 2* kann sich auf die Religion beziehen und sich mit einer bestimmten Religion assoziieren, indem sie erklärt, dass die Lehren dieser Religion im Grunde richtig sind. Und in der *Option 3* kann sie sich behutsam zwischen Wissenschaft und Religion bewegen, indem sie erkennt, dass der GEIST real ist. Gleichzeitig sieht sie, dass die Wissenschaft zu objektivistisch und die Religion zu subjektivistisch ist, um einer dieser Institutionen das letzte Wort in Sachen Spiritualität zu geben.

Mit der Option 3 erweitert die integrale Philosophie die empirischen Methoden der Wissenschaft in einer Weise, dass das innere Universum für Untersuchung und Entdeckung geöffnet wird. Und indem sie das tut, erkennt sie die allgegenwärtige Anwesenheit des unzweifelhaften Einflusses des GEISTES. Und sie erkennt, dass Werte direkt mit spirituellen Erfahrungen verbunden sind. Aber sie erkennt auch an, dass die Beziehung zum GEIST eine sehr persönliche Suche ist, die im Herzen eines jeden Menschen Wirklichkeit werden kann. In der Option 3 begrenzt die integrale Philosophie ihre Untersuchungen über die Wirklichkeit auf die Noosphäre und überlässt die größeren theologischen Erklärungen der „Theosphäre", dem Bereich der Spiritualität. Deshalb unterstützt die Option 3 die bewährte Idee, dass Wissenschaft, Philosophie und Religion die drei wichtigen Felder menschlicher Forschung sind, die gebraucht werden, um die Entwicklung von höheren Ebenen der Zivilisation zu unterstützen. Jede dieser drei Disziplinen ist notwendig für uns, um die Wahrheit in ihrer Fülle zu erkennen, und keine von ihnen kann auf irgendeine andere reduziert oder aus den Überlegungen ausgeschlossen werden. Und die Aufgabe der Philosophie sollte sein, Wissenschaft und Spiritualität zu harmonisieren und gleichzeitig jede dieser Disziplinen in ihrem eigenen Bereich unberührt zu lassen. Wie ich in diesem Abschnitt erklärt habe, unterstütze ich deshalb die Option 3.

Mit der Argumentation, dass die integrale Philosophie sich selbst Grenzen setzen sollte und dadurch den Bereich der Spiritualität als spezifische Kategorie erhalten sollte, die sich von der Philosophie unterscheidet, nehme ich bei diesem Thema eine andere Position ein als Wilber, und deshalb ist es sinnvoll, das etwas genauer anzuschauen. Selbst wenn Ihnen egal ist, was Wilber denkt, kann die sich entwickelnde Spiritualität des integralen Bewusstseins nur dann richtig verstanden werden, wenn wir die Debatte kennen, aus der heraus sie entstanden ist. Deshalb ist es lohnenswert für uns zunächst Wilbers Standpunkt zu untersuchen und dann meine vorgeschlagene Alternative anzuschauen, um die Bedeutung dieser Fragen zur Gestaltung einer integralen Spiritualität herauszuarbeiten. Aber lassen Sie mich zunächst klarstellen, dass in Bezug auf unsere spirituellen Unterschiede Wilber und ich in völligem Einvernehmen über die Wirklichkeit und zentrale Bedeutung des GEISTES im Universum sind. Und wir stimmen darin überein, dass eine Philosophie nur dann „integral" sein kann, wenn sie die Bedeutung der menschlichen Erfahrung des GEISTES anerkennt und versucht, diese Frage nach dem, was den Menschen unbedingt angeht, zu integrieren. Die Tatsache, dass Wilbers Philosophie eine spirituelle Philosophie ist, gibt ihr die grundlegende Glaubwürdigkeit, die den meisten Philosophien seit der Aufklärung fehlte. Im Allgemeinen stimme ich mit vielen von Wilbers Einsichten über die Bewegungen des GEISTES in der Welt überein und schätze ihn sehr für diese Erkenntnisse. Meine Unterschiede zu Wilber in diesem Bereich beziehen sich weniger auf seine Religion – seine Ideen des GEISTES sind umfassend und schön und ich habe keinen Grund, darüber zu streiten oder sie abzuwerten. Jeder, der die vereinende Umarmung einer spirituellen Erfahrung empfunden hat, weiß, dass alle wahrgenommenen Unterschiede in dieser Dimension letztendlich kaum von Bedeutung sind und dass „hinter dem Schleier" das strahlende Licht unserer grundlegenden Einheit die Schatten der Trennung hinwegfegt. Ich widerspreche Wilber also nicht in Fragen des GEISTES, sondern darin, wie die integrale Philosophie sich auf Spiritualität bezieht. Ich bin einer ganzen Reihe spiritueller Wege gefolgt und habe das Licht verschiedener Traditionen erfahren, dazu zählt auch Wilbers Vedanta/Vajrayana-Weg. Heute bekenne ich mich nicht zu irgendeiner spezifischen religiösen Tradition, aber allgemein gesprochen bewegen mich die Lehren von Jesus von Nazareth über die Liebe Gottes und die universelle Gemeinschaft am tiefsten. Aber es gibt offensichtlich viele ausgezeichnete Wege zum GEIST und ich denke, dass die integrale Weltsicht geräumig genug ist, um alle Formen einer authentischen Spiritualität zu umfassen.

Wilber hat durch die kürzliche Gründung des *Integral Spiritual Center* gezeigt, dass er sich einem spirituellen Pluralismus verpflichtet fühlt, denn diese Institution bringt spirituelle Lehrer verschiedener Traditionen zusammen, um einen „Weg in die Zukunft jenseits der Wege" („trans-path path to the future") zu erforschen. Aber obwohl Wilber die spirituelle Vielfalt feiert und sich dafür ausspricht, alle authentischen Wege zum GEIST zu integrieren, versucht er gleichzeitig eine spirituelle Wissenschaft (eine Version der Option 1) zu entwickeln, die behauptet, eine Perspektive zu sein, die die empirische Natur der spirituellen Wirklichkeit vermittelt.

Von Anfang an waren die Beschreibungen der höheren Zustände und Stufen der Mystiker ein wesentlicher Teil von Wilbers Schriften. Wilber argumentierte in diesem Zusammenhang, dass die Ähnlichkeit in den Beschreibungen von mystischen Erfahrungen durch viele Heilige und Weise auf eine empirische Dimension der Spiritualität hindeutet, die durch neowissenschaftliche Methoden erforscht und kartografiert werden kann, die die weitgehende empirische Gültigkeit mentaler und spiritueller Erfahrungen anerkennt. Wie ich weiter oben schon erklärt habe, denke ich, dass ein umfassender Empirismus eine gute Sache ist; aber mir kam es immer so vor, als ob Wilber zu weit ginge, indem er behauptet, dass seine „Ebenen der Mystik" die Zukunft der menschlichen Evolution repräsentieren und dass diese höheren Zustände und Stufen mit einem ähnlichen Grad an Sicherheit untersucht und begründet werden können, wie die Stufen der menschlichen Geschichte, die durch die Spirale der Entwicklung sichtbar werden. Trotzdem habe ich bis vor kurzem diese Behauptungen als nebensächlich behandelt und diesen Teil von Wilbers Philosophie als seinen lobenswerten Versuch verstanden, den GEIST im Sinne seiner eigenen Erkenntnis zu integrieren. Aber mit der Entwicklung von Wilbers Werk wurden seine Argumente für eine empirische Spiritualität immer lauter. In einem seiner letzten Bücher *Integrale Spiritualität* schreibt Wilber, dass „die Metaphysik der spirituellen Traditionen gründlich kritisiert [wurde] – ‚in Grund und Boden gestampft' müsste es wohl besser heißen – und dass sich bislang noch kein verlockender Ersatz für selbige gezeigt hat."[16]

In diesem Sinne versucht Wilber, sein eigenes spirituelles System zu etablieren, das vorgibt, nur auf einem umfassenden Empirismus zu basieren und deshalb frei von jedem "metaphysischen Ballast" zu sein. Aber es überrascht nicht, dass Wilbers postmetaphysische Spiritualität den spirituellen Lehren des hinduistischen Vedanta sehr ähnelt.

Wilber wurde schon früher für seinen Versuch kritisiert, die Spiritualität auf die Wissenschaft zu reduzieren, und auf diese Kritik hat er folgendermaßen geantwortet:

> Aber die Wissenschaft – umfassend oder eng – ist, wie ich schon gesagt habe, nicht die ganze Geschichte tiefer Spiritualität. Die umfassende Wissenschaft der inneren Bereiche gibt uns nur unmittelbare Daten oder unmittelbare Erfahrungen dieser inneren Bereiche. Diese Erfahrungen sind die Inhalte weiterer Untersuchung durch ästhetische/ausdrucksvolle und ethische/normative Beurteilungen. Deshalb reduzieren wir selbst mit einer umfassenden Wissenschaft nicht die inneren Bereiche nur zu Wissenschaft (umfassend oder eng). Wissenschaft ist sowohl in ihren umfassenden als auch engen Formen immer nur eine der Großen Drei und hilft uns nur, die unmittelbaren Daten oder Erfahrungen zu untersuchen, die das Rohmaterial der ästhetischen und normativen Erfahrungen sind. Kritiken, dass mein Ansatz positivistisch sei, haben den wesentlichen Punkt verfehlt.
>
> Deshalb habe ich in *Naturwissenschaft und Religion* zu zeigen versucht, dass es eine *Wissenschaft* des körperlichen Bereiches (grob), des subtilen Bereiches (subtil) und des kausalen Bereiches (GEIST) gibt. Aber ich sage auch, dass es eine *Kunst* des körperlichen, subtilen und kausalen Bereiches und eine *Moral* des körperlichen Bereiches, des Verstandes und des GEISTES gibt. Deshalb haben *alle* manifesten Wellen des großen Nestes eine Dimension des Ich, Wir und Es – das heißt, alle Ebenen haben Kunst, Moral und Wissenschaft. Selbst wenn wir die Wissenschaft also in höhere Bereiche erweitern, wie ich es vorschlage, sind die Wissenschaft und ihre Methoden nur „ein Drittel" der ganzen Geschichte, denn die höheren Ebenen haben auch Kunst und Moral, *die ihren eigenen, ziemlich unterschiedlichen Methodologien folgen* (ihren verschiedenen Geltungsansprüchen, also namentlich Wahrhaftigkeit und Richtigkeit). …

> Einige Kritiker haben behauptet, dass ich durch die Erweiterung der Wissenschaft auf höhere Bereiche irgendwie diese höheren Bereiche auf die Wissenschaft reduzieren würde.[17]

In Anerkennung seines Standpunkts in diesem Zitat werfe ich Wilber nicht vor, die Spiritualität zur Wissenschaft zu reduzieren. Aber trotz seines Vorschlags, dass eine integrale Wissenschaft der Spiritualität durch einer spirituellen Kunst und Ethik ergänzt und erweitert werden könnte, behauptet Wilber, dass die integrale Philosophie eine Art wissenschaftliche Einsicht der „kausalen Bereiche" vermitteln kann, durch die Fragen nach dem richtigen Pfad spirituellen Wachstums und der absoluten Natur der Wirklichkeit eindeutig und mit Sicherheit beantwortet werden.

Wie wir schon im 6. Kapitel über die „Integrale Spiritualität" besprochen haben, liegt das Problem bei diesem Ansatz darin, dass wir, wenn wir behaupten weitgehend empirisch vorzugehen, erkennen, dass Wilbers angeblich postmetaphysisches spirituelles System nur Raum für eine „empirische" Perspektive spiritueller Wahrheit lässt. Laut Wilber ist „diese ‚post-kantsche' ‚Post-Metaphysik' – oder so etwas in der Richtung – der einzige Weg, der in der modernen und postmodernen Welt für eine spirituelle Philosophie offen ist."[18] Und obwohl er anerkennt, dass zur Spiritualität mehr gehört als ihre objektive Untersuchung, behauptet Wilber trotzdem, dass die integrale Philosophie eindeutig als das „Es" oder die objektive Wahrheit tiefer Spiritualität verstanden werden kann. Und ich denke, das wäre ein guter Ansatz, wenn er möglich wäre. Aber wie wir im 6. Kapitel untersucht haben, ist es nicht möglich eine verlässliche Wissenschaft der menschlichen Spiritualität zu schaffen, die objektive und empirische Beschreibungen des spirituellen Universums formulieren kann, denn die verschiedenen spirituellen Traditionen und Praktiken können zu sehr unterschiedlichen Erfahrungen des Geistigen führen. Die Behauptung, dass so etwas möglich wäre, ist eine Art Imperialismus eines Glaubenssystems, das einen Status der Objektivität für eine bestimmte Theologie beansprucht.

Wilber erkennt an, dass spirituelle Wirklichkeiten nicht einfach in einem vorgegebenen Sinne empirisch sind – er erklärt, dass ein Zugang zu diesen Wirklichkeiten nur denjenigen Menschen möglich ist, deren Ebene innerer Entwicklung mit diesen spirituellen Wirklichkeiten korrespondiert. Aber er behauptet auch, dass die spirituellen Merkmale des Universums und das allgemeine Schema des Aufstiegs von spirituellem Wachstum, das seine eigene Religion beschreibt, in der Tat eine empirische Erkenntnis dessen ist, was in der spirituellen Weltdimension real ist. Wenn wir sein Glaubenssystem nicht einfach übernehmen wollen, dann müssen wir erklären, warum solche empirischen Schlussfolgerungen problematisch sind. Und das ist ein Test für den integralen Wirklichkeitsrahmen und seiner Fähigkeit, uns zwischen dem Mythos des Gegebenen und dem Mythos des Bezugssystems zu manövrieren, ein Thema, dass wir schon weiter oben besprochen haben. Mit anderen Worten, es scheint mir, dass das Geheimnis der spirituellen Wirklichkeit, wie sie heute von Menschen erfahren werden kann, irgendwo zwischen einem relativistischen Pluralismus (der zum Mythos des Bezugssystems führt) und einem leichtfertigen Universalismus (der zum Mythos des Gegebenen führt) liegt.

Letztendlich denke ich, dass es eine „Einheit der Wahrheit" über die wirkliche Natur der spirituellen Realität gibt; und im Laufe unserer Weiterentwicklung vertraue ich darauf, dass wir alle zu einer Erkenntnis dieser Wahrheit in all ihrer Fülle gelangen werden. Aber der menschliche Verstand ist so klein und das spirituelle Universum so groß, dass zu diesem Zeitpunkt kein Mensch glaubwürdig von sich behaupten kann, die Merkmale des spirituellen Universums in objektiven Begriffen beschreiben zu können. Wenn die integrale Philosophie auch bestimmte Merkmale des inneren Universums von Bewusstsein und Kultur (die Noosphäre) beschreiben kann, müssen wir feststellen, dass unsere Perspektiven, wenn wir uns der spirituellen Weltdimension (der Theosphäre) zuwenden, von unseren spirituellen Erwartungen geprägt sind. Mystische Erfahrungen können tatsächlich Einsichten in spirituelle Wahrheiten ermöglichen, aber es gibt viele Experten der Mystik, die die Idee ablehnen, dass diese Erfahrungen empirische Wirklichkeiten enthüllen können. In diesem Zusammenhang beschreibt Ian Barbour, der als wichtigste Autorität in der Erforschung von Wissenschaft und Religion gilt, den Standpunkt des religiösen Denkers Steven Katz:

> Wie über eine religiöse Erfahrung gesprochen wird, ist unvermeidlich *von den Ideen geformt*, die jemand in diese Erfahrung mit hineinbringt. [Katz] untersucht die mystischen Schriften in verschiedenen Traditionen und ist beeindruckt von ihrer Vielfalt. Die jüdische Mystik beinhaltet zum Beispiel keinen Verlust der Identität in der Erfahrung der Einheit, sondern bewahrt eine Empfindung der Andersheit Gottes. Der Glaube an einen persönlichen Gott und die Bedeutung von Ritualen und ethischen Handlungen wird dabei einfach vorausgesetzt. „Der Mystiker bringt eine

> ganze Welt von Ideen, Bildern, Symbolen und Werten in seine Erfahrung mit, die die tatsächlich gemachte Erfahrung formen und färben." Vorherige Erwartungen bringen Form und Inhalt in die Erfahrung, und wir können nicht sagen, dass es eine universelle Erfahrung gäbe, die dann in verschiedenen kulturellen Konzepten interpretiert wird. Die Symbole religiöser Gemeinschaften sind vor, während und nach der Erfahrung aktiv.[19]

Selbst wenn Sie Wilbers Religion zustimmen, sogar wenn Sie glauben, dass „die seelischen, subtilen, kausalen und nondualen" Ebenen genau repräsentieren, wie das spirituelle Universum aussieht, müssen Sie einräumen, dass andere Integralisten andere Ideen über spirituelles Wachstum haben. Mit Sicherheit müssen Sie erkennen, dass die integrale Philosophie nicht weitgehend identisch mit einer bestimmten Form der Spiritualität werden kann, wenn sie jemals die wichtige Aufgabe erfüllen soll, dabei zu helfen, die nächste historisch bedeutsame Weltsicht der kulturellen Evolution der Menschheit zu formen. Diese Aufgabe der integralen Philosophie ist zu wichtig, um zu erlauben, dass irgendeine spezifische oder offizielle Form der Spiritualität sie belastet. Wenn die integrale Philosophie sich entwickeln soll, dann muss sie den Wert der Spiritualität als Kategorie der menschlichen Erfahrung anerkennen, ohne eine angeblich empirische Beschreibung der spirituellen Wirklichkeit zu vermitteln. Nur so kann die integrale Weltsicht ihr volles Potenzial erfüllen und eine progressive, sich entwickelnde Philosophie bleiben, die offen ist für alle Formen ernsthafter spiritueller Erfahrung.

Um es noch einmal zu wiederholen, ich möchte nicht Wilbers spirituelle Lehren kritisieren oder seinen Standpunkt anzweifeln, dass es „nichts Höheres" gibt. Aber ich möchte diese im Grunde theologischen Behauptungen vom Kern der integralen Philosophien trennen, denn für den Erfolg der integralen Philosophie ist es wichtig, dass sie sich in Bezug auf Erklärungen spiritueller Wirklichkeit Grenzen auferlegt. Mit anderen Worten, als Philosophie, als eine Form des auf Vernunft (und auf Schau-Logik) basierenden öffentlichen Einvernehmens über Natur, Selbst und Kultur, kann die integrale Philosophie die nächste historisch bedeutsame Weltsicht nur dann wirkungsvoll begründen, wenn sie sich auf den Bereich der Philosophie beschränkt – den Bereich der Noosphäre – und den Bereich der Religion der Religion überlässt, indem sie zwar die Wirklichkeit des GEISTES anerkennt, aber nicht die letztendliche Autorität einer bestimmten Erklärung dessen. Wie wir schon im 6. Kapitel besprochen haben, dient die Religion der Menschheit am ehesten, wenn sie orientierende und umfassende Erklärungen über die Bedeutung des Lebens, den Sinn des Selbst, dem Leben nach dem Tod und der Natur des Absoluten vermittelt. Die Lehren über diese Wirklichkeiten sind nicht allesamt veraltete Mythen oder prämoderne Relikte; sie sind wichtige Elemente jeder Form von lebendiger Spiritualität, und sie müssen erhalten und geschützt werden (auch wenn diese Lehren in den Traditionen unterschiedlich sind), wenn die Religion weiterhin ihre wichtige Rolle in der menschlichen Gesellschaft spielen soll.

Man muss Wilber zugutehalten, dass er versucht, Wissenschaft und Spiritualität zu harmonisieren, indem er einen weitgehend empirischen „Pfad jenseits aller Pfade" begründen möchte, der die verschiedenen Ansätze der großen Weisheitstraditionen vereint. Aber wie schon William James sehr früh feststellte, ist der GEIST zu geheimnisvoll und schwer zu fassen für empirische Untersuchungen. Deshalb kann Wilbers Suche für einen Pfad jenseits der Pfade keine glaubwürdige empirische Spiritualität hervorbringen; es mag so aussehen, aber in Wirklichkeit wird nur einer der vorher schon existierenden Pfade wirkungsvoll in den Vordergrund gerückt und den anderen vorgezogen. Indem Wilber versucht, durch die Option 1 die integrale Philosophie mit der Spiritualität zu verbinden, kommt Wilber schließlich zu einem Ansatz, der wie eine Version der Option 2 aussieht.

Dass Menschen spirituelle Erfahrungen haben, ist unbestreitbar; und da ich selbst solche Erfahrungen des GEISTES hatte, kann ich nicht nur sagen, dass die *Erfahrung* des GEISTES real ist, sondern, dass *der GEIST selbst* das Wirklichste im ganzen Universum ist. Aber wie wir schon besprochen haben, brechen die Methoden eines umfassenden Empirismus im Bereich der spirituellen Erfahrung in sich zusammen. Einige spirituelle Erfahrungen bestätigen die personale Natur der Gottheit, und andere deuten auf eine unpersönliche Natur des Absoluten hin. Wenn die integrale Theorie die Religion als eine Kategorie bewahrt, die sich von der Philosophie unterscheidet, dann kann sie die vollkommene Wahrheit dieser beiden Arten spiritueller Erfahrung zulassen. Aber wenn die integrale Philosophie darauf besteht, nur eine „empirische Spiritualität" anzuerkennen, dann muss sie entweder die personale oder unpersönliche Natur des Absoluten als die empirisch richtige anerkennen – sie muss sich zwischen einem liebenden Gott und nondualer Leerheit entscheiden. Aber das ist keine Wahl, die die integrale Philosophie treffen sollte oder treffen kann. Es scheint unwahrscheinlich, dass ein Konsens darüber erreicht werden kann, welche Art der Religion richtig ist, selbst innerhalb der integralen Entwicklungsstufe. Es ist zudem unwahrscheinlich, dass die integrale Kultur ein völlig neues Verständnis der spirituellen Wirklichkeit finden wird, die die Unterschiede zwischen der unpersönlichen und persönlichen Erfahrung des Göttlichen vereinen wird, ohne dass einer dieser Wege totalisiert wird. In der Tat scheinen diese theologischen Unterschiede zum heutigen Zeitpunkt unserer kulturellen Evolution eine Art wertvolle Vielfalt zu ermöglichen, die unsere spirituelle Kultur bereichert, auch wenn wir über die relativistischen Begrenzungen des höflichen spirituellen Pluralismus der Postmoderne hinausgehen wollen. Damit Integralisten sich frei zwischen den verschiedenen Arten authentischer Spiritualität entscheiden können, darf die Philosophie, die ihre Weltsicht begründet, nicht an ein spirituelles System gebunden sein, das vorgibt, empirisch zu sein. Ist der GEIST real? Ja, aber kann die spirituelle Dimension von einer weitgehend empirischen Philosophie systematisiert werden? Meine Antwort ist nein, zumindest nicht in diesem Jahrhundert.

Wo stehen wir nun nach diesen Betrachtungen? Nun, es gibt einen Zugang zur Spiritualität, der der integralen Philosophie offensteht und weitgehend empirisch ist, aber keinen spirituellen Weg gegenüber anderen privilegiert. Dieser philosophische Zugang zur Spiritualität, der dem Standpunkt, den ich in „Option 3" beschrieben habe, treu bleibt, finden wir in der Erforschung der Richtung der Evolution. Und das ist das Thema des letzten Kapitels mit dem Titel „Die Richtungen der Evolution". Aber bevor wir unsere Diskussion der Metaphysik der integralen Philosophie beenden, werden wir wie versprochen einige der möglichen Kritiken des integralen Wirklichkeitsrahmens untersuchen.

Einige Kritiken des integralen Wirklichkeitsrahmens

Wie wir zu Beginn dieses Kapitels untersucht haben, finden sich immer dann, wenn wir versuchen, das Universum in einer Weise zu erklären, die andere Menschen verstehen können, und eine Metaphysik postulieren, die die Wirklichkeit in einer nützlichen Weise interpretiert, natürlich auch Kritiken an dieser Metaphysik. Unsere Untersuchung dieser Kritiken beginnt mit einer Erinnerung daran, dass solange unser Bewusstsein in einem materiellen Körper und Gehirn existiert, wir im Grunde eine Weltsicht brauchen, um unsere Erfahrung zu interpretieren und unsere Perspektiven zu ordnen. Mit anderen Worten, jedes Verstehen ereignet sich in einer Weltsicht und deshalb kommen alle Kritiken letztendlich aus der einen oder anderen Weltsicht. Lassen Sie uns also mögliche Kritiken anschauen, die in den wichtigen Weltsichten entstehen, die wir besprochen haben:

1) Aus der Perspektive des traditionellen Bewusstseins ist die Schwäche der Metaphysik, die die integrale Weltsicht begründet, dass sie keine stabile Theologie vorzuweisen hat. Sie erkennt zwar das Geistige im Allgemeinen an, aber weil sie nicht die letztendliche Autorität von ... [und hier könnten wir eine Reihe verschiedener spiritueller Traditionen einfügen] anerkennt, transzendiert sie nicht wirklich den postmodernen Relativismus. Aus traditioneller Perspektive ist deshalb die integrale Weltsicht nur ein weiteres New Age-Glaubenssystem, das sich in einem Meer des Relativismus verliert und völlig von der rechtfertigenden Autorität des jeweiligen heiligen Buches getrennt ist.

2) Aus der Perspektive des späten modernen Bewusstseins versagt die integrale Metaphysik, weil sie nicht nachgewiesen werden kann. Mit anderen Worten, sie hat keine Bedeutung, weil sie nicht als sensorisch-empirische Tatsache bewiesen oder widerlegt werden kann. Die integrale Philosophie geht davon aus, dass spirituelle Erfahrungen etwas Reales sind, aber weil solche Erfahrungen immer durch und durch subjektiv sind, gibt es keine Möglichkeit, eine spirituelle Erfahrung von jeder anderen Fantasie zu unterscheiden. Wenn die integrale Philosophie also die Wissenschaft würdigt, wie sie selbst behauptet, dann muss sie auf alle Schlussfolgerungen, die auf Glauben beruhen, verzichten. Aus einer wissenschaftlichen Perspektive sind Ideen wie das „innere Universum", abwärtsgerichtete Ursächlichkeit und vage Ideen des „GEISTES" eindeutig religiös und deshalb hoffnungslos prämodern.

3) Aus der Perspektive der postmodernen Philosophie ist die integrale Weltsicht ein eurozentrisches Konzept, entstanden aus männlichem Denken, das nichts weiter ist als ein offensichtlicher Versuch der Herrschaft durch die Verwendung einer falschen Metaerklärung der Wirklichkeit. Der Versuch der integralen Philosophie, universelle Wahrheiten zu formulieren, ist eine anmaßende (und potenziell gefährliche) Fiktion, die erfunden wurde, um die neokolonialistische Globalisierung des westlichen Kapitalismus zu rechtfertigen. Die integrale Philosophie versucht im Grunde, die heute in Miskredit geratene Weltsicht der Aufklärung wieder zu beleben, und dadurch wird sie zu einem Komplizen in den Sünden der modernen Unterdrückung. Obwohl sie von postmodernen Einsichten spricht, ignoriert die integrale Weltsicht die Tatsache, dass der Wirklichkeitsrahmen der Moderne wirkungsvoll dekonstruiert und demaskiert wurde. Weil sie die grundlegende Fragwürdigkeit der modernen Weltsicht nicht anerkennt, sondern diese Weltsicht vielmehr als eine ihrer Fundamente bezeichnet, kann die integrale Weltsicht die Postmoderne nicht einmal verstehen, und viel weniger kann sie die Postmoderne transzendieren, wie sie naiverweise von sich behauptet.

4) In Verbindung mit der oben genannten postmodernen Kritik sollten wir auch an verwandte Kritiken denken, die aus der postmodernen Kultur entstehen und nicht aus der postmodernen Philosophie als solcher. Diese Kritiken beziehen sich darauf, dass die integrale Philosophie zu männlich, zu verkopft und zu sehr mit DER einen Wahrheit, anstatt den vielen Wahrheiten beschäftigt ist. Die integrale Philosophie privilegiert den Fortschritt zuungunsten der Nachhaltigkeit und ihre Ideen über die kulturelle Evolution sind erschreckend neokonservativ.

5) Zusätzlich zu diesen Kritiken können wir nun auch über postintegrale Kritiken spekulieren, die notwendigerweise aufkommen werden, wenn die integrale Weltsicht erfolgreicher und etablierter wird. Postintegrale Kritiken werden vielleicht darauf hinweisen, dass die versuchte Trennung von Wissenschaft und Religion in zwei Kategorien, die das „verbindende und trennende" Element einer dritten Kategorie, namentlich der Philosophie, brauchen, eine unnötige und künstliche Konstruktion ist. Aus einer postintegralen Perspektive ruft die grundlegende Einheit allen menschlichen Wissens und aller menschlichen Erfahrung nach einem Wirklichkeitsrahmen, der nicht auf getrennten Kategorien beruht, sondern vielmehr nach einer von Kategorien freien Perspektive sucht, die in Verbindung ist mit dem Sein an sich. Diese unmittelbare Wahrnehmung der Wirklichkeit wird dadurch erreicht, dass man sich einfach erlaubt, im Augenblick zu sein. Aber weil die integrale Philosophie übermäßig damit beschäftigt ist, zwischen den Weltsichten zu unterscheiden, verhindert das „Konzept der Weltsicht", dass sie die Dinge sehen kann, wie sie wirklich sind.

Ich denke, alle diese Kritiken haben eine gewisse Rechtmäßigkeit, aber ich denke, keiner von ihnen negiert den Wert der integralen Weltsicht oder ihr Potenzial, das menschliche Leben im 21. Jahrhundert zu verbessern. Wie wir schon früher in diesem Kapitel betrachtet haben, erkennt das integrale Bewusstsein eindeutig, dass ihre Weltsicht in gewissem Sinne geschaffen ist, um Fortschritt nur vor dem Hintergrund bestimmter problematischer Lebensbedingungen voranzubringen. Wie alle historisch bedeutsamen Weltsichten ist die integrale Weltsicht somit ein Geschöpf ihrer Zeit und kein Endzustand der kulturellen Evolution. Aber selbst wenn sie erkennt, dass sie nur eine vorübergehende Stufe und nur einen relativen Schritt vorwärts darstellt, muss die integrale Weltsicht das Selbstbewusstsein und den Mut haben, sich auszubreiten und weiterzuentwickeln, auch angesichts all der Kritik, die unvermeidlich gegen sie aufgebracht werden wird.

Deshalb möchte ich auf die spezifischen Kritiken, die wir oben aufgezählt haben, hier kurz antworten: 1) Theologische Einheit ist ein lobenswertes Ziel, aber zum heutigen Zeitpunkt der Geschichte könnte solch eine Einheit nur durch Zwang erreicht werden, und solch ein Zwang würde jeder Theologie widersprechen, die es wert wäre, sich darunter zu vereinen. 2) Wissenschaftliche Beweise sind sicher wertvoll und wichtig, aber eine Kultur, die glaubt, dass nur die Wissenschaft Wahrheiten vermitteln kann, ist eine Kultur, die in ihrer Evolution zurückbleiben wird. Tatsächlich ist es eines der vorrangigen Ziele der integralen Philosophie, der bleibenden Autorität (aber nicht der letztendlichen Autorität) der Wissenschaft – im Angesicht der postmodernen Versuche, die wissenschaftliche Weltsicht zu Fall zu bringen – einen Platz zu sichern. Aber angesichts der Allgegenwärtigkeit von mentalen und spirituellen Erfahrungen sollte die Beweislast beim wissenschaftlichen Materialismus liegen, um zu zeigen, warum diese Erfahrungen keine ontologischen Bezugspunkte haben. 3) Die integrale Weltsicht erkennt die historischen Verbrechen der Moderne an und ist gegenüber dem Leiden, das durch die Aufklärung entstand, sensibel. Aber das integrale Bewusstsein kann auch sehen, wo das moderne Bewusstsein eine Kraft des Guten in der Welt war, und die integrale Weltsicht versucht genau zwischen den Elementen der modernen Welt, die überwunden werden müssen, und solchen, die weitergetragen und verbessert werden müssen, zu unterscheiden. 4) Wenn die dialektische Spirale ein reales System von Bewusstsein und Kultur ist, dann gibt genau diese Struktur der Geschichte der integralen Weltsicht ihren „Yang"-Charakter. Ohne ihre Betonung auf Fortschritt und Errungenschaften würde die integrale Weltsicht nicht das sein, was sie behauptet: der nächste Schritt im evolutionären Fortschritt der gegenwärtigen Kultur. Aber anders als die Moderne, die in der Regel die postmoderne Kultur verspottet, feiert die integrale Weltsicht die Postmoderne als die am weitesten entwickelte Form der Kultur, die bisher entstanden ist. Die integrale Philosophie tut deshalb ihr Bestes, um die Vorzüge der postmodernen Weltsicht zu würdigen und zu integrieren, auch wenn sie versucht, die Begrenzungen dieser Werte zu transzendieren. 5) Als Ergebnis einer spirituellen Entwicklung kommen Menschen oft an einen Ort, wo die Sorgen aufhören und das Leben als immer schon vollkommen gesehen wird, so wie es im gegenwärtigen Augenblick ist. Deshalb können Theorien und Konzepte über die Zukunft aus der Perspektive erweiterter Bewusstseinszustände manchmal unnütz wirken, im Vergleich zu der Ehrfurcht gebietenden Wahrheit des Seins, wie es einfach im Jetzt ist. Aber egal, wie weit wir uns als Einzelne entwickeln, solange wir auf diesem Planeten leben, wird es Milliarden von anderen Menschen geben, die in einer Welt von Sorge und Leid leben. Und wenn wir uns um diese Anderen kümmern möchten, indem wir ihre Lebensbedingungen verbessern, finden wir vielleicht auch die Konzepte der integralen Philosophie irgendwie hilfreich.

Eine vollständige Antwort auf diese Kritiken findet sich im Kontext dieses Buches als Ganzes und auch in der größeren Tradition der integralen Philosophie. Die soeben angeführte Liste versammelt die Erwiderungen auf diese Kritiken in einer zusammengefassten Form. Ich bin sicher, es gibt weitere berechtigte Kritiken an der integralen Philosophie, die ich hier nicht genannt habe. Aber diese Betrachtung bietet einen Überblick über die wichtigsten Argumente, die gegen die integrale Weltsicht angeführt werden könnten.

Und damit endet unsere Betrachtung des integralen Wirklichkeitsrahmens. Aber das war in Wirklichkeit nur eine Beschreibung dessen, wie der integrale Wirklichkeitsrahmen von außen aussieht. Wie wir im nächsten Kapitel untersuchen werden, müssen wir aber jede innere Struktur von innen und außen erfahren, um sie vollständig zu verstehen. Das heißt, um das integrale Bewusstsein wirklich zu kennen, müssen wir tatsächlich die Werte dieser Weltsicht annehmen und sie benutzen, um den Ort unserer Identität zu bestimmen.

9. Kapitel

Die Strukturen des menschlichen Geistes

Lassen Sie uns kurz innehalten und den Sinn dieses Buches reflektieren. Wir sind von der direkten Beobachtung ausgegangen, dass die Lebensbedingungen am Beginn des 21. Jahrhunderts eine grundlegende kulturelle Evolution erfordern. Und mit dem Verständnis der integralen Philosophie über eine „innere Geschichte" – die Geschichte der Entwicklung von Bewusstsein und Kultur – können wir als Antwort auf diese Lebensbedingungen sehen, dass in unserer Zeit eine historisch bedeutsame neue Weltsicht entsteht. Diejenigen von uns, die diese neue Perspektive erkennen können, haben die einzigartige Möglichkeit, an dieser neuen Weltsicht teilzuhaben, indem sie unter den Ersten sind, die ihre Werte annehmen und ihre Methoden praktizieren. Diese Methoden und Praktiken, die das menschliche Leben in kleinem und großem Ausmaß verbessern, finden sich in der Fähigkeit der integralen Weltsicht, die menschlichen Werte genauer zu verstehen, so wie sie sich auf den verschiedenen Bewusstseinsstufen manifestieren. Wie Gebser schon früh erkannte, entsteht die integrale Weltsicht in denjenigen Menschen, für die die Bewusstseinsstufen transparent werden. Und diese Erkenntnis der Stufen der menschlichen Geschichte im Geist der Menschen bringt eine Methode hervor, um mit dem Bewusstsein in einer Weise zu arbeiten, die bedeutsamen evolutionären Fortschritt ermöglicht.

Aber der Zugang zur neu entstehenden Weltsicht des integralen Bewusstseins eröffnet sich nicht nur durch ein Wissen über die Stufen, sondern indem wir uns persönlich mit den Werten des integralen Bewusstseins identifizieren und indem wir die Kraft der integralen Perspektive als eine Praxis anwenden, die das Bewusstsein in uns selbst und anderen weiter entwickelt. Das Wissen über die Entwicklungsspirale kann zwar die kognitive Ebene unseres Bewusstseins entwickeln, aber um unser Bewusstsein permanent und allgemein zu entwickeln, um unseren „Schwerpunkt" zum integralen Bewusstsein zu heben, müssen wir nicht nur unser Denken entwickeln, sondern auch unsere Werte und den Fokus unserer Aufmerksamkeit. Wir müssen die vertikale Perspektive des integralen Bewusstseins umfassen, sowohl mit unseren Gefühlen und unseren Absichten, als auch mit unseren Gedanken. Und die wirkungsvollste Art, dies zu tun, besteht darin, diese neue Perspektive zu nutzen, um die Lebensbedingungen in unserer Welt zu verbessern.

Aber wenn wir die Spirale benutzen, dann müssen wir sie früher oder später verteidigen. Wir werden nicht nur die Natur und das Verhalten der Spirale selbst erklären müssen, sondern auch woher diese Struktur kommt und wie sie mit dem Bewusstsein eines Menschen als Ganzem in Beziehung steht. Um also die Struktur der Spirale ernst zu nehmen und damit sie eine verlässliche und wichtige Grundlage unserer Weltsicht werden kann, müssen wir eine klare Vorstellung darüber haben, wie die Struktur der Spirale in der Struktur des menschlichen Geistes ihren Platz findet.

Wenn es auch in der akademischen Psychologie kaum Einverständnis über die wirkliche Struktur des menschlichen Geistes gibt, stimmen die meisten Integralisten darin überein, dass unser Geist unterbewusste, bewusste und überbewusste Aspekte enthält. Und zusätzlich zu diesen *allgemeinen Bereichen* seelischer Aktivität erkennen Integralisten sowohl Bewusstseins*zustände* (wie zum Beispiel wachen, träumen, schlafen und außergewöhnliche Zustände) als auch Bewusstseins*strukturen,* die als stabile Muster definiert werden, die im Laufe der Zeit immer wieder auftreten. In diesem allgemeinen Verständnis des Geistes können die Stufen, die von der Entwicklungsspirale identifiziert werden, als Bewusstseinsstrukturen klassifiziert werden. Und wie wir gesehen haben, können diese Bewusstseinsstrukturen lose mit den Strukturen der Kultur in Verbindung gebracht werden, und damit werden sie für die Gesamtsituation des Menschen sehr relevant.

Zudem erkannte Piaget, dass „es keine Struktur ohne Entwicklung gibt". Diese Einsicht legt nahe, dass jede Struktur im Bewusstsein letztendlich Teil einer größeren Entwicklungslinie ist – jede identifizierbare Ebene ist Teil eines Systems verschiedener, sich entfaltender Ebenen. Aber in Bezug auf die evolvierenden Strukturen der Spirale gibt es unter Integralisten verschiedene Meinungen über den Ort dieser Entwicklungslinie im größeren Zusammenhang. Auf der einen Seite dieses Arguments sind diejenigen, die die Strukturen der Weltsichten, die durch die Spirale identifiziert werden, als allgemein bestimmend und umfassend für den ganzen Prozess der Bewusstseinsevolution anerkennen. Und auf der anderen Seite sind diejenigen, die von verschiedenen, relativ unabhängigen Entwicklungslinien ausgehen, die sich in unterschiedlichem Maße in jedem Menschen entwickeln. Diese Theoretiker sehen die Spirale nur als „eine von mindestens einem Dutzend" Entwicklungslinien. Aber aus meiner Sicht schwächt diese geringe Betonung der Wichtigkeit der kulturellen Weltsicht eines Menschen die integrale Weltsicht selbst.

Obwohl die verschiedenen Strukturen und Typen menschlicher Intelligenz – wie zum Beispiel kognitive Fähigkeit oder emotionale Intelligenz – sich relativ unabhängig voneinander entwickeln können, argumentiere ich in diesem Kapitel (wie vorher schon im 7. Kapitel), dass diese verschiedenen Entwicklungslinien selbst in einer größeren holarchischen Struktur organisiert sind, in der drei grundlegende Entwicklungslinien alle anderen umfassen. Und aus dieser Perspektive können wir sehen, dass die auf Werten beruhenden Weltsichten einen wichtigen Einfluss auf den allgemeinen „inneren Ort" unseres Bewusstseins haben. Die Weltsicht eines Menschen dient dazu, den kulturellen Ort zu bestimmen, aber das geschieht nicht, weil sie Teil einer monolithischen, einzelnen Linie absoluter Entwicklung ist, sondern weil die Weltsicht des Menschen als der Fokus seiner Absicht und seines *Willens* dient. Wie wir in diesem Kapitel untersuchen werden, hat das, was unsere Aufmerksamkeit und unsere Absicht lenkt, eine kraftvolle Auswirkung auf unser Bewusstsein als Ganzes.

Um die größere holarchische Struktur des menschlichen Geistes wirklich zu verstehen und zu sehen, wie die Spirale damit in Beziehung steht, müssen wir zuerst einige der gegenwärtigen Theorien des Bewusstseins untersuchen. Zum Glück sind heute, zu diesem Zeitpunkt in der Entwicklung des menschlichen Wissens, Theorien über die Struktur des Geistes nicht nur leere Spekulation. Wie wir schon angemerkt haben, wurden in den letzten 100 Jahren von Sozialwissenschaftlern eine Vielzahl von Daten zusammengetragen, die für die Wirklichkeit psychischer Strukturen und Entwicklungsebenen des Bewusstseins sprechen. Deshalb sind wir an einem Punkt der Geschichte, an dem wir in der Tat kurz davor stehen, durch den eindeutigen Prozess der Erkennung von Mustern die wirkliche Struktur des Geistes zu entdecken. So wurde auch die Struktur der DNA erkannt: Wir können Teile der Struktur durch die Forschungen der Sozialwissenschaften beobachten, nun müssen wir uns eine übergeordnete Struktur vorstellen, die diesen beobachtbaren Daten gerecht wird und die im größeren Ganzen der Evolution einen Sinn ergibt. Und genauso wie mit der Struktur der DNA können wir, sobald wir eine ausgereifte Vorstellung der inneren Organisation des Geistes haben, spezifische Tests entwerfen, um diese postulierte Struktur zu bestätigen oder zu widerlegen.

Wie wir im 2. Kapitel über „Das innere Universum" besprochen haben, scheinen diese Strukturen wirklich zu existieren: Durch die Fortschritte der Kultur hat das Bewusstsein der Menschen seine Fähigkeit gezeigt, sich unabhängig von der physischen Evolution des Gehirns zu entwickeln. Wenn es auch für jede bewusste Aktivität eine neurologische Grundlage gibt, zeigt die Fähigkeit des Geistes, sich zu entwickeln und zu wachsen, auch wenn die Struktur des Gehirns relativ stabil bleibt, dass der Geist sich um Strukturen formt, die nicht alle notwendigerweise in der neurologischen Physiologie des Gehirns gefunden werden können. Und das sich entwickelnde System der auf Werten basierenden Weltsichten, die wir als Entwicklungsspirale erkennen, ist ein wichtiges Beispiel für eine psychische Struktur, die mit dem Gehirn interagiert, aber nicht aus Gehirnsubstanz besteht. Wenn wir die Teile zusammenfügen und die übergeordnete Struktur des Geistes, so wie dieser wirklich ist, sehen können, wird das ein sehr wichtiger Fortschritt sein, denn wie die Erkennung von Mustern durch die Struktur des DNA-Moleküls entschlüsselt wurde, wird uns das genaue Erkennen der Bewusstseinsstrukturen erlauben, die menschlichen Lebensbedingungen radikal zu verbessern.

In den Ausführungen, die nun folgen, werden wir kurz zusammentragen, was Entwicklungspsychologen über die Bewusstseinsstrukturen und die Entwicklungslinien des Geistes herausgefunden haben. Dann werden wir Ken Wilbers neueste Gedanken über dieses Thema anschauen. Wilbers Theorie der Entwicklungslinien ist zu einem Mittelpunkt seiner neueren Schriften geworden, und seine Schlussfolgerungen fordern die Ideen von einigen der besten Denker der Entwicklungspsychologie heraus. Deshalb kann keine Theorie der Struktur des Geistes adäquat sein, wenn sie nicht die Probleme, die Wilber anspricht, mit einbezieht.

Vor diesem Hintergrund werden wir dann eine alternative Theorie der Struktur des Bewusstseins untersuchen, die auf den grundlegenden Einsichten von James Mark Baldwin basiert und die nun auf den neuesten Stand gebracht wurde, um den gegenwärtigen Forschungsergebnissen gerecht zu werden. Meiner Meinung nach kommt diese alternative Theorie einer Erklärung der übergeordneten inneren Organisation des menschlichen Bewusstseins näher als jede andere bisherige Theorie. Denn diese neue Theorie beinhaltet sowohl das, was innerlich gefühlt wird, als auch das, was von außen beobachtet werden kann. Zudem zeigt sie eine elegante Struktur, die die größeren Muster der Evolution als Ganzes reflektiert. Aber um zu sehen, warum die Theorie, die ich vorschlage, so gut funktioniert, ist es zuerst notwendig, die Theorien von Wilber und der Entwicklungspsychologen zu untersuchen. Aber das ist sicher wertvoll, denn wie Einsteins berühmtes Zitat sagt: „Die Theorie ist sehr wichtig, denn deine Theorie bestimmt, was du siehst."

Die Entwicklungslinien aus der Sicht der Psychologie

Forscher, die auf dem Gebiet der Entwicklungspsychologie arbeiten, haben eine ganze Reihe konzeptueller Herangehensweisen in der Untersuchung des Bewusstseins benutzt. Baldwin gründete seine Forschung über den menschlichen Geist auf sein Verständnis der drei wichtigen Kategorien des Denkens, die Kant formuliert hat und die als Urteil (Ästhetik), theoretische Vernunft (Wissenschaft) und praktische Vernunft (Moral) bekannt sind. Baldwins strukturelle Untersuchungen konzentrierten sich vor allem auf die beiden letzten Kategorien. In den Worten des bekannten Entwicklungspsychologen und Baldwin-Experten John Broughton: „Zuerst sehen wir die Entwicklung der theoretischen Vernunft und der wissenschaftlichen Intelligenz, mit der sich Baldwin vor allem in seinem 1906 erschienenen Werk *Thought and Things* auseinandersetzte. Als Zweites sehen wir die Entwicklung der praktischen Vernunft und das aktive Leben des Geistes, im Gegensatz zum kognitiven Leben des Geistes. Damit setzte sich Baldwin in dem 1897 erschienenen Buch *Social and Ethical Interpretations* auseinander. Dieses frühe Werk behandelt die Moral in Verbindung mit religiösem Bewusstsein."[1] Später im 20. Jahrhundert war es Piaget, der die kognitive Seite von Baldwins Forschungen weiterverfolgte und Kohlberg konzentrierte sich auf die moralische Seite der menschlichen Entwicklung. Beide heute weltbekannten Forscher entdeckten und bestätigten, dass diese zwei unterschiedlichen Linien der mentalen Entwicklung sich durch die spezifischen Stufen entfalten, die ursprünglich von Baldwin gefunden wurden.

Die Entwicklungspsychologen, die Forschungsprogramme verfolgten, die auf den Theorien von Piaget und Kohlberg beruhten, konzentrierten sich auf Versionen der kognitiven oder moralischen Entwicklungslinie, wie Baldwin sie (nach Kant) formuliert hatte. Obwohl Maslow in der ursprünglichen Beschreibung seiner Stufentheorie, die er in seinem 1954 erschienenen Meisterwerk *Motivation und Persönlichkeit* formulierte, weder Baldwin, Piaget oder Kohlberg erwähnt (obwohl er im Index des Buches fast 500 andere Forscher anführt), war Maslows Forschungsarbeit über Motivation explizit auf menschliche Bedürfnisse und den ihnen entsprechenden Werten konzentriert. Wenn wir also auch feine Unterscheidungen zwischen der Untersuchung der Werte und der Untersuchung der moralischen Entscheidungen machen können, in denen sich diese Werte ausdrücken, gibt es wenig Zweifel darüber, dass sich die Forschung von Maslow und Kohlberg vor allem mit der „praktischen Vernunft" und der moralischen Entwicklungslinie befasste.

Wie wir schon im 7. Kapitel besprochen haben, gestaltete Graves sein Forschungsprogramm ursprünglich, um Maslows Stufen zu bestätigen. Somit ist klar, dass Maslow und Graves das Gleiche studierten. Aber Graves bezog sich auf die Forschungen von Piaget[2] und Maslow und kam deshalb zum Schluss, dass die Stufen der Weltsichten, die er identifizierte, eine große Vielfalt von Entwicklungslinien beinhalten. Graves erkannte im Besonderen „Gefühle, Motivationen, Ethik und Werte, Biochemie, Grade neuronaler Erregung, Lernsysteme, Glaubenssysteme, … Bildung, Ökonomie und politische Theorie und Praxis", die seiner Ansicht nach alle von der übergeordneten Weltsicht des Menschen gesteuert wurden.

Genauso versucht Robert Kegan, den wir im 3. Kapitel als den renommiertesten lebenden Entwicklungspsychologen bezeichnet haben, die Arbeit von Piaget und Kohlberg zu integrieren, indem er innerhalb der Stufen (die er als „Ordnungen des Bewusstseins" bezeichnet) drei grundlegende Entwicklungslinien erkennt. Diese bezeichnet Kegan als „die kognitive, interpersonale und intrapersonale"[3] Entwicklungslinie. In diesem Sinne umfasst die übergeordnete Weltsicht oder die Ordnung des Bewusstseins eines Menschen die kognitive, moralische und emotionale Entwicklungslinie. Somit ist Kegans Idee der Bewusstseinsstrukturen dem ursprünglichen Denken Baldwins sehr ähnlich.

Der einflussreichste Entwicklungspsychologe nach Kegan ist heute sicher Howard Gardner (der in der gleichen akademischen Abteilung der Harvard-Universität lehrt wie Kegan). Anders als Kegan hat sich Gardner völlig auf die kognitive Entwicklung konzentriert, die er wie sein intellektueller Mentor Piaget als die einzige Form mentaler Aktivität anerkennt, die von der Wissenschaft untersucht werden kann. Durch seine Forschungen hat Gardner versucht „den weitverbreiteten Glauben" – ein Glaube, der von vielen Psychologen vertreten wird und in vielen Sprachen enthalten ist – „zu widerlegen, dass die Intelligenz eine einzelne Fähigkeit ist und dass jemand allgemein entweder ‚schlau' oder ‚dumm' ist."[4] Indem er Intelligenz als „die Fähigkeit, Probleme zu lösen oder Produkte zu schaffen, die in einer oder mehreren kulturellen Umgebungen wertgeschätzt werden", entwickelt Gardner acht Kriterien, die eine spezifische Form menschlicher Intelligenz identifizieren. Und indem er diese Kriterien in seiner weitreichenden Forschungsarbeit nutzt, hat Gardner mittlerweile acht „Intelligenzen" identifiziert, die, wie er behauptet, „die menschliche Kognition am vollständigsten erklären".[5] Wie ich unten im Bild 9-1 dargestellt habe, werden diese acht

Intelligenzen folgendermaßen bezeichnet: linguistisch, logisch-mathematisch, musikalisch, körperlich-kinästhetisch, räumlich, interpersonal, intrapersonal und natürlich. Gardner hat auch erwogen, dieser Liste eine „spirituelle oder existenzielle Intelligenz" hinzuzufügen (die, wie er zugibt, eine Bewusstseinsstruktur ist, die er persönlich nicht kennt), aber schließlich hat er sich dagegen entschieden, dies als eine bestimmte Form von Intelligenz anzuerkennen. Gardner schreibt: „Trotz der Attraktivität einer neunten Intelligenz füge ich die existenzielle Intelligenz nicht dieser Liste hinzu. Ich finde dieses Phänomen rätselhaft genug und die Distanz zu den anderen Intelligenzen weit genug, um Besonnenheit walten zu lassen – zumindest im Moment. Ich bin höchstens willens, im Stil von Fellini Witze über eine ‚Acht 1/2 Intelligenzen' zu machen."[6]

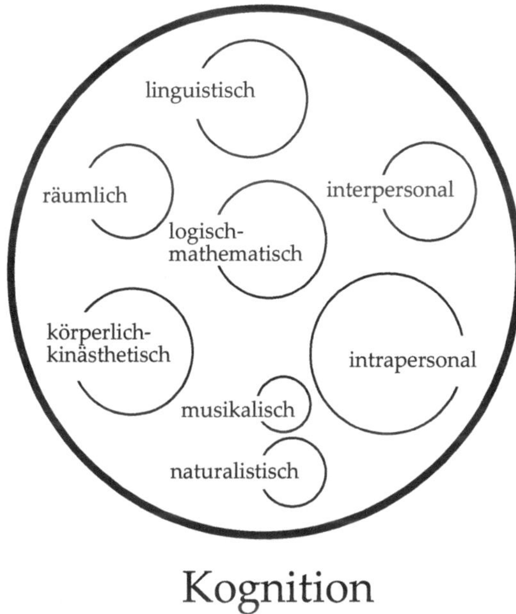

Bild 9-1: Gardners „acht Intelligenzen" der menschlichen Kognition.

In Erwartung unserer Diskussion von Wilbers Sichtweise der Entwicklungslinien weiter unten, ist es wichtig hervorzuheben, dass Gardner seine Untersuchungen streng auf die kognitive Entwicklungslinie (bzw. kognitiven Entwicklungslinien) beschränkt hat. In seiner

Erläuterung dieser verschiedenen Entwicklungslinien, die zusammen die übergeordnete kognitive Linie bilden, hat Gardner sorgfältig die kognitive Intelligenz von der emotionalen Intelligenz und der moralischen Intelligenz unterschieden. Obwohl er anerkennt, dass die Idee der emotionalen Intelligenz „gut zu meiner eigenen Vorstellung der interpersonalen und intrapersonalen Intelligenzen passt", glaubt er doch, dass die meisten Ideen über emotionale Intelligenz nicht wirklich wissenschaftlich untersucht werden können, und deshalb zieht er es vor, von „emotionaler Sensitivität" zu sprechen, anstatt Emotion als eine formale Art der Intelligenz zu verstehen. Gardner unterscheidet seine Idee der Intelligenz auch von der moralischen Entwicklung eines Menschen, die nach seiner Ansicht das Ergebnis „der Ausübung des Willens" eines Menschen ist, anstatt eine bestimmte kognitive Fähigkeit. In Gardners Worten: „Moral ist demnach angemessenerweise eine Aussage über die Persönlichkeit, Individualität, den Willen, Charakter und im besten Fall über die höchste Verwirklichung der menschlichen Natur."[7]

Gestandene Akademiker wie Gardner bezeichnen sich selbst als Sozialwissenschaftler, somit ist es verständlich, dass sie „wissenschaftlich bleiben wollen" und theoretische Beschreibungen des Bewusstseins als Ganzes vermeiden. Und Gardner hat Recht, wenn er sagt, dass die emotionalen und moralischen Aspekte des Geistes weitestgehend jenseits der Reichweite der Wissenschaft liegen. Aber wie wir gesehen haben, muss es, nur weil ein Thema jenseits der Reichweite der Wissenschaft ist, noch lange nicht jenseits der Reichweite des menschlichen Wissens im Allgemeinen sein. Wenn wir nun unsere kurze Betrachtung des Verständnisses der Entwicklungspsychologie von den Entwicklungslinien im Bewusstsein verlassen, wenden wir uns einer ebenso kurzen Untersuchung der Ideen Wilbers zu diesem Thema zu. Weil Wilber die Begrenzungen der Sozialwissenschaften transzendiert und die Strukturen des Geistes aus einer weiteren philosophischen Perspektive betrachtet, ist es sinnvoll, seine Ideen hier etwas genauer anzuschauen.

Wilbers Theorie der Entwicklungslinien

In einigen seiner neueren Schriften hat Wilber ausführlich versucht, die Richtigkeit und Legitimität seiner Beschreibungen der Bewusstseinsstrukturen zu rechtfertigen. Wilber erklärt, dass sein Verständnis dieser Strukturen von den Untersuchungen einer Gruppe akademischer Forscher beeinflusst ist, die er als „adäquate Strukturalisten" bezeichnet. Wilber erklärt: „Adäquate Strukturalisten definieren im Allgemeinen eine Struktur als ein *‚holistisches, dynamisches Muster selbstorganisierender*

Prozesse, die sich selbst als stabile Gebilde dadurch erhalten, dass sie sich ständig reproduzieren'."[8] Als Strukturalist wird ein Theoretiker bezeichnet, der in den Sozialwissenschaften arbeitet und die inneren Strukturen des Bewusstseins und/oder der Kultur aus einer Perspektive der dritten Person betrachtet. Wilber schreibt, dass einer der Vorteile des strukturalistischen Ansatzes in der Erklärung des Bewusstseins darin liegt, dass er Aspekte des Inneren eines Menschen aus einer Außenperspektive sichtbar macht. Und dadurch werden Formen des Bewusstseins zugänglich, die man aus einer „Innenperspektive", aus einer Perspektive der ersten Person, nicht sehen kann. Mit anderen Worten, durch die Beobachtung des Verhaltens und der Glaubenssätze von statistisch ausreichenden Gruppen über eine längere Zeit konnten die Strukturalisten empirische Muster und universelle Entwicklungsprozesse des Geistes erkennen. Aber laut Wilber muss eine innere Struktur sowohl von innen als auch von außen gesehen werden, um sie angemessen (integral) zu verstehen. Wenn wir wirklich verstehen wollen, was eine innere Struktur ist, dann müssen wir in der Lage sein, sowohl objektiv als auch subjektiv zu sehen – wir müssen wissen, wie wir es in uns erleben, um wirklich zu sagen, was es ist. Deshalb ist ein „adäquater Strukturalist" jemand, der die Objekte seiner Forschung sowohl aus äußerer Beobachtung als auch aus persönlicher Erfahrung kennt. Und nach Wilbers Ansicht ist diese Methode der Erkenntnis innerer Strukturen von außen und innen eine der Techniken, die dem integralen Ansatz sein erweitertes Verständnis der inneren Wirklichkeiten gibt.

Nachdem Wilber die Kriterien eines Strukturalismus beschreibt, bezieht er sich auf die Vielfalt der Forschungsfragen, die von den verschiedenen Entwicklungspsychologen (adäquaten Strukturalisten), die das Bewusstsein untersucht haben, gefragt wurden. Und daraus schließt er, dass jede Linie des Fragens ein anderes „Organ der Psyche" offenbart.[9] Diese Schlussfolgerung führt Wilber zu seinem Modell des Psychogramms (Bild 9-2), das die relative Höhe der voneinander unabhängigen Entwicklungslinien zeigt, die durch die Forschungsarbeit verschiedener Entwicklungspsychologen untersucht wurden. Wilber sagt dazu:

> Die frühen Entwicklungstheoretiker neigten zu der Annahme, dass es so etwas gibt wie die eine Entwicklung, der sie schon auf die Spur kommen würden. Ihre Stufen waren einfach eine Landkarte des Verlaufs der Entwicklung. Piaget ging davon aus, dass seine kognitive Linie die einzige grundlegende Ebene sei, an der alles Weitere hing

> wie die Lichter an einem Weihnachtsbaum. Clare Graves nahm an, dass sein Wertesystem im Grunde Ebenen der Existenz darstellte, in die man alles hineinplumpsen lassen konnte (trotz der Tatsache, dass er seine ersten Untersuchungen mit amerikanischen weißen College-Studenten aus der Mittelklasse führte und sie aus deren Antwort auf nur eine simple Frage ... bestanden ...). Doch konnten die ersten Forscher auf dem unbekannten und unerschlossenen Gebiet, dass sie durchquerten, kaum zu anderen Annahmen gelangen.
>
> Heute jedoch, rund 40 Jahre später, können wir sämtliche Ergebnisse dieser bahnbrechenden Forschung auf den Tisch legen und betrachten, und dabei zeichnet sich ein eindeutiges Muster ab. Es gibt nicht eine einzige Entwicklungslinie, von der Dutzende verschiedene Landkarten-Modelle vorliegen, sondern vielmehr mindestens *ein Dutzend verschiedener Entwicklungslinien* – kognitiv, moralisch, zwischenmenschlich, emotional, psycho-sexuell, kinästhetisch, Selbst, Werte, Bedürfnisse usw. Jeder der großen Entwicklungstheoretiker stieß mehr oder weniger zufällig auf eine bestimmte Entwicklungslinie oder auf einen bestimmten Entwicklungsstrom und erforschte diese(n) mit aller Gründlichkeit. Häufig gingen solche Forscher davon aus, dies sei der einzige, grundlegende Strom und sie könnten alle anderen leicht reduzieren auf etwas, was sich innerhalb ihres Stromes abspiele – eine Annahme, die nur die Geschichte und weitere Forschungen als ungerechtfertigt entlarven konnten (wir sprechen hier von *Strom- und Linienabsolutismus*).[10]

Nach der Einführung des Psychogramms geht Wilber auf die Frage ein, wie die verschiedenen Linien miteinander in Beziehung stehen. Ausgehend von der Arbeit James Gardners, kommt Wilber zu dem Schluss, dass die Strukturen der verschiedenen Linien wie „Äpfel und Orangen" seien und dass die Stufen, die sich in einer Entwicklungslinie zeigen, nicht dazu benutzt werden können, die Stufen einer anderen Linie zu erklären oder zu kategorisieren. Als ein Beispiel der Unabhängigkeit der einzelnen Linien führt Wilber das Beispiel eines „Nazi-Arztes" an, der kognitiv weit entwickelt ist, aber moralisch kaum entwickelt. Aber in Bezug auf die verschiedenen Linien erkennt Wilber auch an, dass die Forschungsergebnisse zeigen, dass jede Linie „trotzdem die gleichen allgemeinen Ebenen, Wellen oder Ordnungen des Bewusstseins durchquert"; mit anderen Worten, egal, welche Entwicklungslinie die Strukturalisten studiert haben, fanden sie in jeder Linie das gleiche Entwicklungsmuster, von präkonventionell zu konventionell zu postkonventionell und darüber hinaus. Wilber kommentiert das mit der Feststellung, dass diese nachweisbare Ähnlichkeit, die in der Entwicklung jeder Linie gefunden werden kann, wenn man sie mit der offensichtlichen Unabhängigkeit in der Entwicklung jeder Linie zusammen betrachtet, „ein großes Rätsel für die Entwicklungspsychologen der letzten Jahrzehnte war".[11] Und als Vorschlag einer Lösung dieses Rätsels bietet Wilber seine Theorie der „Bewusstseinsgrade" an.

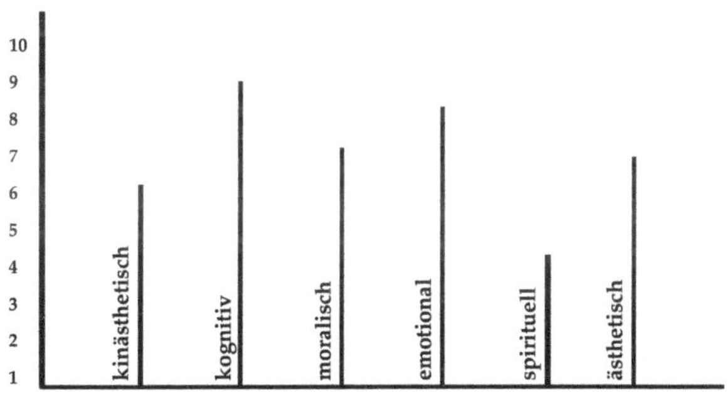

Bild 9-2: Wilbers Psychogramm der Entwicklungslinien im Bewusstsein.

In dieser Theorie steht die y-Achse des Psychogramms für *das Maß der relativen Höhe der verschiedenen Entwicklungslinien,* also einfach für den Grad der Entwicklung des „Bewusstseins als solchem". Wilber schreibt dazu: „Die Bewusstseinsebenen [durch die y-Achse gemessen] sind nicht die Ebene eines bestimmten und getrennten Stromes, sondern das Maß des Bewusstseinsgrades in jedem bestimmten Strom. In diesem Sinne sind die Bewusstseinsebenen tatsächlich wie Grade, Meter oder Kilogramm: Maßeinheiten, die nicht für sich selbst oder durch sich selbst existieren, sondern einfach Maße konkreter Wirklichkeiten sind. Wie Meter Entfernungen messen oder Grade die Wärme, so messen Bewusstseinsebenen die Menge der Bewusstheit oder des Bewusstseins, das in jeder spezifischen Stufe/Ebene/Welle der Ströme gegenwärtig ist."[12]

Wilber erklärt, dass sein Verständnis des Bewusstseins als „leer" im Einklang steht mit den „Madhyamaka/Yogachara-Schulen" des Buddhismus, die zeigen, dass wir, wenn wir das Bewusstsein überhaupt in Konzepte fassen können, es nur als reine Leerheit bezeichnen können, die ohne bestimmte Merkmale ist, aber die erlaubt, dass bestimmte Merkmale in der manifesten Welt erscheinen; ... Das ist der Grund, warum niemand bisher das Bewusstsein befriedigend definieren konnte – es existiert nicht, sondern ist der Raum, in dem die Dinge existieren. Und eine ‚Bewusstseinsebene' ist ein Maß für die Weite des Raumes, in dem sie existieren."[13]

In seiner allgemeinen Theorie der Entwicklungslinien des Bewusstseins besteht Wilber darauf, dass die Linien unabhängig voneinander sind. Aber etwas später in seiner Betrachtung der Entwicklungslinien in der Kultur nimmt Wilber auf die Tatsache Bezug, dass es oft so erscheint, als ob ein Mensch oder eine Gruppe „sich so verhält, als handle sie von einer Ebene". Wilber erklärt diese Wahrnehmung, indem er anerkennt, dass die meisten Menschen einen allgemeinen psychischen Schwerpunkt haben, um den herum sich ihre Entwicklungslinien meist versammeln. In Wilbers Worten: „Individuen und Gruppen besitzen so etwas wie einen Schwerpunkt, der die Summe ihrer allgemeinen Tendenzen in allen Ebenen und Linien zum Ausdruck bringt. In Individuen ist der Schwerpunkt meist in der Nähe des proximalen Selbst in der Linie der Selbstidentität; und in Gruppen ‚befindet' er sich meist in den gemeinschaftlichen Handlungssystemen (wie zum Beispiel Bildung, Regierung, Medizin usw.) ... Der Schwerpunkt ist einfach der Raum der Wahrscheinlichkeit, in dem wir meist ein bestimmtes Holon vorfinden, und es ist nur in diesem Maße ein hilfreiches Konzept."[14]

Die Aufnahme der Idee eines Schwerpunkts in der Entwicklung in Wilbers neuesten Schriften bildet einen Rückbezug zu seinen Ideen über das Selbst, die er 1990 in dem Buch *Integrale Psychologie* formuliert hat. Dort beschreibt Wilber das Selbst allgemein als aus drei Teilen bestehend: das proximale Selbst (das wir als „Ich" erfahren), das distale oder entfernte Selbst (das wir als objektives Selbst oder „mich" erfahren) und den absoluten Zeugen (das transzendente Selbst oder Ich-Ich). In seinen Ausführungen über das Selbst schreibt Wilber, „dass das Selbst als der Sitz der Integration für *das Ausgleichen und Integrieren all dieser Ebenen, Linien und Zustände im Individuum verantwortlich ist.*"[15] Im Allgemeinen denke ich, das ist eine hervorragende Definition des Selbst, mit der ich in fast allen Punkten übereinstimme. Aber nachdem Wilber das Selbst und seine Elemente und Funktionen beschreibt, macht er klar, dass er das proximale Selbst nur für eine von mindestens einem Dutzend Entwicklungslinien hält. Nachdem er darüber spricht, wie das proximale Selbst sich durch die allgemeine Entwicklung des Geistes navigiert, schreibt er auf der nächsten Seite: „Es gibt daher die allgemeinen Entwicklungslinien (kognitive, affektive, kinästhetische, mathematische usw.) und als eine Unterart von ihnen gibt es die Entwicklungslinien, die besonders intim mit dem Selbst, seinen Bedürfnissen, seiner Identität und seiner Entwicklung assoziiert sind."[16] Trotz seiner Annahme, dass das Selbst für die Integration der verschiedenen Entwicklungslinien verantwortlich ist, bezieht er sich wieder auf seinen allgemeinen Standpunkt, den er in *Integrale Psychologie* formuliert hat und der besagt, dass das Selbst und seine untergeordneten Linien keine Struktur bilden, die einen Vorrang vor den anderen Entwicklungslinien des Bewusstseins hat. Und dieser Standpunkt wird nun auch in seinen neueren Schriften erklärt und befürwortet.

Wilbers Theorie der Bewusstseinsentwicklung enthält natürlich noch mehr Einzelheiten und Nuancen, die ich hier nicht beschrieben habe. Aber das vorher Gesagte gibt einen allgemeinen Überblick seines Denkens in diesem Bereich. Und das erlaubt es uns, nun einige der möglichen Kritiken seiner Theorie zu untersuchen.

Eine Kritik an Wilbers Theorie der Entwicklungslinien

Bevor ich Wilber, bei allem Respekt ihm gegenüber, kritisieren möchte, muss ich sagen, dass ich dankbar dafür bin, dass er sich dafür entschieden hat, dieses Thema so ausführlich zu behandeln, wie er es getan hat, und ich hoffe, dass das Gebiet der Entwicklungspsychologie auf die Fortschritte der integralen Philosophie in diesem Bereich aufmerksam wird. Ich habe die wichtigen Bücher der Entwicklungspsychologie gelesen, und mit dem Blick auf die gleichen Forschungsergebnisse wie Wilber sie vorliegen hatte, sehe ich ein anderes Muster. Aber bevor ich ein alternatives Modell der Bewusstseinsstrukturen beschreiben möchte, wird es hilfreich sein, kurz meine Kritikpunkte an der von Wilber beschriebenen Struktur aufzuzählen. Ich führe diese Kritikpunkte hier an, weil sie zeigen, warum eine alternative Theorie gebraucht wird, und warum sie die Grundlagen für die nun folgenden Betrachtungen legt. Aber je nachdem, wie Sie zu Wilber stehen, ist es möglich diese spezifischen Kritikpunkte zu überspringen (und nur die kursiv geschriebenen Überschriften zu lesen) und direkt zu der alternativen Theorie der Bewusstseinsstrukturen zu gehen, die im nächsten Abschnitt beschrieben wird.

Obwohl die sechs bestimmten Kritikpunkte, die weiter unten angeführt werden, miteinander verbunden sind und sich gegenseitig überlappen, können wir ihnen besser folgen, wenn sie in einer nummerierten Liste aufgezählt werden.

1) *Der Standpunkt, dass die verschiedenen Entwicklungslinien keine Ordnungsstruktur auf einer höheren Ebene, also kein übergeordnetes Selbst haben, scheint den „Zwanzig Grundaussagen" der holonischen Evolution zu widersprechen, die Wilber in* Eros, Kosmos, Logos *formuliert hat.* Wilber beschreibt seine „Zwanzig Grundaussagen" als „,Existenzmuster' oder ,Evolutionstendenzen' oder ,Gesetze der Form' oder ,Ausdrucksneigungen' .... Das sind Muster oder Tendenzen, die nach Auffassung der modernen Systemwissenschaften in allen drei Bereichen der Evolution – Physiosphäre, Biosphäre, Noosphäre – wirksam sind ..."[17] Wie wir im 8. Kapitel besprochen haben, finden diese Grundsätze der Evolution ihre Mitte in der Erkenntnis der Strukturen, die von Hierarchien von Holons, genannt Holarchien, gebildet werden. Und nach diesem Verständnis repräsentiert jede Entwicklungslinie des Bewusstseins eine bestimmte Holarchie. Aber wie durch die Zwanzig Grundaussagen klar wird, sind die einzelnen sich entwickelnden holarchischen Linien selbst innerhalb eines größeren Ganzen organisiert und integriert. In seiner Beschreibung der Zwanzig Grundaussagen im Zusammenhang mit der Gerichtetheit der Evolution beobachtet Wilber: „Es liegt auf der Hand, dass Differenzierung notwendig ist für die Neuartigkeit und Vielgestaltigkeit, welche die Evolution hervorbringt, aber ebenso wichtig ist die Integration, da sie die Vielfalt in Einheit überführt ... Daher Whiteheads Anschauung (hier in den Worten eines seiner Kommentatoren [Victor Lowe, A. d. Ü.]), dass ,der Grundcharakter des gesamten Universums in einem Drang nach endlosen neuen Synthesen [Integrationen] besteht'. ... Daher auch Whiteheads grundstürzender Satz: ,Die Vielen [Differenzierung] werden Eines [Integration] und um eins [das neue Holon] vermehrt.'"[18] (Ergänzungen in den Klammern im Original). Wilber würde wahrscheinlich sagen, dass die Entwicklungslinien einfach im allgemeinen Selbst oder im Bewusstsein als solchem integriert sind. Aber aus dem Gesichtspunkt der Struktur scheint es unwahrscheinlich, dass es mehr als ein Dutzend relativ unabhängiger Linien ohne zentrale oder übergeordnete Linien gibt, durch die diese verschiedenen Linien höhere Ebenen der Organisation finden.

2) *Ein Modell relativ unabhängiger Linien ohne eine übergeordnete Struktur auf einer höheren Ebene spiegelt nicht wider, was heutige Entwicklungspsychologen annehmen.* Wilber zitiert Gardner als eine Autorität für

die Feststellung, dass die Entwicklungslinien relativ unabhängig voneinander sind. Und Gardner bestätigt das in seinem 1999 erschienenen Buch *Intelligence Reframed*, in dem er schreibt: „Den menschlichen Geist stellt man sich besser als Abfolge relativ unabhängiger Fähigkeiten vor, mit nur losen und unvorhersehbaren Verbindungen untereinander, anstatt als eine Maschine für jeden Zweck ....“[19] Aber Gardner macht klar, dass der „Geist“, von dem er hier spricht, allein der kognitive Geist ist. Die „Acht 1/2 Intelligenzen“, die Gardner beschreibt, sind allesamt Untergruppen der „vollen Kognition“. Und in *Intelligence Reframed* verwendet er eine ganze Anzahl von Seiten darauf, die kognitive Funktion des Geistes von den Fähigkeiten für Moral und Emotion zu unterscheiden, die er als verschiedene organisierende Bereiche der Psyche erkennt. Wenn Gardner auch schlussfolgert, dass die Entwicklungslinien, die er untersucht hat, relativ getrennt voneinander existieren, sagt er auch, dass alle Linien, die er beschreibt, aus dem kognitiven Bereich kommen. Dabei ist dieser organisierende Bereich der Kognition nur eine Untergruppe der allgemeinen Organisation des Geistes, die auch einen moralischen und emotionalen Bereich enthält. Indem er Moral und Emotion von Kognition unterscheidet, sagt Gardner, dass er auf „eine strikte Trennung zwischen emotionaler Sensibilität und ein ‚guter‘ oder ‚moralischer‘ Mensch zu sein“.[20] besteht. Dieses Zitat zeigt, dass Gardner die allgemeine Organisation des Geistes als aus drei verschiedenen Aspekten bestehend versteht: Kognition, Emotion und moralische Sensibilität, und dass die unabhängigen Linien der kognitiven Entwicklung, die Gardner untersucht hat, tatsächlich von der größeren dreifachen Organisationsstruktur umfasst werden. Und neben Gardner versteht Kegan, wie wir schon weiter oben gesehen haben, dass die Entwicklungsebenen, die sich in seinen Forschungen gezeigt haben, die drei grundlegenden Entwicklungslinien, die er als „kognitiv, interpersonal und intrapersonal“ bezeichnet, umfassen und enthalten. Laut Kegan „organisiert“ die Subjekt-Objekt-Beziehung, die eine allgemeine „Ordnung des Bewusstseins“ bildet, „die kognitive, interpersonelle und intrapersonelle Erfahrung“.[21] Kegan nimmt somit einen Standpunkt ein, der dem von Graves nahekommt, indem er eine bestimmte Bewusstseinsstufe als übergeordnete Organisationsstruktur erkennt, die verschiedene Entwicklungslinien umfasst. In der Tat gibt es keinen Entwicklungspsychologen, der den Geist einfach als Sammlung relativ unabhängiger Linien sieht, wie Wilber es beschreibt.

3) *Die Schlussfolgerung, dass jede Forschungsfrage, die von den Entwicklungspsychologen gestellt wurde, mit einer bestimmten unabhängigen Linie*

korrespondiert, ist recht unwahrscheinlich. Nachdem Wilber die verschiedenen Fragen, die von Entwicklungspsychologen gestellt wurden untersucht und zusammenfasst, kommt er zu dem Schluss, dass jede dieser Fragen ein anderes „,Organ der Psyche' entwickelt hat, das sich auf ihre Beantwortung spezialisiert hat – multiple Intelligenzen, die sich, so könnte man sagen, der Aufgabe widmen, sich für die Beantwortung dieser Fragen ‚schlau' zu machen." Aber diese von Wilber angeführten Fragen, wie zum Beispiel: „Was ist wichtig für mich?, Was brauche ich?, und „Was soll ich tun?"[22] könnten leicht als Fragen über den gleichen Gegenstand verstanden werden. Wilbers Schlussfolgerung, dass diese sehr ähnlichen Fragen tatsächlich relativ unabhängige Entwicklungslinien zeigen, scheint unberechtigt. Ich denke nicht, dass es für jede Forschungsmethode eine eigene Entwicklungslinie gibt, und ich denke, es ist möglich, die Fülle der Linien zu erkennen, ohne zu schlussfolgern, dass diese Linien alle relativ gleich und unabhängig sind. Zudem würden wir bei unserem Wissensstand über die Strukturen der Evolution erwarten, dass es bestimmte grundlegende Linien gibt, die jede Abfolge von untergeordneten Linien umhüllt. Deshalb scheint sich Wilber in einem ansonsten legitimen Versuch, sich von einem „Linienabsolutismus" wegzubewegen, aber dem anderen Extrem eines „Linienrelativismus" zu nähern.

4) *Das Phänomen des „Schwerpunktes" weist auf eine größere umfassende Struktur hin, die die verschiedenen Linien umfasst.* Wilbers Anmerkungen über den psychischen Schwerpunkt, die im vorherigen Abschnit zitiert wurden, sind schwer mit seinen Argumenten in Verbindung zu bringen, die verschiedenen Linien seien „Äpfel und Orangen". Das heißt, in Wilbers Psychogramm wird von der Linie des „proximalen Selbst" gesagt, sie sei nur eine unter einem Dutzend verschiedener Entwicklungslinien. Aber in den Ausführungen über die Idee eines Schwerpunktes sagt Wilber, dass die Linie der Selbstidentifikation eines Menschen „die Summe ihrer allgemeinen Tendenzen in allen Ebenen und Linien ausdrückt". Und das legt nahe, dass die Linie des Selbst eine Art von übergeordneter Instanz oder Kontrolle über die anderen Linien ausübt. Aber das Modell des Psychogramms zeigt etwas ganz anderes.

5) *Die Idee, dass das Bewusstsein leer ist, steht nicht im Einklang mit der Idee der tatsächlichen Bewusstseinsstrukturen, die sich in den Entwicklungslinien zeigen.* Wilbers Annahme, „wenn Bewusstsein konzeptuell erfasst werden kann, dann nur als reine Leerheit", ist ein Ausdruck seines spirituellen Glaubenssystems. Und wie wir im vorangegangenen Kapitel

besprochen haben, gibt es keinen Anlass, das zu diskutieren. Aber wenn Wilber sagt –„Bewusstsein selbst ist nicht etwas, sondern nur der Grad an Offenheit oder Leerheit, die Lichtung, auf der sich die Phänomene der zahlreichen Linien zeigen."[23] –, woraus bestehen dann die Entwicklungslinien, wenn nicht aus Bewusstsein? In einer Fußnote zu dem Satz, den ich oben zitiere, schreibt Wilber: „Das Erkenntnisvermögen ist einfach ein modifizierter Typ von Bewusstsein, der als konkrete Entwicklungslinie ... mit seinem eigenen Inhalt und seiner eigenen Struktur auftaucht." Vielleicht weiß Wilber, wie er diese Widersprüche auflösen kann. Aber dies wird in seinen Schriften nicht ersichtlich.

6) *Ein Psychogramm, das nur verschiedene unabhängige Linien zeigt, gibt weder die Phänomenologie noch das weitverbreitete Verständnis von zwei grundlegenden Systemen des Wissens wieder:* Denken und Fühlen. Im Jahre 1995 veröffentlichte der Psychologe und New York Times-Reporter Daniel Goleman eines der einflussreichsten Bücher des Jahrzehnts: *Emotionale Intelligenz.* In diesem Buch sammelt er eine ganze Reihe wissenschaftlicher Forschungsergebnisse, die zeigen, dass die allgemeine Unterscheidung zwischen Herz und Kopf tatsächlich realen neurologischen und psychologischen Strukturen entspricht. Goleman schreibt:

> Wir haben in einem ganz realen Sinne zwei Seelen [mind], eine denkende und eine fühlende. ... Die Wechselwirkung dieser grundverschiedenen Weisen des Erkennens macht unser Seelenleben aus. Die eine, die rationale Seele, ist jene Weise, derer wir uns stärker bewusst sind: im Zentrum unserer Wahrnehmung, besonnen, in der Lage, Dinge abzuwägen und zu reflektieren. Daneben gibt es aber ein anderes System des Erkennens: impulsiv und machtvoll, wenn auch bisweilen unlogisch – die emotionale Seele. ... Meistens arbeiten diese beiden Seelen, die emotionale und die rationale, harmonisch zusammen, und die Verflechtung ihrer ganz unterschiedlichen Erkenntnisweisen geleitet uns durch diese Welt. ... Gewöhnlich besteht ein Gleichgewicht zwischen emotionaler und rationaler Seele; die Emotion wird einbezogen und durchdringt die Operationen der rationalen Seele, und die rationale Seele entwickelt die Eingaben der Emotionen weiter und legt dann und wann ihr Veto ein. Dennoch sind die emotionale und rationale Seele halbwegs eigenständige Vermögen, in denen sich jeweils, wie wir sehen werden, die Wirkungen von spezifischen

> aber untereinander verbundenen Schaltungen im Gehirn niederschlagen.[24]

Wie dieses Zitat zeigt, gibt es wichtige Nachweise darüber, dass der rationale Geist und der emotionale Geist „Metastrukturen" sind, die bestimmte Bereiche der Psyche organisieren. Deshalb scheint aus Gardners und Golemans Arbeit (die Gardner in *Intelligence Reframed* zustimmend diskutiert), dass der allgemeine rationale Geist und der allgemeine emotionale Geist je eine Vielzahl von untergeordneten Entwicklungslinien umfassen. Aber ein Psychogramm, das ein Dutzend verschiedener Linien zeigt – einige davon rational, andere emotional – und diese Linien nicht in der Organisation präsentiert, die Goleman mit seinen „zwei Formen des Geistes" gezeigt hat, entspricht nicht diesen nachweisbaren Strukturen.

Im nächsten Abschnitt kehren wir zu Überlegungen über Golemans Schriften zurück. Damit ist meine Kritik an Wilbers Modell der Bewusstseinsstrukturen beendet. Ich bin sicher, Wilber könnte einige interessante Gegenargumente vorbringen, aber die Kritikpunkte verdienen sicher weitere Überlegungen.

Eine alternative Theorie der Bewusstseinsstrukturen

Die Schönheit von Golemans Beschreibung der „zwei Intelligenzen" liegt darin, dass sie Psychologie, Neurowissenschaft und unmittelbare persönliche Erfahrung zusammenbringt, um eine Erklärung der Bewusstseinsstruktur zu geben, die sowohl die Wissenschaft als auch den gesunden Menschenverstand befriedigt. In der Verbindung der Arbeit von Goleman und Gardner, wie es im Diagramm in Bild 9-3 zu sehen ist, haben wir einen guten Ausgangspunkt für unsere Idee der Struktur des Geistes. In den Sphären der Emotion und Kognition (und in ihren sich überlappenden Gemeinsamkeiten) finden eine Reihe wichtiger Entwicklungslinien oder Typen mentaler Aktivität ihren Platz.

Wenn wir die Sphären des Fühlens und Denkens als Metastrukturen des menschlichen Geistes erkennen, müssen wir beachten, wie diese Arten des Bewusstseins durch unmittelbare sensorische Erfahrungen im Äußeren und Erinnerungen im Inneren unterstützt werden. Aber wenn wir über die Aktivität des Geistes sprechen, erklären die allgemeinen Kategorien von Emotion und Kognition viel von dem, was wirklich vor sich geht. Wenn wir dieses Diagramm der verschiedenen Entwicklungslinien anschauen, in dem sie als Sphären mentaler Fähigkeit in den größeren übergeordneten Strukturen von Fühlen und Denken dargestellt werden, können wir sehen, dass immer noch etwas fehlt. Und was fehlt, sind die Entwicklungslinien, die mit Werten und Moral in Verbindung stehen. Wie wir gesehen haben, war die Forschung über moralische Entwicklung der Fokus der besten Theoretiker der Entwicklungspsychologie: Baldwin, Kohlberg, Gilligan, Maslow, Graves und Kegan haben alle wichtige Arbeit in dem Bereich geleistet, den wir allgemein als die Sphäre von Werten und Moral bezeichnen können. Obwohl die Arbeit dieser Theoretiker ein weites Feld mentaler Aktivität abdeckt, haben sie alle in der einen oder anderen Weise Werte und Moral untersucht.[25] Wie Gardner sagt, ist die Sphäre der Moral klar von Denken und Fühlen unterscheidbar, obwohl es sicher einige Überschneidungen zwischen den Sphären der Emotion, Kognition und Moral gibt.

Wie kann man also die Sphäre der Werte und Moral am ehesten verstehen und formulieren? Wenn wir eine dritte Sphäre der Entwicklung anerkennen, die in ihrer Struktur und Funktion den Sphären der Emotion und Kognition ähnelt, dann können wir erwarten, ein drittes „System des Wissens" zu finden. Das bedeutet, dass Golemans wichtigster Beitrag die Erkenntnis ist, dass „emotionale Intelligenz" eine „Art des Wissens" ist, die „wichtiger sein kann als der IQ", wie der Untertitel des Buches behauptet. Aber gibt es eine dritte Art des Wissens, die in ihrer allgemeinen Bedeutung für die Organisation des Geistes mit Fühlen und Denken vergleichbar ist? Ich denke, die Antwort ist ja. Und die Struktur/Funktion des menschlichen Geistes, die diesen Überlegungen gerecht wird, ist der *freie Wille*, die Fähigkeit für Entscheidung und Bewertung – das Bewusstsein der Absicht. In diesem Abschnitt werde ich argumentieren, dass die grundlegenden Sphären des Geistes – die wichtigsten Entwicklungslinien im Bewusstsein – Emotion, Kognition und Wille, oder einfach Gefühl, Gedanke und Wille sind.

Nur durch die Ausübung des freien Willens können Menschen zu moralisch Handelnden werden. Und nur durch unsere Entscheidungen und unsere Bewertungen können wir wirklich Moral und Werte erfahren. Das heißt, wir können sicher über Werte nachdenken oder sie fühlen, aber wir kennen sie nicht wirklich, bis wir uns schließlich dafür entscheiden. Sich für einen Wert zu entscheiden bedeutet, diesen von innen zu kennen, ihn durch innere Wahl zu unserem eigenen zu machen. Der menschliche Wille kann deshalb als eine spezifische Form des Wissens bezeichnet werden – ein *Wahrnehmungsorgan für Werte*. In der Tat ist jede Entscheidung, egal wie alltäglich – sogar dann, wenn diese Wahl zwischen dem „geringeren von zwei Übeln" besteht – ein Zeichen für die Einschätzung, dass eine Alternative „besser" ist als die andere. Auch wenn die Wahl des „Besseren" nach einer großen Vielfalt von Wertekriterien getroffen werden kann, ist Teil der Willensausübung immer auch eine Bewertung – wenn es nichts zu bewerten gibt, gibt es auch nichts zu wählen. Selbst eine schlechte Wahl oder eine falsche Entscheidung besteht aus einem Akt der Bewertung, wenn auch einem falschen.

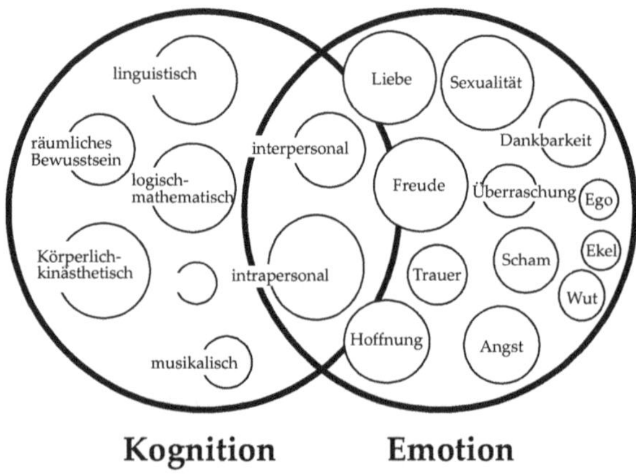

Bild 9-3: Die Sphären der Emotion und Kognition, nach Gardner und Goleman.

Aber anders als Emotion und Kognition ist der Wille – der freie Wille – ein sehr metaphysisches Konzept. Anders als die Strukturen des Fühlens oder Denkens wurde der Wille noch nicht als bestimmte Struktur im Gehirn ausfindig gemacht. Deshalb erkennt Gardner richtig, dass der freie Wille real ist, er begründet ein Subjekt, das jenseits der Wissenschaften liegt. In der Tat haben materialistische Philosophen ausführlich zu zeigen versucht, dass die Idee der Entscheidungsfreiheit nur eine Illusion ist. Die wissenschaftliche Weltsicht kann ihre Unfähigkeit nicht ertragen, die geheimnisvolle Idee einer ersten Ursache nicht erklären zu können, die dem offensichtlichen Phänomen des freien Willens zugrunde liegt. Wie mit allen metaphysischen Themen verneinen die materialistischen Philosophen einfach, dass es existiert. Diese Denker sind der Ansicht, dass vorgegebene physische, biologische und kulturelle Kräfte letztendlich alle menschlichen Entscheidungen vorbestimmen. Obwohl jede Entscheidung sicher von äußeren Faktoren beeinflusst wird (und manche Entscheidungen tatsächlich aufgezwungen sind), *gehen wir alle in der Praxis davon aus* – ob wir nun an den freien Willen glauben oder nicht –, dass wir Entscheidungsfreiheit haben, ansonsten sind wir handlungsunfähig. Und das ist ein Kennzeichen der grundlegenden Wahrheit, dass Menschen tatsächlich einen relativ freien Willen haben.

Wenn wir den freien Willen aus der Perspektive der Entwicklungspsychologie betrachten, dann finden wir zusätzliche Bestätigung der Idee, dass der Wille als Sphäre mentaler Aktivität verstanden werden kann, die vergleichbar ist mit den Sphären der Emotion und Kognition. So erkennt Gardner zum Beispiel, dass der freie Wille die grundlegende Voraussetzung für moralische Entwicklung ist, und schreibt dazu, dass „das zentrale Element im moralischen Gebiet oder Bereich das Gefühl persönlicher Autonomie ist". Gardner glaubt, dass die Moral, wenn sie richtig verstanden wird, „die Ausübung des Willens eines Menschen ist."[26] Und so wie Gardner in seinen Ausführungen über emotionale Intelligenz und Moral erkennt Goleman die Bedeutung dessen, was er den „Charakter" nennt, der, so sagt er, „in früheren Zeiten Wille genannt wurde". Laut Goleman ist es der Wille oder Charakter, der den „psychologischen Muskel, den moralisches Verhalten erfordert", bereitstellt. Er zitiert Thomas Lickona mit folgender Feststellung: „Um die Emotion unter der Kontrolle der Vernunft zu halten bedarf es der Willenskraft."[27] Und in diesem wichtigen Satz sehen wir, dass Goleman, zusammen mit Gardner, auch Fühlen, Denken und Wollen als die drei grundlegenden Sphären mentaler Aktivität bezeichnet.

Aber entwickelt sich der Wille? Maslow war ganz klar dieser Meinung; in *Motivation und Persönlichkeit* schreibt er:

> Schließlich muss ich noch eine Feststellung machen, obwohl sie sicher für viele Theologen, Philosophen und Wissenschaftler beunruhigend sein wird: Selbstverwirklichte Einzelne haben mehr „freien Willen" und sind weniger „determiniert" als die durchschnittliche Bevölkerung. Wie auch die Begriffe „freier Wille" und „Determinismus" operativ definiert werden mögen, in dieser Untersuchung aber sind sie empirische Realitäten. Zudem sind sie graduelle Begriffe, im Ausmaß verschieden; es handelt sich nicht um Alles-oder-nichts-Begriffe.[28]

In der Tat, so wie bei Emotion und Kognition, haben viele von uns die Erfahrung gemacht, dass sich unser Wille als Fähigkeit unseres Geistes entwickelt.[29]

Viele (wenn nicht sogar die meisten) Philosophen haben den Willen oder die Absicht als zentralen Faktor im Leben des Geistes erkannt. Nach Meinung des einflussreichen deutschen Philosophen und Psychologen Franz Brentano (1838-1917) sind alle mentalen Zustände willentlich und alle willentlichen Zustände mental. Brentanos Ideen werden von dem integralen Theoretiker Allan Combs unterstrichen, der schreibt: „Das Bewusstsein hat immer *einen Inhalt.* ... Mit anderen Worten, dem Bewusstsein geht es immer um etwas. Im formellen Sinne wird gesagt, es sei *absichtsvoll.* Es hat *eine Absicht.* ... Absicht ist dynamisch. Wie ein polarisierendes magnetisches Feld, das Eisenspäne in die Formation verschiedener Ellipsen zieht, so ordnet das Bewusstsein die Prozesse des Geistes in Mustern mit Richtung und Sinn."[30]

Und neben den Gedanken von Philosophen und Psychologen finden wir Unterstützung für die Idee, dass Fühlen, Denken und Wollen die grundlegenden Organisationsstrukturen des Geistes sind, auch in einigen religiösen Traditionen. In den Worten des Wilber-Biografen und integralen Theoretikers Frank Visser:

> Der zweite Punkt, der das Wesen des Bewusstseins und des Entwicklungsprozesses erhellen kann, ist die in Anlehnung an hinduistische Quellen in der Theosophie getroffene Aufgliederung des Bewusstseins in drei Aspekte: Wille, Denken und Gefühl (in der Sanskrit-Terminologie sat, chit, ananda). Während die westliche Psychologie sich in ihrer Aufmerksamkeit ausschließlich dem Intellekt und nur widerwillig langsam auch dem Gefühl widmet, aber nicht das geringste Interesse am Willen zeigt, muss eine tatsächlich integrale Psychologie alle drei Aspekte wertschätzen. Menschen können dieser Sichtweise zufolge die spirituelle Domäne entlang der Linien von Willen (skt.: karma yoga), Denken (skt.: jnana yoga) und Gefühl (skt.: bhakti yoga) erreichen. Die Theosophie geht sogar so weit, diese drei Aspekte als die fundamentalen „Entwicklungslinien" der Entfaltung des Bewusstseins vorzuschlagen."[31]

Mein spiritueller Weg führte weder zum Hinduismus noch zur Theosophie, deshalb wusste ich nicht, was diese Traditionen über dieses Thema zu sagen haben, als mir zum ersten Mal klar wurde, dass sich das Bewusstsein um die Linien des Fühlens, Denkens und Wollens organisiert. Deshalb war ich erfreut zu erfahren, dass die Bedeutung dieser Strukturen von diesen Traditionen schon erkannt worden war.

Aber aus der Perspektive der integralen Philosophie führt uns der Versuch, die grundlegenden Organisationsstrukturen des Geistes zu unterscheiden, letztendlich zurück zu Baldwin, der das in seiner Arbeit schon klar sehen konnte. Baldwin erklärte, dass „die drei großen Modi mentaler Funktion ... Intellekt, Wille und Gefühl" sind.[32] Deshalb sind wir mit Baldwin (und vielen anderen Denkern in verschiedenen Kulturen durch die Jahrhunderte, die auch diese Wahrheit gesehen haben), in unserer Erkenntnis dieser dreifachen allgemeinen Organisationsstruktur auf sicherem Boden. Wir können andere Begriffe für diese allgemeinen einander überlappenden Funktionen des Geistes finden, aber es gibt genügend Anhaltspunkte sowohl in struktureller als auch phänomenologischer Hinsicht, um zu der Erkenntnis zu kommen, dass Fühlen, Denken und Wollen die grundlegenden Linien oder Sphären der Entwicklung im Bewusstsein sind. Jede dieser grundlegenden Sphären oder Entwicklungslinien enthält untergeordnete Linien, aber wie alle holonischen Strukturen werden diese untergeordneten Systeme von größeren, sie umhüllenden Strukturen (das heißt jede Sphäre als Ganzes) transzendiert und eingeschlossen, die selbst einen Entwicklungsfortschritt zeigen. Das heißt, all die verschiedenen untergeordneten Linien des Bewusstseins zeigen ein selbstähnliches oder gleichbleibendes Muster stufenweisen Fortschritts, der den stufenweisen Fortschritt der größeren Linien spiegelt, von denen sie ein Teil sind. Und dieses selbstähnliche Spiegeln des Teiles und des Ganzen ist natürlich ein allgemeines Muster, das in vielen evolutionären Strukturen – von Farnblättern bis hin zu Blutgefäßen – gefunden werden kann.

Wenn wir erkannt haben, dass die Metastrukturen von Emotion, Kognition und Willen die grundlegenden Linien oder Sphären der Bewusstseinsevolution sind, können wir auch sehen, dass diese subjektiven Sphären sowohl von objektiven als auch intersubjektiven Strukturen geformt und beeinflusst werden. Das heißt, unser Bewusstsein wird nicht nur von unserem Körper und unserem Gehirn geschaffen, sondern auch von der Kultur, in der wir leben. Und wie wir in diesem Buch schon gesehen haben, hat unsere sich entwickelnde Kultur – so wie unser Körper und unser Gehirn – eine systemische Struktur: die Struktur der Entwicklungsspirale. Diese intersubjektive Struktur übernimmt die Aufgaben der Führung, Orientierung und Ausrichtung der subjektiven Struktur unseres Willens durch ihren Einfluss auf unsere Werteentscheidungen und Einverständnisse. Durch diesen zentralen Einfluss auf unsere willentliche Bewusstseinssphäre und durch Bereitstellung der Werte, die unser Willen verlangt und denen er folgt, wird die Spirale zu einer wichtigen Struktur in unserem Bewusstsein als Ganzes. Obwohl diese dialektische Struktur nicht aus der grauen Substanz des Gehirns besteht, hat sie dennoch eine wichtige Auswirkung auf unseren Geist.

In der Sphäre des menschlichen Willens dienen die Werte als Ort unserer Wahrnehmung, und der Fokus unserer Absicht findet seinen Ursprung vor allem in den Systemen der Weltsichten, in denen wir leben. Wenn Ihr Bewusstsein zum Beispiel vor allem von der postmodernen Weltsicht beeinflusst ist, wenn die Postmoderne ihr innerer Schwerpunkt ist, dann ist es fast unvermeidlich, dass Ihr Herz nach Dingen wie ein Gefühl von Gemeinschaft mit Gleichgesinnten, persönliches Wachstum und persönliche Entwicklung, Bioprodukte und eine friedliche Welt verlangen wird. Wenn ihr innerer Schwerpunkt andererseits in der modernen Weltsicht wurzelt, dann wird sich Ihre Entschlossenheit auf Dinge wie bessere Aufstiegschancen, Wohlstand, körperliche Fitness und dem akademischen Erfolg Ihrer Kinder fokussieren.

Wir haben gesehen, dass die meisten Menschen in der entwickelten Welt in mehr als einem Wertesystem leben, deshalb ist es nicht ungewöhnlich, Menschen zu finden, die sowohl nach modernen als auch postmodernen Werten leben. Aber egal, nach welchen Werten ein Mensch tatsächlich lebt, diese Werte haben fast immer in einem oder mehreren Systeme. von Weltsichten ihren Ursprung.

Im 3. Kapitel haben wir besprochen, dass diese aufeinanderfolgenden Stufen von Bewusstsein und Kultur die Tendenz zeigen, im Verlauf der Entwicklung der Spirale dialektisch zwischen individualistischen und gemeinschaftlichen Orientierungen zu wechseln. Und wir können vielleicht beobachten, dass die Menschen, die in einer gemeinschaftlich orientierten Stufe zentriert sind, in größerem Ausmaß den äußeren Einflüssen der Werte ihrer Gemeinschaften ausgesetzt sind. Aber selbst Menschen, deren Zentrum sich in einer mehr individualistisch ausgerichteten Weltsicht befindet, und auch die Menschen, die eher aus inneren Quellen motiviert werden, als nach äußerer Anerkennung zu suchen, sind trotzdem in ihren Bedürfnissen und Zielen sehr stark von dem Guten, Wahren und Schönen beeinflusst, das sie in der Welt um sich herum sehen (und das schließt all die subtilen Schattierungen und Kombinationen mit ein, die in diesen grundlegenden Werten zusammengefasst sind). Wie wir im 6. Kapitel untersucht haben, dienen die Werte des Schönen, Wahren und Guten als die „ewigen Bilder", die die Bewusstseinsevolution auf jeder Ebene beeinflussen. Und wir haben auch gesehen, wie diese allgemeinen Werte angepasst und anwendbar werden, durch die Art und Weise, wie sie durch jede der systemischen Strukturen von Bewusstsein und Kultur, aus denen die Entwicklungsspirale besteht, den örtlichen Lebensbedingungen angeglichen und durch sie beeinflusst werden. Das heißt, die universellen „Richtungen der Werte" des Schönen, Wahren und Guten *gewinnen ihren Einfluss* auf den menschlichen Willen, wenn sie von den historisch bedeutsamen Weltsichtsystemen, die sich in Beziehung zu den spezifischen Gegebenheiten der bestimmten Zeitepochen der menschlichen Geschichte entwickelt haben, angepasst und übersetzt werden. Und so wird der menschliche Wille von den evolutionären Attraktoren, die wir als Werte erkannt haben, „sanft angezogen", um die Entscheidungen zu treffen, die seine Weiterentwicklung ermöglichen.

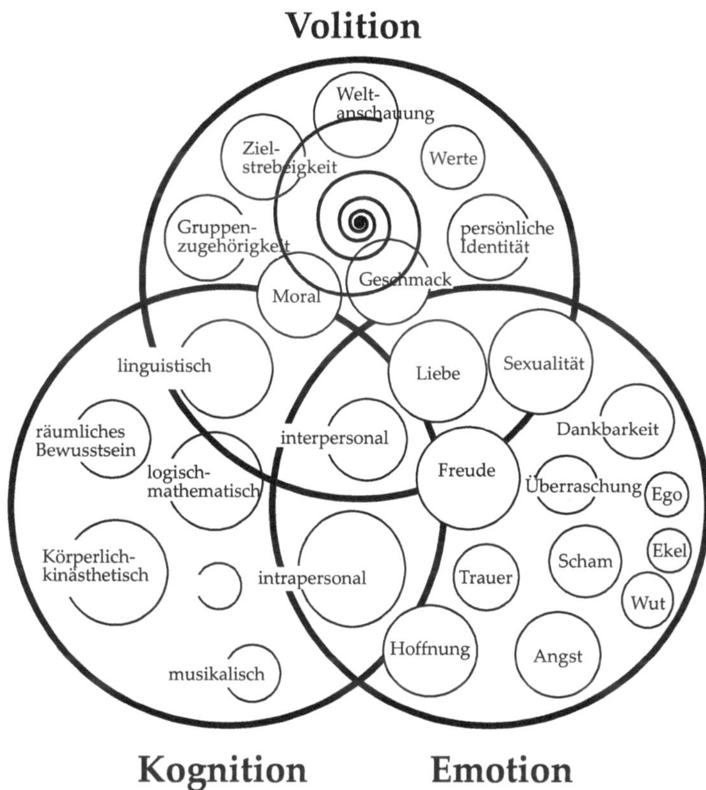

Bild 9-4: Der Einfluss der Spirale auf das Bewusstsein durch ihre Wirkung auf die Entwicklungslinien im menschlichen Willen.

Aber wie im Bild 9-4 dargestellt[33], sind die Stufen der Weltsichten der Spirale mehr als nur der Ursprung unserer Werte – unsere kulturelle Weltsicht beeinflusst auch sehr stark eine ganze Reihe verschiedener

Entwicklungslinien, die in der Sphäre des Willens gefunden werden können; dazu gehören unser moralisches Empfinden, unsere persönliche Identität und Gruppenzugehörigkeit (um nur einige zu nennen). Wenn Ihr psychischer Schwerpunkt zum Beispiel postmodern ist, werden Sie sich sicher postmodern kleiden (persönliche Identität) und sich am wohlsten in der Gegenwart ihres eigenen „Stammes" anderer postmoderner Menschen fühlen (Gruppenzugehörigkeit). Zudem wird ihr Empfinden für richtig und falsch stark von postmodernen Sensibilitäten gefärbt sein (Moral). Bei den meisten Menschen kann man beobachten, dass die Weltsicht, die ihren Willen führt und ausrichtet, einen wichtigen und alles durchdringenden Einfluss auf fast jeden Aspekt ihres Lebens hat. Und das ist wahrscheinlich auch der Grund, warum die „Linie der Weltsichten oder Werte" unseren allgemeinen existenziellen Zustand zu messen scheint, wie Graves und Megan schlussfolgern. Wenn wir verstehen, wie die grundlegenden Strukturen des Geistes aus den drei unterscheidbaren, aber einander überlappenden Bereichen des Fühlens, Denkens und Wollens entstehen, können wir die Erscheinung eines „allgemeinen existenziellen Zustands" oder eines „inneren Schwerpunktes" mit der Beobachtung ungleicher Entwicklung in verschiedenen Linien versöhnen. Wenn wir verstehen, dass die Spirale nicht nur einer von einem Dutzend Faktoren ist, sondern einen grundlegenden Einfluss auf unseren Willen hat, der mindestens ein Drittel unseres gesamten Bewusstseins ausmacht, können wir beginnen, das Rätsel der Unabhängigkeit der Linien, das Wilber erkannt hat, zu lösen, ohne zu einer ziemlich lückenhaften Vorstellung mentaler Strukturen zurückzukehren, die sich in Wilbers Psychogramm zeigt.[34]

Wenn wir auch die Emotion und den Willen nicht einfach als formelle Arten der Intelligenz behandelt haben, die den verschiedenen Merkmalen der Kognition, wie sie Gardner gezeigt hat, ähnlich ist, können wir bei einem Menschen trotzdem den Grad der relativen Entwicklung der emotionalen Sensibilität erkennen, und wir können auch die relative Entwicklung seiner Weltsicht im Verlauf der Spirale einschätzen. Und das führt uns zu der Idee, die ich im 3. Kapitel vorgestellt habe und die besagt, dass der „Quotient" oder Grad der Entwicklung entlang der drei grundlegenden Linien zusammengefasst werden kann, in dem man sie als EQ, IQ und WQ bezeichnet. Die Idee des WQ bietet eine Möglichkeit, um die Entwicklung unserer Fähigkeit zur Bewertung konzeptuell zu verstehen. Der WQ misst die Entwicklung unseres moralischen Schwerpunktes und auch die Stufen der Kultur, mit denen wir uns identifizieren. Der EQ misst unsere emotionale Sensibilität und die Stärke unserer Empathie und Intuition. Und der IQ kann laut Gardner als das Gesamtprofil der verschiedenen Linien unserer kognitiven Entwicklung verstanden werden.

Aber Sie werden vielleicht erwidern, wie der IQ (oder auch die anderen) die Evolution messen kann. Ist der IQ nicht vielmehr eine genetische Vorgabe, die schon bei der Geburt feststeht? Meine Antwort darauf ist, dass es, obwohl einige Aspekte des IQ vererbt sind, auch andere Aspekte gibt, die eindeutig entwickelt werden können. Als Beispiel aus meinem eigenen Leben kann ich sagen, dass sich meine kognitiven Fähigkeiten nach drei Jahren Jurastudium verstärkt haben und dass mein IQ sich spürbar entwickelt hatte. Es wurde auch gezeigt, dass „Emotionale Intelligenz" in ähnlicher Weise erlernt und entwickelt werden kann. Goleman zitiert eine Vielzahl von Forschungsergebnissen und Bildungsprogrammen, die bedeutende Erfolge dabei erreicht haben, die emotionale Intelligenz und emotionalen Fähigkeiten von Kindern und Erwachsenen zu entwickeln.[35] Und wenn wir vom Willen sprechen, dann können wir sehen, wie Selbstdisziplin, Selbstbestimmung und die Qualität unserer Entscheidungen sich entwickeln, wenn wir uns mit den Dilemmata des Lebens auseinandersetzen. Wie der EQ und der IQ hat die „Willenskraft" eine teilweise vorbestimmte genetische Basis, aber ähnlich wie beim EQ und dem IQ können wir unsere Werte entwickeln und unseren Willen stärken, unabhängig von unseren biologischen Voraussetzungen. WQ kann deshalb sowohl als Möglichkeit gesehen werden, die Stärke der Überzeugungen und Werte eines Menschen zu messen (egal, wo dieser Mensch sich in seiner Entwicklung befindet), als auch als ein Maßstab für den „historischen Zeitpunkt" eines Menschen in Beziehung zu den Entwicklungsstufen des Bewusstseins.

Obwohl die meisten Menschen keine bedeutsame vertikale Bewegung entlang der Spirale mehr erleben, wenn sie erwachsen sind, gab es, wie wir gesehen haben, Zeiten in der Geschichte, wo große demografische Teile der Bevölkerung neue Wertesysteme angenommen haben und neue Ebenen der kulturellen Evolution geschaffen haben. Und genau diese Art von evolutionärem Wachstum – diesen Fortschritt des WQ – versucht die integrale Philosophie in unserer Zeit hervorzurufen.

Wie ich in diesem Kapitel argumentiert habe, ist die Struktur des Geistes holarchisch, so wie bei allen sich natürlich entwickelnden Strukturen. Der Geist besteht aus einer Hierarchie der Ganzen und Teile, in der untergeordnete Systeme (ihre verschiedenen Entwicklungslinien) innerhalb größerer umhüllender Strukturen transzendiert und eingeschlossen werden, die ich als die Sphären oder Funktionen des Fühlens, Denkens und Wollens bezeichnet habe. Aber die Holarchie endet nicht dort. Wenn die vielen Entwicklungslinien von den grundlegenden

Funktionen des Bewusstseins transzendiert und eingeschlossen werden, werden diese Funktionen wiederum selbst im größeren Holon des Selbst als Ganzheit vereint. In der Tat ist kein Modell des Bewusstseins vollständig ohne eine klare Erkenntnis des ganzen Selbst. Deshalb beenden wir unsere Betrachtung der Strukturen des menschlichen Geistes mit einer kurzen Untersuchung der Strukturen des Selbst.

Das Selbst als Ganzheit

Obwohl das Thema des Selbst von vielen Psychologen und Philosophen untersucht und beschrieben wurde, gibt es wenig allgemeine Übereinstimmung unter ihnen darüber, was das Selbst eigentlich ist. Und der Grund dafür ist, dass es nicht wirklich möglich ist, die Natur der Selbststruktur zu verstehen, ohne dass man spirituelle Erklärungen mitberücksichtigt. Und deshalb wird jede Diskussion des Selbst sehr schnell spirituell oder kommt schnell zum Ende, weil keine Bereitschaft besteht, die grundlegende Spiritualität des Selbst anzuerkennen. Das Thema wird noch komplizierter, weil verschiedene Formen von Spiritualität das Selbst anders verstehen. Die integrale Philosophie tut daher gut daran, dieses Thema vorsichtig zu behandeln und die letztendliche Beschreibung des Selbst dem Gebiet der Religion zu überlassen. Wenn wir aber erkennen, dass das Bewusstsein sich um eine Vielfalt von Entwicklungslinien formt, und wenn wir sehen, dass diese Linien in einem größeren umfassenden System enthalten sind, das von den drei grundlegenden Kategorien der Gefühle, Gedanken und Absichten organisiert wird, können wir erwarten, dass diese drei Arten des Wissens selbst innerhalb eines übergeordneten Systems vereint werden, das als Selbst bezeichnet wird. Und deshalb glaube ich, dass die integrale Philosophie bestimmte Aspekte dieses Selbstsystems beschreiben kann, auch wenn sie eine Pluralität der Definitionen der spirituellen Aspekte des Selbst zulässt.

Wenn wir über die Struktur und Funktion des Selbst in Bezug zum menschlichen Bewusstsein als Ganzes nachdenken, müssen wir uns an Wilbers Definition des „adäquaten Strukturalismus" erinnern, der verlangt, dass wir sowohl die Perspektive der dritten Person als auch die Perspektive der ersten Person jeder inneren Struktur beachten, die wir untersuchen. Aus der Perspektive der ersten Person gibt es kaum Zweifel daran, dass wir alle im Allgemeinen unser eigenes Bewusstsein als ein einheitliches Ganzes erfahren. Obwohl diese Einheit sich aufteilen kann, wenn zum Beispiel unsere Gefühle und Gedanken miteinander in Konflikt kommen, haben alle psychisch gesunden Menschen in der

Regel die Erfahrung einer Ganzheit des Selbst. Die Einheit, die wir aus einer Perspektive der ersten Person erfahren, gibt uns einen Nachweis, dass es ein übergeordnetes Selbst gibt, das die verschiedenen Entwicklungslinien und Funktionen des Bewusstseins vereint. Und wir können erwarten, dass diese Selbststruktur auch aus einer Perspektive der dritten Person gesehen und verstanden werden kann. Dass es ein vereinigendes Holon des übergeordneten Selbst gibt, ist auch im Einklang mit unserem Verständnis der systemischen Natur des Bewusstseins – wie bei allen evolutionären Systemen ist es unvermeidlich, dass mit der Entwicklung des Bewusstseins die Vielen (die grundlegenden Linien und die dazugehörigen untergeordneten Linien) eins werden und durch eines erweitert werden (das Selbst).

Im unserem Modell der zentralen Sphären der Bewusstseinsentwicklung können wir das Selbst (oder zumindest einen Teil davon) im Schnittpunkt dieser drei Sphären erkennen, so wie es im Bild 9-5 dargestellt ist.

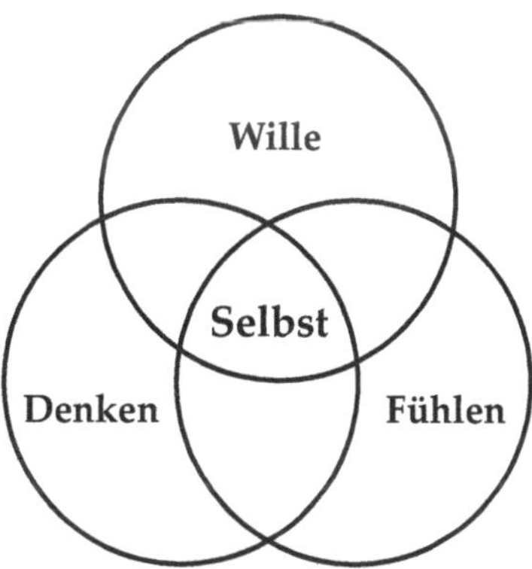

Bild 9-5: Die holonische Struktur des Selbst und seine wichtigsten Entwicklungssphären.

Schon Wilber hat beobachtet, dass jede der grundlegenden Linien mentaler Entwicklung ein bestimmtes Muster stufenweisen Wachstums zeigt, wohingegen beim Selbst als Ganzes im Allgemeinen solch ein stufenweises Wachstum nicht zu erkennen ist. Somit wäre es ein Fehler zu versuchen, das „ganze Selbst" entlang einer monolithischen oder absoluten Entwicklungslinie einzuordnen. Aber ich denke, wir können beobachten, dass das Selbst als ein *Holon* eine *Agenz* besitzt, die ihr Zentrum im Willen und einer *Kommunion* hat, die ihre Verbindung zu anderen

Menschen zum großen Teil durch die Emotionen findet. Und weil das Selbst sich nicht in Stufen entwickelt, hat das Selbst einen bestimmten „Ort" in der Kultur, der als das Gesamtprofil der Entwicklungslinien verstanden werden kann. Und dieser innere Ort des Selbst kann als der allgemeine „Schwerpunkt" des Menschen verstanden werden. Die Idee eines Schwerpunktes hilft uns zu erkennen, dass die Entwicklungslinien, obwohl sie verschiedene Grade entwicklungsmäßiger Unabhängigkeit zeigen, auch eindeutig vom Schwerpunkt des allgemeinen intersubjektiven Ortes des Selbst beeinflusst werden. In der Tat entsteht unweigerlich eine Art innere psychische Dissonanz, wenn die Entwicklungslinien eines Menschen sich unterschiedlich weit entwickeln, die entweder zu weiterer Entwicklung führt oder eine Krise oder einen Zusammenbruch zur Folge hat, wie wir es im Falle einiger „Nazi-Ärzte" erwarten würden. Deshalb kann der Schwerpunkt eines Menschen nicht nur durch das Gesamtprofil seiner Entwicklungslinien bestimmt werden, sondern die Entwicklungslinien eines Menschen sind selbst von dem allgemeinen Schwerpunkt des Menschen beeinflusst. Und wie wir in der Geschichte sehen können, rufen neue Weltsichten bei ihrer Entstehung nicht nur evolutionäre Entwicklung in den Gefühlen, Gedanken und Absichten des Menschen hervor, sondern sie bewegen auch den Schwerpunkt ganzer Kulturen weiter aufwärts.

Aber die Idee „des Selbst" in seiner Fülle beinhaltet nicht nur das übergeordnete umfassende Selbst, wie es im Diagramm oben dargestellt wird, sondern auch kleinere und größere Arten des Selbst. Hier können wir uns an Wilbers Definition des Selbst erinnern, die drei grundlegende Aspekte des Selbst erkennt: ein proximales oder persönliches Selbst („Ich"), ein distales oder getrenntes Selbst („mich") und ein höheres Selbst (der innewohnende GEIST). Wenn wir diese Aspekte des Selbst aus der soeben beschriebenen theoretischen Perspektive beschreiben, finden wir das „proximale Selbst" in der Position des allgemeinen Holons des Selbst. Wie wir schon angemerkt haben, dient dieses Holon des allgemeinen Selbst der Einheit und der Integration von Erfahrung. Es entwickelt sich nicht durch Stufen, aber sein innerer intersubjektiver Ort kann sich verändern, wenn die Linien, die es enthält, sich entwickeln und ihr Entwicklungsprofil sich verändert. Andererseits ist das distale Selbst oder „mich" der Aspekt des Selbst, der sich mit verschiedenen Entwicklungslinien identifiziert und mit ihnen verbunden ist (am ehesten, aber nicht nur, mit dem Willen). Durch das distale Selbst stützen wir unsere Identität auf den Stufen der Weltsichten und auf unser kognitives und emotionales Leben. Das ist also der Aspekt des Selbst, der objektiviert und transzendiert wird, wenn eine Stufe überwunden wird und eine andere Entwicklungsstufe erreicht wird. Das ist der Prozess, den Kegan dadurch beschrieben hat, dass *„das ‚Ich' der einen Stufe zum ‚mich' der nächsten wird"*.[36] Obwohl sich das proximale Selbst nicht stufenweise entwickelt, entwickelt sich das distale Selbst (das in den Linien eingebettet ist) eindeutig in Stufen.

Aber zusätzlich zum übergeordneten Selbst und dem getrennten oder zeitlichen Selbst kennen wir auch das „höhere Selbst", wie es im Buddhismus als *Buddhanatur*, im Hinduismus als *Atman* und in der Bibel oft als *„stille kleine Stimme"* bezeichnet wird. Nach meinem Verständnis ist das höhere Selbst ein Teil des ewigen GEISTES, der in uns lebt. Dieser Same des GEISTES in unserer Persönlichkeit verändert sich nicht und wächst nicht, denn er ist „nicht von dieser Welt". Aber hiermit beschreibe ich meinen persönlichen Glauben und ich bin mir bewusst, dass das über die Grenzen der integralen Philosophie, wie ich sie verstehe, hinausgeht. Trotzdem erkennen viele Formen der Spiritualität, die von Integralisten praktiziert werden, dass der Geist eine Verbindung zum GEIST hat und dass das höhere Selbst real ist. Aber ich denke, es ist am besten, wenn wir es diesen verschiedenen Formen der Spiritualität überlassen, jeweils genau zu definieren, was das höhere Selbst ist und wie es im Geist wirkt.

Die Struktur des menschlichen Geistes umfasst natürlich mehr als das, was ich hier beschrieben habe. Aber wie wir gesehen haben, gibt es eine große Menge von Forschungsergebnissen, die nahelegen, dass dieses dreifache Muster von Gefühl, Gedanken und Willen wirklich als Organisationsstruktur des Geistes existiert. Und diese innere mentale Struktur kann als ein Ausdruck eines noch größeren organisierenden Musters verstanden werden, das die Evolution in jedem Bereich ihrer Entfaltung beeinflusst. Im nächsten und letzten Kapitel werden wir dieses größere Ordnungsmuster genauer betrachten, um zu sehen, wie es die allgemeine Richtung und den Prozess der Evolution als Ganzes widerspiegelt.

10. Kapitel

Die Richtungen der Evolution

Der bekannte Wissenschaftler der Renaissance Sir Francis Bacon sagte einmal, dass „ein wenig Wissenschaft den Menschen von Gott entfernt; viel Wissenschaft ihn wieder zu ihm zurückbringt". Und ich denke, dass Bacons Einsicht nicht nur für die Wissenschaft zutrifft, sondern auch für das Thema Evolution. Im 6. Kapitel haben wir gesehen, dass mit zunehmender Weite und Tiefe unserer Weltsicht auch immer klarer wird, dass die Geschichte der Evolution in der Natur, dem Selbst und der Kultur zweifellos spirituelle Implikationen hat. In der Tat ist es schwer zu verneinen, dass der Fortschritt der Evolution von den isolierten Wasserstoffatomen zum blauen Juwel des Planeten Erde, von den einzelligen Prokaryoten zu den ersten selbstbewussten Menschen und schließlich von den ersten Menschen zur globalen Zivilisation des 21. Jahrhunderts eine erstaunliche Odyssee der Entwicklung ist, eine machtvolle Schöpfung von Form und Vielfalt und ein unermesslicher Überfluss von Kreativität. Diese spirituelle Botschaft der Evolution ging auch nicht an Alfred Russel Wallace vorüber, der als englischer Naturforscher den Prozess der natürlichen Selektion unabhängig und zeitgleich mit Darwin entdeckte. Wallace schreibt:

> Diese drei verschiedenen Stadien der Entwicklung, von der anorganischen Welt der bewegten Materie bis zum Menschen, deutet eindeutig auf ein unsichtbares Universum hin – zu einer Welt des Geistigen, der die Welt der Materie als Ganzes untergeordnet ist. ... Wir, die wir die Existenz einer spirituellen Welt akzeptieren, können das Universum als ein großartiges, zusammenhängendes Ganzes anschauen, das in allen seinen Teilen die Entwicklung spiritueller Wesen ermöglicht, die zu unbeschreiblichem Leben und Vollkommenheit fähig sind.[1]

Unter den vielen erstaunlichen Merkmalen der Evolution, die die grundlegende Spiritualität am sichtbarsten werden lassen, ist ihre unerschöpfliche Kreativität. Die Bedeutung der offenbar grenzenlosen Kreativität wurde schon von Alfred North Whitehead erkannt. Er schreibt:

> „Kreativität" ist die Universalie unter den Universalien, die den elementaren Sachverhalt charakterisiert. Aufgrund dieses elementaren Prinzips werden die vielen, die das Universum als Trennendes verkörpern, zu dem *einen* wirklichen Ereignis, in dem sich das Universum als Verbindendes darstellt. Es liegt in der Natur der Dinge, dass sich die vielen zu einer komplexen Einheit verbinden.[2]

Und wenn die Evolution „in eine komplexe Einheit eintritt", können wir ihre spirituelle Eigenschaft nicht nur in den kreativen *Produkten* oder Formen der Evolution sehen, sondern auch in dem kreativen *Prozess* der Evolution als Ganzes. In diesem Kapitel werden wir den allgemeinen Prozess der Evolution untersuchen, und wir betrachten die grundlegende Richtung oder Richtungen des evolutionären Fortschritts. Zu verstehen, wohin sich die Evolution bewegt, ist eine zentrale Untersuchung für eine Philosophie, die sich in evolutionären Begriffen definiert. Aber Fragen über die Richtungen der evolutionären Entfaltung sind nicht nur für integrale Philosophen wichtig; richtig verstanden treffen sie für jede Situation zu, in der die Notwendigkeit für Weiterentwicklung besteht. Und wenn es nun immer wichtiger wird, dass die Menschheit daran mitwirkt, dass die kulturelle Evolution in Richtung einer besseren Zukunft verläuft, wird das Wissen um die grundlegenden Methoden, Techniken und Richtungen der Evolution immer wichtiger.

Wir beginnen unsere Betrachtung mit dem, was die Wissenschaft über die Entfaltung der Evolution herausgefunden hat. Unsere Absicht ist es dabei, die Wissenschaft zu würdigen, indem wir sichergehen, dass nichts, was wir über die Evolution als Ganzes schlussfolgern, der Wissenschaft widerspricht und sie negiert. Aber wenn wir sichergehen, dass unsere Untersuchung auf wissenschaftlichen Grundlagen beruht, müssen wir die wissenschaftlichen Fakten über die Evolution auch von bestimmten materialistischen Philosophien unterscheiden, die sehr eng mit diesen Fakten in Beziehung gesetzt werden. Wie wir noch diskutieren werden, haben in den letzten Jahrzehnten eine ganze Reihe von Wissenschaftlern behauptet, dass die Wissenschaft nun bewiesen hat, dass die Evolution vollkommen zufällig und sinnlos ist, dass sie nicht fortschreitet und dass alles, was durch die Evolution geschaffen wurde, im Grunde zufällig entstand. Aber die integrale Philosophie kann durch ihr weiteres, einbeziehenderes Verständnis, das aus ihrer Fähigkeit kommt, die Wirkung der Evolution sowohl im inneren und äußeren Universum zu sehen, klar erkennen, dass das nicht der Fall ist. Mit anderen Worten, wenn wir beginnen, die allgemeinen Gewohnheiten und Methoden der Evolution in allen ihren Bereichen gleichzeitig zu sehen, dann können wir auch das größere Ordnungsmuster erkennen, das die Form des Evolutionsprozesses als Ganzes ist. Und durch diese Anstrengung die allgemeine Bewegung der Evolution als Ganzes zu verstehen, beginnen wir die Lichter des GEISTES zu sehen, die jedem Beispiel evolutionären Fortschritts innewohnen. Wenn es wirklich einen GEIST in diesem Universum gibt, dann kann die alles umfassende, immer gegenwärtige Aktivität evolutionärer Entwicklung in diesem Sinne als die grundlegende spirituelle Praxis des Universums erkannt werden.

Evolution und die Idee des Fortschritts

Evolution ist eine wissenschaftliche Tatsache. Es gibt keinen Zweifel daran, dass sich das Leben in den letzten dreieinhalb Milliarden Jahren von einzelligen Prokaryoten zu der großen Vielfalt der Arten entwickelt hat, die unsere Erde heute bewohnen. Es gibt auch keinen Zweifel daran, dass der Prozess der natürlichen Selektion – der Mechanismus, durch den zufällige genetische Mutationen, die besser an schwierige Umweltbedingungen angepasst sind, überleben und dadurch über mehrere Generationen Veränderungen in der Form eines Organismus hervorbringen – ein zentraler Faktor beim Ursprung der Arten war. Das Verständnis der integralen Philosophie von der Evolution beruht auf diesen Tatsachen. Aber wir haben gesehen, dass diese Tatsachen der Evolution nicht nur für wissenschaftliche Zwecke benutzt wurden, sondern auch für den kulturellen Zweck, die Autorität der prämodernen Weltsichten zu schwächen, indem gezeigt wurde, dass der Wirklichkeitsrahmen der Schöpfungsgeschichten dieser Weltsichten falsch ist. Und aus einer integralen Perspektive war das auch evolutionär angemessen. Der Kampf der Moderne den alles umfassenden Griff der Religion zu durchbrechen und die Mythen und den Aberglauben des Traditionalismus zu überwinden, ist immer noch voll im Gange, wie der bis heute andauernde Kampf zwischen Kreationisten und Evolutionisten zeigt. Aber selbst wenn die Wissenschaft den guten Kampf führt, über traditionelle religiöse Beschreibungen unserer Welt hinauszugehen, haben viele Wissenschaftler die Theorie der Evolution eindeutig zu ihrem eigenen Glaubenssystem gemacht. Im Laufe ihres Kampfes mit dem Traditionalismus wurde der Neo-Darwinismus von einer ganzen Reihe populärer Wissenschaftsautoren in einer Weise ausgelegt, die wie der gleiche Dogmatismus wirkt, den sie zu bekämpfen versuchen. Darwins eindrucksvolle Beschreibung der wissenschaftlichen Tatsachen der Evolution ermöglichte die Entwicklung einer materialistischen Philosophie der Evolution, die versucht hat, die Evolutionstheorie über die objektiven Tatsachen hinaus anzuwenden, damit sie als vollständige Erklärung des Universums dienen kann. Im Zusammenhang mit ihrer kulturellen Mission, die Autorität der traditionellen Religion zu schwächen, behaupten die Neo-Darwinisten, dass ihre Philosophie der Evolution – ihre metaphysische Interpretation der Evolution – selbst eine einfache und direkte Beschreibung wissenschaftlicher Tatsachen ist, die beweisen, dass die Evolution weder eine Richtung noch eine Absicht oder einen Sinn hat.

Weil die Grenze zwischen Wissenschaft und Philosophie so ungenau geworden ist, ist es notwendig, hier ganz klar zu sagen, dass die Wissenschaft selbst nicht beweisen kann, dass die Evolution sinnlos ist oder dass sie einfach zufällig und ohne tiefere Bedeutung ist. Der Prozess der natürlichen Selektion benutzt den Zufall und zufällige Mutation, aber diese Tatsache ist kein wissenschaftlicher Beweis für die Sinnlosigkeit der Evolution. In der Tat ist die Wissenschaft nicht dazu qualifiziert, festzustellen, ob etwas einen größeren Sinn hat (oder keinen Sinn), denn das ist die Aufgabe der Philosophie. Wissenschaftliche Materialisten haben sicher das Recht dazu, sich für eine Philosophie auszusprechen, die behauptet, dass das Universum ein zufälliges Ereignis ist. Aber sie haben nicht das Recht zu behaupten, dass diese pessimistische Philosophie des Universums die einzige sei, die von der Wissenschaft unterstützt wird. Wie wir in diesem Kapitel sehen werden, können die wissenschaftlichen Tatsachen der Evolution auch in einer Weise dargestellt werden, die mit einer Philosophie einhergeht, die Sinn, Richtung und Absicht im evolutionären Prozess erkennt.

Eine der wichtigsten Fragen, die von der wissenschaftlichen Erforschung der Evolution gestellt wird, ist die Frage, ob die Evolution voranschreitet. Neo-Darwinisten vermeiden im Allgemeinen die Idee von „höheren" oder „niedrigeren" Formen der Evolution und erklären, dass solch eine Abstufung ein Werturteil beinhaltet, das in der wissenschaftlichen Diskussion nichts zu suchen hätte. Die Idee des evolutionären Fortschritts wurde von einer ganzen Reihe prominenter Wissenschaftler angegriffen, darunter der Biologe Stephen Jay Gould, der argumentiert, dass das einzige legitime Kriterium für den Fortschritt die Effektivität der Anpassung eines Organismus an seine Umwelt ist, und unter diesem Kriterium sind Bakterien die am weitesten entwickelten Organismen, weil sie gezeigt haben, dass sie in der Anpassung am erfolgreichsten sind. Dieser Argumentation folgend sind viele Wissenschaftler davon überzeugt, dass ein großer Triumph der modernen evolutionären Synthese die Überwindung altmodischer Ideen über Richtung, Fortschritt oder zunehmenden Wert in der natürlichen Evolution ist. Vertreter des Szientismus argumentieren, dass die Evolutionswissenschaft gezeigt hat, dass ungerichtete Kräfte, blind und ohne Intelligenz, die *einzigen* Ursachen sind, die die Ordnung geschaffen haben, die wir in biologischen Systemen beobachten können, und dass das der Beweis dafür sei, dass es keinen Fortschritt in der Evolution gäbe. Während sie behaupten, dass die Wissenschaft keine Werturteile über höher und niedriger treffen kann, berufen sich die Neo-Darwinisten in ihrem Werturteil, dass die Evolution wertfrei sei, auf die Wissenschaft.

Aber trotz des Versuches, jede Vorstellung von Fortschritt aus dem wissenschaftlichen Verständnis der Evolution zu eliminieren, erkennen viele Biologen weiterhin eine *fortschreitende Komplexität* als eine eindeutige Form materiellen Fortschritts. Der bekannte wissenschaftliche Materialist E.O. Wilson bemerkt dazu:

> Ich muss anmerken, dass es heute in akademischen Kreisen ungewöhnlich ist, über einen evolutionären Fortschritt zu sprechen. *Deshalb ist es um so wichtiger.* In der Tat kann dieses Dilemma, das so viel Tinte gekostet hat, durch eine einfache semantische Unterscheidung geklärt werden. Wenn wir unter Fortschritt die Entwicklung in Richtung eines vorgegebenen Zieles verstehen, das zum Beispiel durch die Absicht des menschlichen Geistes geschaffen wird, dann ist die Evolution durch natürliche Selektion, die keine vorgegebenen Ziele hat, kein Fortschritt. Aber wenn wir unter Fortschritt das Hervorbringen zunehmend komplexerer und kontrollierterer Organismen und Gesellschaften im Laufe der Zeit verstehen – mit zumindest einigen Linien des Abstiegs und Regression als ständiger Möglichkeit – dann ist evolutionärer Fortschritt eine offensichtliche Wirklichkeit.[3]

Nachdem wir nun die Behauptungen atheistischer Philosophien untersucht haben, sehen wir, dass die Wissenschaft zumindest eine Richtung evolutionären Fortschritts anerkennt, und das ist die Richtung sich erweiternder systemischer Komplexität oder einer Zunahme der Anzahl funktionaler Systeme in einem System. Menschen sind komplexere Systeme als Bakterien, und diese eindeutige Zunahme der Komplexität ist eine Richtung der Evolution, die viele Wissenschaftler gewillt sind, anzuerkennen. Die fortschreitende Natur der zunehmenden Komplexität wurde von Erich Jantsch klar zum Ausdruck gebracht. Er schreibt:

„Die Evolution des Universums ist die Geschichte einer Entfaltung differenzierter Ordnung oder Komplexität. ... Die Evolution handelt im Sinne gleichzeitiger und unabhängiger Strukturalisierung der Mikro- und Makro-Welt. Die Komplexität entsteht deshalb aus der gegenseitigen Durchdringung der Prozesse von Differenzierung und Integration."[4] Systemwissenschaftler wie Jantsch waren im Allgemeinen eher als die neo-darwinistischen Biologen dazu bereit, evolutionären Fortschritt anzuerkennen; in der Tat, einige prominente Systemwissenschaftler haben ihn sogar gefeiert. So schreibt Ervin Laszlo zum Beispiel:

> Unter den vorhersehbaren Merkmalen der Entwicklung ist die zunehmende Koordination vorher relativ isolierter Entitäten, die Emergenz allgemeiner Ordnungsmuster, die Konsolidierung von Individuen in übergeordneten Organisationen und die zunehmende Verfeinerung bestimmter Arten der Funktion und Reaktion.

In der Evolution gibt es ein Fortschreiten von Vielfalt und Chaos zu Einheit und Ordnung. Es gibt auch eine zunehmende Entwicklung komplexer Individuen mit vielen Eigenschaften, weniger in der Zahl, aber weiterentwickelter in ihrem Verhalten als die vorhergehenden Wesen. Die Evolution geht eher in eine Richtung als in eine andere, und geht in diese Richtung immer weiter, solang sie nicht mit fundamentalen physikalischen Gesetzen in Konflikt kommt. ... Wir können nicht erkennen, wie die Evolution es verfehlt haben könnte, sich nicht in Richtung zunehmender Organisation und Integration, Komplexität und Individuation zu bewegen, welche Formen sie auch für deren Verwirklichung wählen mag.[5]

Laszlo ist ein respektierter Wissenschaftler, der willens war, über die Vorurteile gegenüber der Idee evolutionären Fortschritts, die so viele Wissenschaftler infiziert hat, hinauszugehen. Und seine soeben zitierten Aussagen basieren auf drei Jahrzehnten Forschungsarbeit in der allgemeinen Evolutionstheorie. In seinen Schlussfolgerungen über die „Merkmale der Entwicklung" identifiziert Laszlo nicht nur die progressive Entfaltung von „Komplexität" sondern auch das Fortschreiten von „Integration". Und hier können wir sehen, dass die materielle Evolution nicht nur in einer Richtung fortschreitet. Laszlos Zitat lenkt unseren Blick auf ein Merkmal der evolutionären Entwicklung, das als „zunehmende Komplexität" nicht ausreichend beschrieben wird, und dieses Merkmal ist die ausgleichende Kraft der zunehmenden *Vereinigung*.

Einheit, Komplexität und Bewusstsein

Wenn die Evolution fortschreitet und Organismen komplexer werden, führt diese zunehmende Komplexität zu einer größer werdenden gegenseitigen Abhängigkeit unter den Bestandteilen des Systems. Mit anderen Worten, je komplexer ein System wird, desto mehr muss es seine komplexen Teile zusammenhalten und das verlangt ein starkes Ausmaß von Integration. Damit ein System oder eine Struktur im Angesicht größerer Komplexität seine Integrität aufrechterhalten kann, muss sie integriert werden – jeder Teil des Systems muss mit einer großen Anzahl anderer Teile und dem ganzen System zusammenarbeiten. Ein Eichhörnchen ist zum Beispiel ein System mit größerer Integration als ein Seestern. Wir können einen Fuß des Seesterns abschneiden und dem Seestern wird nicht nur ein neuer Fuß wachsen, sondern aus dem alten Fuß wird auch ein neuer Seestern wachsen. Aber wenn das Eichhörnchen einen Fuß verliert, wird es höchstwahrscheinlich an Hunger sterben (in seiner natürlichen Umgebung), wenn nicht durch die Verwundung selbst. Der Grund dafür ist, dass Säugetiere als komplexere Systeme im Vergleich zu Stachelhäutern für ihre Existenz ein größeres Maß systemischer Integration benötigen. Die Teile des Systems sind unabhängiger – jeder Teil ist absolut notwendig für die richtige Funktion des Systems.

Ein Grund für die Verwirrung, die viele Wissenschaftler dazu veranlasst hat die Komplexität als das Schlüsselwort des evolutionären Fortschritts zu bezeichnen, kommt vielleicht von der Tatsache, dass wir *innerhalb* des Prozesses der zunehmenden Komplexität die beiden Kräfte der Differenzierung und Integration beobachten können. Die Komplexität scheint diese beiden Kräfte in sich zusammenzufassen, wie es in der oben zitierten Aussage von Jantsch formuliert wird, der Komplexität „aus der gegenseitigen Durchdringung von Prozessen der Differenzierung und Integration" entstehen sieht. Andererseits beschreibt das Zitat von Laszlo, dass zunehmende Komplexität selbst von der ergänzenden Kraft zunehmender Integration ausgeglichen wird. Dieser scheinbare Widerspruch kann gelöst werden, wenn wir sehen, dass die Muster der beiden grundlegenden Kräfte der Differenzierung und Integration gleichbleibende Muster sind, das sich sowohl innerhalb der Ebenen als auch über mehrere Ebenen zeigt. Mit anderen Worten, wir werden im Laufe unserer Betrachtung feststellen, dass die Grundmuster der Evolution sich über die ganze Spanne des Universums manifestieren, von der Mikro- zur Makro-Ebene. Und wie viele andere Merkmale evolutionärer Entwicklung können die einander durchdringenden Kräfte Differenzierung und Integration in ihrer Wirkung sowohl im Teil als auch im Ganzen gesehen werden.

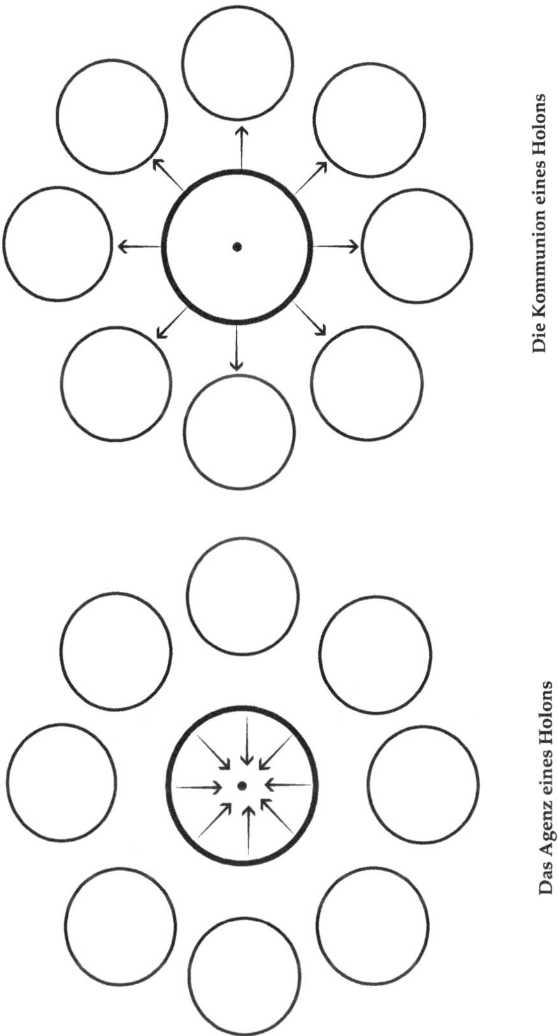

Bild 10-1: Holonische Agenz und Kommunion.

Aber es ist wahrscheinlich voraussagbar, dass Wissenschaftler in ihren Einschätzungen der Bedeutung der zwei identifizierbaren evolutionären Kräfte der zunehmenden Komplexität und der Integration die Komplexität ins Zentrum der Aufmerksamkeit rücken, denn ihre wichtigste Methode ist die Analyse. Die Wissenschaft versucht die komplexe Welt dadurch zu verstehen, dass sie in Bestandteile aufteilt und indem sie ein System in seinen Bestandteilen analysiert. Die Wissenschaft ist gut im Erkennen und Analysieren von Komplexität, somit sieht sie natürlich die Komplexität als „das fundamentale Prinzip in der Entwicklung von Mustern“. Aber im Gegensatz zum Erkennen der Komplexität ist die Wissenschaft nicht so gut im Erkennen der Einheit. Und der Grund dafür ist (wie wir weiter unten noch sehen werden), dass das Erkennen der Einheit vor allem die Aufgabe der Kunst, nicht der Wissenschaft ist.

Als weiteres Beispiel für die zunehmende Einheit in der Evolution denken Sie bitte einmal über die kunstvolle Einheit der höheren Säugetiere nach. Warum die höheren Säugetiere weiter entwickelt sind, liegt nicht nur an ihrer größeren Komplexität, sondern auch in der Art und Weise, wie sie größere Integration zeigen. Katzen zum Beispiel sind nicht nur komplexer als Frösche, sie sind auch anmutiger, verfeinerter, eleganter und schöner. Und dieser Ausdruck katzenhafter Schönheit entsteht zu größerem Maße aus der Einzigartigkeit oder Einheit, als aus einem Attribut der evolutionären Komplexität der Katze – die Anmut ist nicht in den Teilen, sie liegt im koordinierten Zusammenwirken des Ganzen. Somit können wir im Verlauf der Evolution sehen, dass ihre Formen nicht nur größere Komplexität zeigen, sondern auch größere Einheit – nicht nur mehr „Teilheit“, sondern auch mehr Ganzheit.

Wenn die systemischen Formen chemischer und biologischer Evolution sich im Laufe der Zeit entwickeln, können wir einen eindeutigen Trend in der allgemeinen Zunahme der Komplexität und Einheit dieser Systeme beobachten. Die Allgegenwart dieser zwei fundamentalen Kräfte wurde schon früh von Herbert Spencer erkannt, der, wie im 7. Kapitel erwähnt, eine Definition der Evolution vorschlug, die auch heute noch gültig ist: Die Evolution ist eine Veränderung von einer unklaren, unzusammenhängenden Homogenität zu einer klaren, zusammenhängenden Heterogenität durch ständige Differenzierungen und Integrationen.“

Die Art und Weise wie die Evolution durch die einander durchdringenden Kräfte der Einheit und Komplexität arbeitet, wird besonders klar

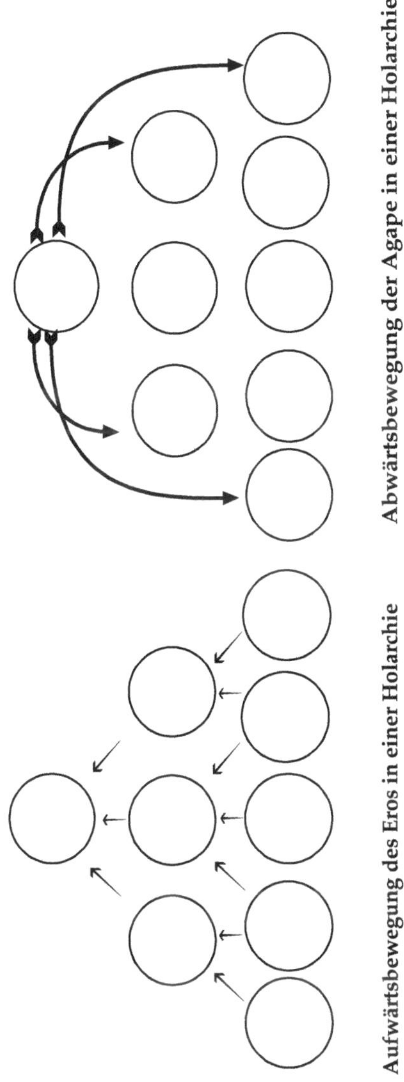

Bild 10-2: Eros und Agape in der Holarchie.

in dem Verständnis der evolutionären Entwicklung durch die Theorie der Holons sichtbar. Im 8. Kapitel haben wir kurz die Erkenntnis der Systemwissenschaften über die allgegenwärtigen Ordnungsmuster, die wir in der materiellen, biologischen und kulturellen Evolution sehen können, und in denen jedes System, jede evolutionäre Form, *in einer Hierarchie von Systemen arbeitet, die wiederum in Systemen eingebettet sind.* Die Holontheorie erkennt, dass jedes System ein *Ganzes* ist, das schon immer auch *Teil* eines größeren Ganzen ist. Diese Sichtweise der systemischen Organisation der evolutionären Entwicklung ist zu einem Eckpfeiler der integralen Philosophie geworden, denn es bringt die verschiedenen Bereiche der Evolution auf einer fundamentalen Ebene zusammen, indem sie zeigt, was alle Formen der Evolution gemeinsam haben.

Aber wie kann jedes evolutionäre System gleichzeitig als Ganzes und als Teil funktionieren? Wie Wilber und andere erklärt haben, liegt die Antwort darin, dass jedes evolutionäre System sowohl *Agenz* als auch *Kommunion* zeigt. Wie im Bild 10-1 dargestellt, ist jedes Ganzes/Teil-Holon ein autonomes Ganzes in sich selbst – das ist seine *Agenz,* seine Antriebskraft in Richtung Selbst-Einheit oder Ganzheit. Aber jedes System ist auch Teil eines größeren Systems – das ist seine *Kommunion,* seine Antriebskraft, in einer größeren Komplexität jenseits von sich selbst mitzuwirken.

Nach diesen Theoretikern können wir diese Antriebskräfte in Richtung Vereinigung und zunehmender Komplexität nicht nur in jedem einzelnen Individuum sehen, sondern wir können die Manifestation dieser Kräfte innerhalb jeder Hierarchie verschiedener Ebenen, die als *Holarchie* bekannt sind, sehen. In jedem holarchischen System können wir die zwei Triebkräfte finden, die Wilber (nach Platon) als „*Eros* und *Agape*" bezeichnet. Wie im Bild 10-2 dargestellt, ist Eros die Tendenz jeder systemischen Ebene, „sich vom Niedrigen aus mit dem Höheren zu verbinden" und Agape beschreibt die Tendenz der Holons einer höheren Ebene „vom Höheren aus das Niedrige zu umfassen".

Dieses einfache Diagramm zeigt die Kraft der Einheit als die universelle Tendenz der höheren Ebenen, die niedrigeren Ebenen zu umfassen, und es zeigt die Kraft der Komplexität in der gleichermaßen universellen Tendenz der Wesen jeder Ebene, sich zu verbinden, um neue umfassende Organisationsebenen zu formen – der Drang, den Whitehead als denjenigen beschrieben hat, durch den „die Vielen zum Einen werden und durch eins erhöht werden".[6]

Diese Illustration der Kräfte von Eros (das Aufwärts-Streben in Richtung größerer Komplexität) und Agape (das Nach-Unten-Umfassen in

Richtung größerer Vereinigung) zeigt, dass diese beiden Kräfte einfach eine neue Art sind, den allgemeinen Fortschritt der Evolution durch die zusammenwirkenden Prozesse der *Transzendierung und Einbeziehung* zu beschreiben.

Aber zusätzlich zur „gegenseitigen Durchdringung dieser zwei Prozesse" können wir auch eine weitere „offensichtliche Realität" sehen, die nur selten als ein Ergebnis des Fortschritts der Evolution erwähnt wird, und das ist das *Bewusstsein selbst*. Das Bewusstsein wird im Allgemeinen von den Wissenschaftlern, die die Evolution studieren, aus zwei Gründen ignoriert: Zum einen wegen der Unfähigkeit der Wissenschaft, subjektive Phänomene zu erklären, zum anderen, weil die Einbeziehung von Bewusstsein in jeder Beschreibung der Evolution unmissverständlich einen evolutionären Fortschritt zeigt. In der Tat waren Wissenschaftler nur dadurch, dass sie die evolutionäre Bedeutung der Entstehung des menschlichen Bewusstseins ignoriert oder bestritten haben, in der Lage, überhaupt erst zu fragen, ob es Fortschritt in der Evolution gibt oder nicht. Aber wenn wir die Entwicklung des Geistes oder des Bewusstseins in das evolutionäre Bild mit aufnehmen, kann es keinen Zweifel daran geben, dass es Fortschritt in der Evolution gibt – dass sie eine aufeinander aufbauende Abfolge von Organismen geschaffen hat, die zunehmende Grade von Bewusstsein zeigen, und dass das an sich eine objektive Zunahme der Werte im Laufe der Zeit bedeutet. Mit anderen Worten, nur dadurch, dass sie das Bewusstsein völlig aus dem Blick verlieren, können die neo-darwinistischen Philosophen vermeiden, dass Menschen „höher" sind als Amöben.

Aber integrale Philosophen haben erkannt, dass die Schaffung von Organismen mit zunehmenden Graden von Bewusstsein ein klares Zeichen des Fortschritts der Evolution ist. Wir haben zum Beispiel angemerkt, wie Whitehead Evolution sogar als „eine Zunahme in der Fähigkeit, das in sich Wertvolle zu erfahren" definierte. Teilhard erkannte in ähnlicher Weise die Untrennbarkeit des Wachstums der Komplexität und des Wachstums des Bewusstseins in seinem bekannten „Gesetz der Komplexität und des Bewusstseins", das besagt, dass diese zwei Begriffe einfach das Innere und Äußere des gleichen grundlegenden Entwicklungsmusters sind. Aber Teilhard verstand auch, wie die zunehmende Komplexität mit der zunehmenden Einheit zusammenwirkt, um Organismen mit zunehmenden Graden von Bewusstsein zu schaffen.[7]

Wenn wir also das Wachstum des Geistes in unsere Betrachtungen der evolutionären Entwicklung mit einbeziehen, können wir *drei* zentrale Tendenzen oder Ergebnisse des Fortschritts der Evolution erkennen – eine Zunahme von Einheit, Komplexität und Bewusstsein. Wie im Bild 10-3 dargestellt, können wir, ohne irgendein wissenschaftliches Prinzip zu verletzen und uns auf irgendeine Metaphysik zurückzuziehen, sehen, dass die materielle Evolution (zumindest in einigen Entwicklungslinien) Systeme hervorgebracht hat, die zunehmende Integration, Differenzierung und empfindungsfähige Subjektivität zeigen.

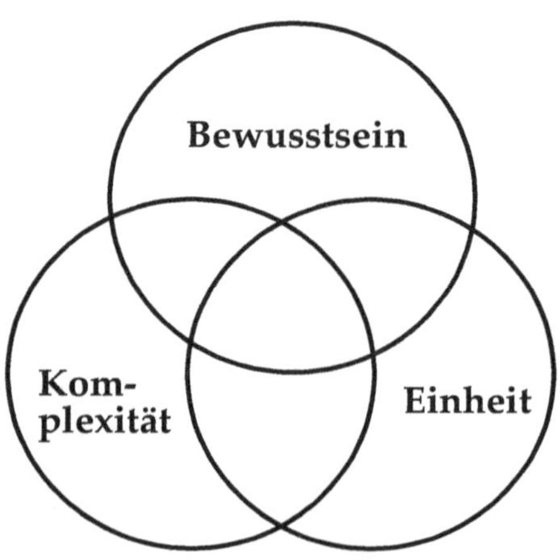

Bild 10-3: Produkte der materiellen Evolution.

Obwohl Wissenschaftler, die ihren Schwerpunkt im modernen Bewusstsein haben, diese drei grundlegenden Elemente der Evolution, diese Ordnungsprinzipien, oft nicht erkennen können, können Wissenschaftler, die eine postmoderne Perspektive erreicht haben, sie klar erkennen, weil sie besser dazu in der Lage sind, diese größeren kosmologischen Muster zu erkennen. Ein Beispiel solch einer „postmodernen Wissenschaft" finden wir in dem einflussreichen Buch *Die Autobiographie des Universums* aus dem Jahre 1902, in dem der Kosmologe Brian Swimme und der Historiker Thomas Berry die neuesten wissenschaftlichen Erkenntnisse zu einer zusammenhängenden Geschichte der langen Abfolge von Transformationen verbinden, die mit dem Urknall begann und die zur Entwicklung des Universums, des Planeten Erde und des menschlichen Bewusstseins geführt hat. Durch genaues Studium und sorgfältige Bewertung der wissenschaftlichen Erkenntnisse erkennen Swimme und Berry die grundlegenden Dynamiken der Evolution, die in dem, was sie das *Kosmogenetische Prinzip* nennen, zum Ausdruck kommt:

> Das Kosmogenetische Prinzip sagt aus, dass die Evolution des Universums durch Differenzierung, Autopoiese und Gemeinsamkeit, in Raum und Zeit und auf jeder Wirklichkeitsebene, charakterisiert ist. Diese drei Begriffe – Differenzierung, Autopoiese und Gemeinsamkeit – beziehen sich auf die dominierenden Inhalte und grundlegenden Ziele aller Existenz und können daher nicht so einfach linear und eindeutig definiert werden. ... Synonyme für Differenzierung sind Verschiedenheit, Komplexität, Variabilität, Disparität, Mannigfaltigkeit, Heterogenität und Gliederung. Andere Worte, die auf den zweiten Begriff, Autopoiese, verweisen, sind Subjektivität, Selbstverwirklichung, Empfindung, Selbstorganisation, Zentrum der Erfahrung, Präsenz, Identität, Seinsprinzip im Innern, Stimme und Innerlichkeit. Und für den dritten Begriff, Gemeinsamkeit, stehen uns Ausdrücke wie gegenseitige Verknüpftheit, Interdependenz, Verwandtschaft, Wechselseitigkeit, innere Beziehungen, Reziprozität, Komplementarität, Bezogenheit in gegenseitiger Abhängigkeit zur Verfügung. Sie alle bezeichnen dieselbe Gesetzmäßigkeit der kosmischen Evolution. ... Die Ereignisabfolge im Universum wird zur Geschichte eben dadurch, dass die Ereignisse von diesen zentralen Ordnungsgesichtspunkten her ihre Bedeutung erhalten – von Komplexität, Autopoiese und Gemeinsamkeit. Es sind die kosmologischen Normen der kreativen Arbeit der kosmischen Energie überall und zu allen Zeiten in der Geschichte des Universums.[8]

Halten wir einen Moment inne und reflektieren über die Bedeutung dieses Zitats. Wie Swimme und Berry erkennen, repräsentieren diese „Leitthemen“ der Evolution, die ich Einheit, Komplexität und Bewusstsein nenne, und die sie als Gemeinsamkeit, Differenzierung und Autopoiese (neben anderen Synonymen) bezeichnen, eine wichtige Information über die Natur des Universums. Obwohl das Verständnis dieser Autoren über die von ihnen so bezeichneten „zentralen Ordnungsgesichtspunkte“ der Evolution nicht von der klärenden Perspektive der integralen Philosophie informiert wurde, sind sie trotzdem der

Beschreibung des dreifachen Charakters des Grundmusters der Evolution sehr nahe gekommen.[9]

Obwohl *Die Autobiographie des Universums* kein ausgesprochen wissenschaftlicher Text sein mag, ist es doch weit mehr als nur eine New Age-Spekulation – die Autoren geben an, dass die dreifache Natur der „grundlegenden Intentionalität" durch eine „nachträgliche Bewertung" der wissenschaftlichen Tatsachen entdeckt werden konnte. Aber wir müssen ihrem Wort nicht vertrauen, denn unsere Betrachtungen haben auch gezeigt, dass die Evolution sich durch zunehmende Differenzierung und Integration entwickelt und dass das Ergebnis der Zusammenarbeit dieser beiden Kräfte eine Zunahme des Bewusstseins ist, so wie das für jeden vollkommen klar wird, der bereit ist, die Muster der evolutionären Entwicklung zu sehen.

Swimmes und Berrys Erkenntnis eines „Kosmogenetischen Prinzips" ist eine Idee, die ich deshalb übernehmen, modifizieren und weiter untersuchen möchte, denn wir sehen die Wirkung dieses Prinzips nicht nur im äußeren Universum der Chemie und Biologie, sondern auch im inneren Universum von Bewusstsein und Kultur. Im weiteren Verlauf dieses Kapitels werden wir die Idee dieses Kosmogenetischen Prinzips erweitern und entwickeln, um zu sehen, wie dessen „Leitthemen" auf das umfassendere Verständnis der Evolution in der integralen Philosophie anwendbar sind. Denn zum gegenwärtigen Zeitpunkt haben wir erst damit begonnen, die Richtungen der Evolution zu untersuchen (sowohl in diesem Kapitel als auch in der integralen Philosophie im Allgemeinen). Wie Swimme und Berry es voraussehend formulieren: „Diese Drei werden zweifellos in der nächsten Epoche der Geschichte vertieft und erweitert, wenn die Erfahrungen der Zukunft unser gegenwärtiges Verständnis erweitern."

In diesem Sinne können wir nun, wo wir ein grundlegendes Verständnis dessen haben, was die integrale Philosophie innerhalb der wissenschaftlichen Erkenntnis über die Muster der Evolution im äußeren Universum erkennen kann, auch damit beginnen, das Zusammenwirken dieses dreifachen Kosmogenetischen Prinzips im sich entwickelnden inneren Universum zu untersuchen.

Die Richtungen der Evolution im inneren Universum

Es ist sinnvoll hier zu wiederholen, dass es in dieser Untersuchung der Richtungen der Evolution ein Ziel ist, eine Philosophie zu präsentieren, die sorgfältig auf der Wissenschaft aufbaut, aber die dennoch das innere Universum von Bewusstsein und Kultur in die Spanne ihrer

Betrachtung mit einbezieht. Nun, da wir gesehen haben, dass wir, wenn wir alles, was die materielle Evolution geschaffen hat, als Ganzes anschauen, Prinzipien erkennen können, die laut Swimme und Berry „kosmologische Normen der kreativen Arbeit der kosmischen Energie überall und zu allen Zeiten in der Geschichte des Universums" sind, dann sind wir bereit zu untersuchen, ob diese Kosmogenetischen Prinzipien nicht nur für das äußere Universum gelten, sondern auch für das innere. Erinnern Sie sich, dass wir im 9. Kapitel über „Die Strukturen des menschlichen Geistes" die wissenschaftlichen Forschungsergebnisse untersucht haben, die von Daniel Goleman beschrieben werden und die nahelegen, dass es „zwei Formen des Geistes" gibt, „einer, der denkt und einer, der fühlt", und dass diese beiden Formen des Geistes „ihre unterschiedlichen Arten des Wissens miteinander verbinden, um uns durchs Leben zu führen". Und wir haben im 9. Kapitel gesehen, dass Kognition und Emotion nicht alles sind, was es über den menschlichen Geist zu sagen gibt, sondern dass die Willenskraft oder der freie Wille auch ein zentrales Merkmal ist. Und in der Tat ist die Anwendung des freien Willens eine zentrale Funktion des Bewusstseins, die von Denkern, die sich damit durch die Jahrhunderte hindurch beschäftigt haben, weitgehend anerkannt wurde.

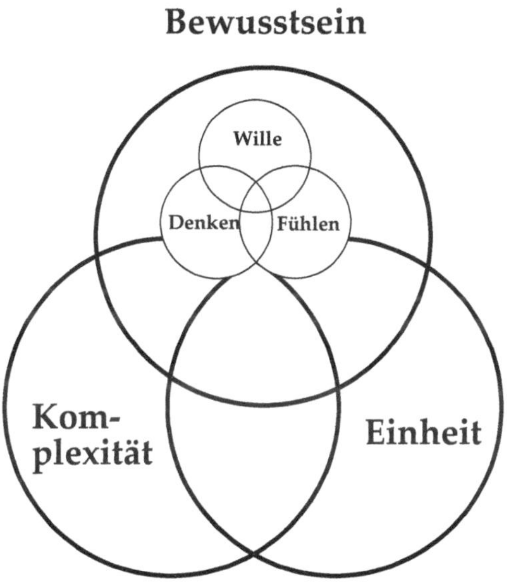

Bild 10-4: Äußere und innere Ausdrucksformen des Kosmogenetischen Prinzips.

Mit diesem Hintergrund können wir nun beginnen, Parallelen zwischen der Entwicklung der Natur und des Selbst zu sehen. Im äußeren Universum können wir zwei materielle Kräfte sehen – Differenzierung und Integration –, die zusammenwirken, um Strukturen zu schaffen, die im Allgemeinen zunehmende Grade von Wahrnehmung und Bewusstsein zeigen. In ähnlicher Weise können wir in der sich entwickelnden Dimension des Bewusstseins zwei Arten neurologischer Aktivität sehen, die innerhalb des subjektiven Bewusstseins zusammenwirken, und dass aus diesem Zusammenwirken (oder eng damit in Zusammenhang) der dritte und spezifische Aspekt der absichtsvollen Willenskraft entsteht, durch die dem menschlichen Geist seine Richtung gegeben wird. Und wenn wir die Ähnlichkeiten zwischen der objektiven Evolution der Biologie und der subjektiven Evolution des Bewusstseins weiter untersuchen, können wir sehen, dass das dritte Element in beiden Fällen einer anderen Ordnung angehört als die anderen zwei Elemente. Das heißt, zunehmende Komplexität und Vereinigung sind eindeutig beobachtbare materielle Tendenzen, aber Bewusstsein ist, obwohl wir es beobachten können, nicht materiell. Obwohl die Wissenschaft im Allgemeinen das Bewusstsein in ihren Aussagen über den evolutionären Fortschritt nicht mit einbezieht, gibt es nur wenige Wissenschaftler, die leugnen, dass es existiert oder dass es in der Tat ein Ergebnis der materiellen Evolution ist. Aber wie wir auch schon angemerkt haben, ignorieren die Biologen in der Regel das Bewusstsein, weil es *im* Körper ist, aber *nicht vollkommen aus* dem Körper besteht – das Bewusstsein transzendiert die objektiven Systeme der Biologie durch seine Erweiterung in den subjektiven Bereich der Evolution. Genauso können wir in der Evolution des subjektiven Bewusstseins die wissenschaftlich beobachtbaren Merkmale der Emotion und Kognition erkennen, zusammen mit einem dritten Merkmal, das für die Wissenschaft nicht direkt zugänglich ist. Nun, dieses dritte Merkmal, diese erste Ursache des freien Willens, ist, wie wir schon betrachtet haben, eine durch und durch metaphysische Wirklichkeit. Aber wie das Bewusstsein, ist es nicht möglich, den freien Willen zu leugnen, es sei denn für die überzeugtesten Materialisten und Fundamentalisten. Und wie ich im letzten Kapitel argumentiert habe, ist der Grund dafür, dass der freie Wille im Geist ist, aber *nicht vollkommen aus* dem Geist besteht – die Werteentscheidungen des freien Willens werden nicht nur von den subjektiven Strukturen des Bewusstseins geformt, sondern auch von den intersubjektiven Strukturen der sich entwickelnden menschlichen Kultur.

Im Lichte dieser Argumente wird es möglich zu sehen, dass etwas ganz Ähnliches hinter den grundlegenden Merkmalen der inneren und äußeren Evolution wirkt. Wie im Bild 10-4 dargestellt, interagieren Einheit und Komplexität im Laufe der fortschreitenden objektiven Evolution, um biologische Formen hervorzubringen, die einen Geist beinhalten, der immer bewusster wird. Und mit dem Entstehen des selbstreflexiven menschlichen Geistes setzt sich das dreifache Muster der Evolution im subjektiven Bereich fort, in dem Emotion und Kognition interagieren, um Formen des Bewusstseins hervorzubringen, die Willenskraft beinhalten, die zunehmend freier wird. Diese Diagramme in Form von Nestern haben nicht die Absicht zu suggerieren, das Kosmogenetische Prinzip sei eine Art vorherbestimmter Form, sondern nur, dass diese beobachtbaren Muster leichte Spuren von größeren Strömungen eines fortschreitenden Universums zeigen.

Aber wie sie an diesem Punkt schon wissen, ist das nicht die ganze Geschichte. Die Evolution individueller Organismen oder des individuellen Geistes geschieht immer in der Beziehung zu einer Gemeinschaft. Wie Wilber gezeigt hat, ist nicht nur das Innere mit dem Äußeren verbunden, sondern das Individuelle ist auch mit dem Sozialen und Kulturellen verbunden. Aber wenn wir unsere Untersuchung der Richtungen der Evolution über die Bereiche der objektiven Biologie und des subjektiven Bewusstseins hinaus erweitern, müssen wir erkennen, dass wir die Wissenschaft hinter uns lassen und nunmehr ganz auf die Argumente der Philosophie vertrauen müssen. Der Grund dafür ist, dass die Strukturen der kulturellen Evolution nicht das Ergebnis der natürlichen Selektion sind, sondern vielmehr aus konkreter Selektion entstehen – sie sind das Ergebnis der Wirkung des freien Willens des Menschen.

Aber obwohl die Tendenzen der kulturellen Evolution nicht so gut nachgewiesen sind wie die Tendenzen der mentalen und biologischen Evolution, ist es trotzdem möglich, den Einfluss des Kosmogenetischen Prinzips selbst in der Evolution der menschlichen Kultur zu finden.

Zu diesem Zweck werden wir in diesem Abschnitt dieses Kapitels die Schlussfolgerungen verschiedener Denker über die Richtung oder Richtungen der kulturellen Evolution untersuchen. In dieser Analyse werden wir sehen, dass einige der am meistrespektierten Experten, die dieses Thema gründlich durchdacht haben, in der Tat einen dreifachen Einfluss erkannt haben, der die Entwicklung menschlicher Gesellschaften zu formen scheint. Und dieser dreifache Einfluss in der Kultur wird leichter erkennbar, wenn wir sowohl das Innere und Äußere der kollektiven kulturellen Entwicklung des Menschen als Ganzes untersuchen. Wenn wir zudem das Innere und Äußere der kollektiven kulturellen Entwicklung des Menschen mit dem Inneren und Äußeren der individuellen Entwicklung des Menschen (wie wir es schon untersucht haben) vergleichen, wird der Einfluss des Kosmogenetischen Prinzips sogar noch sichtbarer.

Wir beginnen unsere Untersuchung, indem wir kurz zwei neuere Bücher anschauen, die beide von wissenschaftlich gesinnten Autoren geschrieben wurden, und beide kommen darin zu ähnlichen Schlussfolgerungen über die Richtung der kulturellen Evolution. Das erste Buch ist das im Jahre 2000 erschienene *Non-Zero: The Logic of Human Destiny*, geschrieben von dem amerikanischen Journalisten Robert Wright. Wright benutzt darin die Spieltheorie, um zu zeigen, wie menschliche Kulturen ständig Möglichkeiten erarbeiten, um zusammenzuarbeiten, und wie auf lange Sicht diese Kooperation unvermeidlich eine Summe von „Nicht-Null" entstehen lässt, die in Form des Fortschritts und der kulturellen Evolution erscheint. In den Worten von Wright: „Wenn Sie hinter die trübe Oberfläche menschlicher Ereignisse blicken, hinter das Kommen und Gehen bestimmter Regime, über das Leben von ‚großen Menschen' hinaus, die auf der Bühne der Geschichte entlang geschritten sind, dann sehen sie einen Pfeil, der vor Zehntausenden von Jahren beginnt und sich bis in die Gegenwart fortsetzt. Und wenn Sie nach vorn blicken, sehen Sie, worauf dieser Pfeil gerichtet ist."[10] In ähnlicher Weise argumentiert der australische Ökonom John Stewart in seinem im Jahre 1999 erschienenen Buch *Evolution's Arrow: The Direction of Evolution and the Future of Humanity*, dass die Richtung der kulturellen Evolution sich in Richtung zunehmender menschlicher Kooperation bewegt. Stewart schreibt: „Die Evolution schreitet fort, indem sie Möglichkeiten findet, um kooperative Organisationen aufzubauen, die aus selbstbewussten Individuen bestehen."[11] Obwohl ich mit den Schlussfolgerungen beider Autoren übereinstimme, nach denen zunehmende Kooperation eine beobachtbare Richtung der Evolution der kulturellen Entwicklung ist, ist das jedoch nicht die einzige und auch nicht die wichtigste Richtung. Es scheint klar erkennbar, dass im Laufe des kulturellen Fortschritts *Kooperation mit Konkurrenz zusammenwirkt* und dass beide Formen von Beziehung für eine gesunde Gesellschaft notwendig sind. Gibt es irgendeinen Zweifel daran, dass sowohl Konkurrenz als auch Kooperation Fortschritt in der Kultur zur Folge hatte? Das „Weltraumrennen" zwischen den USA und der Sowjetunion ist ein Beispiel dafür aus der jüngeren Geschichte. Und aus einer persönlichen Perspektive haben viele von uns erfahren, dass Konkurrenz uns geholfen hat, größere akademische oder athletische Exzellenz zu erreichen. Wie wir weiter unten noch untersuchen werden, ist das Verstehen dessen, wie Dualitäten wie Konkurrenz und Kooperation als System zusammenarbeiten, eine der zentralen Einsichten des Kosmogenetischen Prinzips, wenn es richtig verstanden wird. Im Prozess der Evolution entsteht eine Pathologie, wenn eine Seite der Dualität privilegiert oder übertrieben wird. Das heißt nicht, um unser Beispiel zu gebrauchen, dass Konkurrenz und Kooperation in gleichem Maße ausgeglichen sein müssen, sondern vielmehr, dass sie zusammen verstanden werden müssen, durch den Fokus des dritten synthetischen Elements, das das System eint und es ihm ermöglicht, die scheinbare Dualität zu transzendieren. Kooperation ist sicher eine Richtung, in die sich unsere Gesellschaft bewegen muss, aber den kulturellen Fortschritt als den ungerichteten Fortschritt der Kooperation zu charakterisieren, ist ein zu vereinfachtes Verständnis der Dynamiken der Evolution.

Eine klarere Erkenntnis des Prozesses der kulturellen Evolution finden wir in den Schriften des deutschen Soziologen Max Weber. Weber widmete seine Forschungsarbeit dem Versuch zu verstehen, wie die erstaunliche Evolution der Kultur der Moderne erreicht werden konnte. Weber schrieb zu Beginn des 20. Jahrhunderts und erkannte, dass im Laufe der Aufklärung, im Prozess der Rationalisierung und Säkularisierung, verschiedene Aspekte der bis dahin stabilen religiösen Kultur Europas getrennt wurden und sich in drei verschiedene „Wertsphären" ausdifferenzierten, die er als *Kunst, Wissenschaft* und *Moral* identifizierte. Als Ergebnis ihrer gesellschaftlichen Differenzierung in drei verschiedene Sphären wurden Wissenschaft, Kunst und politische Organisationen von den Begrenzungen der Kirche befreit und waren in der Lage, neue Fortschritte zu erzielen, indem sie ihrer inneren Logik folgen konnten. Die Differenzierung dieser kulturellen Wertesphären erlaubte es der Wissenschaft, der Moral und der Kunst nicht nach der „religiösen Richtigkeit" beurteilt zu werden, sondern nach den nun besser verstandenen Kategorien der „Wahrheit", „Gerechtigkeit" und „Schönheit". Weber baute also auf Kants kritischer Analyse des menschlichen Denkens in Hinsicht auf reine Vernunft, praktische Vernunft und ästhetische Vernunft auf, indem er zeigte, wie die spektakulären Errungenschaften der Moderne tatsächlich durch die Entstehung getrennter Bereiche kultureller Entwicklung möglich wurden, die es erlaubten, dass diese drei grundlegenden Aspekte menschlichen Denkens sich in größerer Fülle zum Ausdruck bringen konnten.

Webers Philosophie der kulturellen Evolution hat eine große Vielfalt von Denkern beeinflusst; am meisten hervorzuheben ist dabei Jürgen Habermas, dessen Erkenntnis dieser drei „Differenzierungen der Moderne" einen wichtigen Platz in seiner Arbeit einnimmt. Auf den Spuren von Weber und Habermas hat auch Wilber das Konzept der drei Wertsphären in seiner Beschreibung der historischen Evolution des modernen Bewusstseins benutzt. Wilber hat aber dieses Konzept noch erweitert, indem er zeigte, wie diese Differenzierung im 20. Jahrhundert verfälscht wurde, als die Wissenschaft die anderen Sphären dominierte und kolonialisierte und eine gesunde Differenzierung zu einer pathologischen Dissoziation werden ließ.

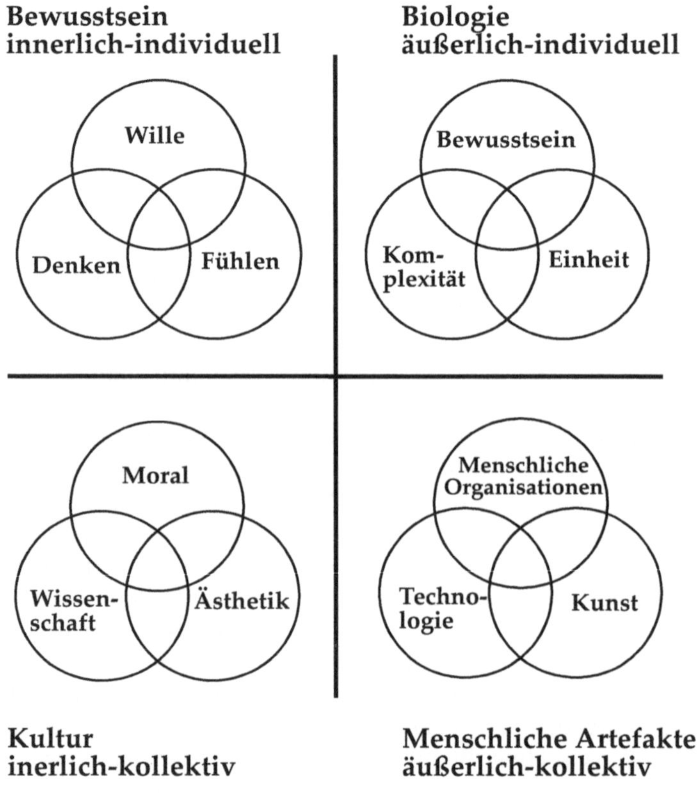

Bild 10-5: Die Richtungen der Evolution in jedem Quadranten.

Aber anders als bei der eher offensichtlichen Entfaltung der materiellen Evolution in den Richtungen von Einheit, Komplexität und Bewusstsein, oder der in ähnlicher Weise offensichtlichen Differenzierung der Strukturen des Bewusstseins in Gefühl, Gedanke und Wille, ist diese Charakterisierung der Strukturen der kulturellen Evolution als Wissenschaft, Kunst (oder besser Ästhetik) und Moral nicht so offensichtlich. Wir können die Physik und die Biologie anwenden, um die

Richtungen der objektiven Evolution zu erkennen und wir können Neurologie und Psychologie anwenden, um die subjektive Evolution zu erkennen, aber wie wir schon angemerkt haben, kann unser Verständnis der Richtungen der intersubjektiven Evolution nur durch philosophische Einsichten begründet werden. Aber wir können mit Sicherheit die offensichtliche Gemeinsamkeit zwischen den objektiven, subjektiven und intersubjektiven Bereichen benutzen, um unsere Argumentation zu stützen. Und diese Gemeinsamkeit zwischen dem dreifachen Charakter der objektiven und subjektiven Entwicklung des Individuums und dem dreifachen Charakter der kollektiven Evolution der Kultur wird leichter erkennbar, wenn wir sehen, dass Kulturen, so wie in der Entwicklung von Individuen, auch ein Inneres und ein Äußeres haben. Das heißt, wenn wir die Bedeutung der inneren Wertsphären der Ästhetik, Wissenschaft und Moral verstanden haben, suggeriert das eine stimmige Gemeinsamkeit mit der Entwicklung der äußeren Artefakte der *Kunst, Technologie* und der *menschlichen Organisationen,* aus denen unsere Gesellschaft aufgebaut ist. Wie wir im 8. Kapitel untersucht haben (und im Appendix B weiter diskutieren werden) sind diese äußeren Artefakte keine natürlichen, selbstorganisierenden Systeme der Evolution, wie die Entitäten anderer Bereiche, die wir angeschaut haben, aber trotzdem offenbart die Entwicklung dieser objektiven Artefakte den Charakter der fundamentalen natürlichen Systeme, aus denen sie entstehen.

Lassen Sie uns also kurz die Evolution jeder dieser Sphären kollektiver Entwicklung untersuchen – *Ästhetik-Wissenschaft-Moral* im Inneren und *Kunst-Technologie-Organisationen* im Äußeren –, um zu sehen, ob diese Linien des Fortschritts tatsächlich die Wirkung des Kosmogenetischen Prinzips widerspiegeln. Es gibt sicher keinen Zweifel darüber, dass Wissenschaft und Technologie eine bedeutsame Richtung der kulturellen und gesellschaftlichen Evolution begründen, und ob das gut war oder nicht, haben wir im 3. Kapitel untersucht. Es scheint auch klar, dass menschliche Organisationen – politische, ökonomische, religiöse und soziale – in der Entwicklung der menschlichen Geschichte unleugbaren Fortschritt gezeigt haben. Ob die Entwicklung dieser äußeren gesellschaftlichen Institutionen mit der inneren Entwicklung der Moral einer Kultur einhergeht, ist offensichtlich ein komplexes Thema, auf das ich hier nicht eingehen möchte. Aber die äußere Entwicklung politischer Organisationen (zumindest in den entwickelten Ländern) hat sicher zu größerer Freiheit und zunehmender Anerkennung der Menschenrechte geführt. Nur wenige würden bestreiten, dass die Entstehung der Demokratie überall auf der Erde eine moralische Entwicklung darstellt. Anders als bei der Entwicklung von Wissenschaft und Technologie oder

der Entwicklung von Moral und menschlicher Organisationsformen, ist die Entwicklung von Ästhetik und Kunst (mit der Idee, dass „Kunst" so allgemein wie möglich definiert wird und bildende Kunst, Musik, Architektur, Unterhaltung, Moden usw. umfasst) nicht immer so leicht zu erkennen. Aber wenn wir uns daran erinnern, dass die dramatischsten Beispiele kultureller Evolution durch die Entstehung historisch bedeutsamer neuer Weltsichten geschehen, wird ästhetische Entwicklung leichter erkennbar. Als zum Beispiel die traditionelle Weltsicht sich im 11. und 12. Jahrhundert in Europa stabilisierte, ging damit die ästhetisch bedeutsame Entwicklung der gotischen Kunst und Architektur einher. Und in ähnlicher Weise war die beginnende Moderne in Europa von der neuen Kunst der Renaissance gekennzeichnet und später von der klassischen Musik der Aufklärung. Und wie wir schon gesehen haben, spielte die Musik auch eine entscheidende Rolle bei der Entstehung der Postmoderne in den 1960er Jahren. Neu entstehende historisch bedeutsame Weltsichten erscheinen immer in Verbindung mit neuen ästhetischen Empfindungen und neuen Formen der Kunst.

Wenn wir also alle Bereiche der Evolution zusammen anschauen, wenn wir nach den Richtungen der Evolution in jeder dieser Dimensionen ihres Fortschritts suchen, indem wir Wilbers Quadranten-Modell benutzen (dargestellt in Bild 10-5), können wir beginnen, die feinen Spuren eines sichtbar werdenden Musters zu erkennen. Wie das Diagramm zeigt, kann das dreifache Kosmogenetische Prinzip nun als Inneres und Äußeres sowohl der individuellen als auch der kollektiven Dimensionen der Evolution erkannt werden. Und diese auf den vier Quadranten beruhende Beschreibung des Kosmogenetischen Prinzips ermöglicht es unserem Verständnis der Wirkung der Evolution, eine volle Kreisbewegung zu vollziehen – von der objektiven Biologie zum subjektiven Bewusstsein, weiter durch die intersubjektive Kultur und schließlich zurück zu den objektiven Manifestationen der materiellen Zivilisation.

Natürlich können in allen diesen Tendenzen auch Beispiele für Regression und Pathologie gefunden werden. Wir können zudem andere gesellschaftliche Institutionen sehen, die nicht einfach in einer dieser Kategorien einzuordnen sind. Die Religion zum Beispiel kann nicht völlig in den Kategorien der Moral eingeordnet werden. Aber wenn wir nach den grundlegenden Einflüssen im Herzen der Evolution suchen, können Spuren dieser Kräfte ganz sicher in der kollektiven Entwicklung von Kultur und Gesellschaft gefunden werden. Wie schon Whitehead erkannte: „Wissenschaft, Kunst, Religion und Moral nehmen ihren Ausgangspunkt aus diesem Empfinden von Werten in der Struktur des Seins."[12]

Obwohl es keinen letztendlichen Beweis dafür gibt, dass dieses dreifache Muster tatsächlich dazu dient, die Evolution in jedem Bereich ihrer Entfaltung zu ordnen oder zu beeinflussen, scheint es mir doch, dass das eine faszinierende These ist, die, wenn sie sich als wahr erweisen sollte, eine neue Ära in unserem Verständnis des Fortschritts im Universum einleiten könnte. Wenn wir die Evolution als Ganzes betrachten, und wenn wir beginnen, allgegenwärtige Muster wie das Kosmogenetische Prinzip zu erkennen, wird das unvermeidlich einen positiven Effekt haben und uns in unseren Anstrengungen leiten und unterstützen, um weitere Evolution in unserem Leben und unserer Welt zu ermöglichen.

Der dialektische Charakter der Grundmuster der Evolution

Wenn wir bereit sind anzunehmen, und sei es nur für diese Betrachtung, dass es ein systemisches Grundmuster der Evolution gibt, das die Konturen und den Charakter der Evolution in jedem Bereich seiner Entfaltung formt, was können wir dann über dieses Muster aussagen? Swimme und Berry verwenden eine Vielzahl von Synonymen in ihrer Beschreibung des Kosmogenetischen Prinzips, aber ihre Analyse ist zum großen Teil auf das äußere Universum begrenzt. Wenn wir aber nun die Einsichten der integralen Philosophie hinzunehmen, durch die die Evolution im inneren Universum erkennbar wird, erlaubt uns die Erkenntnis dieser inneren Manifestationen der Muster, ihre allgemeine Form genauer und vollständiger zu erkennen. Und wenn wir sowohl die inneren als auch die äußeren Ausdrucksformen des Kosmogenetischen Printzips untersuchen, ist das Erste, was erkennbar wird, der dialektische Charakter dieses Musters. Integration und Differenzierung, Gefühle und Gedanken, Kunst und Wissenschaft – diese Kategorien zeigen eindeutig gegensätzliche oder sich widersprechende Tendenzen. Wir können auch eine bestimmte Abfolge in ihrer Wichtigkeit sehen. In der dialektischen Bewegung muss etwas zuerst ein Ganzes sein, um dann ein Teil sein zu können – obwohl sie als ein System zusammenarbeiten und sich gleichzeitig entfalten, können wir wahrscheinlich erkennen, dass Integration der Differenzierung in subtiler Weise vorangeht. Und in ähnlicher Weise zeigt das sich entwickelnde Bewusstsein zuerst Gefühle, bevor sich Gedanken entwickeln und in der Kultur entstehen die Künste in der Regel vor den Wissenschaften. Und natürlich sind diese gegensätzlichen Pole der Entwicklung immer in Beziehung mit einem dritten Element, das wir im Körper als Bewusstsein, im Geist als freien Willen und in der Organisation der Kultur als Moral identifiziert haben. So wie die ersten zwei Elemente die dialektische Beziehung von These und Antithese nahelegen, zeigt jedes dieser dritten Elemente eine synthetische oder transzendierende Qualität. Wie wir schon untersucht haben, ist das Bewusstsein *im* Körper, besteht aber *nicht vollkommen aus* dem Körper, der freie Wille ist *im* Geist, besteht aber *nicht vollkommen aus* dem Geist und die Moral wird im Allgemeinen als wichtiger angesehen, als die Ästhetik oder die Wissenschaft.

Die Charakterisierung der dialektischen Bewegung der Evolution durch die Verwendung der drei Begriffe „These, Antithese und Synthese" wurde als „Vulgarisierung" der Subtilität dieser Dialektik kritisiert. Es wurde argumentiert, dass die Reduktion der Dialektik auf drei getrennte Begriffe einen mechanischen Prozess suggeriert, oder dass die Erklärung dieser Triade irgendwie impliziert, dass diese Widersprüche aus dem Außen kommen. Wir können aber die Idee von These, Antithese und Synthese effektiv gebrauchen, wenn wir uns an Hegels Erklärung erinnern, in der die dialektische Spannung zwischen These und Antithese als im Inneren der Natur der Dinge und Wesen wirkend angesehen wird. Das heißt, in einem Universum, das mit unvollkommenen Wesen bevölkert ist, können wir fast immer einen existenziellen Konflikt finden, der in der Trennung von Wirklichkeit und Ideal vorhanden ist. Und aus dieser immanenten Energie der inneren Spannung des Konfliktes entstehen Systeme der Entwicklung.

Einer der wichtigsten Punkte, an den wir uns in Bezug auf das scheinbar dialektische Muster der universellen Entwicklung erinnern sollten, ist, dass es ein *System* ist. Das heißt, so wie jede natürlich entstehende Form der Evolution ein System ist, kann der Prozess der Evolution als Ganzes durch dieses erweiterte philosophische Verständnis als eine Art übergeordnetes dialektisches System erkannt werden. Und um diese Behauptung weiter herauszuarbeiten, möchte ich in den nun folgenden abschließenden Gedanken die Wirkung dieses übergeordneten Systems der Evolution in einem Spektrum der Analyse untersuchen. An einem Ende des Spektrums betrachten wir die systemischen Muster in ihrer abstraktesten Form durch eine Untersuchung der Geometrie von Beziehungen, die sich in den Interaktionen der drei grundlegenden Begriffe zeigt. Und am anderen Ende des Spektrums werden wir die Implikationen dieses Musters in seiner ganzen Fülle betrachten, indem wir untersuchen, wie das Kosmogenetische Prinzip Anhaltspunkte für das übergeordnete Ziel und den Sinn der Evolution gibt.

Jede Beziehung bildet eine Geometrie. Wann immer zwei oder mehr Entitäten interagieren oder kommunizieren, wirft ihr Austausch einen

Schatten, der in den abstrakten Bereich der Mathematik fällt. Aber wenn wir die Geometrie der Beziehung zwischen den drei Begriffen des Kosmogenetischen Prinzips untersuchen, müssen wir uns daran erinnern, dass die folgende mathematische Beschreibung der Dynamiken der Evolution eine Verzerrung zur Folge hat. Der Versuch, das Kosmogenetische Prinzip mit einer dreidimensionalen Landkarte darzustellen, ist so, als würde man versuchen einen Globus mit einem Kreis zu beschreiben. Trotzdem gibt diese übertriebene Vereinfachung dieser geometrischen Abstraktion eine Einsicht in die Funktionsweise dieses Systems.

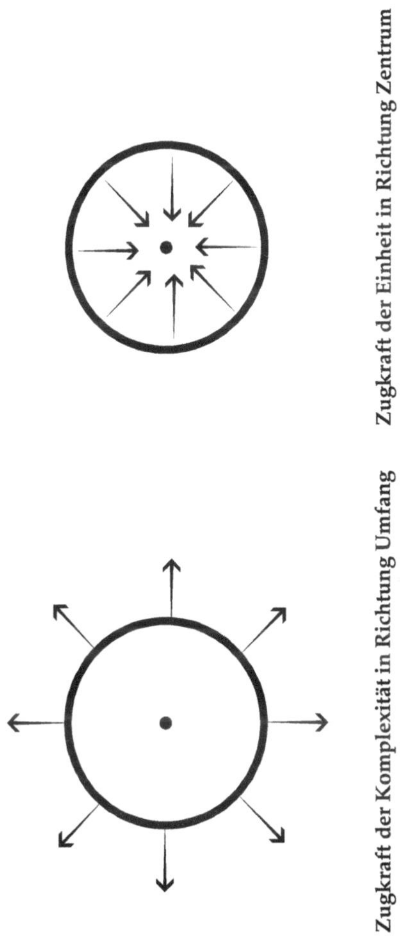

Bild 10-6: Die entgegengesetzten Kräfte der holonischen Organisation.

In unserer Betrachtung der Holons und Holarchien weiter oben haben wir angemerkt, dass jedes evolutionäre System sowohl Agenz als auch Kommunion zeigt. Und wir haben gesehen, dass diese beiden holonischen Kräfte eine Gemeinsamkeit mit den größeren allgemeinen Tendenzen der Integration und Differenzierung aufweisen. Wenn wir das nun geometrisch betrachten, dann zeigen diese beiden Kräfte holonischer Einheit einen *nach innen gerichteten Zug* in Richtung Ganzheit, der aus dem Zentrum jedes holonischen Systems kommt, und der von einem *nach außen gerichteten Zug* ausgeglichen wird und jedes Holon dazu zwingt, Teil von etwas Größerem zu werden und in einer Organisationsform mitzuwirken, die komplexer ist als ihre eigene. Wie im Bild 10-6 dargestellt, können wir, wenn wir über diese Einflüsse in Bezug auf Einheit und Komplexität nachdenken, sehen, dass die Einheit in abstrakter Weise als ein Zug aus dem Zentrum und die Komplexität als der Zug am Umfang oder der Grenze jedes evolutionären Systems ausgedrückt werden kann. Die Richtung der Komplexität ist ein ständiges Erweitern, um mehr zu umfassen und Organismen und Organisationsformen hervorzubringen, die immer komplexere Teile enthalten, wohingegen die Richtung der Einheit dahingeht, jedes individuelle Teil so vollständig wie möglich zu machen.

Aber wie überwinden wir diese Dualität? Wie lösen wir den inhärenten Konflikt, den wir in diesen sich widersprechenden evolutionären Kräften finden? Nun, wir bewegen uns in eine Richtung, die nicht Teil des Konflikts ist, wir transzendieren zu einer neuen Ebene oder um im Bild zu bleiben, wir bewegen uns in eine neue Dimension. Die einzige Möglichkeit, um die einander widersprechenden Kräfte des Teiles und des Ganzen zu transzendieren, ist die Bewegung über beide hinaus, in einer Weise, die beide in ihrer eigenen Realität einbezieht. Wie im Bild 10-7 dargestellt, wird dieser zweidimensionale Gegensatz durch eine dreidimensionale Bewegung transzendiert, dessen Form weiterhin von beiden sich widersprechenden Kräften geformt wird. Im Diagramm sehen wir: Wenn die Kurve der Spirale nach außen wächst, reagiert ihre Erweiterung auf die Einflüsse zunehmender Komplexität. Aber wenn sie sich ausdehnt, zeigt die Spirale auch ständig eine Kurve nach innen, durch die ihrer äußeren Erweiterung durch die innere Schwerkraft ihres Zentrums entgegengewirkt wird, worin sich der Einfluss ihrer weiterbestehenden Einheit zeigt, die ihr die Form gibt. Dieses Diagramm zeigt die Methode durch die die Evolution die transzendierende Bewegung erreicht, die in einem Bereich ihren Ursprung hat, die aber in Wirklichkeit nicht aus diesem Bereich besteht. Die Evolution als Ganzes zeigt also die ständige Fähigkeit, die Dualität der Konflikte und die Begrenzungen jeder gegebenen Form zu transzendieren, indem sie sich in Richtung eines völlig neuen Bereichs bewegt.

Und dieses logarithmische Muster der Spirale ist natürlich ein vereinfachtes geometrisches Modell der dialektischen Beziehung von These Antithese und Synthese. Die sich widersprechenden Kräfte der Einheit und Komplexität gelangen zu einer Synthese durch eine transzendierende Bewegung, die die gegensätzliche Dualität in jeder „unvollkommenen" Situation löst, indem sie sich in Richtung einer neuen Ebene bewegt. Und wir beginnen nun zu sehen, dass der Fortschritt der Evolution niemals linear ist, der Fortschritt entsteht auf jeder Ebene durch das Zusammenspiel zweier gegensätzlicher Kräfte, die die kontinuierliche Verbesserung hervorbringen (und dadurch hervorgebracht werden), die durch ihre Synthese in der Transzendenz erreicht wird.

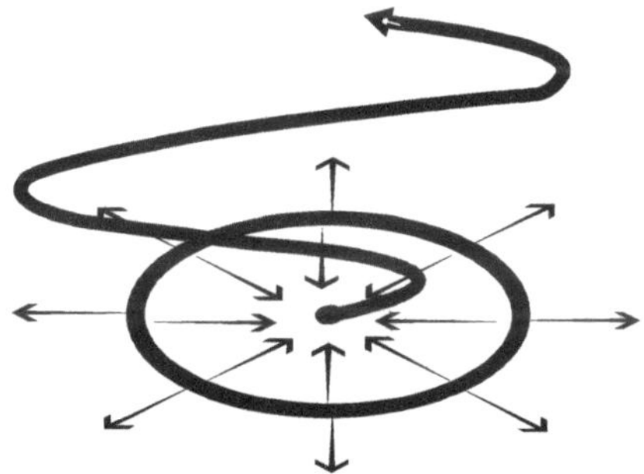

Bild 10-7: Die Geometrie der einbeziehenden Transzendierung.

Aber bevor wir zu weit in diese universellen Schlussfolgerungen hineingehen, lassen Sie uns das andere Ende des Spektrums möglicher Interpretationen des Kosmogenetischen Prinzips betrachten. Wenn die Richtungen der Evolution in ihrem minimalsten mathematischen Ausdruck verstanden werden, scheinen sie sich durch eine gleichzeitige Zugkraft sowohl aus dem Zentrum als auch aus der Peripherie jeder Form von Organisation im Universum zu entfalten. Und die Evolution gleicht diese gegensätzlichen Kräfte durch ständige Transzendierung zu neuen Ebenen aus. Aber wenn wir im Gegensatz dazu die Richtungen der Evolution in ihrem größten, spirituell erfüllten Ausdruck betrachten, dann können wir verschiedene Wege erkennen, durch die die Kräfte des Universums nach Entwicklung streben – ein Streben nach Verbesserung, ein Streben, das in der Fülle seiner natürlichen Erweiterung und als ein Streben nach *Vollkommenheit* erkannt werden kann.

Und wir werden nun untersuchen, dass die grundlegenden Einflüsse im Herzen des evolutionären Impulses, wenn wir sie mit dem spirituellen Auge betrachten, als die *Richtungen der Vollkommenheit* erscheinen. Schon Whitehead erkannte, dass wir in den tiefsten Dynamiken der Evolution „den Drang zur Verwirklichung idealer Vollkommenheit" wahrnehmen können. Und wir haben im 6. Kapitel untersucht, dass dieser allgemeine Drang in Richtung zunehmender Vollkommenheit sich in die drei „ewigen Formen" des Schönen, Wahren und Guten differenziert. Das Schöne, Wahre und Gute sind die Rufe der Vollkommenheit, die subtilen spirituellen *Attraktoren* hinter allen Formen evolutionärer Entwicklung.

Die existenzielle Verbindung zwischen dem Wahren, Guten und Schönen und den dialektischen Richtungen des Fortschritts der Evolution wird durch die Verwandtschaft dieser Werte mit den differenzierten Ausdrucksformen der Evolution deutlich, die sich in jedem Bereich der Entwicklung, den wir bisher angeschaut haben, findet. In jedem dieser spezifischen Bereiche objektiver, subjektiver und intersubjektiver Evolution können wir einen anderen Aspekt oder eine andere Phase des Ausdrucks der grundlegenden Werte erkennen. *Einheit-Komplexität-Bewusstsein, Gefühl-Gedanke-Wille* und *Ästhetik-Wissenschaft-Moral* – jede Art von Evolution offenbart dieses dreifache Streben zu Vollkommenheit auf eine andere Art und Weise. Und wenn wir sehen, wie das Schöne, Wahre und Gute sich durch diesen Prozess in jedem Bereich manifestiert, werden wir zu einem tieferen Verstehen dieser Werte und der Vollkommenheit selbst geführt.

Lassen Sie uns also anschauen, wie jeder der grundlegenden Werte in den spezifischen Bereichen der Evolution seinen Ausdruck findet, und wir beginnen dabei mit dem Wert der Schönheit. Obwohl Schönheit nicht auf materielle Muster der Einheit reduziert werden kann, und obwohl Schönheit nicht einfach nur Integration ist, können wir trotzdem die Verwandtschaft der Schönheit mit „der Zugkraft aus der Mitte" erkennen. Schönheit entsteht oft aus den verschiedenen Arten der Einheit, die ihren Ausdruck in der materiellen Welt finden, wie zum Beispiel *Symmetrie, Harmonie, Proportion* und *Selbstähnlichkeit*. Sogar *Originalität* kann als eine Form einzigartiger Ganzheit oder Individualität verstanden werden – eine Form von Einheit – die oft als schön wahrgenommen wird. Diese verschiedenen Formen der Einheit zeigen alle Schönheit in ihrer eigenen Art und Weise, aber die grundlegende spirituelle Qualität der Schönheit macht sie schwer fassbar für jedes feste

Muster. Den grundlegenden Einfluss der Schönheit in der Evolution können wir auch als ein Ordnungsprinzip in den Bereichen der Gefühle und der Ästhetik sehen. Obwohl die Schönheit sicher nicht der einzige Wert dieser Bereiche ist, ist sie doch eindeutig ein zentrales Element. Wenn wir die Rolle der grundlegenden Werte als „Attraktoren der evolutionären Entwicklung" anschauen, ist es wichtig uns daran zu erinnern, dass in jedem lebendigen Ausdruck des Schönen, Wahren und Guten jeder Wert die anderen enthält und enthüllt. Wie der frühe integrale Denker Pitrim Sorokin erkannte:

> Obwohl jeder Teil dieser erhabenen (Werte-) Dreiheit eine bestimmte Individualität hat, sind alle drei untrennbar voneinander. ... Authentische Wahrheit ist immer gut und schön. Das Gute ist immer wahr und schön; und die reine Schönheit ist immer wahr und gut. Diese großen Werte sind nicht nur untrennbar voneinander, sie können auch ineinander transformiert werden, wie zum Beispiel eine Form materieller Energie – wie Hitze, die in andere Arten der Energie, Elektrizität, Licht oder mechanische Bewegung transformiert werden kann.[13]

Wenn wir über die spirituellen Implikationen des dialektischen Strebens der Evolution nach Vollkommenheit nachdenken, können wir sehen, wie der grundlegende Einfluss der Schönheit die Rolle der *These* (oder den vorläufigen Beginn der dialektischen Bewegung) einnimmt, durch die Art und Weise, wie diese Schönheit uns eine flüchtige Ahnung relativer tatsächlicher Vollkommenheit gibt.

Wir haben schon im 6. Kapitel untersucht: Wie schön etwas ist, sagt aus, wie relativ vollständig es ist; die Evolution kann hier nicht weiter fortschreiten. Obwohl es oft möglich ist, etwas schöner zu machen, entsteht unsere Wahrnehmung der Schönheit selbst aus unserer Intuition der Art und Weise, wie etwas die leichten Spuren der Vollkommenheit zeigt. Und ich möchte hier wiederholen, dass die Gefühle der Freude, die mit der Erfahrung der Schönheit einhergehen, aus der zeitweisen Erleichterung von der ständigen Hintergrundspannung durch den subtilen Zwang der Unvollkommenheit entstehen – die Freude psychischer Ruhe in einer Erfahrung der Schönheit kommt daher, dass die Notwendigkeit, die Dinge zu verbessern, für einen Moment befriedigt ist.

Und so wie die Schönheit die These relativ *verwirklichter* Vollkommenheit offenbart, so nimmt der Wert der Wahrheit die Rolle der dialektischen *Antithese* ein, in der Art und Weise, wie sie das *Potenzial* für einen relativen *Zuwachs* an Vollkommenheit repräsentiert. Das heißt, Wahrheit kann im weitesten Sinne als die Richtung des Fortschritts verstanden werden, durch den das subjektive Bewusstsein sein Verständnis der Wirklichkeiten der objektiven und intersubjektiven Bereiche, die außerhalb von ihm sind, erweitern kann. In den Worten von Hegel: „Das Wahre ... ist nur die dialektische Bewegung".[14] Diese Einsicht Hegels hilft uns zu sehen, dass, so wie die Schönheit dazu dient, das gegenwärtig Gute zu definieren, die Wahrheit uns hilft, das zukünftige Gute zu definieren, nach dem wir alle streben. Dass die Wahrheit eine *Richtung* ist, können wir am besten verstehen, wenn wir uns daran erinnern, dass die Wahrheit immer relativ ist, dass sie also immer mit dem Verstehen eines Subjektes verbunden ist, das selbst wächst und sich entwickelt. Subjektives Bewusstsein wächst also in seiner Wahrheit, wenn es die relative Vollkommenheit vermehrt, durch die es das, was außerhalb von ihm ist, weiß – sogar wenn es zunehmend die relative und abhängige Natur seiner sich erweiternden Perspektiven erkennt. Aber das Wissen der Wahrheit umfasst nicht nur ein Verstehen dessen, „was es noch nicht gibt", sondern auch das Wissen darum, „wie man dorthin gelangt". Das Gute der Wahrheit – das Nützliche der Wahrheit – sehen wir in der Weise, wie ihr Zuwachs die Kraft verleiht, die Dinge zu verbessern (und die Kraft, Fehler zu vermeiden). Die Suche nach Wahrheit (in dieser Weise verstanden) kann also als der Drang interpretiert werden, größere relative und potenzielle Vollkommenheit zu erreichen. So wie die Schönheit (die in den Bereichen der Gefühle, Ästhetik und materiellen Einheit wirksam ist) als die Erscheinung einer relativ verwirklichten Vollkommenheit verstanden werden kann, kann die Wahrheit im Gegensatz dazu als die Erkenntnis dessen verstanden werden, was potenziell noch vollkommener werden kann. Die „Richtung der Wahrheit" – wie sie in unserem Denken, in unserer Wissenschaft und der Entfaltung zunehmender Komplexität verfolgt wird – kann also als *der Weg nach vorn*, die Richtung des Potenzials der Evolution für zunehmende Vollkommenheit erkannt werden.

Und nun kommen wir zum Wert des Guten. Und wenn wir über diesen Wert im Kontext der anderen Grundwerte und im Kontext des allgemeinen Fortschritts der Evolution nachdenken, ist es wichtig, dass wir uns daran erinnern, dass wir hier einen philosophischen Versuch unternehmen, die Bewegung des GEISTES in der Welt zu erkennen. In unseren Anstrengungen, die Wirklichkeiten des GEISTES durch die Verwendung einfacher Begriffe des Schönen, Wahren und Guten zu erahnen, überfließen diese Worte sehr schnell mit mehr Bedeutungen, als sie in sich halten können. Auch die Verwendung verschiedener Synonyme, die auf verschiedene Aspekte dieser dialektischen Richtung des evolutionären Fortschritts hinweisen, sind nur eine schwache Ahnung von Einsicht in die Art und Weise, wie das Universum von der vollkommenen Natur des GEISTES bewegt wird. Und wenn wir von der Evolution des Guten sprechen, werden diese sprachlichen Begrenzungen noch deutlicher. Trotzdem werden die meisten von uns damit übereinstimmen, dass das Hervorbringen zunehmend bewusster Organismen in der objektiven Evolution, das Hervorbringen des zunehmend freien menschlichen Willens in der subjektiven Evolution und das Hervorbringen von zunehmend moralischen Kulturen in der intersubjektiven Evolution eine eindeutige Tendenz zum Guten zeigen. Und natürlich können dem widersprechende Regressionen oder Stagnationen in der Entwicklung all dieser Bereiche angeführt werden, aber das negiert nicht die Tatsache, dass die Zunahme von Bewusstsein, freiem Willen und Moral sichtbare Ergebnisse des evolutionären Prozesses sind.

Das Gute nimmt die Rolle der *Synthese* ein, weil es die nützlichen Grenzen des Schönen und Wahren definiert und zwischen der größten Erweiterung der Einbeziehung und Transzendierung im Verhältnis zueinander vermittelt. Das heißt, dass die Evolution, wie wir gesehen haben, durch das Zusammenspiel gegensätzlicher Kräfte fortschreitet, und wenn eine dieser gegensätzlichen Kräfte privilegiert oder zu stark ausgeweitet wird, dann entsteht eine Pathologie. Das Vermeiden dieser Pathologie in jeder Entwicklungssituation wird durch das Finden des dynamischen Gleichgewichts, die richtige Beziehung, die diese dialektischen Kräfte in einer fortschreitenden, synthetischen Harmonie zusammenbringt, möglich. Das Gute wird also im Kontrast zu der Pathologie offenbar, die es zu vermeiden sucht.

Wie die gegensätzlichen Kräfte des Schönen und Wahren der synthetischen Entwicklung des Guten einen Inhalt geben, hat Whitehead auf den Punkt gebracht, wenn er sagt:

> Der Faktor im menschlichen Leben, der die Provokation einer noblen Unzufriedenheit enthält, ist die graduelle Entstehung der Bedeutung eines Sinns für Kritik, der auf Anerkennungen der Schönheit, intellektuellen Unterscheidungen und Pflicht beruht. Das moralische Element wird von den anderen Faktoren in der Erfahrung abgeleitet. Denn sonst gibt es keine Inhalte, mit der die Pflicht arbeiten kann. Es gibt keine Moral in einem Vakuum.[15]

Aus dieser Perspektive kann der synthetische Charakter des Guten, der seinen Ausdruck durch die Harmonisierung von Ganzem und Teil, Selbst und Anderem, These und Antithese, Einbeziehung und Transzendierung und dem Schönen und Wahren findet, klarer erkannt werden. Und wie wir gesehen haben, kann diese dialektische Beziehung als die systemische Bewegung einer logarithmischen Spirale dargestellt werden, wie sie im Bild 10-8 gezeigt wird.

Bild 10-8: Die dialektische Beziehung des Schönen Wahren und Guten.

Wenn wir erkennen, dass das Schöne, Wahre und Gute als subtile Kompassnadeln der universellen Entwicklung wirken, können wir im Licht der bisherigen Argumente fragen: Was sind die ursächlichen Mechanismen, durch welche diese Wertattraktoren tatsächlich den evolutionären Fortschritt beeinflussen? Wie üben diese Ideale eine Zugkraft auf die evolutionären Systeme aus? Die offensichtlichste Antwort ist, dass diese Ideale die *Entscheidungen* des subjektiven Bewusstseins beeinflussen. Im 6. Kapitel betrachteten wir die grundlegenden Werte, die von jeder historisch bedeutsamen Weltsicht in ihre bestimmten Ziele und Sitten übersetzt werden und dadurch die allgemeinen Richtungen des Fortschritts bestimmen, unabhängig vom psychischen Ort des Einzelnen. Wie die Evolution unsere Entscheidungen beeinflusst, unsere *Sehnsucht nach Vollkommenheit* und unser Bedürfnis für inneren Wert stimuliert, wurde von David Ray Griffin sehr gut verstanden. Er schreibt: „Wir werden von dem Schönen, Wahren und Guten angezogen, weil diese Werte dem Eros des Universums ein inneres Bedürfnis sind, und wir fühlen dieses Bedürfnis des Eros.“[16] Und mit diesem Verständnis können wir auch sehen, wie der evolutionäre Fortschritt im inneren Universum durch eine „sanfte Verführung durch Liebe“ entsteht.

Aber wie ist es mit dem restlichen Leben, wie wird dieses von den Wertattraktoren beeinflusst? In den Worten der bekannten Evolutionsbiologin Lynn Margolis ist „Leben Materie, die sich entscheidet".[17] Und die Wirkung dieser Entscheidungen biologischer Systeme kann in zwei wichtigen Bereichen gesehen werden, die auf die „Schwerkraft" der grundlegenden Werte im Bereich des Lebens hinweisen. Die erste Entscheidung ist einfach diejenige, zu überleben. Der Wert des Überlebens kann als eine primitive Form des Guten angesehen werden, nach dem offensichtlich alles Leben strebt. Aber auch das Schöne ist ein Wert, der scheinbar für eine breite Vielfalt von Lebensformen durch die wirksame Kraft sexueller Auswahl zugänglich ist. Der ästhetische Sinn, der notwendig ist, um den „schönsten" Partner auszuwählen, ist unabhängig von intellektueller Entwicklung, was in der Art und Weise sichtbar wird, wie selbst die primitivsten Lebensformen in der Auswahl ihrer Fortpflanzungspartner die Kennzeichen biologischer Stärke unterscheiden. Selbst Darwin erkannte die Funktion dieses ästhetischen Sinns in Tieren und schrieb: „Ich gebe vollkommen zu, dass es eine erstaunliche Tatsache ist, dass die weiblichen Exemplare vieler Vogelarten und einiger Säugetiere mit einem ausreichenden Sinn dafür ausgestattet sind, was offensichtlich durch sexuelle Selektion hervorgebracht wurde; und das ist um so erstaunlicher bei Reptilien, Fischen und Insekten".[18]

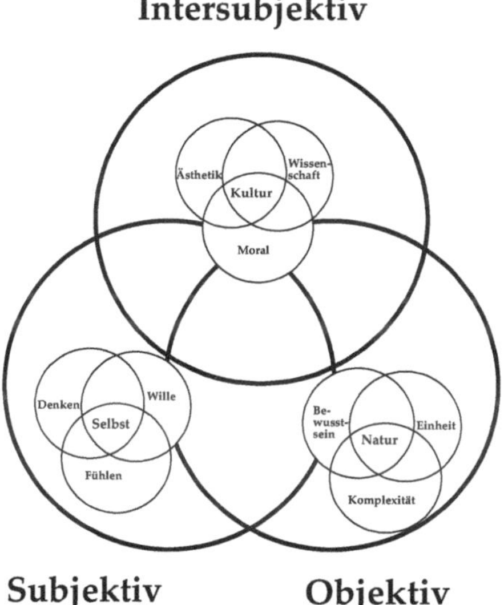

Bild 10-9: Die selbstähnlichen Muster des Kosmogenetischen Prinzips der Evolution in Natur, Selbst und Kultur.

Wie wir schon weiter oben erwähnt haben, beginnt die integrale Philosophie gerade erst mit der Untersuchung der Richtungen der Evolution. So wie die Wissenschaft der Aufklärung 300 Jahre brauchte, um die Geheimnisse des äußeren Universums zu entschlüsseln (und offensichtlich ist vieles immer noch nicht erklärt) wird es auch für das integrale Bewusstsein nur durch weitere Entwicklung möglich sein, die „Physik des inneren Universums" in größerer Fülle zu verstehen. Aber zum heutigen Zeitpunkt können wir schon beginnen, die Konturen dieses Kosmogenetischen Prinzips zu sehen, wie es in jedem Bereich der Evolution, die wir betrachtet haben, wirksam ist. Und wir können auch die selbstähnliche Qualität dieses übergeordneten evolutionären Systems in der Art und Weise erkennen, wie sie die Evolution nicht nur in jedem Bereich formt, sondern auch in der *Struktur, die in diesen Bereichen enthalten ist*. Das heißt, dass das dreifache Muster des Kosmogenetischen Prinzips als der Wirklichkeitsrahmen der integralen Weltsicht erkannt werden kann, der aus dem Verständnis von Natur, Selbst und Kultur als Ganzes besteht. Im Licht unserer Betrachtungen wird es also möglich zu sehen, wie der objektive, subjektive und intersubjektive Charakter des sich entwickelnden Universums selbst eine Reflexion des dialektischen Fortschritts der Evolution in Richtung zunehmender Vollkommenheit ist. Wie im Bild 10-9 dargestellt, können die Richtungen der Entwicklung, die in jedem *Teil* der Manifestation der Evolution in ihrer Entfaltung gesehen werden können, auch in der Natur der Evolution als *Ganzes* gesehen werden.

Wenn wir die wiederkehrenden Muster des dreifachen Kosmogenetischen Prinzips betrachten, müssen wir hervorheben, dass die Beschreibung der Evolution durch diese verschiedenen dreiteiligen Systeme nur ein Schnappschuss eines sich bewegenden, in Entwicklung befindlichen Prozesses ist. In jedem Fall ist die Natur dieser Elemente eher ein *zusammenhängendes Ganzes* als drei getrennte Teile. Aber obwohl diese Elemente immer eine systemische Einheit miteinander teilen, sehen wir in ihrer Differenzierung die Aktivität des Systems. Das Schöne, Wahre und Gute; das Objektive, Subjektive und Intersubjektive; und selbst These, Antithese und Synthese sind wie musikalische Töne innerhalb einer Oktave. Sie formen einander, sie enthalten einander in harmonischer Beziehung. Diese differenzierten Elemente sind deshalb nur wie die Noten in der Partitur; die tatsächliche Musik findet sich im Spiel des GEISTES in der Welt in seinem Streben nach Vollkommenheit in der Zeit. Das dialektische Verständnis der evolutionären Entwicklung durch die integrale Philosophie stimmt nur unser Gehör, um die Melodien im kreativen Prozess des Universums besser hören zu können.

Es ist wichtig noch einmal zu sagen, dass wir bei all unseren Versuchen, die größeren kosmologischen Strömungen unseres sich entwickelnden Universums zu verstehen, bedenken müssen, dass wir als Menschen nur schwache Andeutungen von der Rolle des GEISTES in der Evolution erahnen können. Die grundlegenden Einflüsse im Herzen des evolutionären Impulses können nicht als mechanische oder materielle Kräfte verstanden werden. Und es ist unwahrscheinlich, dass diejenigen, die diese Wirklichkeiten des GEISTES ignorieren oder bestreiten, dazu in der Lage sein werden, zu erkennen, wie eine spirituelle Schwerkraft uns zu größeren Zuständen der Vollkommenheit zieht. Aber für diejenigen, die den GEIST erfahren können, kann diese spirituelle Philosophie der Evolution als eine „natürliche Ergänzung" einer großen Vielfalt spiritueller Kosmologien dienen. Was hinter der offensichtlichen dreifachen Natur des systemischen Charakters der Evolution ist, kann von verschiedenen spirituellen Traditionen anders beschrieben werden. Aber diejenigen, die verschiedenen spirituellen Wegen folgen, können philosophische Übereinstimmung über die spirituelle Natur der Evolution finden, und das kann uns dabei helfen, die Begrenzungen eines höflichen spirituellen Pluralismus teilweise zu überwinden, und es kann uns sogar dabei helfen, Fortschritte in unseren Anstrengungen der Harmonisierung von Wissenschaft und Spiritualität zu erreichen.

Sind die Parallelen zwischen der zunehmenden *Einheit-Komplexität-Bewusstsein*, *Gefühl-Gedanke-Wille* und *Ästhetik-Wissenschaft-Moral* zu ausgefallen oder abstrakt? Wird die Entfaltung der Evolution durch die Beschreibung dieser Muster zu allgemein dargestellt? Versuche ich die erstaunliche Vielfalt und Originalität der Evolution in einfache konzeptuelle Formen zu pressen, die ein Muster suggerieren, das gar nicht existiert? Das sind immer gute Fragen, die wir stellen sollten, wenn jemand ein universelles Muster oder System zu beschreiben versucht, das von sich sagt, „die kreative Arbeit der kosmischen Energie überall und zu allen Zeiten in der Geschichte des Universums" zu erfassen. Und ich habe mir selbst diese Fragen im Laufe meiner Untersuchungen dieser größeren kosmologischen Strömungen der Evolution viele Male gestellt. Aber je mehr ich diese philosophische Erkenntnis des Kosmogenetischen Prinzips als einen Fokus des Verstehens benutze, desto sichtbarer wird das Muster durch die nützlichen Effekte seiner Anwendung.

Mögliche Anwendungen eines dialektischen Verständnisses der Evolution

Nach der Betrachtung der in Bild 10-9 dargestellten dreifachen Natur der Struktur und Funktion der Evolution mögen Sie im Geiste des Pragmatismus fragen: Wenn das wahr ist, wozu ist es dann gut? Was sind die möglichen Anwendungen dieses Aspektes der integralen Philosophie? Wie kann dieses Verständnis der dialektischen Richtungen der Evolution genutzt werden, um die Dinge tatsächlich zu verbessern?

Die offensichtlichste Anwendung der dialektischen Philosophie ist etwas, dass wir alle instinktiv im Prozess unseres In-Beziehung-Seins tun. In einer Ehe wird eine gesunde Beziehung zum Beispiel dadurch erreicht, das das gemeinsame Interesse des Paares durch die Balance der Bedürfnisse des Selbst und des Anderen gefunden wird. In einer engen Beziehung kann Pathologie entweder durch Selbstbezogenheit (zu viel These) oder Abhängigkeit (zu viel Antithese) entstehen. Deshalb kann das richtige Verhältnis zwischen Selbst und Anderem in jeder menschlichen Beziehung nur durch Bezug zum *transzendenten Sinn* der allgemeinen Gesundheit der Beziehung als Ganzes (die Synthese) gefunden werden, was letztendlich das Beste für beide Partner ist. Wenn dieser Ansatz einer gesunden Beziehung im ersten Augenblick gewöhnlich erscheinen mag und schon erkennbar scheint, ohne eine ausgefallene Philosophie zu benutzen, hilft uns die Erkenntnis, wie eine gewöhnliche Situation am größeren universellen Prozess teilhat, uns daran zu erinnern, dass wir nicht nur einen mittleren Kompromiss suchen, sondern eine verbesserte Situation, in der die beiden ursprünglichen Positionen im Prozess der Transzendierung erhoben und transformiert werden.

Aber die spannendste und lohnenswerteste Anwendung des neuen Verständnisses der Dynamiken der Evolution durch die integrale Philosophie finden wir durch die Anwendung der Entwicklungsspirale als eine Methode, um das Bewusstsein zu entwickeln. Wir haben in diesem Buch schon mehrfach gesehen, dass das Wissen vom systemischen und dialektischen Verhalten der Spirale tatsächlich unsere Augen für die Wirklichkeiten des inneren Universums öffnet. Es erlaubt uns, jede historisch bedeutsame Form des Bewusstseins sowohl im Geist unserer Nächsten als auch in den Institutionen unserer Gesellschaft eindeutig zu erkennen (zusammen mit den wahrgenommenen Lebensbedingungen, die jede dieser Weltsichten am Leben erhalten). Und mit dieser neuen Sichtweise finden wir die Kraft, in einer Weise zu handeln und zu kommunizieren, die kreative Lösungen ermöglicht. Im Abschnitt „Die Praxis des integralen Lebens – Metabolismus der Werte" des 4. Kapitels und dem Abschnitt „Die Praxis des Schönen, Wahren und Guten" im 6. Kapitel haben wir eine Vielfalt verschiedener Beispiele diskutiert.

Diejenigen, die Bedeutung auf der Ebene des integralen Bewusstseins erschaffen, werden in absehbarer Zukunft eine kleine Minderheit bleiben. Deshalb werden wir in fast jeder Situation, in der wir uns in der Welt befinden, auf andere Menschen treffen, deren Schwerpunkt in älteren Weltsichten liegt. Und in jeder dieser Situationen werden wir die Gelegenheit haben, das Bewusstsein subtil oder dramatisch zu erhöhen. Wenn wir die Werte der Spirale als Ganzes in uns aufnehmen, wenn wir beginnen, Bedeutung auf der Ebene des integralen Bewusstseins zu erschaffen, erhalten wir eine Fähigkeit, die uns hilft, die Werte anderer zu erhöhen. Diese Fähigkeit kommt aus einer verstärkten Solidarität, einer tieferen Empathie und einem größeren Mitgefühl für die Weltsichten anderer, die ein kennzeichnendes Merkmal des integralen Bewusstseins ist. Aber obwohl das integrale Bewusstsein uns hilft, empathischer zu werden, hilft es uns auch, besser unterscheiden zu können. Mit dem integralen Bewusstsein sehen wir Stagnation und Pathologie genauer und deshalb können wir „die Wahrheit" über das wirkliche Problem ansprechen – das innere Problem hinter fast jedem Konflikt. In einfachen Worten gibt uns das integrale Bewusstsein die Kraft, effektiver zu bewerten. Und das Verständnis der integralen Philosophie von den grundlegenden Werten, die wir im Herzen der Evolution finden, verstärkt diese erweiterte Fähigkeit, Werte zu sehen und mit ihnen zu arbeiten.

Wenn wir die Einzelheiten dessen erlernen, was wir bisher intuitiv gewusst haben, wenn wir den dialektischen Tanz des evolutionären Fortschreitens durch die Anwendung dieses Erklärungssystems klarer erkennen, offenbart das unvermeidlich neue Möglichkeiten für uns, um direkt an der kulturellen Evolution mitzuwirken. Diese Möglichkeiten der Verbesserung waren schon immer da, aber wir können heute, wo wir zu diesem neuen Verständnis der Evolution erwachen, beginnen, sie besser zu erkennen. Das heißt, was alle Formen des Bewusstseins wirklich brauchen, was Menschen spirituell nährt und sie sich entwickeln lässt, sind die Taten des Guten, die Lehren des Wahren und der Ausdruck des Schönen. Die geschickte Anwendung des Schönen, Wahren und Guten entwickelt jede Situation weiter. Und die Werte des Schönen, Wahren und Guten können am geschicktesten angewendet werden, wenn wir erkennen, wie sie in einem dialektischen System zusammenwirken. Wenn wir deshalb die integrale Philosophie dazu benutzen zu erkennen, wie jeder Konflikt eine transzendierende Synthese enthält, die darauf wartet, erreicht zu werden, dann praktizieren wir die Methode des integralen Bewusstseins.

Aber es gibt noch eine weitere Anwendung dieses Verständnisses der Richtungen der Evolution, die nicht so sehr als Methode oder Mittel dient, sondern vielmehr ein Ziel für sich ist. Durch die Anwendung dieser evolutionären Philosophie des Guten, Wahren und Schönen, können wir die tiefe Spiritualität im Herzen des Entwicklungsprozesses des Universums erahnen. Und wenn wir selbst sehen, wie die Grundmuster der Evolution durch das Bedürfnis des GEISTES nach Vollkommenheit geformt sind, dann führt das zu einer spirituellen Erfahrung, die in der Tat ein Ziel in sich selbst ist. Aber diese spirituelle Erfahrung der heiligen Natur der Evolution ist nicht nur eine flüchtige Erleuchtung. Wenn wir uns mehr und mehr mit diesen evolutionären Strömungen der Entwicklung verbinden, indem wir das Schöne, Wahre und Gute in unserem Leben praktizieren, wird sich unsere spirituelle Erfahrung der vervollkommnenden Sinnhaftigkeit der Evolution ständig vertiefen.

Appendix A

Ein Vorschlag für integrale Global Governance

Dieser Appendix ergänzt die Ausführungen über integrale Politik aus dem 5. Kapitel und gibt ein kurzes aber spezifisches Beispiel, welche Struktur die Konstitution einer Weltföderation annehmen könnte, wenn sie von den Einsichten der integralen Philosophie informiert ist. So wie das Wissen der Aufklärung benutzt wurde, um die verfassungsmäßigen Strukturen der USA und anderer Demokratien zu begründen, kann auch die integrale Philosophie für die wichtige Aufgabe benutzt werden, mögliche Strukturen für die Konstitution einer Weltföderation zu gestalten. Aber trotz der Tatsache, dass das integrale Denken einiges Licht in dieses Thema bringen kann, nähere ich mich dieser Frage mit etwas Zurückhaltung, denn eine angemessene und gründliche Behandlung einer „integralen konstitutionellen Theorie" würde selbst ein umfangreiches und schwieriges Buch füllen. Trotzdem habe ich mich entschieden, die Konturen dieses besonderen Vorschlags zu beschreiben, denn indem wir das tun, erkennen wir einige der schwierigen Fragen, denen sich eine Weltföderation gegenübersieht. Und je früher wir mit diesen Themen umgehen können, desto näher kommen wir diesem nächsten wichtigen Schritt in der Entwicklung der menschlichen Gesellschaft. Es gibt sicher andere integral informierte konstitutionelle Strukturen, die möglich sind und für eine Weltföderation verwendet werden könnten, und ich bin offen dafür, wenn sie zu Frieden, Gerechtigkeit, Freiheit, Umweltschutz und Möglichkeiten kultureller Evolution führen.

Im 5. Kapitel berührten wir die grundlegenden Konturen und Ziele einer integralen Weltföderation, die gegründet werden würde, um eine demokratische Übersicht über die globale Wirtschaft zu ermöglichen, die Umwelt zu schützen, eine universelle Verfassung der Menschenrechte zu begründen, kulturelle Vielfalt zu bewahren und letztendlich Kriege, Krankheit und Armut zu beenden. Nach einer kurzen Beschreibung, wie eine Weltföderation nach und nach implementiert werden könnte, werde ich den Rest dieses Kapitels argumentieren, dass diese neue Form globaler politischer Organisation mit der Entstehung der integralen Weltsicht in der entwickelten Welt erreichbar, sicher und wünschenswert geworden ist. Aber für unsere Ziele in den Ausführungen in diesem Appendix werde ich nicht weiter über die Vorteile solch eines Systems sprechen, sondern eine besondere Empfehlung geben, wie die Struktur solch einer Regierung organisiert sein könnte. (Für diejenigen, die an ausführlicheren Argumenten für eine Weltföderation interessiert sind, gebe ich einige Hinweise in einer Schlussbemerkung.)[1]

Die Idee einer Weltregierung wurde zum ersten Mal von dem großen italienischen Dichter Dante Alighieri im 13. Jahrhundert vorgeschlagen. Seitdem wurde sie von historisch bedeutenden Menschen – von Immanuel Kant bis zu Albert Einstein – befürwortet.[2] Die Idee erreicht den Höhepunkt ihrer Popularität kurz nach dem Zweiten Weltkrieg, als Organisationen für eine Weltföderation Hunderttausende Mitglieder zählten, einschließlich ganzer Forschungsbereiche an Universitäten. Der Sinn einer Weltföderation war sogar ein landesweites Diskussionsthema an den Highschools der USA. Aber mit dem Beginn des Kalten Krieges in den 1950er Jahren verlor die Bewegung für eine Weltföderation an Schwungkraft. Trotzdem gab es seit den 1940er Jahren Akademiker und Aktivisten, die in einem modernen Bewusstsein zentriert waren, die weiterhin spezifische Vorschläge für eine globale Konstitution gegeben haben. Viele dieser Vorschläge konzentrierten sich auf Möglichkeiten, die Charta der Vereinten Nationen zu reformieren und zu erweitern, um den gegenwärtigen *Staatenbund* der Vereinten Nationen zu einer *regierenden* UNO mit einer wirkungsvollen übergeordneten Machtposition zu machen. Andere moderne Vorschläge für eine Weltföderation sprechen sich für die Schaffung einer vollkommen neuen globalen rechtlichen Einrichtung aus, die die UNO ablösen sollte. Zusätzlich zu der Vielzahl akademischer Vorschläge, die versuchten die Eliten der Außenpolitik zu überzeugen, gab es auch einige Basis-Bewegungen für eine globale Konstitution, die aus einer spezifisch postmodernen Perspektive kamen. Viele dieser konstitutionellen Vorschläge haben ihren Wert, aber keiner von ihnen hat angemessen auf die zentrale Frage antworten können, wie die Vielzahl der Bewusstseinsebenen, die es derzeit in der Welt gibt, in effektiver und fairer Weise integriert werden können.

Andere Denker, die sich mit der zukünftigen Entwicklung von Global Governance beschäftigt haben, sind der Meinung, dass solch ein System nicht in einer formellen Art und Weise durch die Ratifizierung einer Verfassung oder Institution vonstattengehen wird, sondern durch graduelle Zunahme von Verträgen, Nicht-Regierungs-Organisationen, Handelsabkommen und globaler wirtschaftlicher Institutionen. Aber obwohl eine stärkere Zunahme themenspezifischer globaler Systeme im Allgemeinen eine positive Entwicklung ist, glaube ich nicht, dass wir die vollen Vorteile einer Weltföderation (wie oben beschrieben) erreichen können, ohne dass wir wirkungsvoll eine demokratisch begründete globale Gesetzgebung mit Rechtsprechung über individuelle Personen implementieren. Auch wenn solch eine Rechtsprechung über Individuen durch das Mandat einer eingeschränkten Regierungsautorität begrenzt ist (indem nationale Rechtsysteme zum großen Teil erhalten bleiben und die Autorität der Weltföderation streng auf globale Fragen beschränkt bleibt), müssen die Nationalstaaten einen Teil ihrer heute uneingeschränkten Souveränität aufgeben, damit eine globale Gesetzgebung wirkungsvoll sein kann. Und die einzige Möglichkeit, dass die Nationalstaaten einen Teil ihrer Souveränität abgeben werden, ist ein Szenario, in dem ihre abgegebene Souveränität in einer höheren Autorität neu gewürdigt wird. Das heißt, um die strahlende Verheißung einer Welt ohne Krieg, Unterdrückung, Umweltzerstörung oder menschlichem Leiden erfüllen zu können, muss eine Weltföderation angemessen bestärkt werden – *bestärkt* von der übergeordneten Autorität in der Gesetzgebung durch eine demokratisch begründete globale Konstitution.

Einer der großen Vorteile, der sich ergibt, wenn man die Macht durch die Entstehung einer globalen Konstitution „nach oben verschiebt", ist die Möglichkeit, auch mehr Macht „nach unten zu verschieben". Wir wissen das, weil es genau das war, was in der Europäischen Union passiert ist. Als die Nationalstaaten Europas einen Teil ihrer Souveränität an die EU abgaben, ermöglichte das die Wiederentstehung kleinerer politischer Entitäten wie Schottland und Katalonien. Langjährige Machtkämpfe, die notwendig waren, um die nationalen Grenzen zu schützen, werden immer unwichtiger, wenn solche kleinen Staaten in einer größeren demokratischen Entität wie der EU geschützt sind. In ähnlicher Weise wird es durch die Einführung einer Weltföderation für die Nationalstaaten möglich, Macht sicher nach oben zu verschieben, und das macht es dann für die Weltföderation einfacher, Macht sicher nach unten zu verschieben, sodass sie näher bei den Menschen ist. Und wenn solch ein Programm lokaler Unterstützung unter der Anleitung des integralen Denkens durchgeführt würde, könnte das dazu dienen, die traditionellen Kulturen zu stärken und ihnen zu helfen, schneller ihre eigene ursprüngliche Form einer modernen Kultur zu entwickeln – die Art von selbstgeschaffener Moderne, die die Einzigartigkeit und den evolutionären Genius ihrer eigenen Version des Traditionalismus ergänzen und erhalten würde.

Eine wichtige Schutzvorrichtung für die größere Unterstützung der traditionellen Kulturen würde die Begründung einer universellen Verfassung der Menschenrechte durch eine Global Governance sein, die sichergehen würde, dass neu entstandene Regierungen nicht die Rechte ihrer Bürger missachten. So wie die Basisgrundsätze der Verfassung der USA die Grundrechte der Bürger garantieren und die untergeordneten Regierungen der einzelnen Staaten davon abhalten, ihre Bürger zu diskriminieren, so würde auch eine universelle Gesetzgebung der Menschenrechte als eine Schutzvorrichtung dienen, die es erlauben würde, kleinere regionale Regierungen besser zu kontrollieren. Letztendlich wird die Möglichkeit, sicher „Macht nach unten zu verschieben", die durch eine Weltföderation erfüllt werden kann, solch einen Vorschlag für Menschen, die in einem traditionellen Bewusstsein zentriert sind, akzeptabler erscheinen lassen, denn es würde ihnen erlauben, einen Grad an ethnischer und politischer Identität zu bewahren, die heute vielen von ihnen in einem internationalen System miteinander konkurrierender Nationalstaaten verwehrt bleibt.

Obwohl die Europäische Union ein gutes gegenwärtiges Beispiel für die erfolgreiche Implementierung einer übernationalen Organisation ist, wird eine Weltföderation mit Problemen konfrontiert sein, mit denen sich die EU noch nicht auseinandersetzen musste. Aber diese Probleme werden nur dann eindeutig sichtbar, wenn wir erkennen, wie das Bewusstsein über die Spirale der Entwicklung verteilt ist. Das heißt, die EU ist eine föderale Union, die aus Nationen gebildet wurde, die zum großen Teil schon demokratisch waren. Die europäische Bevölkerung ist zudem recht weit entwickelt und deshalb hat ihre Verbindung keine Störung der sozialen Struktur des Kontinents verursacht. Aber wenn wir darüber nachdenken, was es bedeuten würde, eine Union zu gründen, die große Bevölkerungen der Dritten Welt mit einschließt, können wir aus der integralen Perspektive sehen, dass ein einfaches System nach dem Muster „Ein Mensch – Eine Wahlstimme" sehr große Probleme zur Folge hätte. Wenn globale Gesetze von einem gesetzgebenden Parlament beschlossen würden, das nur nach Bevölkerungsanzahl gewählt würde, dann würde das die Macht an die großen Bevölkerungen der Dritten Welt übergeben. Und weil diese Bevölkerungen zumeist noch im traditionellen Bewusstsein zentriert sind, würde die ethnozentrische Moral, die im Allgemeinen diese Entwicklungsebene kennzeichnet, einige sehr einseitige Gesetze hervorbringen. Deshalb ist eine große Herausforderung für jede zu gründende globale demokratische Regierung ein bestimmtes Maß an Sicherheit und Isolierung der modernen Ökonomien und der modernen und postmodernen Kulturen von den viel größeren Bevölkerungen zu gewährleisten, die in einem traditionellen Bewusstsein und darunter zentriert sind.

Wie sich in den abnehmenden Bevölkerungen von Europa und Japan und der stabilen Bevölkerung der USA (ohne Immigration) zeigt, haben Menschen, die in modernen Kulturen leben, im Allgemeinen weniger Kinder als jene, die in traditionellen Kulturen leben. Obwohl wir erwarten können, dass mit der Entwicklung der traditionellen Kulturen diese auch weniger Kinder haben werden, würde es Jahrzehnte dauern, bevor die Mehrheit der Welt sich zur modernen Ebene und darüber entwickelt hat. Aber wir sehen uns in diesem Jahrhundert mit einer ganzen Reihe globaler Gefahren konfrontiert. Deshalb müssen wir einen Weg finden, um ein System der globalen Gesetzgebung zu begründen, das durch und durch demokratisch ist, aber das auch der Ungleichheit der kulturellen Entwicklung in der heutigen Welt gerecht wird.

Das *Grundprinzip* der integralen Weltsicht – das Prinzip, das erkennt, dass jede Stufe der Entwicklungsspirale unterstützt und respektiert werden muss – sagt aus, dass jede Stufe kultureller Entwicklung einen bestimmten Grad von Schutz braucht. Die empfindlichen Lebensformen der Stammeskulturen müssen geschützt und bewahrt werden (und gleichzeitig müssen die individuellen Menschenrechte geschützt werden), ansonsten werden sie zerstört und gehen in den Angriffen der Globalisierung verloren. Kriegerkulturen müssen vor sich selbst geschützt werden, besonders diejenigen Kulturen, die zunehmend moderne Waffen anhäufen. Traditionelle Kulturen müssen vor der vollständigen Entmachtung durch die Moderne und Postmoderne geschützt werden. Das heißt, die Integrität dieser alten Weltsichten erfordert es, dass ihre Gesetze, Gewohnheiten, Kosmologien und Lebenswege von der größeren entstehenden globalen Kultur respektiert werden. Wenn diese Gesellschaften sich respektiert fühlen, wenn ihre innere Legitimität von weiter entwickelten Gesellschaften anerkannt wird, dann hilft das diesen Gesellschaften, *offen zu bleiben für weitere Evolution*. Zudem unterstützt es sie darin, die Verhältnisse zu schaffen, die es erlauben, dass nach und nach ihre eigenen Formen der Moderne entstehen. Wie wir sehen können, ist es sehr wichtig, dass wir diese Art von Schutz für die traditionellen Kulturen ermöglichen, denn wenn diese Kulturen von Zerstörung bedroht sind, dann sind sie nicht länger Brutkästen der Moderne, sondern beginnen Angst und aufgepeitschten Hass gegen alles Moderne zu empfinden, wie es in vielen islamischen Ländern geschehen ist.

Eine integrale Weltföderation könnte diese früheren Stufen wirkungsvoll schützen und gleichzeitig die Moderne und Postmoderne vor Regression bewahren, indem sie einen abgestuften Ansatz in der Mitgliedschaft der Weltgemeinschaft implementiert. Die Voraussetzung dafür, dass ein Nationalstaat ein vollständiges Mitglied sein kann und dessen Bürger volles Wahlrecht (politisch und ökonomisch) erhalten, muss ein bestimmter Grad von modernem Bewusstsein in der Bevölkerung dieses Staates sein. Es wäre dumm zu versuchen eine Weltföderation gleichwertiger demokratischer Staaten zu schaffen, die gleichermaßen Staaten aufnehmen würde, die noch nicht demokratisch sind. Das heißt aber nicht, dass den prä-demokratischen Staaten die Mitgliedschaft in der Weltföderation verwehrt würde, aber es bedeutet, dass diese Traditionellen als Mitglieder auf Probe geschützt würden. Dabei würden sie den grundlegenden Schutz und die Privilegien erhalten, gleichzeitig aber isoliert bleiben, damit sie ihre eigne Form von Moderne entwickeln können (wann immer sie soweit sind). Wie würden solche Schutzmaßnahmen in fairer Weise implementiert werden? Nun, der Schlüssel wäre eine Erweiterung der fundamentalen Genialität der modernen Demokratie – die Gewaltenteilung. Die hier vorgeschlagene Struktur einer Weltföderation ermöglicht demnach eine Gewaltenteilung in Exekutive (ausführende Gewalt), Legislative (Gesetzgebung) und Judikative (Rechtsprechung). Aber diese hier vorgeschlagene konstitutionelle Struktur ermöglicht auch eine andere Gewaltenteilung, eine, die die drei grundlegenden Interessengruppen von Bevölkerung, Nationalstaaten und Ökonomien berücksichtigt.

Wie im Bild A-1 dargestellt, erkennt diese hier vorgeschlagene Konstitution einer integralen Weltföderation, dass jede dieser Interessengruppen – Bevölkerungen, Nationalstaaten und Ökonomien – angemessen repräsentiert sein muss, damit Global Governance wirksam sein kann. Im Zwei-Kammer-System der USA sind die Bevölkerungen und die Regierungen der Staaten in der Legislative vertreten; in diesem Vorschlag wird ein „Drei-Kammer-Parlament" empfohlen (zusammen mit einem Drei-Kammer-Gerichtshof und einer Drei-Kammer-Exekutive), damit die dritte wichtige Interessengruppe der Ökonomie einen angemessenen Schutz und eine angemessene Vertretung findet. Diese Drei-Kammer-Struktur hat deshalb zum Ziel: 1) demokratische Vertretung für alle Menschen in der Föderation zu schaffen und gleichzeitig zu verhindern, dass Länder mit größeren Bevölkerungen die Regierung kontrollieren und den Wohlstand zu ihren Gunsten verteilen; 2) ökonomischen Interessen eine separate aber legitime Stimme in der Regierung zu geben und so den Anreiz zu verringern, zu versuchen mit diesen Interessen die anderen Zweige zu korrumpieren, wie es zum Teil in den USA geschehen ist, und 3) eine dreifache „Gewaltenteilung" zu erreichen – eine Form von Teilung, die ein Kontroll-und Balancesystem zwischen den Zweigen der Regierung selbst und eine weitere Form der

Teilung, die ein Kontroll-und-Balancesystem zwischen den konkurrierenden Interessengruppen der Bevölkerungen, Nationalstaaten und ökonomischen Interessen gewährleistet.

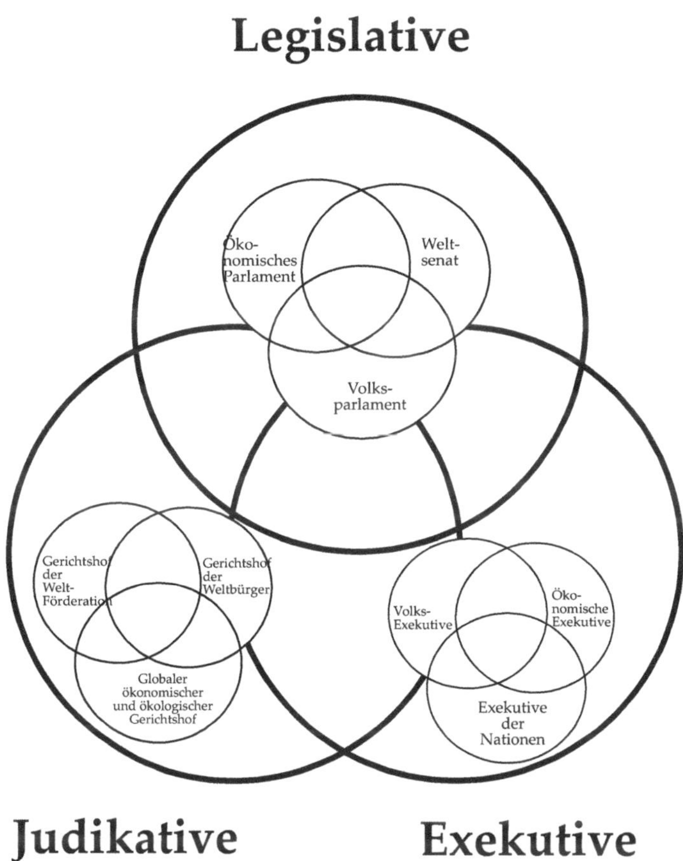

Bild A-1. Ein Vorschlag für eine Struktur für eine förderale Integrale Weltregierung, die nach dem ‚Kosmogenetischen Prinzip', wie in Kapitel 10 beschrieben, gestaltet wurde.

Eine Regierung, die demokratische Vertretung für ökonomische Interessen gewährleistet, mag auf den ersten Blick als unfair erscheinen, aber jede realistische Einschätzung der Welt wird erkennen, dass die Evolution der Zivilisation zumindest teilweise auf ökonomischer Entwicklung beruht. Und heute, zu Beginn des 21. Jahrhunderts, entsteht Macht aus wirtschaftlicher und militärischer Überlegenheit. Und obwohl eine Global Governance richtigerweise militärische Überlegenheit als Basis von Macht in der Föderation überwinden sollte (was bedeutet, dass alle Mitglieder nach und nach abrüsten), kann sie die Vertretung ökonomischer Interessen innerhalb der demokratischen Weltregierung nicht ablehnen, weil das in kürzester Zeit der Weltwirtschaft großen Schaden zufügen würde. Und eine Zerstörung der modernen Ökonomien würde unvermeidlich zum Zusammenbruch von großen Teilen der modernen und postmodernen Kultur führen.

Solange das Bewusstsein in der Welt über die Entwicklungsspirale verteilt ist, werden öffentliche Systeme der Verteilung von Wohlstand nicht nachhaltig sein. Der Wohlstand könnte vielleicht kurzzeitig umverteilt werden, aber es würde nicht lange dauern, bis die reichen Länder wieder reich und die armen Länder wieder arm wären. Der Grund dafür ist, dass ökonomische Entwicklung kaum der Bewusstseinsentwicklung folgt. Das moderne Bewusstsein, das in der juristischen Umgebung des freien Marktes arbeitet, schafft den größten Teil des Wohlstandes moderner Gesellschaften. Ohne ein ausreichendes Maß an modernem Bewusstsein ist eine Wirtschaft der entwickelten Welt nicht aufrechtzuerhalten. Bevor also die Dritte Welt so viel Wohlstand erreichen kann wie die entwickelte Welt, muss das Bewusstsein und die Kultur dieser Völker genährt und kultiviert werden, und diese Bevölkerungen müssen auch vom immer noch wirksamen Erbe des Kolonialismus und der ökonomischen Ausbeutung durch die reicheren Länder geschützt werden. Bis die kulturellen Strukturen des traditionellen Bewusstseins in der Dritten Welt gesund genug sind, um ihre eignen Formen der Moderne hervorzubringen, wird die freie Marktwirtschaft allein nicht die Art von Evolution in diesen Gesellschaften hervorbringen, die zu größeren Rechten und Freiheiten führt. Wenn also die Welt (oder zumindest ein großer Teil davon) in einer föderalen Union zusammenkommt, müssen den evolutionären Ungleichheiten im Bewusstsein und den Ungleichheiten in Bezug auf den Wohlstand genug Raum der Trennung gegeben werden, um zu verhindern, dass der natürliche Verlauf der Evolution gestört wird und um die damit einhergehende Regression zu vermeiden, die unvermeidlich folgen würde, wenn eine globale Demokratie ohne solche Schutzmechanismen aufgebaut werden würde.

Bei diesem Vorschlag hätte jede Interessengruppe ihre eigenen Grundrechte: Es gäbe ein internationales Abkommen über die Menschenrechte, die jeden Bürger der Föderation schützen würde; ein Abkommen über die Rechte des Staates, das die Rechtsprechung der Weltföderation begrenzen würde und die Macht der Nationalstaaten bei eigenen Angelegenheiten bewahren würde, und es gäbe ein Abkommen über ökonomische Rechte, das Privatbesitz schützen und einen relativen Grad an Freiheit für ökonomische Institutionen sichern würde. Aber zusätzlich zu den Grundrechten für jede Interessengruppe würde diese hier vorgeschlagene Konstitution auch ein Abkommen über die Verantwortlichkeiten enthalten, die die positiven Verpflichtungen jeder Gruppe gegenüber allen anderen und der Weltföderation als Ganzes beschreiben würde.

Wie im Bild A-1 dargestellt, würde der legislative Zweig dieser hier vorgeschlagenen Konstitution aus drei Parlamenten bestehen. Das öffentliche Parlament der Vertreter würde direkt von den wahlberechtigten Menschen der Föderation in einer Form gewählt, die nicht von nationalen Grenzen eingeschränkt wird und in der jeder Bürger eine Wahlstimme hat. Die Kammer der Legislative, die den Nationalstaaten vorbehalten ist, wäre der Weltsenat, und seine Mitglieder würden von den nationalen Regierungen in der Föderation bestimmt, so wie die Nationen heute ihre Vertreter bei der Generalversammlung der UNO bestimmen. Und das ökonomische Parlament würde durch wahlberechtigte Interessenvertreter, wie zum Beispiel Investoren, Arbeitnehmer, Manager, Kleinunternehmer, Konsumenten und Umweltaktivisten bestimmt.

Das Gesetz, auf das sich diese drei legislativen Parlamente berufen können, würde von einer Drei-Kammer-Judikative beschlossen und interpretiert, die aus drei Gerichtshöfen bestehen würde. Der erste Gerichtshof würde globale ökonomische Fragen und Umweltthemen behandeln, der zweite Gerichtshof würde sich mit den internationalen Menschenrechten beschäftigen und der dritte Gerichtshof hätte die Aufgabe Konflikte zwischen Nationalstaaten zu schlichten und die gerichtlichen Grenzen der globalen Rechtsprechung aufrechtzuerhalten. Eine integral informierte Rechtsprechung wird eine besonders wichtige Rolle dabei spielen, die Voraussetzungen für eine nachhaltige ökonomische Entwicklung zu schaffen und zu bewahren und gleichzeitig die globale Umwelt zu schützen. Die integralen Juristen würden die empfindliche Ökologie der Märkte verstehen und die Bedürfnisse lokaler und globaler Ökonomien; aber auf der andern Seite würden diese Richter diese Überlegungen natürlich mit den grundlegenderen Überlegungen bezüglich der empfindlichen Umwelt unseres Planeten ausgleichen. Es wird in der Tat immer klarer, dass Umweltschutz ein Thema auf globaler Ebene ist, das nur von globalen Gesetzen – die angewendet werden, um das globale Gemeingut vor ökonomischer Ausbeutung und Zerstörung zu schützen – wirkungsvoll behandelt werden kann.

Wie die rechtsgebenden und gerichtlichen Zweige dieser hier vorgeschlagenen integralen Weltföderation würde der exekutive (oder ausführende) Zweig auch aus einem Komitee aus drei Weltexekutiven bestehen: eine Exekutive der Menschen, eine Exekutive der Nationen und eine ökonomische Exekutive. Jedes legislative Parlament würde die entsprechende Exekutive für einen Zeitraum von vier Jahren wählen – die ökonomische Exekutive würde vom ökonomischen Parlament gewählt, die Exekutive der Nationen vom Weltsenat und die Exekutive der Menschen vom öffentlichen Parlament der Vertreter. Aber anders als bei den rechtsgebenden und gerichtlichen Zweigen, die vor allem auf ihre eigenen Einflusssphären achten würden, würde das Komitee der drei Weltexekutiven mit der Förderung des integralen Grundprinzips beschäftigt sein. Das heißt, die Funktion des Komitees der Weltexekutive wäre, für die allgemeine Evolution der Weltzivilisation zu wirken, in der Weise, wie solch eine Ausrichtung von den Einsichten der integralen Weltsicht erklärt wird.

In der Praxis würde das heißen, dass der exekutive Zweig daran arbeiten würde, die Interessen des Gemeinwesens und des Individuums auszugleichen – manchmal wird das bedeuten, die Transzendierung zu fördern, und manchmal die Einbeziehung. Wenn zum Beispiel die überwiegende Mehrheit der Menschen in einer bestimmten Kultur sich darauf einigen würde, einen religiösen Staat zu schaffen (oder wahrscheinlicher zu bewahren), der auf einem traditionellen Bewusstsein basiert und an den Regeln ihrer heiligen Schrift ausgerichtet ist, würde das integrale Grundprinzip vorschreiben, dass dieser Gruppe die Autonomie gegeben wird, solch einen Staat zu gründen. Aber was passiert, wenn solche religiösen Gesetze mit dem Abkommen über die internationalen Grundrechte in Konflikt kommen? Diese zwei Interessen würden vielleicht dadurch ausgeglichen, dass die Menschen in solch einem religiösen Staat die Möglichkeit hätten, auszureisen und in einer entwickelteren Kultur zu leben. Sicher würden einige dieser Konflikte von den Weltgerichtshöfen gelöst werden müssen und einige Kompromisse würden vielleicht von der Weltlegislative in neue Gesetze aufgenommen. Aber um es noch einmal zu sagen, die Aufgabe des exekutiven Zweiges wäre es, aktiv die allgemeine Gesundheit des dynamischen Systems, das wir als Entwicklungsspirale von Bewusstsein und Kultur erkennen, aktiv zu fördern.

Zu diesem Zweck hat jede der drei Exekutiven (oder Verwaltungen) möglicherweise ihr eigenes „Kabinett des Bewusstseins" – ein Komitee von Beratern, von denen jeder eine andere Stufe der Entwicklungsspirale vertritt. Diese Kabinettsmitglieder könnten dafür verantwortlich sein, bestimmte Themen einzelner Menschen und Kulturen auf ihrer jeweiligen Entwicklungsebene in der Welt zu behandeln. Sie könnten aber auch als Anwälte der bleibenden Verdienste der früheren Entwicklungsstufen dienen, die in transzendierter Form in weiter entwickelten Gesellschaften immer noch existieren. So könnte ein Berater von der Stammesebene des Bewusstseins nicht nur als Anwalt den Interessen der verbliebenen Stammeskulturen der Welt dienen, er oder sie könnte auch als ein Anwalt des Familienlebens und der bleibenden Notwendigkeit von gesunden Formen des Stammesbewusstseins auftreten, das zur Loyalität gegenüber der Familie und zu Verwandtschaftsbeziehungen innerhalb der modernen und postmodernen Kulturen beiträgt. In ähnlicher Weise könnte ein Berater von der Kriegerebene des Bewusstseins nicht nur Respekt für die Kriegerkulturen der Welt einfordern, er oder sie könnte auch für die Akzeptanz von gesunden Formen von Kriegerbewusstsein unter der Jugend der entwickelten Nationen eintreten.

Die hier vorgeschlagene Struktur, wie sie im Bild A-1 gezeigt wird, ist von der integralen Philosophie informiert, weil sie versucht, das integrale Grundprinzip zu erfüllen, indem sie die Gesundheit der Entwicklungsspirale erhält und die evolutionären Möglichkeiten für jeden offen hält, unabhängig von der Entwicklungsebene. Diese Struktur versucht, die Bedürfnisse der modernen und postmodernen entwickelten Welt mit den Bedürfnissen der traditionellen Dritten Welt zu harmonisieren. Und diese Machtbeziehungen sind nicht nur vom Standpunkt des integralen Bewusstseins geschaffen, die Form der Struktur dieser hier vorgeschlagenen Global Governance selbst ist auch in einer Weise geschaffen, um das Verständnis der integralen Philosophie von den Grundmustern der Evolution widerzuspiegeln. Erinnern Sie sich, dass ich in der Betrachtung der „Richtungen der Evolution" im 10. Kapitel gezeigt habe, dass die „Großen Drei" Bereiche der objektiven, subjektiven und intersubjektiven Evolution jede das dreifache „Kosmogenetische Prinzip" in ihrer eigenen Weise zum Ausdruck bringen. Die objektive Evolution der biologischen Organismen ist charakterisiert von einer Zunahme von Einheit, Komplexität und Bewusstsein; die subjektive Evolution des menschlichen Bewusstseins schreitet durch die Entwicklung von Gefühl, Gedanke und Wille fort; und in der intersubjektiven Evolution der menschlichen Kultur können wir die drei grundlegenden Wertsphären der Ästhetik, Wissenschaft und Moral erkennen. Diese hier vorgeschlagene konstitutionelle Struktur versucht deshalb, diese „Drei-in-Drei"-Struktur widerzuspiegeln, die das selbstähnliche und gleichbleibende Muster ist, das in der Anordnung aller evolutionären Entwicklung durch das Kosmogenetische Prinzip sichtbar wird. Ich habe deshalb versucht, die Einsichten der integralen Philosophie zu benutzen, um sowohl die *Funktion* als auch die *Struktur* dieser hier vorgeschlagenen Weltföderation durch die „natürliche Struktur der Evolution" als Modell für ihre grundlegende Form zu gestalten.

Wie schon zu Beginn dieser Betrachtung erwähnt, mag es verfrüht oder sogar falsch sein, zu diesem Zeitpunkt spezifische konstitutionelle Strukturen für eine integrale Weltföderation vorzuschlagen. Es gibt offensichtlich viele Einzelheiten und wichtige Mechanismen, die wir nicht untersucht haben. Aber letztendlich ist es trotz der Begrenzungen und Mängel solch eines flüchtigen Vorschlags wichtig, jetzt zu beginnen, diese Themen zu definieren und zu diskutieren, auch wenn die meisten von uns nicht lang genug leben werden, um die Implementierung dieser Strukturen noch zu erleben. Und selbst wenn Sie mit diesem spezifischen Vorschlag nicht übereinstimmen, werden Ihre Überlegungen über diese Themen vielleicht dazu führen, eine bessere konstitutionelle Struktur zu finden. Aber zusätzlich zu diesem Vorschlag für die Zukunft habe ich auch ein gemäßigtes Programm für die Gegenwart formuliert – eine Online-Petition für integrale Global Governance. Diese Petition, die im Jahre 2004 begründet wurde und den formellen Titel „Eine Erklärung für den Wert von Global Governance" trägt, kann online unter www.integralworldgovernment.org gefunden werden. Der Text dieser Erklärung, die im Bild A-2 wiedergegeben und nach dem Vorbild von Thomas Jeffersons Unabhängigkeitserklärung formuliert ist, benennt die bleibenden Werte jeder Stufe der Entwicklungsspirale. Die Liste der „bleibenden Werte" beginnt mit den „Verwandtschaftsbeziehungen" der Stammesebene des Bewusstseins (mit einem erweiterten Verständnis dieser Werte, um die Menschheitsfamilie mit einzuschließen) und bewegt sich durch die Abfolge der Entwicklung bis zum Wert des integralen Grundprinzips, das vielleicht der „bleibendste Wert" der integralen Weltsicht als Ganzes ist. Diese Petition gibt also Menschen die Möglichkeit, sich zu engagieren, indem sie die Petition unterzeichnen und indem sie online in der wachsenden Gemeinschaft derer mitwirken, die die dringende Notwendigkeit einer Weltföderation erkennen, die von den Werten des integralen Bewusstseins und dem Grundprinzip der Evolution geleitet wird.

Eine Erklärung für den Wert von Global Governance

WIR halten diese Wahrheiten für selbstverständlich:

- Die Welt kann durch die Evolution von Bewusstsein und Kultur zu einem besseren Ort werden.

- Wir sind alle dafür verantwortlich, Fürsorge und Mitgefühl gegenüber anderen Menschen und den natürlichen und kulturellen Umwelten, in denen wir leben, zum Ausdruck zu bringen.

- Um diese Verantwortung zu erfüllen und die Errungenschaften des Weltfriedens, der Gerechtigkeit und des Wohlstands zu sichern, brauchen wir eine neue Form von Global Governance, die ihre rechtmäßige Macht durch die Zustimmung der Teilnehmenden erhält.

- WIR, die freien Menschen des Planeten Erde, sprechen uns deshalb für die Notwendigkeit eines Systems von Global Governance aus, die auf den Werten des integralen Bewusstseins gründet. Dies sind unter anderem:

  Der Wert der universellen menschlichen Familie;
  Der Wert der individuellen Freiheit und persönlichen Autonomie;
  Der Wert der Bescheidenheit, Ehrlichkeit und des Respektes gegenüber Traditionen;
  Die Werte des Fortschritts, des Wohlstands und der ökonomischen Entwicklung;
  Die Werte des Multikulturalismus, Umweltschutzes und Egalitarismus;
  Der Wert der Evolution als Ganzes – das System, durch das sich Individuen und Gesellschaften entwickeln.

- WIR, die Unterzeichner, erklären hiermit öffentlich unsere ernsthafte Absicht, uns für eine begrenzte, demokratische, föderale, integrale Weltregierung einzusetzen, sodass wir durch diese Organisation beginnen können, die globalen Probleme von Krieg, Hunger, Armut, Krankheit, Ungerechtigkeit, Terrorismus, Umweltzerstörung, unkontrollierter wirtschaftlicher Globalisierung, Unwissenheit und Verzweiflung zu lösen.

Bild A-2: Der Text der Online-Petition mit dem Titel „Eine Erklärung für den Wert von Global Governance".

Appendix B

Überlegungen zu Wilbers Vier-Quadranten-Modell der Evolution

Dieser Appendix beginnt dort, wo wir im 8. Kapitel im Abschnitt „Die integrale Landkarte der Wirklichkeit" aufgehört haben. Diese erweiterte Betrachtung ist deshalb notwendig, weil Ken Wilber, der führende integrale Theoretiker der Gegenwart, dieses Quadranten-Modell der sich entwickelnden Holons zum Zentrum seiner Philosophie gemacht hat, und das hat dazu geführt, die integrale Weltsicht für viele Menschen in einer Weise zu definieren, in der sie notwendigerweise ein auf den vier Quadranten beruhendes Verständnis der Wirklichkeit voraussetzt.

Wie wir im 2. und 8. Kapitel untersucht haben, erreicht die integrale Philosophie ihren evolutionären Fortschritt dadurch, dass sie einen erweiterten Wirklichkeitsrahmen anbietet, der das innere Universum des Bewusstseins und der Kultur leichter erkennbar und verständlich macht. Und Wilbers Quadranten-Modell war ein erster wichtiger Schritt in der Formulierung dieses neuen Verständnisses des inneren Universums. Das heißt, das Quadranten-Modell ist in bestimmten Aspekten auf jeden Fall gültig und es ist zweifellos wichtig, das Innere und Äußere der individuellen und kollektiven Dimensionen der Evolution zu erkennen (wie wir es im 10. Kapitel getan haben). Aber wie ich im 8. Kapitel erklärt habe, enthält das Quadranten-Modell bestimmte Verzerrungen und Schwächen, die verhindern, dass es als zentrale Grundlage des Wirklichkeitsrahmens der integralen Philosophie dienen kann.

Wie durch die Argumente in diesem Appendix gezeigt werden wird, erhöht Wilbers Modell die von Menschen geschaffenen Artefakte auf eine Ebene mit natürlichen Holons, weil er auf einem besonderen „interobjektiven" äußeren Bereich natürlich entstehender holonischer Systeme in der sozialen Evolution des Menschen besteht. Und durch diesen Versuch, interobjektive Systeme (wie diejenigen, die wir in der biologischen Evolution vorfinden) im Bereich der menschlichen Gesellschaft zu lokalisieren, wird das Quadranten-Modell mit einem Kategorienfehler belastet. Wie wir noch sehen werden, hat Wilber in dem Versuch, die Arbeit der Theoretiker sozialer Systeme in seiner Beschreibung der sozialen Evolution des Menschen zu würdigen und einzubeziehen, versehentlich das Gegenteil eines „subtilen Reduktionismus" formuliert. Er hat eine Art „subtilen Expansionismus" geschaffen, indem er einen besonderen interobjektiven Bereich „sozialer Aktionssysteme" postuliert hat, der selbst auf den fehlerhaften Schlussfolgerungen eines subtilen Reduktionismus basierte. Dieser schwere Fehler macht das Quadranten-Modell anfällig für Angriffe, die die Glaubwürdigkeit des gesamten integralen Wirklichkeitsrahmens gefährden können. Deshalb ist es wichtig für uns, diesen Kategorienfehler jetzt zu erkennen, bevor dieser Fehler von denjenigen gesehen wird, die letztendlich die integrale Weltsicht abwerten wollen, sobald diese unvermeidlich größere soziale Kraft entfaltet.

Wenn Sie noch nicht mit Wilbers Arbeit und der Wichtigkeit der Holons als Grundlage seines Systems vertraut sind, empfehle ich Ihnen, noch einmal das 8. Kapitel über „Die integrale Landkarte der Wirklichkeit" zu lesen, bevor Sie den weiteren Ausführungen folgen, denn diese Betrachtung geht notwendigerweise davon aus, dass der Leser schon ein grundlegendes Verständnis von Wilbers Vier-Quadranten-Modell der Evolution hat.

Probleme mit der Kontinuität von Wilbers evolutionären Zeitpfeilen

Wie im Bild B-1 dargestellt, funktioniert das Quadranten-Modell einwandfrei, bis wir zum Beginn der kulturellen Evolution des Menschen kommen – was Teilhard de Chardin die „Schwelle der Reflexion" nennt – der Punkt in der Evolution, an dem das Bewusstsein sich seiner selbst bewusst wird. Im Allgemeinen ist das Problem Folgendes: Sobald sich die menschliche Kultur entwickelt und sobald wir über die biologisch begründeten objektiven Ordnungszusammenhänge der Familie (oder sogar des Stammes) hinausgehen, werden die äußerlich sichtbaren Strukturen, die das Ergebnis der sozialen Evolution sind, immer weniger holonisch und zunehmend ein Produkt menschlicher Gestaltung.

Vor dem Entstehen der menschlichen Kultur zeigt Wilbers vierfacher Zeitpfeil der Entwicklung, der die Evolution von kosmologischen und biologischen Strukturen verfolgt, Systeme, die tatsächlich *interobjektive Holons* sind. Diese vormenschlichen evolutionären Strukturen sind natürliche, selbstorganisierende Systeme, die ihrer Natur nach kollektiv und gleichzeitig äußerlich sichtbar sind. Diese äußeren Strukturen sind zweifellos authentische Holons – Ergebnisse des natürlichen Prozesses der Evolution. Beispiele solcher äußeren, interobjektiven Strukturen finden wir in Ordnungsformen, wie zum Beispiel ein Gänseschwarm oder eine Affenfamilie.

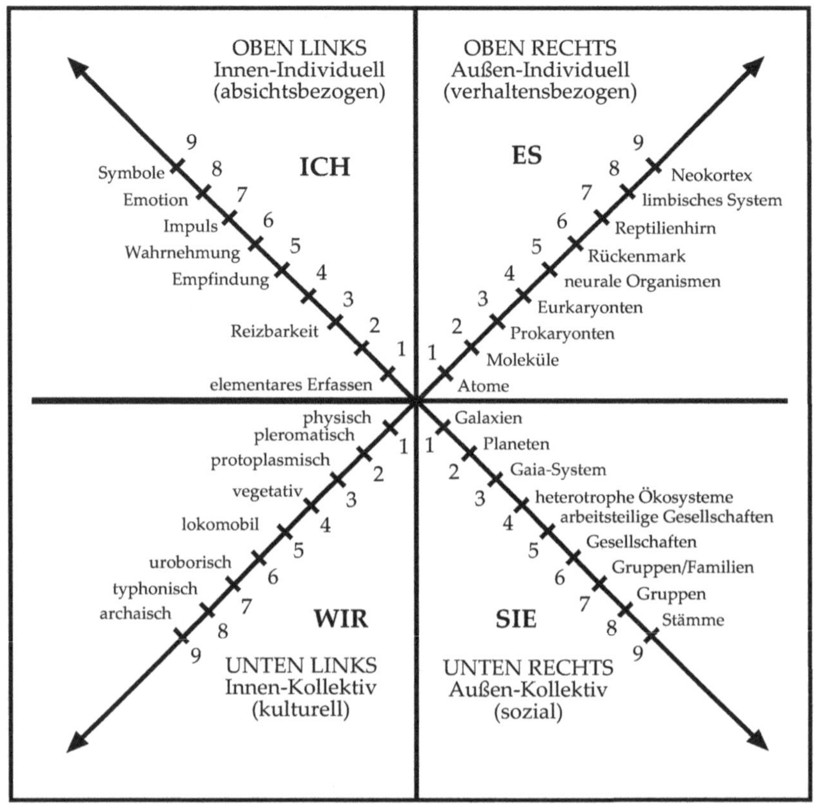

Bild B-1. Ein gültiges Vier-Quadranten-Diagramm der Evolution, vor dem Erscheinen der Menschen. Der untere rechte Quadrant endet mit ‚Stämmen' und der obere rechte Quadrant endet mit ‚Neokortex'.

Aber es verändert sich etwas an der „Schwelle der Reflexion" (ein Begriff, den wir uns von Teilhard leihen werden), und wir können das sowohl im oberen rechten als auch im unteren linken Quadranten sehen. Wie im Bild B-2 sichtbar wird, ist die Evolution neuer biologischer Strukturen im menschlichen Gehirn mit dem „komplexen Neokortex" beendet (diesen Punkt bezeichnet Wilber als den 10. Drehpunkt).

Trotzdem zeigt Wilbers Modell weitere Evolution durch „SF1, SF2 und SF3" (wobei SF für Strukturfunktionen im menschlichen Gehirn steht). Indem er diese Entwicklungen des Gehirns zum „postkomplexen Neokortex" in seinen Zeitpfeil der Evolution mit einbezieht, versucht Wilber zu zeigen, wie die Entstehung neuer kultureller Weltsichten zu einer messbaren Zunahme der elektrischen Gehirnaktivität führt. Wie wir im 4. Kapitel untersucht haben, führt die stufenweise Evolution des Bewusstseins tatsächlich zu einer zunehmenden elektrischen Aktivierung im Gehirn und Wilbers Modell gibt dies in seinen vorausgesehenen „Strukturfunktionen" korrekt wieder. Aber es gibt einen Unterschied zwischen zunehmender elektrischer Aktivität im Gehirn und dem Entstehen neuer biologischer Strukturen der Evolution. Die Wissenschaft ist sich darin einig, dass die Biologie des menschlichen Gehirns in den letzten 10.000 Jahren keine neuen Strukturen entwickelt hat. Was immer diese Strukturfunktionen sein mögen, sie sind keine neue evolutionäre Erscheinung von biologischen Strukturen (so wie jene, die auf dem Zeitpfeil im oberen rechten Quadranten unterhalb des „komplexen Neokortex" gezeigt werden). Deshalb sehen wir eine Art Diskontinuität, sobald der Zeitpfeil die Schwelle der Reflexion passiert – die Biologie des Gehirns zeigt wenig oder keine strukturellen Veränderungen, aber eine neue Art von Entwicklung, die als zunehmende neurologische Gehirnaktivität beschrieben wird, ist einfach in den Zeitpfeil der Entwicklung aufgenommen worden. Aber auch wenn diese Verbindung von zwei Arten der Entwicklung zu einem kontinuierlichen Zeitpfeil die Evolution zu sehr vereinfacht, denke ich nicht, dass es besonders problematisch für die Richtigkeit des Vier-Quadranten-Modells ist. Aber diese kleine Diskontinuität im oberen rechten Quadranten führt uns zu einem schwierigeren Problem im unteren rechten Quadranten.

Wenn wir das Bild B-2 weiter untersuchen, finden wir, wenn wir unsere Aufmerksamkeit vom oberen rechten (den äußeren individuellen) auf den unteren rechten (dem äußeren kollektiven) Quadranten richten, eine ähnliche, aber grundlegendere Art der Unterbrechung im Zeitpfeil, die an der Schwelle der Reflexion (oder kurz danach) beginnt. Obwohl man über den genauen historischen Zeitpunkt diskutieren kann, an dem die Menschen begannen, bewusst ihre sozialen Ordnungsformen zu gestalten, sehen wir, wenn wir zum Zeitpunkt des Beginns der aufgezeichneten Geschichte kommen, dass zu dieser Zeit die äußeren sichtbaren Formen sozialer Ordnung zweifellos von Menschen gestaltet wurden.

Als Beispiel für den Unterschied zwischen einem von Menschen gestalteten Artefakt und einem natürlichen Holon können wir zum Beispiel die äußere Struktur eines Nationalstaates (dargestellt im unteren rechten Quadranten am Drehpunkt 12) wie den USA anschauen. Die äußere Organisation der Vereinigten Staaten ist ein Artefakt mit einer bewusst geformten Gestalt – es ist eine Struktur des Rechts, die von einer Verfassung begründet wird. Aber obwohl die äußerliche rechtliche Struktur der USA ein nicht-holonisches Artefakt ist, besteht sie auch aus einer intersubjektiven kulturellen Wirklichkeit, die in der Tat ein inneres holonisches System darstellt (im unteren linken Quadranten) und mit ihrer äußeren nationalen Struktur koexistiert. Und weil die soziale Realität von Nationalstaaten wie den USA aus einer kombinierten inneren holonischen und äußeren artefaktischen Struktur besteht, ist es leicht, beide zu verwechseln.

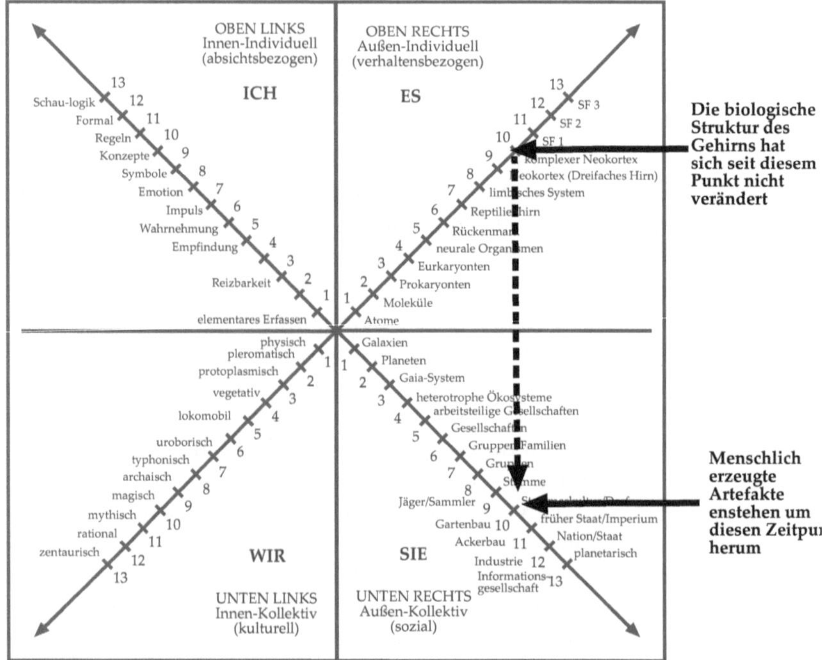

Bild B-2: Der Charakter der Entwicklung verändert sich mit dem Auftauchen der Noosphäre.

Ein weiteres Beispiel einer kombinierten inneren holonischen und äußeren artefaktischen Struktur finden wir in einem Wirtschaftsbetrieb. Die äußere objektive Struktur einer Firma entsteht nicht autopoietisch wie ein Ökosystem, ihre Struktur wird von Anwälten gestaltet und geschaffen, die sich nach den Vorschriften der Gesetzgebung richten. Und wenn die Firma ihre Arbeit aufnimmt, sind die Elemente ihrer Struktur (wie sie im Organigramm erkennbar ist) das Ergebnis bewusster Planung des Managements der Firma. Obwohl das äußere Design der Struktur einer Firma mit Sicherheit artefaktisch ist (das schließt sowohl die Struktur des Designs der Organisation als auch die materiellen Gebäude und Informationssysteme mit ein), ist die innere Kultur der Firma und die Art und Weise, wie sie vom Markt wahrgenommen wird, holonisch. Die Gestaltung des Managements kann die Firmenkultur beeinflussen, aber die Meinungen und Stimmungen der Mitarbeiter der Firma entstehen aus ihrer tatsächlichen Erfahrung und aus der Qualität der Beziehungen, die sie miteinander und mit den Führungskräften der Firma haben. Der Geist einer Organisation ist ein holonisches, selbstorganisierendes, kulturelles System, das beeinflusst, aber nicht direkt gestaltet und geschaffen werden kann, wie es bei der äußeren Organisationsstruktur möglich ist.

Wilber hat später anerkannt, dass er sich des wichtigen Unterschieds zwischen Holons und Artefakten nicht bewusst war, als er in den frühen 1990er Jahren zum ersten Mal das Qudaranten-Modell beschrieb. In seiner ursprünglichen Erklärung der Quadranten, die 1995 in *Eros, Kosmos, Logos* erschien, identifizierte Wilber die Inhalte des unteren rechten Quadranten nach der Schwelle der Reflexion richtig (wenn auch unabsichtlich) als von Menschen geschaffene Artefakte. Das können wir im folgenden Zitat aus *Eros, Kosmos, Logos* sehen (in dem ich die offensichtlichen Artefakte unterstrichen habe):

> Im unteren rechten Quadranten habe ich von der Stelle an, wo die Evolution in den menschlichen Bereich eintritt, nur die konkretesten Formen geopolitischer Strukturen genannt. Tatsächlich gehört in diese Quadranten das Äußere aller Aspekte menschlicher Interaktion, etwa die Produktivkräfte, der jeweilige technisch-ökonomische Stand (Pfeil und Bogen, Gartenbauwerkzeuge, ackerwirtschaftliches Gerät, industrielle Maschinen, Computer usw.), Bauweisen, Transportsysteme, die physische Infrastruktur und sogar geschriebene Bücher, Gesetzestexte, sprachliche Strukturen, verbale Signifikanten und dergleichen.[1] [Unterstreichungen hinzugefügt]

Diese Beschreibung, die die Inhalte des unteren rechten Quadranten im Wesentlichen als Artefakte statt Holons identifizierte, blieb unbeachtet, bis der integrale Theoretiker Fred Kofman im Jahre 2001 in einem Artikel mit dem Titel „Holons, Haufen und Artefakte“ den wichtigen Unterschied zwischen Holons und Artefakten herausarbeitete.[2] Aber kurz nach der Veröffentlichung von Formans Artikel gab Wilber zu, dass diese nicht getroffene Unterscheidung zwischen Holons und Artefakten in *Eros, Kosmos, Logos* ein Versehen war. Das sagte er in einem Interview, das auf der Website seines Verlages veröffentlicht wurde, und Kofmans Analyse aufnahm und den Unterschied zwischen Holons und Artefakten klar beschrieb. Aber in diesem Interview erklärte Wilber nicht wirklich, ob oder wie diese Korrektur sein Vier-Quadranten-Modell beeinflusst.

Veränderungen an den Inhalten des interobjektiven Quadranten

Aber zwei Jahre später begann Wilber in seinen Schriften die Rolle der Artefakte in seinem evolutionären Modell zu behandeln und modifizierte seinen Standpunkt in Bezug auf die Inhalte des unteren rechten Quadranten. Gegen Ende des im Internet veröffentlichten „Excerpt D“ zu seinem bald erscheinenden zweiten Band der *Kosmos-Trilogie*, erklärt Wilber, dass der untere rechte Quadrant tatsächlich sowohl Artefakte als auch die von ihm so genannten „Schnittpunkte des Verhaltens“ enthält:

> Denn wenn es um ein soziales Netzwerk geht (oder Systeme davon), enthalten diese „Es“-Objekte sowohl 1) die ***Schnittpunkte*** des Verhaltens der Mitglieder des Netzwerks und 2) die äußeren ***Artefakte***, die die materiellen Anteile dieses Netzwerks sind. Beide Aspekte sind in der Tat „Es“ oder „Sie“ [„Es“ Singular oder „Es“ Plural, A.d.Ü.]. Das äußere Verhalten eines Organismus und die äußeren Artefakte sind beide Dimensionen der dritten Person des In-der-Welt-Seins.[3]

Obwohl Wilbers neueste Schriften nun die Rolle der Artefakte anerkennen, wurden in den grafischen Diagrammen seines Modells keine Veränderungen vorgenommen, um diese wichtige Neuorientierung zum Ausdruck zu bringen. Zudem hat Wilber nicht die Probleme angesprochen, die diese Veränderung für seine zentrale und immer wieder formulierte Einschätzung mit sich bringt, dass „alle Holons vier Quadranten haben".[4] Wilber hat eine Vielzahl von Beispielen aus dem Bereich der Biologie benutzt, um seine Theorie, dass alle Holons vier Quadranten haben, zu untermauern, darunter ist in letzter Zeit das Beispiel eines Gänseschwarms. Und wenn wir die biologische Wirklichkeit von Gänsen betrachten (die im Zeitpfeil seines Modells irgendwo zwischen den Drehpunkten 7 und 8 eingeordnet werden kann), können wir tatsächlich eindeutig das Bewusstsein jeder Gans im oberen linken Quadranten erkennen, das Gehirn und den Körper jeder Gans im oberen rechten Quadranten und den Gänseschwarm im unteren rechten Quadranten (wie sich in der V-förmigen Flugformation zeigt), und das innere Holon der kulturellen Gemeinschaft des Gänseschwarms (eine Hierarchie der Stärkeren, buchstäblich eine Hackordnung) im unteren linken Quadranten. In diesem Beispiel sind das Innere und Äußere des individuellen und kollektiven Aspekts des „Gans-seins" vollkommen natürlich und holonisch. Ich möchte noch einmal sagen, dass das Quadranten-Modell sehr gut funktioniert, wenn wir uns die biologische Evolution anschauen. Aber wenn wir uns die evolutionären Strukturen anschauen, die wir im Zeitpfeil des Modells nach dem 10. Drehpunkt vorfinden (wo ungefähr die Schwelle der Reflexion liegt), dann werden die äußeren, sichtbaren, objektiven Merkmale der kollektiven sozialen Ordnungsformen zweifellos artefaktisch. Obwohl Wilber seitdem versucht hat, seine Position in diesem Bereich zu verändern, indem er behauptet, dass sein interobjektiver Quadrant der Evolution auf jeder Ebene der menschlichen Gesellschaft aus Holons (Schnittpunkten des Verhaltens) und von Menschen gestalteten Artefakten besteht, ist es schwierig einzusehen, wie diese angeblichen „Schnittpunkte des Verhaltens" genug „systemisches Gewicht" haben können, um als teilweise unabhängiges autopoietisches Holon zu gelten. Nachdem wir in unserer Untersuchung der Zusammensetzung der sozialen Systeme des Menschen *die äußeren Artefakte und die inneren intersubjektiven Holons,* die zusammen diese Systeme ausmachen, richtig identifiziert haben, wird die zusätzliche Postulierung eines selbstorganisierenden *äußeren* Holons überflüssig.

Die obere Hälfte von Wilbers Modell, also die teilweise unabhängige systemische Wirklichkeit von Körper und Geist kann eindeutig darin gesehen werden, wie jedes dieser holonischen Systeme einen Grad von Autonomie zeigt. Wenn ich zum Beispiel im Koma liege und meine Gehrirnwellen buchstäblich flach sind, kann mein Körper weiterhin funktionieren. Und andererseits, wie in vielen Nahtoderfahrungen aufgezeichnet wurde, kann mein Geist auch dann, wenn mein Körper biologisch tot ist, noch Erfahrungen machen (dies ist in verschiedenen

Büchern gut dokumentiert, zum Beispiel in Jenny Wades *Changes of Mind*). Aber im Fall intersubjektiver kultureller Systeme und objektivem Verhalten, in dem sie sich zeigen, gibt es einen Mangel an systemischer Unabhängigkeit auf Seiten des Verhaltens.

Erinnern Sie sich daran, dass die rechte Seite von Wilbers Quadranten-Modell durch all das definiert wird, was wir mit den Sinnen und deren Erweiterungen tatsächlich wahrnehmen können. Die Inhalte der objektiven und interobjektiven Quadranten sollen einen „einfachen Ort" haben. Und wenn wir uns das Äußere der Gesellschaft, in der wir leben, anschauen, werden diese äußeren Manifestationen der Kultur tatsächlich sichtbar – wir können sie in der Sprache, der Architektur, der Technologie, den Transportsystemen, den Moden usw. erkennen. Dies sind offensichtliche äußere Aspekte der menschlichen Kultur, die Wilber ursprünglich und richtig in *Eros, Kosmos, Logos* identifiziert hat (wie wir in dem Zitat auf Seite 333 sehen). Aber wenn wir erkennen, dass die äußeren Aspekte all dieser sozialen Strukturen Artefakte und keine Holons sind, wenn wir die Idee der Interobjektivität dadurch untermauern müssen, dass wir uns auf „Schnittstellen des Verhaltens" zurückziehen, um zu versuchen, die angeblich vorhandenen natürlichen, selbstorganisierenden, objektiven Systeme zu lokalisieren, die dieses Modell voraussetzt, dann wird es schwer, den „einfachen Ort" dieser postulierten selbstorganisierenden Systeme zu finden.

Tatsächlich können wir uns viele soziale Szenarien vorstellen, in denen diese „Schnittstellen des Verhaltens" selbst vollkommen artefaktisch wären. Bei dem Beispiel des Wirtschaftsbetriebs, das wir weiter oben angeschaut haben, sind die Handlungen und das Verhalten der Mitarbeiter, wenn sie arbeiten, zum großen Teil von ihren Arbeitsaufgaben und der funktionalen Gestaltung der Firma bestimmt. Sogar Wilber schreibt: „Wenn ein individuelles Ich oder ein kulturelles Wir Artefakte produziert ... ist ihr äußeres Verhalten selbst ein Artefakt ihrer Intentionalität."[5] Deshalb können wir uns viele gewöhnliche Situationen vorstellen, in denen intersubjektive Entitäten – menschliche Beziehungen – mit äußeren Strukturen *und Verhalten* verbunden sind, die völlig artefaktisch sind. Und diese Situationen geben uns offensichtliche Beispiele dafür, dass nicht-holonische Artefakte die notwendige äußere Komplexität bereitstellen können.

Ich möchte hier noch einmal darauf hinweisen, dass es im Bereich der Biologie, wie wir beim Beispiel des Gänseschwarms gesehen haben, durchaus eine Innen-Außen-Symmetrie in den kollektiven Ordnungsformen gibt, die die Innen-Außen-Symmetrie des objektiven Körpers und des subjektiven Bewusstseins, das wir in Individuen finden, widerspiegelt. Aber wenn sich die Menschheit über ihre biologischen Wurzeln hinaus entwickelt, wenn die Biosphäre von der Noosphäre transzendiert wird, *beruht diese neue Form der Evolution auf der Konstruktion menschlicher Artefakte, um die äußeren und objektiven Ausdrucksformen ihrer fortschreitenden intersubjektiven Entwicklung zu gestalten.*

Die wichtige Rolle der Artefakte in der Evolution des menschlichen Bewusstseins hat schon Teilhard de Chardin erkannt, dessen bekanntes Gesetz von Komplexität und Bewusstsein (das wir im 7. und 10. Kapitel untersucht haben) zeigte, dass die Artefakte dazu dienen, die ergänzende materielle Komplexität bereitzustellen, die das Bewusstsein braucht, um sich über die Ebene der Tiere hinaus zu entwickeln. Das heißt, laut Teilhard: Wann immer das Bewusstsein sich entwickelt, setzt das immer auch die damit einhergehende Evolution in der Komplexität der äußeren Strukturen voraus, die das Bewusstsein enthalten. Und wenn das menschliche Bewusstsein sich in der sich entwickelnden Noosphäre erweitert, dann bildet die damit einhergehende Entwicklung der sozialen Artefakte des Menschen einen Ersatz für die fehlende biologische Entwicklung, und unterstützt somit die Entwicklung des Bewusstseins mit *artefaktischer Komplexität*. Teilhard zeigt, dass die kulturelle Evolution des Menschen immer von einer korrespondierenden Entwicklung der Artefakte begleitet wird, die wir deshalb als unentbehrliche Aspekte jeder kulturellen Evolution des Menschen erkennen können.

Wie wir sehen können, ist die subjektive Komplexität des menschlichen Bewusstseins zutiefst mit der wunderbaren physischen Komplexität des menschlichen Körpers verbunden. Die erstaunliche materielle Komplexität des Körpers ist für jeden erkennbar und offensichtlich. In ähnlicher Weise ist die sichtbare intersubjektive Komplexität der menschlichen Kultur auch mit der materiellen Komplexität der menschlichen Gesellschaft verbunden. Aber diese offensichtliche und erstaunliche materielle Komplexität unserer sich entwickelnden Gesellschaft finden wir nicht in der eher obskuren und unfassbaren Idee der „Schnittstellen des Verhaltens", die an einer „sozialen Autopoiese" teilhaben. Wir finden sie vielmehr in den offensichtlichen gesellschaftlichen Konstruktionen, die uns umgeben und umhüllen, also Artefakte wie Kleidung, Möbel, Architektur, Wörter und Bilder, Informationssysteme, Transportsysteme, finanzielle Bilanzen, Rechtsvorschriften usw. Die kollektiven äußeren Strukturen der Biosphäre sind das Produkt genetischen Designs; sie sind autopoietisch und durch natürliche Selektion entstanden. Aber die materielle Komplexität der Noosphäre ist das Produkt von konkreter Selektion und nicht von natürlicher Selektion. Weil Menschen fähig sind, Artefakte zu schaffen, konnten wir die materielle Komplexität unserer Gesellschaft absichtsvoll erweitern und uns schneller entwickeln als die biologische Evolution.

Als ein weiteres Beispiel für die fundamentale Interaktion von Holons und Artefakten in der Evolution von Kultur und Gesellschaft denken Sie nur an die Funktion der menschlichen Sprache. Die Entwicklung der Sprache ist ein Schlüsselfaktor, der es dem menschlichen Bewusstsein erlaubt, über seine biologischen Wurzeln hinauszuwachsen. Aber die Entwicklung der Sprache ist von der Schaffung von Wörtern abhängig, die zweifellos von Menschen gestaltete Artefakte sind. Während die innere Bedeutung und die Einverständnisse, für die jedes Wort steht (bekannt als *Signifikat*), in der Tat subjektive und intersubjektive Holons sind, sind die „Zeichen" oder Wörter selbst (bekannt als linguistische *Signifikanten*) immer artefaktisch. Die Sprache ist eine von Menschen geschaffene Konstruktion, und die Entwicklung der Sprache einer Gesellschaft bildet eine ausgezeichnete Illustration von Teilhards Einsicht, dass Holons und Artefakte im Fortschritt der kulturellen Evolution zusammen entstehen.

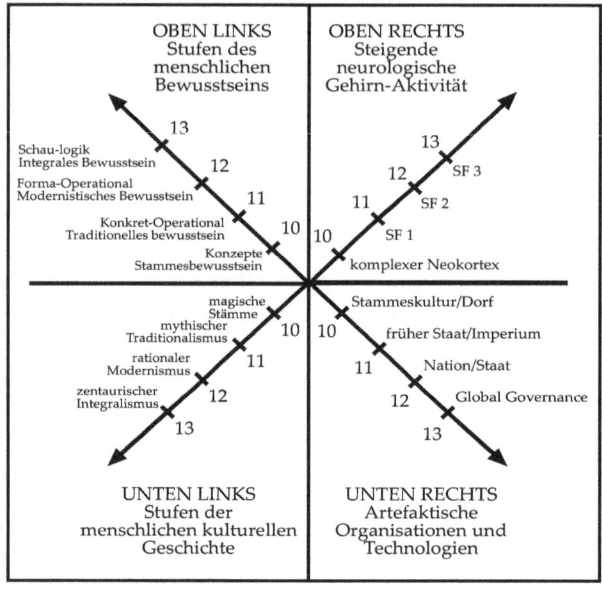

Bild B-3: Postreflektorische Zeitlinien der Entwicklung.

Fassen wir einmal zusammen, wie weit wir bis jetzt gekommen sind: Das Bild B-1 zeigt, dass das Quadranten-Modell vor der Entstehung des menschlichen Bewusstseins eine wunderbare Symmetrie des Inneren und Äußeren der individuellen und kollektiven Dimensionen der Evolution zeigte. Aber sobald Artefakte ein unleugbarer wichtiger Faktor in der Evolution der menschlichen Kultur jenseits ihrer biologischen Wurzeln werden, begann die elegante holonische Symmetrie auseinanderzubrechen. Wie im Bild B-3 gezeigt, verfolgt der Zeitpfeil im oberen rechten Quadranten die zunehmende elektrische Aktivität im menschlichen Gehirn, die, wie wir gesehen haben, in der tatsächlichen Evolution im Allgemeinen nicht gefunden werden kann. Und in ähnlicher Weise verfolgt der Zeitpfeil im unteren rechten, äußeren kollektiven Quadranten die Hierarchie der Artefakte, die ungefähr mit der inneren kulturellen Entwicklung übereinstimmen, die aber nicht holonisch ist und nicht das symmetrische Äquivalent für die Beziehung zwischen Körper und Geist bildet. Zudem ist es wichtig hier anzumerken, dass Artefakte sowohl individuell als auch kollektiv sind, deshalb können sie nicht einfach ausschließlich im kollektiven Quadranten des Modells eingeordnet werden.

Warum ist das wichtig? Welchen Unterschied macht es, ob die Inhalte der „äußeren kollektiven" Dimension der sozialen Evolution aus Holons oder Artefakten bestehen? Nun, in Wilbers Worten: „ ... Die drei Worte ‚Ganzes', ‚Teil' und ‚Hierarchie' können für individuelle Holons, soziale Holons, Artefakte und Haufen gelten – aber sie bedeuten in jedem dieser Fälle etwas ganz anderes, und wir müssen diese Unterschiede beachten, sonst begehen wir alle möglichen Kategorienfehler und diese Fehler haben ernsthafte und unglückliche Konsequenzen, wenn sie in sozialen Handlungen und der Politik zum Ausdruck kommen."[6] Mit anderen Worten, wenn die menschlichen Artefakte sich im Laufe des gesellschaftlichen Fortschritts auf dem Zeitpfeil der Evolution entwickeln und wenn ein Verständnis der Artefakte für jede Theorie der kulturellen Evolution wichtig ist, dann spielen die von Menschen geschaffenen Strukturen eine andere Rolle im Entwicklungsprozess als Holons, und sie müssen als verschieden von den Holarchien der natürlich entstehenden Holons erkannt werden, die Wilber versucht zu kartografieren.

Warum fährt Wilber damit fort, darauf zu bestehen, dass die äußeren Aspekte der kollektiven Kultur des Menschen interobjektive Systeme selbstorganisierender „Es"-Entitäten sind? Die Antwort ist meines Erachtens, dass er versucht, die Arbeit der Systemwissenschaftler und ihrer Theorien der „Sozialen Handlungssysteme" zu würdigen.

Soziale Handlungssysteme

Die Idee unabhängiger sozialer Handlungssysteme entstand in den 1930er Jahren aus der Arbeit des bekannten Harvard-Soziologen Talcott Parsons. Parsons argumentierte, dass die Struktur eines sozialen Systems aus den Handlungen der Individuen bestünde. Die sozialen Systeme, so wurde behauptet, bestünden aus bleibenden Mustern sozialer Handlungen, die von den gewünschten Zielen und den zugänglichen Mitteln der Handelnden des Systems gestaltet würden und durch die Umweltbedingungen, mit denen diese Handelnden konfrontiert sind, begrenzt würden. Als die Systemwissenschaft sich weiter entwickelte, wurde Parsons' Theorie der sozialen Handlungssysteme von dem deutschen Soziologen Niklas Luhmann, den Wilber den „weltweit größten Systemtheoretiker" nennt, weitergetragen und verfeinert.[7] Nach Ansicht von Luhmann sind alle sozialen Systeme „unabhängige autopoietische Systeme, die aus Kommunikation bestehen".[8] Im Gegensatz zu den anderen Systemwissenschaftlern, die fälschlicherweise angenommen hatten, dass ein soziales System als eine Art Organismus höherer Ordnung verstanden werden könnte, identifizierte Luhmann richtigerweise die *ausgetauschte Information* als die Substanz des Systems, aus dem sich die menschliche Gesellschaft bildet.

Obwohl Luhmann die zentrale und kreative Rolle der Kommunikation in der Bildung sozialer Systeme richtig erkannte, hielt ihn seine materialistische Weltsicht davon ab, die *inneren und intersubjektiven* Bereiche jedes sozialen Systems des Menschen zu erkennen. Diese Blindheit für das Innere brachte ihn dazu zu versuchen, die Selbstorganisation dieser Systeme im äußeren Bereich zu lokalisieren, der für ihn der einzige existierende Bereich war. Luhmanns Theorie erforderte also demnach die Existenz ontologischer, materieller und äußerer – aber irgendwie auch autopoietischer – sozialer Systeme. Und heute setzt Wilber in der Nachfolge von Luhmann dieses theoretische Postulat in der Konstruktion des interobjektiven Quadranten seines Modells fort.

Mit anderen Worten haben wissenschaftliche Systemtheoretiker wie Parsons und Luhmann den Unterschied zwischen einem inneren (nichtmateriellen) System, wie zum Beispiel die menschlichen Beziehungen, und einem äußeren (materiellen) System, wie zum Beispiel einem biologischen Organismus oder einem Ökosystem, nicht vollständig erkannt. Das heißt, in einer materialistischen Weltsicht sind im Grunde alle Systeme materiell – die Idee eines inneren Universums wird nicht bedacht oder erkannt. Diese Theoretiker können nicht sehen, dass die wirklichen Systeme der menschlichen Beziehungen, die sie versuchen zu beschreiben, im Grunde nicht materiell sind. Aber wie wir in diesem Buch immer wieder gesehen haben, ist die Essenz der menschlichen Beziehung im Grunde innerlich und intersubjektiv. Aber diese wichtige Unterscheidung geht an diesen Denkern vorbei, da sie meist zu einer Denktradition gehören, für die das Bewusstsein nur ein „Epiphänomen" des körperlichen Gehirns ist. Die subtile Unterscheidung zwischen intersubjektiven kulturellen Holons und objektiven Artefakten wird somit von ihnen nicht verstanden. Das heißt nicht, dass diese Systemtheoretiker völlig falsch liegen, es heißt nur, dass sie in ihrer Analyse noch nicht von der integralen Theorie profitieren konnten. Sie können das tatsächliche systemische Verhalten von sozialen Systemen des Menschen erkennen, aber sie haben nicht erkannt, dass diese Systeme, die sie zu verstehen suchen, vor allem im inneren Universum bestehen. Und sie können den intersubjektiven Bereich aus demselben Grund nicht beachten oder erkennen, aus dem sie den subjektiven Bereich ablehnen (den sie für ein veraltetes Konzept des kartesianischen Dualismus halten). Ohne ein Verständnis der Intersubjektivität müssen diese Systemtheoretiker Theorien der menschlichen Gesellschaft konstruieren, die nur die äußeren objektiven Manifestationen der ihnen zugrundeliegenden intersubjektiven Strukturen erkennen können. Weil diese Theoretiker jede Art von Metaphysik (wie zum Beispiel die Metaphysik der Intersubjektivität) ablehnen, ziehen sie sich auf eine Art von „Metabiologie" zurück, in der sie versuchen, die inneren intersubjektiven Systeme der menschlichen Kultur in einer Weise zu verstehen, als wären es biologische Organismen oder äußere Ökosysteme.

Diese Theoretiker können auf äußeres objektives Verhalten und äußere, objektive Handlungen hinweisen, aber diese „Schnittstellen des Verhaltens" sind keine selbstorganisierenden dynamischen Systeme in sich selbst – im Bereich der menschlichen Kultur sind diese objektiven Handlungen nur die Außenseite der darunterliegenden intersubjektiven kulturellen Strukturen, die die wirklichen dynamischen Systeme sind. Diesen Prozess, in dem körperliches Verhalten die Außenseite innerer Systeme darstellt, können wir sehen, wenn die Gesichtszüge eines Menschen den Zustand des subjektiven Bewusstseins widerspiegeln. Wenn ich glücklich bin, wird sich mein Gesicht in einer objektiven Art verhalten, die die subjektive Wirklichkeit meines Glücklichseins zeigt. Und in ähnlicher Weise würden wir, wenn wir in einer Beziehung miteinander wären, uns objektiv in einer Weise verhalten, die diese darunterliegende subjektive Wirklichkeit zum Ausdruck bringt. Aber meine Gesichtszüge, die eine Stimmung zum Ausdruck bringen, sind kein selbstorganisierendes dynamisches System in sich selbst (das materielle holonische Gegenstück meines Glücklichseins ist dann im Gehirn und nicht in meinen Gesichtsmuskeln), und das äußere Verhalten zweier Menschen in einer Beziehung miteinander ist in gleicher Weise kein selbstorganisierendes materielles System in sich selbst.

Wenn die darunterliegenden menschlichen Beziehungen zerstört sind, wird es in jedem sozialen/kulturellen System des Menschen kein „Handlungssystem" mehr geben. Es mag eine artefaktische Ordnungsform geben, die als übriggebliebenes Gefäß für die intersubjektiven Systeme, die einmal existiert haben, dient, aber diese objektive Struktur wird kein natürliches selbstorganisierendes System mit seiner eigenen, teilweise unabhängigen holonischen Wirklichkeit sein.

Das falsche Verständnis der intersubjektiven Natur der kulturellen Evolution durch die Systemwissenschaft wurde von Jürgen Habermas thematisiert, der eine Reihe berühmter Diskussionen mit Luhmann führte, in denen er Luhmanns Vewendung biologischer Systemtheorie auf die Gesellschaft ablehnte. Laut Habermas „setzt Luhmann einfach voraus, dass die Srukturen der Intersubjektivität kollabiert sind ..." Habermas schreibt weiter: „Gesellschaften können nicht einfach als organische Systeme verstanden werden, denn ihre Strukturmuster sind nicht der Beobachtung zugänglich; wir müssen uns ihnen hermeneutisch, das heißt, aus der inneren Perspektive der Teilnehmer, nähern. Die Entitäten, die aus der äußeren Perspektive des Beobachters in systemtheoretischen Konzepten eingeordnet werden, müssen vorher als die [intersubjektiven] Lebenswelten der sozialen Gruppen identifiziert werden. Sie müssen in ihren symbolischen Strukturen verstanden werden."[9] Mit anderen Worten sind laut Habermas soziale Gruppen und Gesellschaften des Menschen im Grunde intersubjektiver Natur und es ist ein Fehler zu versuchen, sie als natürliche materielle Systeme zu sehen, die an „sozialer Autopoiese" teilhaben. Im Gegensatz zu Luhmanns reduktionistischer Theorie entstehen die artefaktischen Systeme der Kommunikation, die das Äußere der menschlichen Kultur formen, nicht autopoietisch durch sich selbst, sondern sie werden immer von den inneren Holons menschlicher Vereinbarungen aktiviert und erhalten.

In seinen Schriften hat Wilber eindeutig gezeigt, warum soziale Holons nicht einfach lückenlos oberhalb individueller Holons in einer kontinuierlichen holarchischen Entwicklungslinie angeordnet werden können (das heißt, Ökosysteme sind nicht einfach „Organismen auf einer höheren Ebene"). Aber er hat noch nicht erkannt, dass ein ähnliches Problem auftritt, wenn wir versuchen, innerhalb des interobjektiven Quadranten der Entwicklung die Noosphäre oberhalb der Biosphäre anzuordnen. Die Erkenntnis des Unterschieds zwischen sozialen Holons und individuellen Holons ist wichtig für die integrale Theorie, und es ist genauso wichtig, dass wir eindeutig den Unterschied zwischen interobjektiven biologischen Holons und von Menschen geschaffenen Artefakten erkennen.

Eine vereinfachte, alternative Erklärung

Wenn wir uns komplexe Phänomene der menschlichen Kultur anschauen, wie zum Beispiel religiöse, politische oder ökonomische Organisationen, können wir sehen, dass die sichtbaren Strukturen dieser Institutionen – die äußeren Manifestationen dieser kulturellen Entitäten – tatsächlich Artefakte sind, die von Menschen geschaffen wurden. Und wenn wir die wichtige Rolle erkennen, die Artefakte in der Evolution der menschlichen Kultur spielen, dann müssen wir nicht länger darauf bestehen, dass das Äußere der sozialen Evolution des Menschen aus „interobjektiven Holons" besteht. Eine alternative Erklärung, die das artefaktische Äußere der kulturellen Handlungen des Menschen besser erklärt, besagt einfach, dass alle inneren Holarchien mit dem objektiven Bereich verbunden sind – jede evolutionäre Handlung ist in irgendeiner Weise mit der materiellen Wirklichkeit verbunden. Das subjektive Bewusstsein ist auf jeder Ebene mit materiellen, objektiven Strukturen, wie zum Beispiel biologischen Organismen, verbunden. Und intersubjektive Beziehungen und Kulturen sind auch immer mit objektiven Strukturen verbunden. Vor dem Erscheinen des Menschen war die intersubjektive Kultur der Tiere mit selbstorganisierenden Ökosystemen und natürlichen materiellen Gruppenbildungen, wie dem Schwarm oder der Herde, verbunden. Aber wenn die intersubjektive Kultur des Menschen über ihre biologischen Wurzeln hinausgeht, verbindet sie sich immer mehr mit den wachsenden Strukturen der Artefakte und von Menschen geschaffenen Ordnungsformen. Der Punkt dabei ist: Jedes Innere hat ein Äußeres, aber das „äußere" Universum, das mit den Sinnen wahrgenommen werden kann, ist nur objektiv. In diesem objektiven Bereich der Evolution finden wir immer ein äußeres Gegenstück der inneren Evolution, sowohl individuell als auch sozial. Wir müssen nicht darauf bestehen, dass jede menschliche Kultur immer mit einem holonischen System „dynamischer Es-Entitäten" verbunden sein muss – wir brauchen das falsche Konzept des sozialen Handlungssystems nicht, um die Existenz eines inneren intersubjektiven Systems zu rechtfertigen; alles, was wir brauchen, sind die Artefakte der Kommunikation, wie zum Beispiel die Sprache, die Kunst oder absichtsvolle Handlungen.

Unter Verwendung von Ockhams Rasiermesser (das die einfachste Erklärung favorisiert) in unserem Verständnis der kulturellen Evolution des Menschen können wir den interobjektiven Quadranten weglassen und trotzdem das Äußere der intersubjektiven Systeme berücksichtigen. Diese vereinfachte Erklärung erfüllt die Aufgabe besser uns erkennen zu helfen, wie von Menschen geschaffene Artefakte als äußere Formen der sich entwickelnden Kultur des Menschen dienen und tatsächlich ein Ersatz für die fehlende weitere biologische Evolution im Zeitpfeil der menschlichen Geschichte sind. Und diese Erklärung erlaubt auch die Berücksichtigung sowohl individueller als auch kollektiver Artefakte, sie besteht aber nicht darauf, dass alles Äußere der Kultur als „kollektiv" klassifiziert werden muss. Durch dieses Verständnis kann der ganze interobjektive Quadrant leicht zum objektiven Bereich reduziert werden (was Wilber in seinen Schriften in der Tat oft verwendet, indem er die „Quadranten" als „Ich", Wir und Es" bezeichnet). Und wie Wilhelm von Ockham selbst bekanntermaßen sagte: „Was mit weniger bewirkt werden kann, ist umsonst mit mehr getan."

Obwohl der interobjektive Quadrant einfach auf den objektiven Bereich reduziert werden kann, möchte ich hier schnell hinzufügen, dass der intersubjektive Bereich nicht auf den subjektiven Bereich reduziert werden kann. Obwohl die Evolution von Bewusstsein und Kultur sehr eng miteinander verbunden sind, ist unser Verständnis der Intersubjektivität als ein spezifischer Bereich der Evolution ein wichtiger Bestandteil des integralen Wirklichkeitsrahmens.

Wie wir im Laufe dieses Buches gesehen haben, gründet die integrale Philosophie auf der Erkenntnis der Evolution in den spezifischen Bereichen von Natur, Selbst und Kultur. Und diese drei grundlegenden Arten evolutionärer Entwicklung werden sichtbar durch die philosophischen Kategorien der objektiven, subjektiven und intersubjektiven Bereiche. Das sind die „Großen Drei", die im Laufe der Geschichte von einer Vielzahl von bekannten Denkern und Visionären erkannt wurden. Obwohl wir interobjektive Aspekte der Evolution in der Biologie auch vor dem Erscheinen des Menschen sehen können, und obwohl unser Verständnis dieser evolutionären Kategorie hilfreich sein kann (besonders wenn wir die Rolle der Artefakte richtig verstehen), ist der interobjektive Quadrant kein symmetrisches ontologisches Äquivalent zu den grundlegenderen und offensichtlichen Kategorien der objektiven, subjektiven und intersubjektiven Evolution.

Trotzdem ist es leicht nachzuvollziehen, wie Wilber dazu kommen konnte, einen spezifischen interobjektiven Bereich anzunehmen, der ein symmetrisches Äquivalent zu den objekiven, subjektiven und intersubjektiven Bereichen der Evolution darstellt. Aber wenn wir die soziokulturelle Evolution anschauen, wenn wir Wilbers interobjektiven Quadranten wirklich genau untersuchen, sehen wir, dass er aus einer Hierarchie der Artefakte besteht, die mit dem fehlerhaften Konzept der sozialen Handlungssysteme vermischt ist. Einen biologischen Körper können wir eindeutig sehen – und diese Beobachtung ist unabhängig von der Erkenntnis seines inneren Bewusstseins. Aber wenn wir hingegen sogenannte „soziale Systeme von Handlungseinheiten" beobachten, ohne dass wir gleichzeitig die ihnen zugrunde liegenden Werte und Beziehungen erkennen, die diese Handlungen motivieren, dann zeigen die Handlungen selbst kein nicht-artefaktisches System. Im Zentrum von Parsons' ursprünglicher Theorie der sozialen Handlungssysteme standen die Ziele und Werte der Handelnden in diesem System. Und wie wir gesehen haben, sind Werte nicht objektive, sondern vielmehr subjektive und intersubjektive Strukturen. Deshalb sollten wir noch einmal wiederholen, dass Wilber in seinem Versuch. die Arbeit der Systemtheoretiker in seiner Beschreibung der sozialen und kulturellen Evolution des Menschen zu würdigen und zu integrieren, unabsichtlich das Gegenteil eines „subtilen Reduktionismus" formuliert. Er folgte Luhmann in dem Fehler eines „subtilen Expansionismus", indem er einen spezifischen interobjektiven Bereich sozialer Handlungssysteme postulierte, die selbst von Anfang an das fehlerhafte Ergebnis eines subtilen Reduktionismus waren.

Schlussbemerkung

Wie jede Landkarte enthält auch das Quadranten-Modell Verzerrungen und Vereinfachungen, aber diese Probleme machen sie nicht vollkommen wertlos. Wie fast jeder Aspekt der integralen Philosophie ist Wilbers Landkarte der vier Quadranten wahr – aber eben nur teilweise wahr. Selbst nachdem wir die fehlerhafte Einschätzung korrigiert haben, dass in der Noosphäre „alle Holons vier Quadranten" haben, bleibt das Quadranten-Modell ein wichtiges konzeptuelles System, um das Innere und Äußere der individuellen und kollektiven Aspekte der Evolution zu verstehen. Wenn die integrale Philosophie sich aber entwickelt und auf dem Marktplatz der Ideen einen größeren Stellenwert bekommt, müssen wir die Grenzen und Schwächen dieses wichtigen Modells kennen, damit wir uns nicht zu sehr darauf verlassen und die Glaubwürdigkeit der integralen Philosophie als Ganzes gefährden. Deshalb habe ich in diesem Buch Wilbers Versehen zu korrigieren versucht und habe beschrieben, dass der integrale Wirklichkeitsrahmen aus den

„Großen Drei“ (nicht vier) Bereichen von Natur, Selbst und Kultur besteht. Wie es schon von einigen der größten Denker und Theoretiker erkannt wurde, sind dies die drei offensichtlichen und grundlegenden Bereiche, in welchen sich jede evolutionäre Aktivität vollzieht.

Quellenangaben zum I. Teil

2. *Kapitel*

„quasi-religiösen Glauben an die metaphysischen Grundsätze des wissenschaftlichen Materialismus" David Lorimer, in: "The Need for a Noetic Revolution", Besprechung von *The Taboo of Subjectivity* von Alan Wallace, im *Journal of Consciousness Studies* 9, No. 12, 2002, pp. 89–91; *„Das Wesen, das das Subjekt seiner eigenen Reflexion ist, wird durch dieses Schauen seiner selbst …"* Teilhard de Chardin, *The Phenomenon of Man*, S. 165, zusammengefasstes Zitat aus Barlow, *Evolution Extended*, S. 151; *„saß er hinter Millionen Augen und sagte ihnen, was sie sehen"* David Bowie, Text aus "Song for Bob Dylan", aus dem Album *Hunky Dory* (Virgin Records 1971); *„Wissenschaftliche Belege für die Muster der Evolution im materiellen Universum …"* Laszlo, *Evolution: The Grand Synthesis*, S. 5

3. *Kapitel*

„ … eine Geschichte zunehmender oder größerer Komplexität erzählt …" Kegan, *In Over Our Heads*, S. 229; *„Jede weitere Stufe, Welle oder Ebene der Existenz …"* Graves, aus dem Artikel: "Summary Statement: The Emergent, Cyclical, Double Helix Model of the Adult Biopsychosocial System", Boston, 20. Mai 1981; *„Zugehörigkeit zu einer Gruppe und die Identifikation mit ihr sind die Voraussetzungen …"* Loevinger and Wessler, *Measuring Ego Development*, S. 57–58; *„Die leistungsorientierte Ausrichtung erlaubt es einem Menschen über Pläne von einem Standpunkt nachzudenken …"* Wade, *Changes of Mind*, S. 136; *„Unsere Erkenntnisweisen zu transzendieren, uns von dem zu befreien in dem wir eingebettet waren …"* Kegan, *In Over Our Heads*, S. 34; *„Einfacher ausgedrückt: Das Ich und das Wir wurden vom Es kolonisiert …"* Wilber, *Naturwissenschaft und Religion*, S. 81; *„Wenn wir Kapitalismus oder Konsumdenken nicht mögen, die Ausdrucksformen …"* Don Beck, zitiert aus dem Interview im Magazin *What Is Enlightenment?* (Frühjahr 2003) S. 68–69; *„Die Spirale ist unordentlich, nicht symmetrisch, mit vielen Mischformen statt reinen Typen. Diese sind Mosaike, Geflechte und Mischungen."* Don Beck, zitiert in Wilber, *Ganzheitlich handeln*, S. 20; „muss der Kampf mit jeder neuen Geburt neu geführt werden" Wilber, *Eros, Kosmos, Logos*, S. 168; *„es keine Struktur ohne Entwicklung gibt …"* Gardner, *The Quest for Mind*, S. 187–88, zitiert in (mit dem Wort „Ent-

wicklung" als Ersatz für Piagets Wort „Genesis"): Wilber, *Eros, Kosmos, Logos*, S. 83.

4. Kapitel

„Einfach darauf zu bestehen, dass wir alle eine weltzentrische Ökologie annehmen sollten ..." Wilber, Exzerpt D, Teil IV, Teil 2 von *The Kosmos Trilogy*, published on: http://wilber.shambhala.com; *„Verdammt noch mal, jeder Mensch hat das Recht, der zu sein, der er ist."* Graves, zitiert in Beck and Cowan, *Spiral Dynamics*, S. 28; *„Wo der formale Geist [das moderne Bewusstsein] höhere und kreativere Beziehungen begründet ..."* Wilber, *Eye to Eye*, S. 288, zitiert in *Ken Wilber in Dialogue*, S. 287; *„die Fähigkeit, Konflikte als ein Signal ..."* Kegan, *In Over Our Heads*, S. 351; *„die offizielle und öffentlich unterstützte Philosophie, die an Universitäten und Akademien gelehrt wurde ..."* Israel, *Radical Enlightenment*, S. 16; *„waren zweifellos der Aufstieg neuer kraftvoller philosophischer Systeme ..."* Israel, *Radical Enlightenment*, S. 14; *„veralteten Struktur eines pädagogischen Dogmatismus geworden, die nicht mehr dem neuen Zeitgeist entsprach. Sie brachte nichts wirklich neues mehr hervor ..."* Tarnas, *The Passion of the Western Mind*, S. 299; *„der Kartesianische kritische Intellekt den Punkt seiner größten Entwicklung erreicht hatte ..."* Tarnas, *The Passion of the Western Mind*, S. 400; *„neuen Satz in der Symphonie der menschlichen Geschichte zu werden"* Clare Graves, in dem Artikel „Human Nature Prepares for a Momentous Leap", in *The Futurist*, S. 72-87 (World Futurist Society, April 1974)

5. Kapitel

„Um effektiv zu sein, brauchen die globalen Märkte Global Governance." Stewart, *Evolution's Arrow*, S. 284; *„Wollen wir glauben, dass die Demokratie, die feudale Reiche bezwungen und Könige besiegt hat, sich vor Händlern und Kapitalisten zurückziehen wird?"* Alexis de Tocqueville, zitiert von Marjorie Kelly in einem Interview von Robert Hinkley am 19. April 2003 auf der Website http://www.commondreams.org/views02/0419-09.htm; *„Die menschliche Fähigkeit für Gerechtigkeit macht die Demokratie möglich, die menschliche Fähigkeit zu Ungerechtigkeit macht die Demokratie nötig."* Niebuhr, *The Children of Light and the Children of Darkness*, S. xiii.

6. Kapitel

„kann man Menschen nur lieben, wenn man sie kennt ..." Blaise Pascal; *„unsere Aufmerksamkeit den Früchten einer religiösen Ausrichtung zuzu-*

wenden, egal, auf welchem Wege diese hervorgebracht wurden." James, *The Varieties of Religious Experience,* S. 218; *„wir das Denken effektiv nutzen und gleichzeitig den spirituellen Nutzen allen Denkens in Frage stellen"* *The Urantia Book,* S. 1121; *„das Wahre, Gute und Schöne eine Dreiheit der Begriffe formt, die durch die Geschichte des westlichen Denkens hindurch diskutiert wurde ...* M. Adler, *The Great Ideas: A Syntopicon of Great Books of the Western World* (Encyclopedia Britannica Publishers, 1980), Vol. 2, S. 275; *„diese drei Wege den kraftvollsten Effekt haben, wenn man sie miteinander verbindet und ihnen gleichzeitig folgt"* Aurobindo, *The Future Evolution of Man,* S. 16; *„kosmische Bedeutung des Wahren, Schönen und Guten"* und *„Durch die ewigen Formen manifestiert sich der göttliche Einfluss ..."* Griffin, *Religion and Scientific Naturalism,* S. 293; *„der Drang zur Verwirklichung idealer Vollkommenheit"* Whitehead, *Adventures of Ideas* S. 275; *„Man nehme Wasserstoff, überlasse ihn sich selbst und er verwandelt sich in Rosen, Giraffen und Menschen. ... Die Sache ist die: Wenn Menschen spirituell sind, dann ist auch Wasserstoff spirituell."* Brian Swimme, aus einem Interview mit dem Magazin *What Is Enlightenment?* Ausgabe 6 (Sommer/Herbst 2002) S. 38; „einen meta-religiösen Beitrag ... der die ganze Fülle religiöser Ausdrucksformen bereichern kann, ... eine übergeordnete Geschichte, die alle anderen heiligen Geschichten umfasst und erhebt". Thomas Berry, zitiert auf der Website: http://www.thegreatstory.org/metareligious.html.

Quellenangaben zum II. Teil

7. Kapitel

1. Solomon & Higgins, *A Short History of Philosophy*, S. 217.
2. Tarnas, *The Passion of the Western Mind*, S. 380.
3. Ebenda, S. 381.
4. Ebenda, S. 382–83.
5. Aus Charles Darwins persönlichem Briefwechsel, zitiert auf http://www.ucmp.berkeley.edu/history/lamarck.html.
6. Spencer, *First Principles*, S. 216.
7. Mullarkey, *Bergson and Philosophy*, S. 67.
8. Copleston, *A History of Philosophy*, vol. IX, S. 214.
9. Magee, *The Story of Thought*, S. 214.
10. Bergson, *Creative Evolution*, S. 186.
11. Solomon and Higgins, *A Short History of Philosophy*, S. 266.
12. Griffin, *Religion and Scientific Naturalism*, S. 9.
13. Ebenda, S. 297.
14. Kane & Phillips, eds. *Hartshorne, Process Philosophy, and Theology*, S. 6.
15. Birx, *Pierre Teilhard de Chardin's Philosophy of Evolution*, S. 86.
16. Teilhard de Chardin, *The Vision of the Past*, S. 167.
17. Teilhard de Chardin, *The Future of Man*, S. 174.
18. Gebser, *Ursprung und Gegenwart*, S. 81.
19. Gebser, *Ursprung und Gegenwart*, S. 409.
20. Combs, *The Radiance of Being*, S. 102.
21. Gebser, *Ursprung und Gegenwart*, S. 19.
22. Pandit, *Sri Aurobindo*, S. 19.
23. Siehe Johnston, *Pitirim A. Sorokin: An Intellectual Biography*.
24. Wilber, Eros, Logos, Kosmos, S. 124.
25. Habermas, *Der philosphische Diskurs der Moderne*, S. 365
26. Wilber, *Ganzheitlich handeln*, S. 51.

8. Kapitel

1. Siehe Whitehead, *Science and the Modern World*, 3. Kapitel, v. a. Ss. 75 und 77.

Nach Ansicht des Whitehead-Experten A. H. Johnson „weist Whitehead in seiner Kritik vorausgegangener Denker auf eine andauernde Tendenz hin: den Fehler der unangebrachten Konkretheit. Diese besteht, wie der Name besagt, darin, das Abstrakte mit dem Konkreten zu verwechseln." Johnson, A. H., *Whitehead's Theory of Reality,* S. 150. Dies kann auch auf die Fokussierung des Materialismus auf die sinnliche Wahrnehmung angewendet werden, die konkret zu sein scheint, aber in Wirklichkeit genauso abstrakt ist wie subjektive Gedanken.

2. Aus der Einführung von Thomas McCarthy zu Habermas, *The Philosophical Discourse of Modernity,* S. viii.
3. Als ein Beispiel für die Verbindung zwischen den Entwicklungen in der postmodernen Philosphie und dem Aufstieg der postmodernen Kultur bezieht sich Gardner auf die berühmten Studentenproteste in Paris im Jahre 1968. Laut Gardner waren diese Proteste direkt mit der Ablehnung der modernen Sozialwissenschaften verbunden. „'Der Strukturalismus ist tot', riefen die Studenten, und egal ob sie jemals ein Wort von Lacan odert Levi-Strauss gelesen hatten, spürten sie eine Verbindung zwischen der Philosophie dieser Denker und dem Status quo, den sie ablehnten." Siehe Gardner, *The Quest for Mind: Piaget, Levi-Strauss, and the Structuralist Movement,* S. 213–15.
4. Aus der Einführung von Thomas McCarthy zu Habermas, *The Philosophical Discourse of Modernity,* S. xvii.
5. Tarnas, *The Passion of the Western Mind,* S. 353.
6. Aus dem Artikel über „Metaphysik" in The Encyclopædia Britannica, 2005. Encyclopædia Britannica Premium Service: http://www.britannica.com/eb/article?tocId=15984.
7. Wilber, *Eros, Kosmos, Logos,* S. 12
8. Wilber, „Excerpt D" aus Vol. 2, Teil I, von *The Kosmos Trilogy,* veröffentlicht auf: http://wilber.shambhala.com.
9. Dieser Vergleich zwischen dem „Mythos des Gegebenen" und dem „Mythos des Bezugssystems" wird in Jorge N. Ferrers neuem Buch *Revisioning Transpersonal Theory* näher untersucht.
10. Wilber, *Integrale Spiritualität,* S. 328
11. Wilber, ""Excerpt A," Anmerkung 26, aus Vol. 2, *The Kosmos Trilogy,* veröffentlicht auf: http://wilber.shambhala.com.
12. Wilber, *Eros, Kosmos, Logos,* S. 158
13. Ebenda, S. 243.
14. Wilber, *Ganzheitlich hanmdeln,* S.11
15. Wilber, *Naturwissenschaft und Religion,* S. 102–103.

16. Wilber, *Integrale Spiritualität,* S. 57.
17. Diese Ausführungen von Wilber werden in Daryl Paulsons Besprechung von *Revisioning Transpersonal Theory* von Jorge N. Ferrer zitiert und sind veröffentlicht auf: http://wilber.shambhala.com. Kurioserweise gibt Paulson für die vielen Zitate Wilbers, die er in seiner Besprechung benutzt, Quellenangaben, außer für dieses Zitat. Aber weil diese Besprechung auf Wilbers offizieller Website veröffentlicht ist, verlasse ich mich auf die Korrektheit dieses Zitats.
18. Wilber, *Integrale Spiritualität,* S. 337-338.
19. Barbour, *Religion and Science, Historical and Contemporary Issues,* S. 152.

9. Kapitel

1. Broughton and Freeman-Moir, eds, *The Cognitive Developmental Psychology of James Mark Baldwin,* S. 213.
2. Graves' Bezugnahme auf Piaget sind in *The Bibliography in Support of Existence of Qualitatively Different Neurological Systems* zu finden, die Clare Graves zusammengestellt hat und die auf http://www.clarewgraves.com/source.html veröffentlicht ist.
3. Kegan, *In Over Our Heads,* S. 35.
4. Gardner, *Intelligence Reframed,* S. 14.
5. Ebenda, S. 44.
6. Ebenda, S. 66.
7. Ebenda, S. 77.
8. Wilber, „Excerpt D", Teil II, S. 2., aus Vol. 2, *The Kosmos Trilogy,* veröffentlicht auf: http://wilber.shambhala.com.
9. Wilber, *Integrale Spiritualität,* S. 92
10. Ebenda, S. 90-91
11. Ebenda, S. 98.
12. Wilber, "Excerpt D," Teil IV, S. 1., Vol. 2, *The Kosmos Trilogy,* veröffentlicht auf: http://wilber.shambhala.com.
13. Ebenda
14. Ebenda, S. 2.
15. Wilber, *Integrale Psychologie,* S. 54.
16. Ebenda, S. 55.
17. Wilber, *Eros, Kosmos, Logos,* S. 54.
18. Ebenda, S. 74.
19. Gardner, *Intelligence Reframed,* S. 32.
20. Ebenda, S. 206.

21. Kegan, *In Over Our Heads*, S. 363.
22. Wilber, *Integrale Spiritualität*, S. 92-93.
23. Ebenda, S. 100.
24. Goleman, *Emotionale Intelligenz*, S. 25–26.
25. Abraham Maslow wurde zum Beispiel durch seine Theorie der "Bedürfnishierarchie" bekannt. In seinem Hauptwerk, in dem er diese Theorie einführt, schreibt er: „Die Befriedigung jedes Bedürfnisses ist ein ‚Wert'. Maslow, *Motivation und Persönlichkeit*, S. 6.
26. Gardner, *Intelligence Reframed*, S. 77.
27. Goleman, *Emotionale Intelligenz*, S. 357.
28. Maslow, *Motivation und Persönlichkeit*, S. 162.
29. Ein Beispiel dafür, wie sich der Wille mit dem Aufstieg der Spirale entwickelt, kann darin gesehen werden, dass Gruppen mit einem hohen Maß an Kriegerbewusstsein oft anfälliger dafür sind, von Alkohol und Drogen abhängig zu werden, als Gruppen mit weniger Kriegerbewusstsein. Die Egozentrik des Kriegerbewusstseins ist oft im Moment gefangen und unfähig der Befriedigung eigener Wünsche zu widerstehen oder die zukünftigen Konsequenzen angenehmer Erfahrungen im gegenwärtigen Moment einzuschätzen. Aber wenn wir uns zu höheren Stufen entwickeln, können wir in der Regel den Gefahren der Sucht besser widerstehen.
30. Combs, *The Radiance of Being*, S. 8. Im Zusammenhang zu seiner Aussage, dass der Intellekt immer eine Absicht hat, merkt Combs an, dass er glaubt, dass Freiheit von Absicht im Bewusstsein durch Meditation entwickelt werden kann.
31. Visser, *Ken Wilber – Denker aus Passion*, S. 266.
32. Baldwin, *Genetic Theory of Reality*, S. 188. In Verbindung mit der Idee der „Bewusstseinsmodi" [modes of consciousness], die Baldwin eingeführt hat, sollte ich hier erwähnen, dass sich Wilber in seinen Schriften der Idee angenähert hat, dass Fühlen, Denken und Wollen die Modi des Bewusstseins sind. Auf Seite 17 von *Integrale Psychologie* schreibt Wilber, dass die „Modi des Bewusstseins … das ästhetische, das moralische und das wissenschaftliche Bewusstsein" sind. Dies steht in Verbindung zu seinen früheren Schriften, in denen er sich zustimmend auf Max Webers Wertsphären der Ästhetik, Wissenschaft und Moral bezieht. Aber Wilber erklärt dabei nicht, was er mit dem Begriff Modi meint. Zudem erwähnt er in seinen neueren Schriften diese Modi nicht als grundlegende Ordnungsstrukturen im

Bewusstsein, sondern konzentriert sich auf die Verfeinerung seines Psychogramms und dem daraus abgeleiteten Soziogramm, auf das ich in der Anmerkung 34 eingehe.

33. Das Bild 9-4 dient nur dem Zweck zu zeigen, wie die intersubjektive Struktur der Entwicklungsspirale eine Vielzahl von Aspekten, Sphären, Entwicklungslinien im allgemeinen Bereich der menschlichen Absicht beeinflusst. Dieses vereinfachte Diagramm ist keine ausführliche Darstellung aller möglichen Unterbereiche oder Entwicklungslinien im menschlichen Bewusstsein. Zudem sind der Ort und die relativen Beziehungen zwischen den verschiedenen Unterbereichen, die in diesem Diagramm dasgestellt werden, keine Beschreibung dessen, wie diese Unterbereiche miteinander in Beziehung stehen oder sich überlappen. Und wie in Wilbers Psychogramm wird auch hier die relative Höhe jeder Entwicklungslinie oder -sphäre individuell sehr unterschiedlich sein. Mit anderen Worten, nehmen Sie dieses Diagramm nicht zu wörtlich, es soll nur einen einzigen Punkt erklären und ist natürlich durch die Einfachheit der grafischen Darstellung beschränkt.
34. In der Erklärung des Psychogramms, sagt Wilber in seinen neueren Schriften, dass die unabhängigen Linien des Psychogramms eine Entsprechung in der Kultur finden, die er als „Soziogramm" bezeichnt. Und wie wir im 10. Kapitel besprechen werden, beinhaltet das Modell, das Gefühl, Gedanken und Willen als die grundlegenden Entwicklungssphären erkennt, ebenfalls Ästhetik, Wissenschaft und Moral als die grundlegenden Sphären kultureller Entwicklung.
35. Siehe Goleman, *Emotionale Intelligenz,* 16. Kapitel, „Schulung der Gefühle", S. 382–388.
36. Wilber, *Integrale Psychologie,* S. 34.

10. Kapitel

1. Wallace, *Darwinism: An Exposition of the Theory of Natural Selection with Some of its Applications,* S. 476–77.
2. Whitehead, *Prozess und Realität,* S. 63.
3. Wilson, *Consilience, the Unity of Knowledge,* S. 107.
4. Jantsch, *Die Selbstorganiosation des Universums,* S. 75.
5. Laszlo, *The Systems View of the World,* S. 44.
6. Whitehead, *Prozeß und Realität,* S. 32.

7. Hinweise auf Teilhards Erkenntnis der einander durchdringenden Kräfte der Einheit und Komplexität finden sich in den Ausführungen über die „Gesetze der Evolution" in *Science and Christ*, S. 29–30, wo er das „Gesetz" beschreibt, „auf dem die Wirklichkeit gegründet ist, ein hierarchisches Gesetz zunehmender Komplexität in Einheit". Und auch in *The Phenomenon of Man*, S. 262, beschreibt er das „Gesetz der Vereinigung": „In jedem Bereich – seien es die Zellen eines Körpers, die Mitglieder einer Gesellschaft oder die Elemente einer spirituellen Synthese – die Einheit differenziert. ... Die einzige Art, wir wir den Endzustand einer Welt, die eine psychische Konzentration durchläuft, richtig beschreiben könnten, wäre ein System, dessen Einheit mit einem Ausbruch harmonisierter Komplexität einhergeht."
8. Swimme und Berry, *Die Autobiographie des Universums*, S. 81.
9. Hier möchte ich auf den Unterschied in der Beschreibung des dreifachen Prozesses der evolutionären Entwicklung von Berry und Swimme mit der Erklärung dieses Prozesses in den vorherigen Ausführungen über holonische *Agenz* und *Kommunion* und holarchischen *Eros* und *Agape* (auf die ich noch nächer in dem Absatz mit dem Titel „Der dialektische Charakter der Grundmuster der Evolution" eingehen werde) hinweisen. Der Unterschied zwischen unseren Sichtweisen liegt darin, dass ich die Zunahme von Differenzierung und Komplexität als eine Art „Ausdehnung", einen „Zug am Umfang" verstehe, die im Gegensatz zur komplementären aber antithetischen Tendenz der Integration steht, die man auch als „Zug aus dem Zentrum" bezeichnen kann. Der evolutionäre Prozess der zunehmenden Komplexität kann somit am besten als die Ausdehnung der holonischen Kommunion und der Höherentwicklung des holarchischen Eros beschrieben werden. Im Gegensatz dazu stellen Swimme und Berry ihrer Beschreibung der zunehmenden Komplexität der Evolution etwas gegenüber, was sie „Kommunion" nennen. Obwohl ihre Idee der evolutionären Kommunion mit innerem Aufeinander-Bezogen-Sein gleichbedeutend ist, wird sie auch mit „gegenseitiger Verbundenheit und einem Zusammenschluss" assoziiert. Damit wird die Beschreibung der Grundmuster der Evolution durch Swimme und Berry dem grundlegenden Prozess vereinheitlichender Integration *von innen* nicht angemessen berücksichtigt. Trotzdem stimmen wir darin überein, dass die Evolution ein dreifaches Muster zeigt,

und wir stimmen auch darin überein, dass eine Zunahme der Differenzierung, der Kommunion und des Bewusstseins in der Tat einige ihrer wichtigsten Tendenzen sind. Ich sehe aber die Zunahme von Vereinheitlichung als das dritte wichtige Element (wenn wir Differenzierung und Kommunion als verschiedene Aspekte des gleichen Prozesses der „Ausdehnung" verstehen), und darin habe ich die Unterstützung der am meisten akzeptierten Definitionen der Evolution, die erkennen, dass die Entwicklung durch die gegenseitige Durchdringung der Kräfte von Differenzierung und Integration fortschreitet. Die Diskrepanz zwischen unseren jeweiligen Beschreibungen können wir am besten in der offensichtlichen Selbstähnlichkeit dieser Muster der Entwicklung sehen – wie wir in diesem Kapitel schon erwähnt haben, wirken die Muster der Entwicklung sowohl „innerhalb als auch zwischen den Ebenen". Aber wir müssen Swimme und Berry zugute halten, dass sie in ihrer Beschreibung des Kosmogenetischen Prinzips sagen, dass es „zweifellos in der nächsten Zeit vertieft und verändert werden wird, wenn neue Erfahrungen unser heutiges Verständnis erweitern". Und genau das habe ich in diesem Kapitel versucht.

10. Wright, *Non-Zero: The Logic of Human Destiny*, S. 17.
11. Stewart, *Evolution's Arrow*, Rückseite.
12. Whitehead, *The Aims of Education*, S. 39. Wenn wir uns diese einander überlappenden Sphären, wie sie durch das Kosmogenetische Prinzip in jedem Bereich repräsentiert werden, genauer anschauen, ist es wichtig daran zu erinnen, dass genauso wie die Sphären des Fühlens, Denkens und Wollens viele untergeordnete Linien enthalten, wir ähnliche untergeordnete Linien mit ihren bestimmten Elementen innerhalb jeder dieser Sphären in den anderen Quadranten erkennen können.
13. Sorokin, "Integralism is My Philosophy", in Whit Burnett ed., *This Is My Philosophy*, (Harper and Brothers, 1957), S. 184; zitiert in Johnston, *Pitirim A. Sorokin: An Intellectual Biography*.
14. Zitiert nach Hegel, *Die Phänomenologie des Geistes*, Vorrede, in Kaufman, *Hegel: Reinterpretation, Texts and Commentary* (New York: Doubleday, 1965), S. 448. Das Zitat habe ich ursprünglich in Finocchiaro, *Gramsci and the History of Dialectical Thought* (Cambridge University Press, 1988), S. 198 gefunden.
15. Whitehead, *Adventures of Ideas*, S. 11.
16. Griffin, *Religion and Scientific Naturalism*, S. 294.

17. Ich hörte diese Aussage von Dr. Margolis auf einer Konferenz über Evolution und Religion, die im Oktober 2004 an der Claremont Graduate School of Theology stattfand. Ich weiß nicht, ob diese Idee auch in einem der vielen Bücher von Dr. Margolis zur Sprache kommt, aber die Tiefgründigkeit dieser einfachen Aussage erregte die Aufmerksamkeit der Teilnehmer dieser Konferenz.
18. Darwin, *The Descent of Man*, S. 400, zitiert in Griffin, *Religion and Scientific Naturalism*, S. 268.

Appendix A

1. Siehe, z.B., Glossop, *World Federation?*; Adler, *Haves without Have-Nots*; Tetalman and Belitsos, *One World Democracy*; Stewart, *Evolution's Arrow.*
2. Siehe Joseph Preston Baratta's Essay, "The World Federalist Movement: A Short History", in: Tetalman and Belitsos, *One World Democracy*, S. 224-38.

Appendix B

1. Wilber, *Eros, Kosmos, Logos*, S. 242-243
2. Kofman, *Holons, Heaps, and Artifacts*, 2001, veröffentlicht auf http://www.integralworld.net.
3. Wilber, „Excerpt D," Teil IV, Seite 3, Vol. 2 von *The Kosmos Trilogy*. Der zitierte Abschnitt endet mit der Anmerkung 52. Veröffentlicht auf http://wilber.shambhala.com.
4. Wilber, *Integrale Spiritualität*, S. 172.
5. Wilber, „Excerpt D," Teil IV, Seite 3, Vol. 2 von *The Kosmos Trilogy*. Veröffentlicht auf http://wilber.shambhala.com.
6. Wilber, *On Critics, Integral Institute, My Recent Writing, and Other Matters of Little Consequence: A Shambhala Interview with Ken Wilber*. Veröffentlicht auf http://wilber.shambhala.com.
7. Wilber, *Integrale Spiritualität*, S. 204.
8. Bausch, *Emerging Consensus in Social Systems Theory*, S. 336.
9. Ebenda, S. 88.

Bibliografie

Adler, M., *Haves without Have-Nots* (Macmillian, 1991).

Aurobindo, G., *The Future Evolution of Man: The Divine Life upon Earth* (Quest Books, 1974).

——— *The Life Divine* (Lotus Press, 1985), [dt. Das göttliche Leben, Hinder & Deelmann, 1974].

Baldwin, J. M., *Genetic Theory of Reality* (G. P. Putnam's Sons, 1915).

Barbour, I., *Religion and Science: Historical and Contemporary Issues* (HarperCollins, 1997).

Barlow, C., ed., *Evolution Extended: Biological Debates on the Meaning of Life* (MIT Press, 1994).

Bausch, K. C., *The Emerging Consensus in Social Systems Theory* (Kluwer Academic/Plenum Publishers, 2001).

Beck, D., and C. Cowan., *Spiral Dynamics: Mastering Values, Leadership and Change* (Blackwell, 1996), [dt. *Spiral Dynamics: Leadership, Werte und Wandel*, J. Kamphausen, 2007].

Bergson, H., *Creative Evolution* (Macmillan, 1928), [dt. Schöpferische Entwicklung, Adamant Media Corporation, 2001]

Birx, J. Pierre *Teilhard de Chardin's Philosophy of Evolution* (Charles C. Thomas, 1971).

Broughton J. and D.J. Freeman-Moir, eds., *The Cognitive Developmental Psychology of James Mark Baldwin* (Ablex Publishing, 1982).

Combs, A., *The Radiance of Being* (Paragon House, 2002).

Copleston, F., *A History of Philosophy* (Newman Press, 1975).

Darwin, C., *The Descent of Man*, Vol. II (London: John Murray, 1871), [dt. *Die Abstammung des Menschen*, Fischer, 2009].

Ferrer, J., *Revisioning Transpersonal Theory* (SUNY Press, 2002).

Feuerstein, G., *Structures of Consciousness: The Genius of Jean Gebser, an Introduction and Critique* (Integral Publishing, 1987).

Gardner, H., *The Quest for Mind: Piaget, Levi-Strauss, and the Structuralist Movement* (Alfred A. Knopf, 1973).

——— *Intelligence Reframed* (Basic Books, 1999).

Gebser, J., *Ursprung und Gegenwart* (Novalis, 1978).

Glossop, R., *World Federation?* (McFarland & Co, 1993).

Goleman, D., *Emotional Intelligence* (Bantam Books, 1995), [dt. *Emotionale Intelligenz*, DTV, 1997].

Griffin, D. R., *Religion and Scientific Naturalism: Overcoming the Conflicts* (SUNY Press, 2000).

Habermas, J., *Der philosophische Diskurs der Moderne* (Suhrkamp, 2007).
Haught, J., *Deeper than Darwin: The Prospect for Religion in the Age of Evolution* (Westview Press, 2003).
Hegel, G. W. F,. *Die Phänomenologie des Geistes* (Suhrkamp, 2008).
Hunter, J. D. and Wolfe, A., *Is There a Culture War?* (Pew Research Center, 2006).
Inglehart, R., *Human Values and Social Change* (Brill, 2003).
Israel, J., *Radical Enlightenment: Philosophy and the Making of Modernity,* 1650–1750 (Oxford University Press, 2001).
James, W., *The Varieties of Religious Experience* (Adamant Media, 2000), [dt. *Die Vielfalt religiöser Erfahrung,* Insel, 1979].
Jantsch, E., *The Self-Organizing Universe* (Pergamon Press, 1980).
Johnston, B., *Pitirim A. Sorokin: An Intellectual Biography* (University Press of Kansas, 1995).
Kane, R., and S. Phillips, eds. *Hartshorne, Process Philosophy, and Theology* (SUNY Press, 1989).
Kegan, R., *In Over Our Heads* (Harvard University Press, 1994).
Laszlo, E., *Evolution: The Grand Synthesis* (Shambhala, 1987).
——— *The Systems View of the World* (Hampton Press, 1996), [dt. *Systemtheorie als Weltanschauung,* Diederischs, 1998].
Loevinger, J. and R. Wessler, *Measuring Ego Development* (Jossey-Bass, 1970).
Magee, B., *The Story of Thought* (Dorling Kindersley, 1998).
Maslow, A., *Motivation and Personality* (Harper Collins, 1987), [dt. Motivation und Persönlichkeit, Rowohlt, 1981].
Mullarkey, J., *Bergson and Philosophy* (University of Notre Dame Press, 1999).
Niebuhr, R., *The Children of Light and the Children of Darkness: A Vindication of Democracy and a Critique of Its Traditional Defense* (Scribner's Sons, 1960).
Norwine, J. and Smith, J. M., eds. *Worldview Flux* (Lexington, 2000).
Pandit, M. P., *Sri Aurobindo* (New Delhi: Munshiram Manoharlal Publishers, 1998).
Ray, P. and S. Anderson, *The Cultural Creatives: How 50 Million People are Changing the World* (Harmony Books, 2000).
Rothberg, D., and S. Kelly, eds., *Ken Wilber in Dialogue: Conversations with Leading Transpersonal Thinkers* (Quest Books, 1998).
Solomon, R. and K. Higgins, *A Short History of Philosophy* (Oxford University Press, 1996).
Spencer, H., *First Principles,* 1st ed. London: Williams and Norgate, 1863).

Stewart, J., *Evolution's Arrow* (Chapman Press, 2000).
Swimme, B. and T. Berry. *The Universe Story* (Harper San Francisco, 1992), [dt. *Die Autobiographie des Universums*, Diederischs, 1999]
Tarnas, R., *The Passion of the Western Mind* (Ballantine, 1991), [dt. Idee und Leidenschaft, Dtv, 1999].
Teilhard de Chardin, P., *The Phenomenon of Man* (Harper & Row, 1955) [dt. *Der Mensch im Kosmos*, C.H.Beck, 1959].
——— *The Future of Man* (Harper & Row, 1964), [dt. *Die Zukunft des Menschen*, Walter, 1963].
——— *Science and Christ* (Harper & Row, 1965), [dt. *Wissenschaft und Christus*, Walter, 1970].
——— *The Vision of the Past* (Harper & Row, 1966), [dt. *Die Schau in die Vergangenheit*, Walter, 1965].
Tetalman, J., and B. Belitsos, *One World Democracy* (Origin Press, 2005).
Urantia Foundation, *The Urantia Book* (Urantia Foundation, 1955).
Visser, F., *Ken Wilber: Thought as Passion* (SUNY Press, 2003), [*Ken Wilber: Denker aus Passion*, Via Nova, 2002].
Wade, J., *Changes of Mind: A Holonomic Theory of the Evolution of Consciousness* (SUNY Press, 1996).
Wallace, A. R., *Darwinism: An Exposition of the Theory of Natural Selection with Some of Its Applications* (London: Macmillan, 1923).
Whitehead, A. N., *Science and the Modern World* (Macmillan, 1925).
——— *The Aims of Education* (Mentor Books, 1929).
——— *Adventures of Ideas* (Macmillan, 1933), [dt. *Abenteuer der Ideen*, Suhrkamp, 2000].
——— *Process and Reality* (Free Press, 1978), [dt. *Prozeß und Realität: Entwurf einer Kosmologie*, Suhrkamp, 1987].
Wilber, K., *Eye to Eye: The Quest for the New Paradigm*, rev. ed. (Shambhala, 1990), [dt. *Die drei Augen der Erkenntnis*, Kösel, 1988].
——— *Sex, Ecology, Spirituality* (Shambala, 1995), [dt. *Eros, Kosmos, Logos*, Krüger, 1996].
——— *The Marriage of Sense and Soul* (Random House, 1998) [dt. *Naturwissenschaft und Religion*, Krüger, 1999].
——— *Integral Psychology* (Shambhala, 1999), [dt. *Integrale Psychologie*, Arbor, 2001].
——— *A Theory of Everything* (Shambhala, 2000), [dt. *Ganzheitlich handeln*, Arbor, 2001].
——— Integral Spirituality (Integral Books/Shambhala, 2006), [dt. *Integrale Spiritualität*, Kösel, 2007].
Wilson, E. O., *Consilience: The Unity of Knowledge* (Vintage, 1998).
Wright, R., *Nonzero: The Logic of Human Destiny* (Pantheon, 2000).

Index

A

B

C

D

E

F

G

H

I

J

K

L

M

Q

R

S

T

U

V

W

Y

Z